Knaur.

Knaur.

*Weitere Bücher von Gerhard Wisnewski im Knaur Taschenbuch Verlag:*
Mythos 9/11. Der Wahrheit auf der Spur
Operation 9/11. Angriff auf den Globus
Das RAF-Phantom. Neue Ermittlungen in Sachen Terror (mit Wolfgang Landgraeber und Ekkehard Sieker)
Drahtzieher der Macht. Die Bilderberger – Verschwörung der Spitzen von Wirtschaft, Politik und Medien

*Über den Autor:*
Gerhard Wisnewski, geboren 1959, beschäftigt sich mit den verschwiegenen Seiten der Wirklichkeit. Seit 1986 ist der studierte Politikwissenschaftler als freier Autor, Schriftsteller und Dokumentarfilmer tätig. Viele seiner Bücher wurden Bestseller, unter anderem *Operation 9/11, Das RAF-Phantom* und v.a. auch die Vorgänger dieses anderen Jahrbuchs.
*www.wisnewski.de*

Gerhard Wisnewski

# 2011

**_Das andere Jahrbuch_**

# verheimlicht
# vertuscht
# vergessen

**_Was 2010 nicht in der Zeitung stand_**

KNAUR TASCHENBUCH VERLAG

**www.wisnewski.de**

**Besuchen Sie uns im Internet:**
**www.knaur.de**

Originalausgabe Januar 2011

Ein Unternehmen der Droemerschen Verlagsanstalt
Th. Knaur Nachf. GmbH & Co. KG, München

Redaktion: Thomas Bertram
Bildredaktion: Markus Röleke
Umschlaggestaltung: ZERO Werbeagentur, München
Satz: Adobe InDesign im Verlag
Druck und Bindung: CPI – Clausen & Bosse, Leck
Printed in Germany
ISBN 978-3-426-78399-3

2 4 5 3 1

# Inhalt

# Vorwort

Ein »anderes Jahrbuch« über das Jahr 2010? Warum? Wissen wir über dieses Jahr nicht schon alles? Haben die Medien uns nicht schon alles über 2010 erzählt? Zum Beispiel über das »schreckliche« Erdbeben von Haiti? Den »unglücklichen« Unfall der Bohrinsel Deepwater Horizon? Den »tragischen« Tod der Berliner Jugendrichterin Kirsten Heisig?

Und ob. Alle diese Fälle sind doch geklärt, abgehandelt und »abgefeiert«, wie die Journalisten gerne sagen. Und natürlich auch der mysteriöse Selbstmord der Jugendrichterin Kirsten Heisig, die Euro-Krise, der israelische Überfall auf eine Hilfsflotte für den Gazastreifen und anderes mehr. Außerdem wurde das offizielle Urteil über das Jahr 2010 bereits vor seinem kalendarischen Ende gesprochen: Es war ein tolles Jahr; die Krise war vorbei, die Wirtschaft brummte, die deutsche Fußballelf stürmte, und die Kanzlerin strahlte. Damit dieses Urteil revidiert wird, müsste es schon ganz dicke kommen.

Einspruch! Glauben Sie mir: Das Jahr 2010 hat ein Wiederaufnahmeverfahren verdient. Es birgt jede Menge verschwiegene Überraschungen. Bei all diesen Ereignissen des Jahres 2010 gibt es nicht erzählte Wahrheiten, ungeklärte Hintergründe und nicht beantwortete Fragen. Und es gibt Geschichten, die Ihnen gar nicht erzählt wurden: zum Beispiel, wie der DFB darum kämpft, endlich einen schwulen Topfußballer zu präsentieren; wie das »Segel-Gör« Jessica Watson sich den Titel der jüngsten Weltumseglerin unter den Nagel riss; wie die EU das Bargeld abschaffen will; wie der Medizinbetrieb Millionen Migränekranken die naheliegendste Lösung für ihr Problem vorenthält. Und so weiter, und so fort.

Folgen Sie mir daher bei meinen spannenden Recherchen über ungeklärte Selbstmorde und Flugzeugabstürze, dubiose Bohr-

insel-Katastrophen, vermeintliche Rekord-Weltumsegelungen und sogar über Kornkreisfelder in Oberbayern.
Wir sprechen uns dann im Nachwort wieder.

München, im November 2010

*Gerhard Wisnewski*

# Einleitung: Positiv und Negativ

Berlin-Heiligensee, 6. Juli 2010. Wie schon in den Wochen zuvor ist es unerträglich heiß. Die Schritte des Spaziergängers führen von der Siedlung weg in den lichten Wald, wo er nur wenig Kühlung findet. Sein Hund hechelt. Nur drei Tage zuvor wurde hier die Jugendrichterin Kirsten Heisig erhängt aufgefunden. Die Atmosphäre ist unheimlich. Unwillkürlich schweifen die Blicke des Mannes über Stämme und Äste: Wo mag es gewesen sein? Wo mag die Achtundvierzigjährige fünf Tage lang gehangen haben? Doch nirgends findet sich ein geeigneter Ort. Der Wald ist, wie gesagt, licht und bietet nur wenig Schutz vor Blicken. Die dicken Stämme sind glatt und tragen kaum starke Äste. Da zerrt der Hund an der langen Leine, und bevor sein Herrchen einschreiten kann, wälzt sich das Tier in einer alten Plastikplane. Sie liegt am Rande einer grabähnlichen Anlage und stinkt nach Verwesung. Am unteren Ende des etwa mannsgroßen Bereichs ragt ein halb verwester Hundekadaver aus dem Boden. Der Mann ist aufgeregt: Die verstorbene Richterin besaß ebenfalls einen Hund, von dessen Schicksal man nach ihrem Selbstmord nichts erfuhr. Ist das etwa der Ort ihres Todes? War sie in der Plastikplane verscharrt worden? Dann kann es aber kein Selbstmord gewesen sein …

Darauf komme ich gleich zurück. In meinen vergangenen Jahrbüchern habe ich die Einleitung immer einer Art »Crashkurs« in Medienkritik und Medienanalyse gewidmet: Wie arbeiten die etablierten Medien, was wollen sie bezwecken, wie funktioniert ihre Propaganda. Dabei kam ich unter anderem zu dem Ergebnis, dass wir in den Medien immer weniger mit Nachrichten und Informationen konfrontiert werden, stattdessen immer mehr mit »Auslösern«, die ganz bestimmte Zwecke verfolgen sollen – zum Beispiel Iran und den Islam zu hassen, Angela Merkel und Barack

Obama zu mögen und natürlich Geld zu spenden. Und zwar jede Menge: egal ob für Afrika, Pakistan, Haiti oder für Griechenland. Nun sind wir reif für die nächste Stufe dieses kleinen Crashkurses: das Negativ.

Negativ? Was soll das sein? Zu meinem Erstaunen musste ich feststellen, dass Kinder unter zehn Jahren, die noch nie etwas anderes als eine Digitalkamera in Händen hatten, das gar nicht mehr wissen. Also: Ein Negativ ist der die Wirklichkeit verkehrt herum darstellende entwickelte Filmstreifen. Schwarz ist Weiß und Weiß ist Schwarz. Wirft man mit einem Projektor (Vergrößerer) Licht durch das Negativ auf Fotopapier, entsteht ein Positiv, also ein Bild, das die Wirklichkeit korrekt abbildet. Warum ich das erzähle? Ganz einfach: Weil wir in unserer Realität inzwischen von Negativen umgeben sind, welche die Wirklichkeit verkehrt herum zeigen. In den Medien genauso wie in Schulbüchern, in Geschichtsbüchern genauso wie in Lexika.

Das Dumme ist nur, dass wir die Negative in unserem Weltbild nicht immer erkennen.

Die Kunst besteht also erstens darin, das jeweilige Negativ zu erkennen, und es zweitens in ein Positiv zu verwandeln.

Versuchen wir es so:

- Was ist eine Lüge? Antwort: eine einzelne bewusst wahrheitswidrige Behauptung.
- Was ist eine Falschbehauptung? Antwort: eine einzelne falsche Behauptung, egal, ob bewusst oder unbewusst.
- Was ist eine Verdrehung? Antwort: eine einzelne bewusste oder unbewusste Verdrehung der Tatsachen.

## *Das Negativ*

Was ist ein Negativ? Antwort: Ein Negativ ist ein ganzes System aus falschen Tatsachenbehauptungen, Verdrehungen und manchmal auch Lügen. Das berühmteste Negativ der letzten zehn Jahre war die offizielle Schilderung der Attentate vom 11. September 2001. Es gibt aber noch weitere – ja, in Wirklichkeit ist die Geschichte voll von Negativen. Da wären zum Beispiel der angeblich überraschende Angriff der Japaner auf Pearl Harbor, die Attentate auf John F. und Robert Kennedy und anderes mehr. Das heißt, unsere Realität ist nicht etwa ein Positiv, in dem Schwarz und Weiß immer richtig dargestellt werden, sondern ein Patchwork aus Positiven und Negativen. Die Positive und Negative werden von unseren Medien geprägt, wie Schulbücher, Zeitungen, Fernsehen, Radio usw. Positive und Negative können direkt nebeneinander in unser Weltbild eingehen und von ein und demselben Medium gleichzeitig erzeugt werden. Die *Bild*-Zeitung oder der *Spiegel* kann sowohl die Wahrheit als auch Blödsinn oder gar Lügen verbreiten.

## *Die Stabilität* von Positiven und Negativen

Positive (also die Wahrheit) sind meistens stabiler als Negative. Da Letztere künstlich erzeugt wurden, drohen Negative über kurz oder lang zu zerfallen. Daher benötigen sie eine aufwendige »Wartung«. Diese Wartung besorgen unsere Medien, indem sie die Negative immer wieder auffrischen. Dazu bringen sie immer neue »Entdeckungen« und angebliche »Erkenntnisse« heraus, die das Negativ stabilisieren sollen. So wird beispielsweise das Kennedy-Attentat seit Jahrzehnten mit immer neuen »Dokumentationen« und »Beweisen« für die Einzeltätertheorie (also das Negativ) »gewartet«, desgleichen die Attentate des 11. September oder auch der Untergang der *Titanic*.

## *Wie man* ein Negativ erkennt

Das Negativ erkennt man erstens an logischen Unregelmäßigkeiten, Widersprüchen, Seltsamkeiten und auch an der offenkundigen Intention. Die meisten Negative werden in einer bestimmten Absicht hergestellt, im Fall des 11. September der, einen Krieg gegen zahlreiche Länder der Welt zu führen und eine (US-amerikanische) Weltherrschaft zu errichten. Solche Absichten sind relativ leicht zu erkennen, und zwar an der Nützlichkeit einer bestimmten Darstellung. Ist ein Geschehen oder eine bestimmte Version eines Geschehens einfach zu nützlich, besteht ein Anfangsverdacht. Natürlich kann auch eine wahre Version für irgendjemanden nützlich sein; das allein reicht also nicht als Beweis. Aber als Anfangsverdacht. Mein Lieblingsspruch dazu lautet: Man erkennt die Absicht und ist verstimmt – und beginnt sich das Bild genauer anzusehen: Ist es ein Positiv oder ein Negativ?

Zweitens gibt es bekannte Negativwerkstätten wie die *Bild*-Zeitung, »Tagesschau«, »heute« oder den *Spiegel*. Ich nenne sie auch Massenverblödungswaffen. Stammt ein Bild aus einer solchen Quelle, besteht ebenfalls ein begründeter Verdacht, dass es sich um ein Negativ handeln könnte. Ist eine Nachricht allzu nützlich und stammt sie aus einer bekannten Negativ-Quelle, besteht ein starker Anfangsverdacht, dass es sich um ein Negativ handeln könnte. Verifiziert ist das Negativ dann, wenn die Plausibilität der jeweiligen Schilderung durch Fakten und Widersprüche widerlegt ist.

### Der Positivabzug

Aber wenn wir nun ein solches verifiziertes Negativ vor uns haben – was machen wir dann? Wie können wir erfahren, wie die Wahrheit aussieht?

Nun, genau wie bei einem fotografischen Negativ besteht zwischen dem Negativ und dem Positiv eine Beziehung, und zwar zwischen Lüge und Wahrheit, und diese Beziehung ist die Chance, der Wahrheit auf die Spur zu kommen. Beim fotografischen Negativ ist die Beziehung zwischen Schwarz und Weiß umgekehrt proportional: je weißer das Negativ, umso schwärzer das Positiv – je schwärzer das Negativ, umso heller das Positiv. Bei einem »informationellen Negativ« ist es ähnlich. Wer lügt, versucht sich mit seiner Lüge oft möglichst weit von der Wahrheit zu entfernen. Je schlimmer zum Beispiel die Wahrheit, umso größer die Lüge (oder kurz und bündig: »Jeder macht die Propaganda, die er am nötigsten hat«). Die Beziehung besteht also auch hier häufig in der proportionalen Umkehr von Schwarz und Weiß, Lüge und Wahrheit. Wenn das Negativ A behauptet, wird die Wahrheit wahrscheinlich Z sein. Es gibt aber auch andere Beziehungen zwischen Lüge und Wahrheit, beispielsweise die größtmögliche Nähe, frei nach dem Motto: so viel lügen wie nötig, so wenig wie möglich. Hat man also den Verdacht, ein Negativ vor sich zu haben, kann man versuchen, es anhand dieser Ideen zu entwickeln. Oder genauer: einen positiven Abzug davon herzustellen, und zwar – genau wie beim fotografischen Vorbild – durch Projektion und Umkehr.

Ein einfaches Beispiel: Durch immer neue Widersprüche und Gegenbeweise wurde die offizielle Darstellung der Attentate vom 11. September 2001 eindeutig als Negativ entlarvt. Ja, das offizielle Negativ der Attentate vom 11. September droht inzwischen sogar zu zerfallen. Aber wie können wir uns der Wahrheit nähern?

### 1. Umkehr

Da das ursprüngliche Negativ behauptete, der Angriff sei von außen gekommen, besteht eine große Wahrscheinlichkeit, dass diese Behauptung umgekehrt werden muss – dass der Angriff also in Wahrheit aus dem Inneren der USA kam. Bei Begriffen wie »außen« und »innen« fällt die Umkehr natürlich leicht.

### 2. Suche nach Antagonisten

Aber wer genau hat das Attentat verübt? Um hier weiterzukommen, reicht die Umkehr von Begriffen allein nicht aus. Vielmehr hilft hier eine Variante der Umkehr weiter: die Suche nach »Antagonisten« der in der offiziellen Version Beschuldigten, also in diesem Beispiel Feinden, Gegnern und Widersachern des Islam. Nützt in Wirklichkeit ihnen das Attentat?

### 3. »Motives, means and opportunity«

Hat man solche möglichen feindlichen Interessenträger im Auge, kann man die klassische kriminalistische Frage nach »motives, means and opportunity« stellen – also nach den Motiven, den Möglichkeiten und der Gelegenheit, das Attentat zu begehen. Dabei kann sich sehr schnell ein »Positiv« abzeichnen. Aus dem Negativ, es habe ein großes islamistisches Komplott zur Zerstörung des World Trade Center und der USA gegeben, kann dann das Positiv eines großen Komplotts der US-Regierung zur Zerstörung des Islam und zur Ausweitung der eigenen Herrschaft über den gesamten Globus werden.

## Das Lexikon der Negativsprache

Hat man den Verdacht, ein Negativ vor sich zu haben, gibt es weitere Hilfsmittel, um ein Positiv anzufertigen. So verwenden heutige mediale und propagandistische Negative eine ganz bestimmte Sprache, mit der man arbeiten kann, um der Wahrheit auf die Spur zu kommen. Oft handelt es sich um die besagte begriffliche Umkehr.

Aus meinen Erfahrungen mit dem Thema 9/11 habe ich hier einmal ein kleines, unvollständiges und vorläufiges Lexikon der Negativsprache und ihrer Übersetzung zusammengestellt:

*Negativ → Positiv*

**abenteuerlich** → solide
**abstrus** → naheliegend
**absurd** → plausibel
**Apokalyptiker** → jemand, der reale Gefahren realistisch einschätzt
**argumentative Schwindler** → sachlich argumentierende Person
**Antisemit** → häufig kein Antisemit, sondern eine aus irgendwelchen Gründen politisch unerwünschte Person
**bizarr** → plausibel
**Blödsinn** → siehe Unsinn
**Chuzpe** → Mut zur Wahrheit
**durchgeknallt** → aufgewacht
**Fiktion** → Tatsache
**Friedenstruppe** → Besatzungsarmee
**Großmeister der paranoiden Form** → Person mit besonders gutem Gespür für reale Gefahren, siehe auch Paranoia
**Internationale Sicherheitsunterstützungstruppe (ISAF)** → siehe Friedenstruppe
**krude** → siehe abstrus/absurd
**Nazi** → siehe Antisemit
**Paranoia** → Fähigkeit zur Erkennung realer Gefahren
**Paranoiker** → Person mit einem Blick für reale Gefahren
**Psychopath** → siehe Paranoiker
**Quatsch** → siehe Unsinn
**Qualitätsjournalist** → siehe Qualitätsjournalismus
**Qualitätsjournalismus** → angepasste Lohnschreiberei
**Unfug** → siehe Unsinn
**Unsinn** → Sinn

**Verrückter** → rational denkende Person
**Verschwörungsglaube** → Glaube an plausible Theorien
**Verschwörungsidiot** → hartnäckiger Anhänger plausibler Theorien
**Verschwörungsjunkie** → besonders hartnäckiger Anhänger plausibler Theorien
**Verschwörungstheorie** → plausible Theorie über ein Geschehen oder einen Sachverhalt
**Wahnidee** → naheliegende Idee
**Verschwörungstheoretiker** → Vertreter plausibler Theorien
**Verteidigungsministerium** → Kriegsministerium
**Wahrheitsverdreher** → Wahrheitssuchender
**wilde Verschwörungstheorie** → besonders plausible Theorie

(Die meisten Begriffe verdanke ich einem Verhüllungsjournalisten vom »Qualitätsmedium« *Süddeutsche Zeitung*.)

Mit Hilfe gedanklicher und begrifflicher Umkehr (genau wie in der Fotografie) kann man also aus einem Negativ ein Positiv herstellen. Und dies wird – ohne dass dauernd explizit darauf Bezug genommen wird – eine der wichtigsten Aufgaben dieses Buches sein. Ich schließe mit einem Zitat von John le Carré: »Die Täuschung der Öffentlichkeit durch Politik und Medien hat einen Grad erreicht, den ich für höchst gefährlich halte. (…) Wir leben in einer Welt virtueller Nachrichten. Und so gesehen fällt Autoren und Filmemachern die Verantwortung zu, diese Informationslücke zu füllen« (zit. aus: *Die Welt*, 3.1.2006).

# Januar 2010

01

**Thema des Monats** *12.1.:*
*Haiti – Erdbeben on demand?*

***1.1. Das Geheimnis des »Unterhosenbombers« 3.1. Nacktscanner: Versprochen – gebrochen 4.1. Der Klima-Kasper kommt*** **10.1.** Der israelische Ministerpräsident Benjamin Netanjahu kündigt den Bau eines Sicherheitszaunes zwischen Ägypten und dem Gazastreifen an ***12.1. Haiti: Erdbeben on demand?***/In Teheran wird ein Atomphysiker durch eine ferngezündete Bombe getötet **18.1.** Gemeinsame Kabinettssitzung von Bundeskanzlerin Angela Merkel und dem israelischen Ministerpräsidenten Netanjahu ***27.1. Wie Deutschland einen Krieg gegen Iran plant***

## *1. Januar* Das Geheimnis des »Unterhosenbombers«

Silvester? Jahreswechsel? Besinnlichkeit? War da was? Nicht doch. Am Neujahrstag herrscht Terrorstimmung. Am 1. Januar beginnt zwar ein neues Jahr, aber Feiertagsatmosphäre mag nicht so recht aufkommen. Die Medien sind voll mit Geschichten über den »Unterhosenbomber«, der am 25. Dezember 2009 angeblich versuchte, ein Flugzeug in die Luft zu sprengen. Blenden wir kurz zurück: An Bord von Northwest-Airlines-Flug 253 von Amsterdam nach Detroit herrscht die nach einem langen Transatlantikflug typische Geschäftigkeit. Manche pellen sich aus ihren Decken, andere gehen vor dem Landeanflug auf Detroit noch mal auf die Toilette, so auch der Nigerianer Umar Farouk Abdulmutallab (andere Schreibweise: Abdul Mutallab), ein junger schwarzer Passagier auf Sitz 19A. Allerdings bleibt er ungewöhnlich lange dort. Erst nach etwa 20 Minuten kehrt er zurück, nimmt auf seinem Fenstersitz Platz und legt sich eine Decke auf den Schoß. Dass Mitreisende plötzlich ploppende Geräusche aus der Gegend von Abdulmutallabs Unterleib hören und einen fauligen Geruch wahrnehmen, erregt zunächst keinen Verdacht. Vielleicht hat der Mann einfach Verdauungsbeschwerden.

Diese Assoziation scheint sich umgehend in der übel riechenden Luft aufzulösen, als plötzlich eine Stichflamme aus Abdulmutallabs Schoß zuckt. Kein Zweifel: schon wieder ein islamistischer Anschlag. Heldenhaft stürzen sich zwei, drei Passagiere auf den Mann, ersticken das Feuer mit Decken und setzen Abdulmutallab fest. Fertig ist eine Weihnachtsgeschichte der ganz eigenen Art, wie wir sie in den letzten Jahren häufiger serviert bekamen: wie ein islamistischer Fanatiker just zu Weihnachten eine ganze Flugzeugladung Passagiere umbringen will. Im Nu verbreitet sich die Meldung rund um die Welt, im Fernsehen marschieren kolonnenweise Augenzeugen, verängstigte Passagiere und »Experten«

auf, welche die Phantasie eines in der Luft explodierenden Passagierjets just zu dem Zeitpunkt heraufbeschwören, da Millionen von Menschen Flugzeuge bevölkern, um zu Weihnachten oder Silvester ihre Lieben zu besuchen oder einfach endlich mal auszuspannen.
Und schon ersteht in unseren Köpfen der 11. September 2001 wieder auf. Wörter wie »Terror« und »Flugzeug« reichen, um diese Assoziation heraufzubeschwören. Und wenn man den 25. Dezember 2009 auf seine Grundzüge reduziert, war er praktisch eine Art Mini-9/11. Denn es gab ja auch »Passagiere«, die »einschritten«, darunter auch einen »Helden«, der den finsteren Attentäter überwältigte. Die wichtigsten Motive des 11. September waren damit gegeben.
Ein Nigerianer fühlte sich also bemüßigt, an Bord eines Flugzeugs ein wenig zu zündeln – nach Art des berüchtigten »Schuhbombers«, dem wir es zu verdanken haben, dass wir bei den Sicherheitskontrollen auf Flughäfen seit einigen Jahren die Schuhe ausziehen müssen. Nur dass sich diesmal die angebliche Sprengladung nicht im Schuh, sondern in der Unterwäsche befand – was dem Mann umgehend den Namen »Unterhosenbomber« eintrug. Ohne dass irgendjemand schwerwiegende Schäden davontrug, wurde das Ganze zu einem gewaltigen Medienereignis. Im Zeitalter der Finanzbetrügereien nennt man so etwas auch eine »Blase«. Auf gut Deutsch: viel Wind um nichts.
Dieser Wind reichte, um jede Weihnachts- und Neujahrsstimmung wegzublasen. Plötzlich hatte der Terror die Menschen in den USA, aber auch im Rest der Welt wieder fest im Griff. Dass dies praktisch seit Jahren so geht, fällt aufgrund des kurzen Gedächtnisses der Medien und der Öffentlichkeit niemandem auf. Spätestens kurz vor Weihnachten, gern aber auch an den Feiertagen selbst passiert irgendeine Katastrophe, die von den Medien nach Kräften ausgeschlachtet wird. Unversehens beherrschen Naturkatastrophen, Terroranschläge und andere Verbrechen die

Feiertage, die »stille Zeit« wird von Presse, Rundfunk und Fernsehen okkupiert und jede Beschaulichkeit hinweggewischt. Unsere Medien halten uns auf Trab und tragen uns auf ihren Schockwellen über den Jahreswechsel. Wo wir dann ausgespuckt werden und relativ hart im neuen Jahr aufschlagen: Wo bleibt eigentlich die Zeit zur Besinnung und zum Nachdenken? Immer öfter werden wir in der Zeit zwischen den Jahren zur leichten Beute von Medien und interessierten Politikern – oder ist es tatsächlich nur die sensationelle Wirklichkeit, die uns nicht zur Ruhe kommen lässt? Im Folgenden ein paar Beispiele:

## Die Katastrophe unterm Weihnachtsbaum

*30. Dezember 2003* Terror, Terror, Terror – das Zauberwort, das den Bürger gleichzeitig aufpeitscht, einschüchtert, für neue Sicherheitsmaßnahmen gefügig macht und ablenkt. Tagelang hält der Hamburger Innensenator Dirk Nockemann von der Schill-Partei die Republik mit einem angeblich geplanten Terroranschlag auf das Bundeswehrkrankenhaus in Hamburg in Atem. »Angst vor dem Terror«, titeln die *Nürnberger Nachrichten* noch am 2. Januar 2004. Der Zeitpunkt für den »Terroralarm« sei gelegen gekommen, meinte die *taz*-Website vom selben Tag: »An diesem Dienstag vor Silvester debattierte die Hamburger Bürgerschaft in einer Sondersitzung über das Ende der Schwarz-Schill-Koalition und machte den Weg frei für Neuwahlen. Dafür interessierte sich die Öffentlichkeit kaum noch, nachdem es einen angeblich geplanten Anschlag der islamischen Gruppe ›Ansar al-Islam‹ (Unterstützer des Islams) zu melden gab.«

*26. Dezember 2004* Ein verheerender Tsunami verwüstet Küsten in Indien, Sri Lanka, Thailand und Indonesien, tötet über 200 000 Menschen und zieht einen beispiellosen Medien-Tsunami nach sich. Presse, Rundfunk und Fernsehen entfachen ein emotionales Dauerfeuer, das höchstens mit jenem nach dem 11. September 2001 zu vergleichen ist. Logos werden entworfen, der Tsunami wird zur Marke gemacht, eine professionell organisierte globale Spendenkampagne wird losgetreten. Ergebnis: 680 Millionen Euro allein in Deutschland (Deutschlandfunk, 22.7.2006).

*26. Dezember 2005* Der 1. Jahrestag der Tsunami-Katastrophe von 2004 beherrscht die Medien. In großen Städten wie Hamburg, Berlin und München finden Gedenkfeierlichkeiten statt. In Bild und Wort wird die Katastrophe ein zweites Mal »abgefeiert«.

*30. Dezember 2006* Auch der Jahreswechsel 2006/2007 wartet mit einem Schock-Erlebnis auf, das zum globalen Medienereignis aufgeblasen wird. Am 30. Dezember wird vor den Augen der Welt der ehemalige irakische Diktator Saddam Hussein hingerichtet. Unbekannte filmen die Hinrichtung mit ihren Handys. Die verstörenden Szenen, welche die Hinrichtung en detail zeigen – bis hin zu Husseins baumelnder Leiche – gehen um die Welt. Damit ist der Jahreswechsel gelaufen.

*20. Dezember 2007* Eine brutale Schlägerei in der Münchner U-Bahn, bei der ein Rentner schwer verletzt wird, gerät zum Medienereignis des Jahreswechsels 2007/08. Auch hier gibt es traumatische Bilder, nämlich ein Video, das zeigt, wie zwei Jugendliche, Serkan A. und Spyridon L., immer wieder auf den alten Mann einschlagen und -treten. Der hessische Ministerpräsident Roland Koch (CDU) schlachtet das Ereignis bis weit in das neue Jahr 2008 hinein als Wahlkampfmunition aus.

*24. Dezember 2008* Die Katastrophe auf dem Gabentisch: Während überall Weihnachtsmänner unterwegs sind und viele Menschen mit ihren Familien zusammensitzen, packt ein als Weihnachtsmann verkleideter Mann in Los Angeles, USA, bei einer Familienfeier seine Knarre aus, erschießt neun Menschen und anschließend sich selbst. Vor der Tat soll er den Opfern »Frohe Weihnachten« gewünscht haben.

*27. Dezember 2008* Während die Menschen weltweit Zubehör für das traditionelle Bleigießen an Silvester einkaufen, veranstalten die Israelis ihr ganz eigenes Blei- bzw. Blutvergießen. »Operation gegossenes Blei« nennen sie ihren Angriff auf den Gazastreifen, bei dem bereits am ersten Tag etwa 200 Menschen im israelischen Bleihagel umkommen. Die Angriffe, die sich gegen den andauernden Raketenbeschuss Israels aus dem Gazastreifen richten (siehe auch 31. Mai 2010), beherrschen den Jahreswechsel 2008/09 und werden bis zum 18. Januar 2009 fortgesetzt. Am Ende wird die palästinensische Menschenrechtsorganisation PCHR (Palestinian Center for Human Rights) 1417 Tote zählen, darunter 926 Zivilisten.

Mit anderen Worten, wir stehen jedes Mal zum Jahreswechsel erneut unter Spannung aufgrund von entweder realen, inszenierten oder aufgeblasenen Ereignissen. Ein Phänomen, das man beispielsweise auch zur Urlaubszeit beobachten kann. Auch da gibt es häufig plötzlich Attentate oder Terrorwarnungen, und an den Flughäfen müssen sich die erholungshungrigen Menschen verschärften Kontrollen unterziehen. Aus ist es mit der Entspannung, die Angst fährt, reist, feiert und lebt immer mit. Im Fernsehen fungieren Politiker und »Sicherheitsexperten« unterdessen als Angstlöser und ihre Rezepte als Beruhigungspillen, die versprechen, uns von der Angst zu erlösen und uns unsere Ruhe wiederzugeben. Und diese Pillen heißen: Sicherheitsmaßnahmen, Kameras, Nacktscanner (siehe 3. Januar »Nacktscanner: Versprochen – gebrochen«).

Doch zurück zu unserem »Unterhosenbomber«. Der Mann war wirklich einer der seltsamsten Attentäter der vergangenen Jahre, mindestens so seltsam wie der berühmte »Schuhbomber« Richard Reid. Den habe ich in meiner Chronologie vergessen – denn raten Sie mal, wann er sein sogenanntes Schuhattentat verübte? Um Weihnachten herum? Richtig, und zwar am 22. Dezember 2001. In einem Passagierflugzeug der American Airlines (Flug 63) von Paris nach Miami versuchte er einen angeblich in seinem Schuh versteckten Sprengsatz zu zünden. Dabei stellte er sich so einmalig dumm an, dass eine Stewardess einschritt und die Zündelei unter Mithilfe von Passagieren beendete. Auch bei Reids Geschichte passte – wie bei Abdulmutallabs »Attentat« vom 25. Dezember 2009 – einfach nichts zusammen. Schauen wir uns den letzteren »Anschlag«, der weit ins Jahr 2010 hinein Schlagzeilen machte, noch einmal etwas genauer an.

## »The last line of defense«

Da geht also Umar Farouk Abdulmutallab gegen Ende des Fluges länger auf die Toilette – wie man nach dem »Attentat« allgemein annimmt, um seinen Anschlag vorzubereiten. Als er zurückkommt, hüllt er sich in eine Decke und setzt sich wieder auf seinen Platz. Oder er setzt sich hin und legt sich dann eine Decke auf den Schoß – um, wie man später ebenfalls allgemein annimmt, seine Absicht zu verschleiern, eine an seinem Unterleib angebrachte Bombe zu zünden. Das Ganze geht allerdings schief, weil Passagiere eine Stichflamme bemerken, sie sofort ersticken und Abdulmutallab festsetzen. Eine Frage, die später niemand stellte, lautet: Warum hat der gefährliche Terrorist die Bombe nicht auf der Toilette gezündet? Laut Sitzplan gibt es in dem Airbus A 330-300 jede Menge Toiletten an den Außenwänden des Flugzeugs. Hier hätte er also seine »Bombe«, oder was auch immer er mit sich führte, in aller Ruhe plazieren und zünden können. Warum verlässt Abdulmutallab stattdessen die Toilette und begibt sich wieder unter die Passagiere, die sein Vorhaben unter Umständen gefährden können und von Sicherheitsexperten deshalb auch »the last line of defense« (»die letzte Verteidigungslinie«) genannt werden? Dafür gibt es keine vernünftige Erklärung, es sei denn, der Anschlag sollte a) nicht gelingen und b) bekannt werden. Stellen wir uns einen Moment die andere Variante vor: Abdulmutallab hätte die Bombe in der Toilette gezündet, das Flugzeug wäre abgestürzt und dabei zerfetzt worden, alle Insassen wären gestorben. Womöglich wäre nie herausgekommen, dass hier ein junger radikaler Islamist namens Abdulmutallab Hunderte von Menschen in den Tod riss. Vom Standpunkt der Propaganda, von wem auch immer, wäre das kein gelungenes Unternehmen gewesen. So aber gibt es ein riesiges Tohuwabohu: Passagiere und »Helden« haben zu Weihnachten eine dramatische Geschichte zu erzählen, die Medien können mit ihren Schockmeldungen Quote und Auflage machen und das ganze Land, ja die ganze Welt in Aufruhr versetzen. Wenn Sie Drahtzieher einer solchen Aktion wären: Welche Variante würden Sie wohl wählen? Zumal das Ganze den zusätzlichen Vorteil hat, dass sich niemand des Mordes schuldig gemacht hat.

## Ein erbärmliches Schmierentheater

Und was für Abdulmutallab gilt, das gilt natürlich auch für den »Schuhbomber« Reid: Warum zündete auch er seinen Sprengsatz nicht schon in der Toilette, sondern zündelte so lange in der Kabine herum, bis ihn endlich jemand festnahm? Wie dumm sich Reid seinerzeit anstellte, ist wert, erzählt zu werden, und war bei dem neuerlichen »Anschlagsversuch« von Abdulmutallab natürlich längst vergessen: Laut CNN-Website vom 24. Dezember 2001 versuchte Reid schon am 21. Dezember von Paris nach Miami zu fliegen – rein zufällig der 13. Jahrestag des Attentates auf Flug

PanAm 103 über Lockerbie, das ebenfalls um Weihnachten herum stattgefunden hatte, nämlich am 21. Dezember 1988.

Im Jahr 2001 allerdings erschien »Schuhbomber« Reid ungeschickterweise in dermaßen verwahrloster Aufmachung am Flughafen, dass die Behörden ihn einer besonderen Befragung unterzogen. Weil er nicht auf ihre Fragen antwortete und für seinen Transatlantikflug nicht einmal Gepäck aufgeben wollte, wurde erst mal nichts aus seinem Flug und seinem »Anschlag«. Kurz, der später als besonders durchtrieben verkaufte »Schuhbomber« verhielt sich dermaßen dämlich, dass er der französischen Polizei übergeben wurde. Und die verhielt sich anschließend nicht weniger dämlich, als sie ihn schon am nächsten Tag, dem 22. Dezember 2001, wieder am Flughafen Paris-Charles de Gaulle absetzte – natürlich ohne seinen präparierten Schuh entdeckt zu haben. Und das Sicherheitspersonal stand der Polizei in nichts nach, als man Reid anschließend auch noch an Bord der Maschine ließ.

Reid bettelte also quasi schon vor dem Flug um seine Entlarvung, und nur, weil ihm Polizei und Sicherheitspersonal trotzdem nicht auf die Schuhe bzw. Schliche kamen (oder kommen wollten), gelangte er überhaupt an Bord eines Flugzeugs. Sonst wäre Passagieren und Besatzung der Schreck vielleicht erspart geblieben, und die Medienmaschine wäre bereits nach Reids Entdeckung am Boden angelaufen. Allerdings wäre der Vorfall dann auch nur halb so spektakulär gewesen.

## Verzweifelter Raucher oder Attentäter?

Erst durch den Fall Reid wurde klar, dass das An-Bord-Schmuggeln von Sprengstoff ein Kinderspiel ist im Vergleich zu seiner Entzündung. Gleich zwei Attentätern gelingt es zwar, ihre »Höllenmaschinen« an sämtlichen Kontrollen vorbeizuschmuggeln, aber sie anschließend im Flugzeug auch zu entzünden, schaffen sie nicht.

Laut CNN-Website vom 24. Dezember 2001, die sich auf eine

eidesstattliche Erklärung und die Anklageschrift beruft, wurde eine Stewardess namens Hermis Moutardier zuerst durch den Geruch eines entzündeten Streichholzes darauf aufmerksam, dass es an Bord ein Problem geben könnte. Auf den Brandgeruch folgte jedoch nicht etwa eine Explosion, sondern ein Passagier dirigierte die Flugbegleiterin zu Reihe 29, wo »Schuhbomber« Reid Platz genommen hatte. Der zündete daraufhin nicht etwa seine Bombe, sondern steckte sich das (oder ein) Zündholz in den Mund. Auch die Gelegenheit, als die Stewardess sich entfernte, um sich über die Bordsprechanlage mit dem Kapitän zu beraten, nutzte er nicht. Erst als sie zurückkam, entzündete er ein weiteres Streichholz und versuchte, eine Lasche seines Turnschuhs anzustecken. Endlich begriff auch die Flugbegleiterin, dass es sich hier nicht um einen verzweifelten Raucher, sondern um einen »Bomber« handelte, und versuchte nach dem Schuh zu greifen. Aber der kräftige Reid stieß sie erst zurück und warf sie dann zu Boden, woraufhin sie schreiend davonstürmte, um Löschwasser zu holen. Wieder gab es keine Explosion: Stattdessen biss Reid nun eine zweite Stewardess, die zu dem Tumult gestoßen war, in den Daumen. Die in der Zwischenzeit zurückgekehrte Stewardess Moutardier goss daraufhin endlich das mitgebrachte Wasser nicht etwa auf den Schuh, nein, in Reids Gesicht. Erst dann erbarmten sich endlich einige Passagiere und bändigten den dilettantischen Möchtegern-Bomber, bevor zwei Ärzte ihn mit Beruhigungsmitteln schlafen legten. Ende der Geschichte.

### Ein Bomber ohne Pass

Wie »entsteht« eigentlich so ein Terrorist? Nun, verallgemeinern kann man das wahrscheinlich nicht, denn der »Unterhosenbomber« vom 25. Dezember 2009, Abdulmutallab, war im Gegensatz zu dem »Schuhbomber« Reid ein richtiger »Luxus-Terrorist«. Sein Vater Alhaji Umaru Mutallab, ehemaliger Vorstandsvorsitzender der First Bank of Nigeria Plc., gilt als einer der reichsten

Männer Nigerias. Im Rahmen seiner Position als Boss der staatlichen Defense Industries Corporation of Nigeria (DICON) war er außerdem im Waffen- und Geheimdienstbusiness tätig. Laut F. William Engdahl, einem international renommierten Geoanalytiker, produziert DICON exakt jene Waffen, auf die auch Terroristen oder »Rebellen« zurückgreifen, zum Beispiel das deutsche Sturmgewehr KH-3 oder »eine nigerianische Version des berühmten russischen Sturmgewehrs AK-47« (*Kopp exklusiv* 2/2010, S. 3 f.).
Aber warum Waffenhandel *und* Geheimdienst? Weil es weltweit keinen Waffenhandel ohne Geheimdienste gibt. Schließlich kann nicht jeder in großem Stil Waffen kaufen oder verkaufen, wie er will; vielmehr werden diese Ströme vom unsichtbaren Netzwerk der Dienste und ihrer Interessen gesteuert. So unterhält auch Alhaji Umaru Mutallabs DICON laut Engdahl »enge Verbindungen zu israelischen Verteidigungs- und Geheimdienstbehörden«. Darüber hinaus gebe es ein Geheimabkommen zwischen dem nigerianischen Verteidigungsministerium und dem israelischen Geheimdienst »über die Ausbildung nigerianischer Geheimdienstkräfte«. So war der junge Abdulmutallab nicht etwa, wie seine Aufmachung am Amsterdamer Flughafen vermuten ließ, ein armer Schlucker, sondern demnach der Sohn eines illustren Papas mit den besten Verbindungen zu den Geheimdiensten.

## Das Muster des »Schuhbombers«

Die Geschichte des »Unterhosenbombers« Abdulmutallab, der uns den Jahreswechsel 2009/10 stahl, lief nach dem Muster des »Schuhbombers« ab. Auch der »Unterhosenbomber« hätte am 25. Dezember 2009 erst gar nicht an Bord des Fluges Amsterdam–Detroit gelangen dürfen; Zeugen zufolge hatte er nämlich nicht einmal einen Pass. Mitreisende Passagiere, das Rechtsanwalts-Ehepaar Lori und Kurt Haskell aus Taylor bei Detroit, verfolgten vor dem Abflug eine seltsame Szene. Da stand der (genau wie der »Schuhbomber«) schlecht gekleidete Abdulmutallab zusammen mit einem auffallend eleganten Inder am Flugsteig in Amsterdam, um von Lagos (Nigeria) kommend in die Maschine nach Detroit umzusteigen. »Während Mutallab schlecht gekleidet war, trug sein Freund einen teuren Anzug«, sagte Haskell laut dem Nachrichtenportal *Michigan Live (mlive.com)* vom 26. Dezember 2009. Wobei Abdulmutallabs Begleiter mit einem merkwürdigen Ansinnen an das Bodenpersonal herantrat. Laut Haskell fragte der Mann im Anzug die Mitarbeiter am Schalter, ob Mutallab ohne Reisepass an Bord könne. »Der Kerl sagte, er sei aus dem Sudan, und ›wir machen das immer so‹«, zitierte *Michigan Live* Kurt Haskell.

Ohne Reisepass an Bord eines Fluges in die USA? Ein guter Witz. Heutzutage können Passagiere froh sein, wenn sie trotz ordnungsgemäßer Papiere nicht schikaniert werden. Das Natürlichste auf der Welt wäre jetzt ein Anruf beim Sicherheitsdienst oder bei der Flughafenpolizei gewesen, um den Mann einzukassieren. Schließlich barg diese verblüffende Nachricht ja bereits einige brisante Fragen. Wie war er in Lagos überhaupt ohne Pass in ein Flugzeug gelangt? Und war er nicht eben gerade ohne Papiere in die Niederlande eingereist? Wozu später die Frage kam: Schleppte er seinen Brand-/Sprengsatz etwa die ganze Zeit mit sich herum – von Flughafen zu Flughafen, von Flugzeug zu Flugzeug?

## Im Netz der Dienste

Verwirrend. Wie kann so jemand mit traumwandlerischer Sicherheit und Unterstützung elegant gekleideter Herren von einem Flugzeug ins andere umsteigen? Vielleicht sollten wir einmal einen Blick auf die am Amsterdamer Flughafen zu jener Zeit tätigen Sicherheitsfirmen werfen: »Die Sicherheitsfirma, die Abdulmutallab in Schiphol passieren ließ, heißt *ICTS*«, schreibt Engdahl in *Kopp exklusiv* 2/2010. »Das ist ein Unternehmen mit Sitz in Israel und im niederländischen Amstelveen.« Genau diese

Firma geriet später in Verdacht, beim Boarding von Abdulmutallab »versagt« zu haben: Die israelische Firma *ICTS* und zwei ihrer Töchter seien »im Zentrum einer internationalen Untersuchung, bei der Experten nach Gründen für die Fehler suchen, die es Umar Farouk Abdulmutallab ermöglichten, an Bord von Flug 253 der Northwest Airlines zu gehen …«, schrieb die israelische Tageszeitung *Haaretz* am 10. Januar 2010. Tochterfirmen von *ICTS* sind u. a. die Sicherheitsunternehmen I-SEC und PI (Pro-Check International).

*Haaretz*-Recherchen hatten ergeben, dass das Sicherheitspersonal und dessen Aufsicht im Fall von Abdulmutallab hätten Verdacht schöpfen müssen: »Sein Alter, Name, die unlogische Reiseroute, das teure, im letzten Moment gekaufte Ticket, das Boarding ohne aufgegebenes Gepäck und viele andere Zeichen hätten ausreichen müssen, um das Sicherheitspersonal zu alarmieren und eine weitere Untersuchung des Verdächtigen zu rechtfertigen. Dennoch erlaubte ihm die Sicherheits-Aufsicht von I-SEC und PI, an Bord zu gehen.«

Noch merkwürdiger ist, dass *ICTS* »im Dezember 2002 auch den ›Schuhbomber‹ Richard Reid für einen Flug von Paris nach Miami anstandslos passieren« ließ, berichtet Engdahl. In der Tat eine seltsame Übereinstimmung. Aber wir haben es ja auch mit zwei fast identischen »Bombern« zu tun. Beide

- traten in unmittelbarer zeitlicher Nähe zu Weihnachten auf (22. bzw. 25. 12.),
- erschienen verwahrlost/ungepflegt am Flughafen,
- waren Einzelgänger (zumindest im Flugzeug),
- hatten Schwierigkeiten beim Check-in/Boarding,
- trugen eine unentdeckte »Sprengladung« am Körper,
- verhielten sich auffallend ungeschickt bei der versuchten Zündung des Spreng-/Brandsatzes, die denn auch misslang,
- wirkten abwesend und desorientiert.

Und beide

- wurden den oben genannten Berichten zufolge von demselben Geflecht aus Sicherheitsfirmen an Bord gelassen.

Warum, fragt Engdahl, »hat das angeblich so gut geschulte I-SEC-Personal also den mutmaßlichen Bombenattentäter aus Nigeria nicht daran gehindert, das Flugzeug zu besteigen?« Tja, warum? Hängt es damit zusammen, dass diese »Sicherheitsfirmen«, genau wie wahrscheinlich die Firma von Mutallab senior, gewissen Geheimdiensten etwas zu nahe stehen? Geheimdiensten, die im Übrigen Macht und Bedeutung aus der ständigen Terrorangst schöpfen, während die ihnen nahe stehenden Firmen das Geschäft ihres Lebens machen. »In der Führungsetage von *ICTS* sitzen ehemalige israelische Sicherheitsfachleute«, berichtet Engdahl. Mit der *ICTS*-Tochter I-SEC »gut vertraute Quellen berichten«, so Engdahl weiter, »die Führungsmannschaft habe Verbindungen zum israelischen Militär, zu den israelischen Geheimdiensten Mossad und Shin Bet«. Eine Verschwörungstheorie? Aber auch laut der israelischen Tageszeitung *Haaretz* wurde *ICTS* »1982 von früheren Mitgliedern des Shin Bet und der El Al Security gegründet«. Und *ICTS* selbst hält es wohl für eine Empfehlung, wenn es auf der firmeneigenen Website heißt: »*ICTS* wurde 1982 von einer ausgewählten Gruppe von Sicherheitsexperten, früheren Offizieren und Veteranen von Nachrichten- und Sicherheitsdiensten gegründet.« Wurde Abdulmutallab also von ehemaligen Mossad- und Shin-Bet-Agenten an Bord gelassen?

## Hase und Igel

Mit diesen Firmen verhält es sich wie mit Hase und Igel: Fliegt ein Terrorist an einem Flughafen mit *ICTS*-Personal ab, ist *ICTS* auch bei der Landung oft schon vor Ort. Die *ICTS*-Tochterfirma I-SEC beispielsweise ist laut eigener Website »in den Niederlanden,

Großbritannien, Deutschland, Frankreich, Russland, Spanien, Italien, Belgien, Ungarn, Rumänien und Japan tätig und fährt fort, in andere Länder zu expandieren«. Demnach steuert das israelische Firmengeflecht rund um *ICTS*/I-SEC über sein global gespanntes Netz in erheblichem Maße den Zutritt zu Flugzeugen – und bestimmt demnach mit darüber, wer letztlich an Bord darf und wer nicht. Teile des US-Marktes hat sich inzwischen die *ICTS*-Tochter Huntleigh unter den Nagel gerissen. Nach einem Bericht des renommierten israelischen Online-Informationsdienstes *DEBKAfile* vom 31. Dezember 2001 landete zum Beispiel »Schuhbomber« Reid nach seinem Start vom *ICTS*-»betreuten« Flughafen Paris-Charles de Gaulle wieder auf einem von *ICTS*-Personal »betreuten« Flughafen. Nach seinem »Anschlagsversuch» wurde sein Flug zum Logan Airport in Boston umgeleitet. Und dort war für Sicherheitsaufgaben die *ICTS*-Tochter Huntleigh verantwortlich. Nur dreieinhalb Monate zuvor hatten noch ganz andere Terroristen in Boston Station gemacht, und zwar die Hijacker vom 11. September 2001, die Flug (American Airlines) AA 11 und (United Airlines) UA 175 in ihre Gewalt brachten. Sie gingen am Logan Airport an Bord. Was den »Schuhbomber« angeht, so glaubten amerikanische Sicherheitsexperten laut *DEBKAfile*, dass »irgendjemand bei *ICTS* wusste, dass Reid diesen Flug nehmen wollte, und übermittelte das nach Israel, wo die Information zurückgehalten worden sei«.

Hatten israelische »Sicherheitskreise« hier also die Finger im Spiel? Aber kann das sein? Denn schließlich habe Abdulmutallab selbst nach der Landung erklärt, im Auftrag von Al Qaida im Jemen gehandelt zu haben – das jedenfalls behaupten »US-Offizielle« (politico.com, 25.12.2009). Darüber hinaus meldete sich auch eine Gruppe namens »Al Qaida in the Arabian Peninsula« (AQAP) und ließ wissen, Abdulmutallabs Anschlagsversuch sei als Vergeltung für US-Attacken auf Al-Qaida-Stützpunkte im Jemen gedacht gewesen. Nur dumm, dass die US-Angriffe erst am 17. Dezember 2009 begannen. Da hatte Abdulmutallab sein Ticket aber bereits gekauft (am 16.12.2009, Quelle: *hintergrund.de*, 9.1.2010). Von der Echtheit dieses Schreibens ist daher nicht viel zu halten. Die jemenitische Regierung behauptete, »bei diesen Al-Qaida-Terroristen handele es sich in Wirklichkeit um ›israelische Agenten‹« (*Kopp exklusiv*, a. a. O.).

## *3. Januar* Nacktscanner: Versprochen – gebrochen

»Read my lips« – wörtlich übersetzt »Lest es von meinen Lippen ab«, im übertragenen Sinne: »Hört mir genau zu« oder »Ich sag's nicht zweimal«. Kennen Sie diesen Spruch? Vollständig lautete er: »Read my lips: no new taxes« (sinngemäß: »Ihr könnt mich beim Wort nehmen: keine neuen Steuern«). Diesen Satz sprach der republikanische US-Präsidentschaftskandidat George H. W. Bush am 18. August 1988 bei einer Rede auf der Republican National Convention. Nur um bereits 1990, nach seiner Wahl, gleich eine ganze Reihe von Steuern zu erhöhen. Daher ist die Floskel, die eigentlich der besonderen Glaubwürdigkeit dienen sollte, zum geflügelten Wort für eine Lüge geworden. Beim nächsten US-Präsidentschaftswahlkampf zwischen Bush und dem demokratischen Kandidaten Bill Clinton im Jahr 1992 wurde der Satz zur Munition gegen Bush und gilt als einer der Gründe, warum er die Wahl verlor. Ein Vorgang, der sich im Jahr 2010 in Deutschland übrigens ähnlich mit der FDP wiederholte, die zunächst Steuersenkungen versprach, das Versprechen später aber brach.
In der Politik gibt es viele »Read my lips«. Am 3. Januar 2010 staunt das Publikum zum Beispiel nicht schlecht, als Polizei und Politik im Gefolge der Affäre um den »Unterhosenbomber« plötzlich erklären, die Passagiere an Flughäfen müssten künftig von sogenannten Nacktscannern durchleuchtet werden. Die Geräte zeigen den Körper des Betreffenden ohne Kleidung.

## Guantánamo ist überall – besonders im Flugzeug

Nach dem offensichtlich inszenierten Terroranschlag vom 25. Dezember 2009 soll der würdelose Alptraum an unseren Flughäfen neue Dimensionen erreichen: Arme heben, Gürtel lösen, Schuhe ausziehen, Körper betasten und die ganze Kleidung durchleuchten lassen: Wenn jemand diese Maßnahmen und Pläne vor zwanzig Jahren vorausgesagt hätte, wir hätten ihn für verrückt erklärt. Niemals würden sich Millionen Flugpassagiere so etwas gefallen lassen.

Dabei ist diese Maßnahme ganz »billig« zu haben. Man muss nur drei Hochhäuser sprengen und zur Gedächtnisauffrischung alle paar Jahre einige von Geheimdiensten angeheuerte Figuren in einem Flugzeug zündeln lassen. Irgendjemand macht ein Streichholz an, ein anderer wirft sich auf ihn und gibt hinterher ein paar Interviews – und weiter geht die Fahrt in den Orwellschen Staat. Das Ganze ist zum Teil nichts weiter als eine Dressurnummer: Was kann man mit den Passagieren wohl noch alles veranstalten? Ohne Schuhe und ohne Gürtel an Bord gehen? Nicht mehr sprechen dürfen? Und dann?

Flugzeug und Flughafen sind längst zum totalitären Experimentierlabor mutiert. Reisende werden am Flughafen inzwischen behandelt wie im Hochsicherheitstrakt eines Gefängnisses. Mich erinnert das Ganze an die bedauernswerten Figuren, die mit Augenmasken und Ohrenschützern gefesselt hinter dem Stacheldrahtzaun von Guantánamo knieten.

Übertreibe ich? Keineswegs: »Nach dem vereitelten Anschlag auf einen Airbus der Delta-Northwest-Airlines sollen jetzt schärfere Sicherheitsbestimmungen durchgesetzt werden«, hieß es am 27. Dezember 2009 auf *blick.ch:* »So müssen Passagiere bei Flügen in den USA in der letzten Stunde vor der Landung sitzen bleiben.« Was nichts anderes bedeutet, als dass man Menschen auf diese Weise selbst den Gang zur Toilette verwehrt. »Ausserdem dürfen die Reisenden in diesem Zeitraum nicht mehr an ihr Handgepäck. Und während des gesamten Flugs dürfen sie keine Gegenstände auf dem Schoss haben!«

## »Read my lips«

Doch zurück zum 3. Januar 2010 und »Read my lips«. »Der Vorsitzende des Bundestags-Innenausschusses, Wolfgang Bosbach (CDU), ist zuversichtlich, dass die weiterentwickelte Scanner-Technologie schon 2010 auch hierzulande zum Einsatz kommen wird«, berichtet *Spiegel Online* am 3. Januar 2010. »Nach meiner Einschätzung werden wir in einem halben Jahr mit Testversuchen auf deutschen Flughäfen beginnen können«, wird Bosbach zitiert. »Die schwarz-gelbe Koalition würde die Geräte am liebsten noch in diesem Jahr flächendeckend einsetzen«, so die Website des *Spiegel*.

Aber laut *Tagesspiegel* vom 24. Oktober 2008 hatte Bosbach die Nacktscanner noch gut ein Jahr zuvor mit der Bemerkung: »Man muss nicht alles machen, was technisch machbar ist«, abgelehnt. Das Bundesinnenministerium hatte im Jahr 2008 die Einführung sogenannter Nacktscanner in Deutschland sogar »ausgeschlossen«, berichtete *RP Online* am 24. Oktober 2008. »Da kann ich Ihnen mit aller Klarheit sagen, dass wir diesen Unfug nicht mitmachen«, sagte eine Sprecherin von Wolfgang Schäuble laut *Handelsblatt Online* vom selben Tag. »Die Geräte würden in Deutschland nicht zum Einsatz kommen.« Im Jahr 2010 war das alles natürlich längst vergessen. Wolfgang Schäuble (CDU) war inzwischen Bundesfinanzminister geworden und daher nicht mehr zuständig. Allerdings stand er bei den Bürgern ja nicht als Wolfgang Schäuble, sondern als Bundesinnenminister im Wort. Und daher hätte sich das Bundesinnenministerium an Schäubles Wort halten müssen. Doch davon war natürlich keine Rede. Schäubles Nachfolger Thomas de Maizière kündigte den ersten Einsatz der Körperscanner für den September 2010 an.

Auch der Vorsitzende der Gewerkschaft der Polizei (GdP), Konrad Freiberg, war in dieser Frage bereits ein alter Bekannter. 2008 wandte sich Freiberg »entschieden gegen Einführung solcher Durchleuchtungsgeräte für Flugreisende« (*Handelsblatt Online,* 24.10.2008). Und er wusste auch genau, warum: »Bei den Bodyscannern sei das sittliche Empfinden schwer gestört, zudem sehe er auch keinen großen Sicherheitsgewinn.« »Das Sicherheitsniveau an Flughäfen lässt sich durch Körper-Scanner sicher nicht verbessern«, zitierte *RP Online* den Polizeistrategen. »Die neuen Scanner seien aus Sicherheitsgründen unbedingt notwendig«, erklärte hingegen derselbe Freiberg laut *Spiegel Online* vom 3. Januar 2010.
Voilà – der »Unterhosenbomber« macht's möglich. Alle waren jetzt plötzlich für den Nacktscanner am Flughafen: die Union, die FDP und die Polizei. Begründung für den winzig kleinen Schwenk: Die Geräte würden die Körper der Passagiere nur noch »schematisch« zeigen. »Read my lips« …

## *4. Januar* Der »Klima-Kasper« kommt

Ich weiß nicht, ob Sie das schon wussten, aber Deutschland hat einen »Klima-Kasper«. Das erfahre ich am 4. Januar 2010 aus dem *Münchner Wochenanzeiger.* Gerade will ich mich beruhigt zurücklehnen, da frage ich mich: Was ist eigentlich ein »Klima-Kasper«? Und wozu braucht Deutschland den? Ich lese also weiter: »Wenn sich der Klima-Kasper und sein Kumpel Stromi gemeinsam mit den Kindern auf die Jagd machen, dann haben die Energieräuber keine Chance mehr.« Eine verdammt gute Nachricht! Und als ich weiterlese, wird mir klar: Ich hatte ja keine Ahnung! Der »Klima-Kasper« ist ausschließlich edel, hilfreich und gut und klärt unsere Kinder über die Klimakatastrophe auf – und was das Schönste ist: natürlich vollkommen uneigennützig!

»Zur Bescherung kam der Klima-Kasper!«, hatte beispielsweise erst kurz zuvor die *Bild*-Zeitung gejubelt (22.12.2009). Die Kinder vom SOS-Mütter- und Kindertageszentrum München-Neuaubing hätten es ja oft nicht leicht, jammerte das Blatt: »Daheim ist das Geld meist knapp. Gerade zur Weihnachtszeit tut das besonders weh.« Aber freut euch: »Gestern kam Licht ins Dunkel«! Der »Klima-Kasper« war da! Nun hat der nicht etwa die drückende materielle Not der Kinder gelindert. Aber er hat ihnen lustige Schnurren über Energie und Klima erzählt, und das ist doch schließlich auch bares Geld wert. Und zwar für die Lampenindustrie.

## Der Goldesel der Elektroindustrie

Kaum zu glauben, aber wahr: Durch deutsche Schulen und Kindergärten tourt ein lustiger Ideologie-Kobold namens »Klima-Kasper«, der die Kleinen auf Klima-Linie bringen soll. Auf seiner dritten »Deutschlandtournee« klapperte diese Figur zum Beispiel Kindergärten und Grundschulen in siebenundfünzig Städten und Gemeinden ab. Mit Wissenschaft hat dieser Schwindel, wie spätestens seit der Aufdeckung von Datenmanipulationen durch die »Klimaforscher« hinreichend bekannt sein dürfte (»Climategate«), zwar nichts zu tun, mit Umsatz dagegen sehr viel.

Besonders die »klimafreundliche Energiesparlampe« ist der neue Goldesel der Elektroindustrie, besteht sie doch nicht nur aus etwas Glas, Metall und einem winzigen Glühfaden (wie die Glühbirne), sondern aus jeder Menge Elektronik, die sogar einem ausgewachsenen Transistorradio zur Ehre gereichen würde: Platine, Schalttransistoren, Gleichrichterdioden, Vorschaltdrossel, Steuertransformator und Elektrolytkondensator. Dementsprechend kostet die »Energiesparlampe« auch ein Vielfaches der guten alten Glühbirne. Die Glühbirne enthält dagegen überhaupt keine Elektronik. Die 220 Volt werden direkt von der Fassung an den Glühfaden weitergegeben, der mit Hilfe des durchgeleiteten Stroms zu glühen beginnt. Mit anderen Worten, die Elektroindustrie dreht den Verbrauchern unter dem Deckmäntelchen Energiesparen und Umweltschutz Transistorradios an – und damit jede Menge künftigen Elektronikschrott.



## Kinder sind die besten Drücker

Und die besten Drücker sind immer noch die Kinder. Bei den Theaterstücken des »Klima-Kaspers«, heißt es auf der Website des Puppentheaters, »begreifen die Kinder spielerisch und auf unterhaltsame Weise, wie einfach es ist, im Alltag zu Hause oder im Kindergarten Energie und Ressourcen zu sparen«, und »wie man auch bei der Beleuchtung Strom sparen kann«.
Klar – natürlich mit »Stromi«, dem besten Freund des Klima-Kaspers: »Kasper und sein Freund Stromi, die personifizierte Energiesparlampe, geben zudem noch weitere Tipps zum Energiesparen: z. B. die Verwendung von Energiesparlampen …« Der Böse im Spiel ist der Energieräuber »Schlapphut«, der Energiesparen hasst und Energie »mit großem Vergnügen« verschwendet – und vermutlich auch keine Energiesparlampen kaufen würde. Mit diesem »Stromi«-Erzfeind und Energiesparlampen-Muffel möchte sich natürlich kein Kind identifizieren. Und, so heißt es auf der Website des »Klima-Kaspers« weiter: »Fachleute wissen: Kinder nehmen Tipps vom Kasper eher an als von Eltern und ErzieherInnen. Und wenn die Kinder es wissen, wissen die Eltern es auch!« So kriegen die Kleinen als ersten Job in ihrem Leben eine Stelle als ehrenamtliche Lampenvertreter und schaffen zu Hause Akzeptanz für die in Wirklichkeit umweltschädliche »Energiesparlampe«.

## »Energiesparlampe«: eine miese Ökobilanz

Die hat das bitter nötig, denn anders als ihre immer wieder gern zitierte »Energiebilanz« sieht ihre gesamte »Ökobilanz« (in die nicht nur der Stromverbrauch, sondern z. B. auch der anfallende Müll einfließt) ziemlich schlecht aus. Statt etwa 22 bis 24 Gramm, wie bei einer Glühbirne, fallen bei einer »Energiesparlampe« am Ende der Lebensdauer rund 70 bis 100 Gramm Müll an, also das Drei- bis Vierfache. Und das ist nicht irgendein Müll. Neben dem erwähnten Elektronikschrott fallen bundesweit jedes Jahr etwa drei Tonnen giftiges Quecksilber durch die »Energiesparlampe« an, das nur in den seltensten Fällen dort landet, wo es hingehört – im Sondermüll. Etwa 2,7 Tonnen wandern einfach in den Hausmüll. Und genau deshalb trommelt der »Klima-Kasper« auch eifrig für eine fachgerechte Entsorgung der ach-so-guten Lampe – weil sich die Entsorgungsprobleme eines Tages als Bumerang für das Geschäft erweisen könnten. Je mehr der Schwindel mit der »Energiesparlampe« ans Licht kommt, umso mehr wächst die Gefahr eines Rückschlags für das teure und nutzlose Gerät.

Aber ich kann mich beruhigen. Veranstaltet wird die Klima-Kasper-Tour schließlich von einem »nicht gewinnorientierten Münchner Unternehmen«, nämlich der Lightcycle Retourlogistik, wie mich der *Münchner Wochenanzeiger* vom 4. Januar 2010 aufklärt. Moment – »nicht gewinnorientiertes Unternehmen«? Ist das nicht ein Widerspruch in sich? Tatsächlich gewährt jeder, der den Umwelt-Kasper in seine Schule oder seinen Kindergarten lässt, indirekt der Lampenindustrie Einlass. Gesellschafter der Firma Lightcycle sind die Lampenhersteller Osram, Philips, Radium, Sylvania, Narva, Heräus, GE Lighting, BLV Licht und Aura. »Mit gezielten Verbraucherinformationen und bundesweiten Aktionen schärfen wir das Bewusstsein für energiesparende Beleuchtung …«, rühmt sich Lightcycle. »Bewusstsein für energiesparende Beleuchtung?« Damit kann eigentlich nur das Marketing für die teure und nutzlose »Energiesparlampe« gemeint sein. So frech spannt die Elektroindustrie Kinder für ihre Profitinteressen ein.

### »s'cooltour« – verdeckte Werbung der Elektroindustrie

Lightcycle sponsert noch eine andere Werbekampagne, nämlich die sogenannte »s'cooltour« bei der es um Klimawandel und Klimaschutz geht: »Spannende Klima-Experimente sollen die junge Generation für das Thema Klimaschutz begeistern. Altersgerecht erklären Umweltpädagogen Ursachen und Folgen des Klimawandels und zeigen, wie jeder in seinem Lebensumfeld zum Schutz des Klimas beitragen kann.« Da geht den Kindern natürlich ein Licht auf – und zwar das trübe Licht einer Energiesparlampe. Die Kinder »können mit einer Wärmebildkamera ihre eigene Körpertemperatur ›sehen‹ und einfache Glühlampen mit Energiesparlampen vergleichen.« Wer dabei wohl gewinnt? Natürlich die »Energiesparlampe«!

Für Schulen und Lehrer, die politisch korrekten Anliegen gern ihre Türen öffnen, ein verlockendes Angebot, zumal zwei Unterrichtsstunden glatt von der Lampenindustrie gestaltet werden. Und auch für die Schüler ist die Präsentation wahrscheinlich prickelnder als der normale Unterricht. Wobei es der Lampenindustrie nicht um Bildung geht, sondern schlicht um Marketing. Die Klima-Schultour wurde denn auch von einer PR-Agentur ausgearbeitet, und zwar der Münchner MPA Marketing und Public Relations Agentur GmbH. Beim Internationalen Deutschen PR-Preis 2009 (vergeben von der Deutschen Public Relations Gesellschaft e.V.) landete die Klima-Schultour auf dem 2. Platz in der Kategorie Umwelt/Natur.

Zweifellos zu Recht: So viel verdeckte PR für die Großindustrie hat in jedem Fall die Anerkennung der Branche verdient. »Bis heute haben über 70 000 Besucher die s'cooltour erlebt«, ergeht sich MPA Marketing in Eigenlob. Für 2010 seien die ersten Buchungen der »s'cooltour« schon getätigt; Terminkontingente stünden »Unternehmen, die ihr Umweltengagement an Schulen einbringen möchten«, offen. Und die Botschaft der Unternehmen »wird von MPA individuell, behutsam und pädagogisch sinnvoll in das Konzept eingebunden«. Neben Schulen und Kindergärten stellt sich auch das Umweltbundesamt in den Dienst der Lampenindustrie, indem es die Bemühungen von Lightcycle unterstützt, ebenso wie Bundesbildungsministerin Annette Schavan, die als Schirmherrin der verdeckten Werbekampagne der Elektroindustrie fungiert.

## *12. Januar* Haiti: Erdbeben on demand?

Kennen Sie den: Gab es früher ein Erdbeben, kam das Rote Kreuz. Gibt es heute ein Erdbeben, kommt erst mal ein US-Flugzeugträger. Dabei ist das leider kein Witz: Nach einem Erdbeben am 12. Januar 2010 besetzen die USA die Karibikinsel Haiti. Das Erdbeben hatte die verheerende Stärke von 7,0 bis 7,2 auf der Richterskala. Mehrere hunderttausend Menschen starben. Alles läuft ab wie bei einem militärischen Angriff, nur dass es sich eben um ein »natürliches« Erdbeben gehandelt haben soll. Der Präsidentenpalast wurde durch das Erdbeben genauso zerstört wie die lokale UN-Vertretung. »Parlament, Ministerien, Gefängnisse – die Institutionen des Staates liegen in Trümmern«, so *Spiegel Online* am 18. Januar 2010. Jedenfalls die Institutionen des Staates Haiti. Die Institution des Staates USA in Haiti stand dagegen nur wenige hundert Meter entfernt wie ein Fels in der Brandung: die Botschaft der Vereinigten Staaten von Amerika. »Das Gebäude der US-Botschaft widerstand dem Erdbeben und wurde zu einem Zentrum für die medizinische und sonstige Betreuung für Haitianer und Amerikaner«, meldete die Los Angeles Times am 13. Januar 2010. Damit verfügte ein fremder Staat plötzlich über die einzige funktionierende Regierungseinrichtung in dem durch das Erdbeben verwüsteten Karibikstaat.



## Ein Land wird sturmreif gebebt

Wie bei einem feindlichen Angriff nahmen US-Soldaten mitten in dem herrschenden Chaos den strategisch wichtigsten Punkt ein – den Flughafen von Port-au-Prince. Ein Bombardement hätte die Aktion nicht besser vorbereiten können. Apropos »Bombardement«: »Das Erdbeben der Stärke 7,0 auf der Richterskala, welches Haiti am Dienstag getroffen hat, war 35-mal stärker als die Atombombe auf Hiroshima (Japan) am Ende des Zweiten Weltkriegs«, hieß es auf der lateinamerikanischen Nachrichtenseite latina-press.com. »Laut Roger Searle, Professor für Geophysik an der University of Durham (UK), wurde durch das Jahrhundertbeben in der Karibik eine Energie von mehr als einer halben Million Tonnen TNT freigesetzt.«
Der Vergleich mit einem Bombardement ist also nicht so weit hergeholt. Das ganze Land wurde praktisch sturmreif gebebt. Das Epizentrum des Bebens lag Berichten zufolge »etwa sechzehn Kilometer westlich von Port-au-Prince in zehn Kilometer Tiefe«. Haitis Präsident René Préval, der aus Versehen bzw. »wie durch ein Wunder« überlebte, kapitulierte denn auch prompt bzw. trat »die Hoheit für den Flughafen … an die USA ab«, so *Spiegel Online*.

## Beistand vom Bruderstaat

Erstaunlich. Wenn man nicht wüsste, dass der Aktion ein Erdbeben vorausgegangen war, könnte man wirklich glauben, die Flughafenbesetzung sei Teil eines US-Angriffs auf Haiti gewesen. Tatsächlich, so *Spiegel Online* in entwaffnender Offenheit, entwickelte sich Haiti nach dem Beben »wieder zur Kolonie«:

»Die USA, Frankreich und Brasilien streiten bereits um die Vorherrschaft im Land. Die haitianische Regierung schaut ohnmächtig zu.«
Statt Hilfsflügen erhielten US-Truppenflüge bevorzugt Landeerlaubnis. Flugzeuge mehrerer Hilfsorganisationen seien in die Dominikanische Republik umgeleitet worden, so der *Tagesspiegel* vom 17. Januar 2010. Um Hilfe ging es also nicht in erster Linie, denn sonst hätten natürlich Hilfsflüge zuerst landen müssen. Die USA hätten den Flughafen »annektiert«, wurde der französische Außenminister Bernard Kouchner zitiert. »Wir werden heute, morgen und in Zukunft hier sein«, kommentierte US-Außenministerin Hillary Clinton die Besetzung bzw. Bebenhilfe auf Haiti.
Aber wieso »Besetzung«: Schließlich handelte es sich doch um einen Hilferuf, und es hieß, die USA seien vor Ort, um Haiti »Beistand« zu leisten. Genau. Denn schließlich war auch die Sowjetunion ihren Bruderstaaten stets zu Hilfe geeilt – um ihnen mit Panzern und Soldaten »Beistand« zu leisten.

## Öl vor Port-au-Prince

Reibt man sich da nicht heftig die Augen? Ist das nicht das merkwürdigste Erdbeben, das man je gesehen hat – zumindest aber die merkwürdigste Erdbebenhilfe? Sieht die Hilfsaktion der Vereinigten Staaten nicht verdächtig nach einer Invasion aus? Schließlich ist Haiti von strategischer Bedeutung. So liegt es zum Beispiel direkt gegenüber der in den USA verhassten Insel Kuba.
Beweise dafür, dass es der US-Regierung in Haiti um mehr gehe als nur darum, die Not der haitianischen Bevölkerung zu lindern, fänden sich »in den direkt gegenüber von Port-au-Prince gelegenen Gewässern vor Kuba«, schreibt der Geoanalytiker F. William Engdahl (*Mit der Ölwaffe zur Weltmacht. Der Weg zur neuen Weltordnung,* Wiesbaden 1992). So hätten Ölgesellschaften im Oktober 2008 den Fund eines »Super-Giant«-Feldes unter dem

Meeresboden vor der kubanischen Küste gemeldet: »Schätzungen zufolge enthält das kubanische Feld bis zu 20 Milliarden Barrel Öl, es ist damit das zwölftgrößte seit 1996 entdeckte Super-Giant-Feld.« Es sei »durchaus denkbar«, dass dieser Fund Kuba »zur Zielscheibe weiterer Destabilisierungen und schmutziger Operationen von Seiten des Pentagon machen wird« (*Kopp Online*, 4.2.2010).
Aber Erdbeben kann man schließlich nicht künstlich erzeugen. Oder doch?

**»Erdbeben verboten!«**

Das kann doch nur reinste Science-Fiction sein: »Auf den ersten Blick neigt man dazu, ›Erdbeben on demand‹ als schlichten Blödsinn abzutun«, schreibt Jerry E. Smith, Autor des Buches *Weather Warfare* (»Wetter-Kriegführung«, Kempton, Illinois, 2006). »Eine solche Bauchreaktion wird den wissenschaftlichen Tatsachen aber wohl nicht gerecht. Tatsächlich haben Wissenschaftler auf der ganzen Welt verschiedene Mechanismen erkannt und dokumentiert, mit deren Hilfe menschliche Aktivitäten Erdbeben ausgelöst haben.« Demnach wäre also auch hier alles wie immer gewesen: Einer zufälligen Beobachtung folgt eine bewusste Reproduktion und wenn möglich eine neue Technologie. So funktionierte menschlicher Erfindergeist schließlich von jeher.
Verschiedene Aktivitäten können Störungen in der Erdkruste bewirken, indem zum Beispiel Spannungen zwischen tektonischen Platten plötzlich gelöst werden (etwa durch Atomexplosionen oder Einbringen von Wasser). Tatsächlich ist die Gefahr des Missbrauchs solcher Mechanismen so real, dass die Vereinten Nationen bereits vor fünfunddreißig Jahren (1976) ein entsprechendes Verbot verabschiedeten: die »Konvention zum Verbot des militärischen oder sonstigen feindlichen Gebrauchs von Techniken zur Modifizierung der Umwelt«. Dabei bezieht sich der letztere Ausdruck auf »jedwede Technik zur Veränderung … der Dynamik,

Zusammensetzung oder Struktur der Erde, inklusive ihrer Flora und Fauna, ihrer Kruste, der Hydro- und Atmosphäre sowie des Weltraums«. Am 17. Januar 1980 wurde die Konvention auch von den USA ratifiziert.
Das Problem ist, dass Verstöße gegen den Vertrag kaum nachweisbar sind. Dass zum Beispiel ein Erdbeben auf eine bewusste Manipulation (siehe unten) zurückgeht, lässt sich in der Praxis kausal kaum belegen. Und selbst wenn der Nachweis gelänge – wer wollte entsprechende Sanktionen verhängen und – zum Beispiel gegen die USA – durchsetzen? Dies ist der Hauptpferdefuß dieses schönen Vertragswerks, das damit das Papier nicht wert ist, auf dem es geschrieben steht.

### »Haiti-Beben ist das Ergebnis einer Erdbebenwaffe!«

Interessant daran ist, dass ein solches Verbot natürlich vollkommen überflüssig gewesen wäre, wenn beispielsweise »Techniken zur Beeinflussung der Erdkruste« nicht schon vor fünfunddreißig Jahren verfügbar gewesen wären oder sich nicht zumindest am Horizont abgezeichnet hätten. Das ganze Thema wird jedoch komplett aus der öffentlichen Diskussion ausgeblendet. Wettermanipulation oder gar Erdbebenwaffen sind ein absolutes Tabu in der westlichen Medienhemisphäre. Dabei klagten erstzunehmende Stimmen nach dem Erdbeben in Haiti die USA in der Tat eines »Bebenangriffs« auf den Karibik-Staat an. Der venezolanische Staatspräsident Hugo Chávez beschuldigte den mächtigen Nachbarn im Norden, das Erdbeben beim Test einer »tektonischen Waffe« verursacht zu haben (*Press TV*, 21.1.2010).
Auch die englische Ausgabe der *Prawda* vom 24. Januar 2010 erhob schwerwiegende Vorwürfe gegen die Vereinigten Staaten, von denen die Menschen hierzulande aus den Medien nichts erfuhren: Berichten der russischen Marine zufolge seien die USA für das Erdbeben in Haiti verantwortlich. »Die russische Nordflotte weist darauf hin, dass das Erdbeben, das Haiti verwüstete, eindeutig das

Ergebnis des Tests einer Erdbebenwaffe der US-Marine war. Die russische Nordflotte hat die Bewegungen und Aktivitäten der U.S. Marines in der Karibik seit 2008 beobachtet, als die Amerikaner bekannt gaben, die 1950 stillgelegte Vierte Flotte wiederbeleben zu wollen« (*english.pravda.ru,* 24.1.2010).

»Seit dem Ende der siebzigerjahre des letzten Jahrhunderts sind die USA mit ihren Erdbebenwaffen erheblich vorangekommen«, so *english.pravda.ru.* Das von den USA getestete System namens HAARP könne auch Wetterkatastrophen wie Überschwemmungen, Dürren und Hurrikane verursachen. Und damit waren wir 2010 ja reichlich gesegnet. Wie schrieb doch der ehemalige Sicherheitsberater von US-Präsident Jimmy Carter und außenpolitische Berater des jetztigen Präsidenten Obama, Zbigniew Brzezinski, bereits Anfang der siebziger Jahre in seinem Buch *Between Two Ages:* »Dank neuer Technologien werden den Führern der bedeutenden Nationen Methoden zur geheimen Kriegsführung zur Verfügung stehen … Verfahren zur Wetteränderung könnten eingesetzt werden, um längere Dürreperioden oder Stürme hervorzurufen.«

## HAARP ist kein Laut aus dem Comic

HAARP klingt beinahe wie ein Kunstlaut aus einem Comic. Ist es aber nicht. HAARP ist ein Forschungsprojekt der US-Streitkräfte *(http://www.haarp.alaska.edu/)* und steht für »High Frequency Active Auroral Research Program«, übersetzt: »Aktives Hochfrequenz-Programm zur Erforschung des Nordlichts«. Dafür haben Air Force und Navy mitten in Alaska einen vierzehn Hektar (etwa zwanzig Fußballfelder) großen Wald aus 180 Antennen aufgestellt. Die Anlage dient jedoch keineswegs nur der Erforschung, sondern auch der Erzeugung des bunten Himmelsflackerns. Daher der Zusatz »active«. Dem *Spiegel* vom 7. Oktober 1996 zufolge ist das mit solchen Technologien auch schon gelungen.

In Wirklichkeit interessieren sich die US-Militärs allerdings weniger für eine hübsche Himmelsillumination als vielmehr für die Schicht, in der das Nordlicht entsteht – nämlich die Ionosphäre. Diese Atmosphärenschicht ist von entscheidender Bedeutung für die drahtlose Kommunikation, und die »atmosphärischen Störungen« sind jedem Rundfunkhörer vertraut. Für Marine und Luftwaffe, die mit Schiffen und Flugzeugen über weite Entfernungen kommunizieren wollen, ist diese Schicht besonders interessant.

## Kleine Ursache, große Wirkung

Aber nach Meinung von Kritikern ist dies noch nicht die ganze Wahrheit. Was HAARP für sie verdächtig macht, ist die Tatsache, dass es dabei, genauso wie bei Erdbeben, um Wellen und Schwingungen geht. Und zwar nicht nur um Hochfrequenzwellen, sondern auch um extrem niederfrequente Kurzwellen, sogenannte »ELFs« (extremely low frequency). Laut HAARP-eigener Website arbeitet das Programm auch tatsächlich mit ELFs. Diese ELFs könnten, einmal in die Ionosphäre gesendet, dort reflektiert werden und in besonders sensiblen Bereichen der Erdkruste Resonanzen auslösen, so die Vorstellung der Kritiker. Nach dem Motto »kleine Ursache, große Wirkung« könnten sich diese Resonanzen allmählich zu schweren Erschütterungen aufschaukeln, insbesondere dann, wenn die Gegend ohnehin instabil ist. Solche »Resonanzkatastrophen« sind bisher allerdings nur aus der Architektur bekannt:

- Als im Jahr 1850 mehrere hundert französische Soldaten im Gleichschritt über die Hängebrücke von Angers marschierten, geriet diese in derartig verheerende Schwingungen, dass sie einstürzte (226 Tote).
- Als am 7. November 1940 ein nur mäßiger Wind die Tacoma-Narrows-Brücke im US-Bundesstaat Washington in selbsterregte Torsionsschwingungen versetzte, stürzte diese ebenfalls ein.

- Als am 10. Juni 2000 nur 160 Menschen im Gleichschritt über die Millenium-Brücke in London marschierten, geriet auch diese in gefährliche Schwingungen.

Genau deshalb darf übrigens laut Paragraph 27 der deutschen Straßenverkehrsordnung auf Brücken nicht im Gleichschritt marschiert werden.



### Eine Idee von Dr. Mabuse

Könnten also auch manche Erdbeben »Schwingungs-« oder »Resonanzkatastrophen« sein? Man könne beobachten, »dass es zwischen der Ionosphäre und seismischer Aktivität eine Korrelation gibt«, behauptet english.pravda.ru (24.1.2010). Tatsächlich forschen Wissenschaftler schon seit Jahrzehnten an den verschiedensten elektromagnetischen Wellen und ionosphärischen Effekten im Zusammenhang mit Erdbeben. Fachleute sprechen dabei von einem »seismo-ionospheric coupling«. Die gute Nachricht: Es geht dabei vor allem um die Erdbebenvorhersage, also um die Frage, ob ein sich anbahnendes Erdbeben elektromagnetische Wellen verursacht.
Die schlechte: Der Begriff »coupling« (Kopplung, Kuppelung) wird auch für das Einrasten einer mechanischen Verbindung verwendet. Eine mechanische Verbindung zwischen der Ionosphäre und der Erdkruste? Was für die Erdbebenvorhersage vielleicht eine gute Nachricht ist, würde getrübt, wenn diese »Kuppelung« auch andersherum funktionieren würde, sprich: wenn man durch Einspeisen elektromagnetischer Wellen und Anregung von Schwingungen in der Ionosphäre Erdbeben auslösen könnte.

### Terrorismus und US-Strategie

Tatsächlich werden solche Szenarien schon seit Jahrzehnten von den US-Streitkräften durchgespielt, zum Beispiel bei der Konferenz über »Terrorismus, Massenvernichtungswaffen und US-

Strategie« (»Conference on Terrorism, Weapons of Mass Destruction, and U. S. Strategy«) am 28. April 1997 an der Universität von Georgia. Dort zitierte niemand anderer als der damalige US-Verteidigungsminister William S. Cohen den Zukunftsforscher Alvin Toffler, »findige Geister« würden an einer Art Öko-Terrorismus arbeiten, um mit Hilfe von elektromagnetischen Wellen aus der Ferne das Klima zu manipulieren sowie Erdbeben und Vulkanausbrüche auszulösen (also genau das, was der UN-Vertrag verbietet). Und diese Gefahr sei »real«. Die Frage ist nur: Sah Cohen die künstlichen Vulkanausbrüche und Erdbeben nun als Terrorismus oder als Teil der US-Strategie? Oder ist beides etwa ein und dasselbe?

## Künstliche Katastrophen

Inzwischen werden international mindestens drei Ereignisse als mögliche Folge von »Umweltmanipulation« gehandelt:

- der asiatische Tsunami am 26. Dezember 2004 (228 000 Tote)
- das Erdbeben in China vom 12. Mai 2008 (70 000 Tote)
- das Erdbeben in Haiti vom 12. Januar 2010 (230 000 Tote)

»Fakten weisen darauf hin, dass das Erdbeben vom 12. Mai 2008 im chinesischen Sichuan mit einer Stärke von 7,8 auf der Richter-Skala ebenfalls von HAARP-Radiofrequenzen verursacht wurde«, heißt es auf *english.pravda.ru* am 24. Januar 2010. Interessanterweise konnte man vor dem Erdbeben mitten in China plötzlich eine unheimliche Himmelserscheinung beobachten, die normalerweise nicht in diesen Breiten zu finden ist: Polarlichter. Etwa dreißig Minuten vor dem Beben wurden 450 Kilometer vom Epizentrum des Bebens entfernt, in Tianshui, Provinz Gansu, Videobilder des Phänomens aufgenommen. In Meixian, 550 Kilometer vom Epizentrum entfernt, sah man solche Erscheinungen etwa zehn Minuten vor dem Beben (Quelle: *http://www.youtube.com/watch?v=KKMTSDzU1Z4).*

### Die Rechnung zahlen die Vasallen

Ob künstlich oder nicht: Genau wie im Irak und in Afghanistan wurden nun die Vasallenstaaten der USA für den Wiederaufbau des verwüsteten Inselstaates Haiti herangezogen. Das Erdbeben- und Spenden-Marketing lief schon bald auf Hochtouren. Bilder von Erdbebenopfern öffneten die Portemonnaies, eine Spendenshow jagte die andere: Ob Anne Will, Beckmann oder Kerner – alle spielten den Spendendrücker und trieben in Deutschland Millionen Euro für den Wiederaufbau der alten und neuen US-Kolonie Haiti ein. Die *Bild*-Zeitung initiierte zusammen mit dem ZDF und Thomas Gottschalk eine riesige Spendengala. Die EU versprach umgehend 400 Millionen Euro. Um die bedauernswerten Menschen Haitis ging es dabei wohl am wenigsten.



## *27. Januar* Ein Volk, ein Reich, ein Reiseführer: Wie Deutschland einen Krieg gegen Iran plant

Was wäre der Deutsche ohne seine Reiseführer! Jedes Jahr schwärmen Millionen Teutonen aus, um die Länder der Welt mit ihrer Neugier zu beglücken. Und der Reise- bzw. Sprachführer darf dabei nicht fehlen. Vorne prangt meistens das Bild einer bekannten Sehenswürdigkeit. In knappen Sätzen machen uns die kleinen Bändchen mit der Landessprache vertraut und stellen schnelle Floskeln für Alltagssituationen, ob im Café oder im Andenkenladen, bereit.

### Die Verrohung des deutschen Touristen

Nur scheint der deutsche Tourist neuerdings zunehmend zu verrohen. Jedenfalls wenn man einen Sprachführer betrachtet, auf dem vorne der Freiheitsturm von Teheran zu sehen ist. Denn die hier abgedruckten Floskeln wirken doch etwas grob: »Halt, oder ich schieße! – Ist jaa schelik mikonam! Hände hoch! – Dastaa baalaa! Widerstand ist zwecklos! – Moghawemat bifaayede ast! Geben Sie auf! – Taslim schawid!« Ist das wirklich nötig? Sollten Teheraner Kaffeehausbesitzer ihren Tee neuerdings tatsächlich nicht mehr freiwillig herausrücken? Muss der deutsche Tourist seine Erfrischungen künftig mit vorgehaltener Waffe bestellen? Und zwar nicht ohne den Wirt anschließend zu kidnappen? »Sie sind festgenommen. – Schomaa dastgir schode'id.« Und natürlich: »Mund halten! – Dscheloye dahanetuno begirid!«

Des Rätsels Lösung: Es handelt sich um einen Sprachführer der Bundeswehr. Aber wozu braucht die Bundeswehr einen Sprachführer für Persisch, also quasi »Iranisch«? Ein Sprecher des Verteidigungsministeriums erklärte gegenüber der Zeitung *Junge Welt*, dass Persisch »auch in Tadschikistan und Afghanistan eine der Amtssprachen ist« (29.12.2009).

## Ein Schwindel fliegt auf

Allerdings wird dort, wo die Bundeswehr in Afghanistan stationiert ist (im Norden), eher kein Persisch gesprochen, sondern Turkmenisch, Paschtunisch und Tadschikisch.

Dumm gelaufen. Das findet auch der Parlamentarische Staatssekretär im Bundesverteidigungsministerium, Christian Schmidt, als er sich am 27. Januar 2010 im Deutschen Bundestag einer entsprechenden Anfrage der Linken-Abgeordneten Inge Höger stellen muss. Prompt kriegt er das große Fracksausen. Höger steht offenbar im Begriff, die geheimen Kriegspläne gegen den Iran zu enthüllen. Frau Höger will wissen, warum das Bundessprachenamt, das zum Geschäftsbereich des Bundesministeriums der Verteidigung gehört, einen »Persisch-Sprachführer für die Bundeswehr« druckt, »dessen Vokabular sich insbesondere auf den Iran bezieht und militärische Befehle beinhaltet«.

Eine gute Frage. Vielleicht zu gut. Denn dem Parlamentarischen Staatssekretär zerbröselt daraufhin glatt seine pseudostaatsmännische Pose. In Afghanistan werde nun mal auch Persisch gesprochen, greift er auf die bekannte Sprachregelung zurück. Also ein Dementi. Der sich aus Högers Frage nach dem Persisch-Sprachführer der Bundeswehr möglicherweise aufdrängende Eindruck (eines geplanten Krieges gegen den Iran) sei »völlig fehl am Platze«.

»Ich habe jetzt eine Zusatzfrage«, insistiert Höger. »In diesem Sprachführer kommt zum Beispiel auch der Satz vor: ›Der Iran ist ein sehr schönes Land.‹ Von daher kann man schon den Eindruck haben, dass die Bundeswehr sich auf weitere Auslandseinsätze, zum Beispiel auch im Iran, vorbereitet. Und darauf hätte ich gern eine Antwort.« Eben. Einfache Fragen verlangen nach einfachen Antworten.

»Wenn da drinsteht: ›Der Iran ist ein sehr schönes Land‹, dann soll das so sein«, fertigt Schmidt Höger ab. »Was Sie darin lesen können oder nicht, das bleibt Ihnen überlassen. Jedenfalls wird die Bundesregierung hierzu keine Stellung nehmen.« Ach so – und was ist eigentlich mit dem verbrieften Fragerecht des Abgeordneten? Allgemeiner gesprochen: Was ist eigentlich mit der Demokratie?

Stillgestanden! Demokratie ist der einzige Exportartikel, den wir selbst nicht besitzen! Sie wolle ja gar nichts in den Sprachführer hineininterpretieren, meint Höger. »Na gut!«, stänkert Schmidt, offenbar mit seiner Geduld am Ende: »Dann fragen Sie nicht!«

Junge, Junge – so weit ist es schon? Ahmadinedschad ante portas? Beziehungsweise: Merkel ante portas? Und zwar in Teheran? Und alles fliegt nun auf – wegen eines blöden Sprachführers? Zu dumm.

Doch Schmidts Qualen sind noch nicht beendet: Warum das Verteidigungsministerium Bundeswehrsoldaten Sätze auf Persisch beibringen wolle wie »Wir gehören zu den UNO-Peace-Keeping-Kräften«, will Höger nun noch wissen.

Jetzt bricht die Afghanistan-Version endgültig zusammen. Denn die dort stationierten Kräfte können damit nicht gemeint sein, weil es sich bei ihnen nicht um UNO-Friedenstruppen, sondern um NATO-Truppen handelt.

## Wie ein Krieg gemacht wird

Damit war der Staatssekretär, der sich kaum noch unter Kontrolle hatte, schachmatt. Zu diesem Kontrollverlust zählte auch, dass er während der Auseinandersetzung mit Höger plötzlich auf einen Auftritt des israelischen Staatspräsidenten Shimon Perez Bezug nahm, der am selben Tag im Bundestag gesprochen hatte. Schmidt erinnerte daran, dass Perez den folgenden Satz aus Angela Merkels Rede vor dem US-Kongress am 3. November 2009 zitiert habe: »Ein Angriff auf Israel ist wie ein Angriff auf uns« – also auf Deutschland.

Und damit sind wir schon wieder bei Iran, denn einzig dem »Land der Mullahs« wird permanent unterstellt, »Israel von der Landkarte tilgen« zu wollen. Interessanterweise wurden wir durch Herrn Schmidt daran erinnert, wie ein Krieg zwischen Deutschland und Iran herbeigetrickst werden soll, nämlich über eine angeblich bestehende Bündnisverpflichtung zwischen Deutschland und Israel. »Und Sie, Frau Bundeskanzlerin Angela Merkel«, sagte Perez am 27. Januar 2010 tatsächlich im Bundestag, »haben die Herzen unseres Volkes mit Ihrer Aufrichtigkeit und Wärme erobert. Sie erklärten vor den beiden Kammern des US-amerikanischen Kongresses: ›Ein Angriff auf Israel kommt einem Angriff auf Deutschland gleich.‹ Diese bewegenden Worte unverbrüchlicher Unterstützung werden wir niemals vergessen.«

Eine reife Leistung – vor allem, weil diese Worte nie gesagt wurden. In Wirklichkeit sagte Merkel vor dem US-Kongress: »Wer Israel bedroht, bedroht auch uns. Deshalb tritt die freie Welt dieser Bedrohung entgegen, notfalls mit harten wirtschaftlichen Sanktionen« (laut *bundesregierung.de)*. »Harte wirtschaftliche Sanktionen« sind die äußerste Maßnahme, die Merkel hier erwähnt. Aus diesem Satz hat der israelische Staatspräsident eine militärische Bündnisverpflichtung gemacht, wie sie ähnlich zum Beispiel auch im NATO-Vertrag steht: »Die Parteien vereinbaren, dass ein bewaffneter Angriff gegen eine oder mehrere von ihnen in Europa oder Nordamerika als ein Angriff gegen sie alle angesehen wird …« Und diese vermeintliche Bündnisverpflichtung zwischen Israel und Deutschland wird wenige Stunden später von dem Verteidigungsstaatssekretär Schmidt widerspruchslos zitiert. Eigentlich eine diplomatische Sensation: Ein Staatsekretär nimmt es hin, dass seine Bundeskanzlerin nicht nur falsch zitiert wird, sondern das ganze Land auf diese Weise in ein militärisches Bündnis und möglicherweise in einen Krieg hineingezogen wird. Dem könnte man also entnehmen: Es soll einen Krieg gegen Iran unter dem Vorwand eines iranischen Angriffs auf Israel geben. Deutschland beteiligt sich aufgrund seines angeblichen Bündnisversprechens gegenüber Israel an dem Krieg. Und nach der Besetzung Irans wird dort eine UNO-»Friedenstruppe« unter Beteiligung der Bundeswehr stationiert.

Eine Kleinigkeit fehlt indes noch, nämlich der besagte Angriff auf Israel, also der Kriegsgrund. Um in dem Spiel der »Gute« zu bleiben, darf man natürlich nur »zurückschießen«, siehe 9/11 und der Krieg gegen Afghanistan. Es fehlt also noch eine irgendwie inszenierte Provokation oder ein fingierter Angriff Irans auf Israel oder seine Verbündeten. Und genau das dürfte der noch viel wichtigere Grund für die Verzweiflung des Staatssekretärs gewesen sein. Denn nach Aufdeckung des Persisch-Sprachführers ist nun klar, dass der Iran-Krieg schon vor dem angeblichen iranischen Angriff auf Israel geplant war. Womit das ganze Lügengebäude bereits einen Riss bekommt, bevor es überhaupt fertiggestellt wurde.

# Februar 2010

**Thema des Monats** *25. 2.: Verschwörungstheoretiker werden lobotomiert*

**3.2.** Die EU unterstellt den Haushalt Griechenlands der Kontrolle der EU-Kommission **6.2.** Die G-7-Staaten erlassen der De-facto-US-Kolonie Haiti die Schulden **20.2.** Die niederländische Regierung zerbricht an einem Streit über den Afghanistan-Einsatz ***22. 2. Altbundeskanzler Helmut Schmidt vergleicht Obama mit Hitler/ Die Mohammedaner kommen*** **24.2.** Margot Käßmann tritt nach Alkoholfahrt als Ratsvorsitzende der EKD zurück ***25. 2. Shutter Island: Verschwörungstheoretiker werden lobotomiert*** **26.2.** Der Deutsche Bundestag beschließt erweitertes Afghanistan-Mandat

## *22. Februar* Altbundeskanzler Helmut Schmidt vergleicht Obama mit Hitler

In der Talkshow »Beckmann« stellt Altbundeskanzler Helmut Schmidt US-Präsident Barack Obama in eine Reihe mit Hitler und Stalin. Skandal? Aufschrei? Nicht doch. Stattdessen eisernes Schweigen.

An jenem Montag sitzen Moderator Reinhold Beckmann zwei Talkgäste gegenüber. Ein weißhaariger, qualmender Helmut Schmidt im Rollstuhl und der jüdische Historiker Fritz Stern. Beide sollen an diesem Abend von Beckmann jede Menge Publicity für ihr politisch korrektes Gesprächsbuch *Unser Jahrhundert* bekommen. Doch dann wird es plötzlich alles andere als politisch korrekt.

### Du sollst nicht vergleichen!

»Es gibt eine Regel bei Diskussionen über aktuelle Themen, die sich jeder Teilnehmer merken sollte«, schrieb einmal der jüdische Journalist Henryk M. Broder: »Wer zuerst Hitler, Nazis, Drittes Reich sagt, hat die Arschkarte gezogen. So einer ist entweder NS-Sympathisant oder – noch schlimmer – er missachtet das 11. Gebot: Du sollst nicht vergleichen!«

Nur ganz besondere Persönlichkeiten können sich über dieses 11. Gebot hinwegsetzen, ja, eigentlich gibt es nur einen Deutschen, bei dem man sich das vorstellen kann. Und das ist der quasi unantastbare Altbundeskanzler Helmut Schmidt, der nun auch noch mit seinem jüdischen Freund Fritz Stern im Studio saß.

Was Helmut Schmidt »an der Redeart von Barack Obama« nicht gefalle, wollte Gastgeber Beckmann wissen.

Darauf Schmidt: »Ich habe nichts gegen die Art der Rede. Aber ich habe erlebt, dass Charismatiker hinterher mehr Unheil gestiftet haben, als sie sich selber vorgestellt haben. Immerhin – Adolf Hitler war auch ein Charismatiker.«

Pause. Beckmann und Stern hat es die Sprache verschlagen. Im Studio und in Millionen von Wohnzimmern konnte man eine Stecknadel fallen hören. Auch Stalin und Mao Tse-tung seien Charismatiker gewesen, sagte Schmidt in die Stille hinein, was die Sache auch nicht besser machte.
Der Altbundeskanzler hatte damit den amerikanischen Präsidenten Obama in eine Reihe mit Massenmördern gestellt, die Abermillionen von Menschenleben auf dem Gewissen haben, und das sollte man nie vergessen. Denn eines ist sicher: Unüberlegt oder zufällig war Helmut Schmidts Äußerung ganz bestimmt nicht.

## Rendezvous mit Hitler

Dies gilt auch für die weiteren verbalen Bomben, die Schmidt in der Sendung zündete. So habe er, Schmidt, vor einigen Wochen öffentlich dazu geraten, »keine weiteren deutschen Kampftruppen nach Afghanistan zu schicken«, weil er aufgrund seiner geographischen und geschichtlichen Kenntnis davon ausgehe, »dass es auch in Zukunft keinen afghanischen Staat geben wird, den es in zweieinhalbtausend Jahren bisher nie gegeben hatte«. Afghanistan sei nämlich kein Staat, sondern eine Nation, die aus zwölf verschiedenen Völkern bestehe. »Der Klügste, der da einmarschiert ist, das ist allerdings mehr als zweitausend Jahre her, das war Alexander der Große«, lautete Schmidts schallende Ohrfeige für die heuchlerische Politik des Westens: »Der ist vom Iran aus reinmarschiert und anschließend gleich über den Khaiberpass wieder raus marschiert Richtung Pakistan.«
Denn um Demokratie und die Errichtung eines Staates geht es dort natürlich überhaupt nicht, vielmehr um den Aufbau der weltgrößten Opiumplantage, die heute fast hundert Prozent der Welt-Opiumproduktion liefert, außerdem um die afghanischen Rohstoffe (zum Beispiel Öl) und um eine strategische Ausgangsposition für den Angriff auf das Nachbarland Iran, wofür die Bundeswehr schon mal einen Persisch-Sprachführer drucken

ließ (siehe 27. Januar »Ein Volk, ein Reich, ein Reiseführer: Wie Deutschland einen Krieg gegen Iran plant«).

Getreu dem Titel des Buches von Schmidt und Stern, *Unser Jahrhundert*, ging es im weiteren Verlauf der Sendung um viele länger zurückliegende geschichtliche Fragen, und nach dem ersten »Rendezvous« mit dem Dritten Reich folgte nun das zweite. Vorausschicken muss man die mittlerweile weithin akzeptierte Annahme, dass die meisten Deutschen von den Konzentrationslagern wussten, dazu aber schwiegen, wodurch sie in die Verbrechen des Nazistaates eingebunden wurden. In dem Buch falle auf, so Beckmann, dass Stern gar nicht so recht glauben könne, dass Schmidt die Nazigreuel gegen die Juden nicht mitbekommen und zum Beispiel auch von der Existenz von Konzentrationslagern nichts gewusst habe. Doch, er glaube ihm, so Stern, aber er glaube nicht, »dass es auf viele andere Menschen passt«. »Was wussten Sie über Dachau in der Zeit?«, fragte Beckmann Schmidt direkt. »Gar nichts«, lautete die lapidare Antwort, der schon wieder ein vernehmliches Schweigen im Studio folgte. »Gar nichts«, wiederholte Schmidt. Das Wort »Dachau« sei ihm »völlig ungeläufig« gewesen. »Das Wort ›Auschwitz‹ genauso, das Wort ›Bergen-Belsen‹ ganz genauso.« Erst gegen Ende des Krieges sei er in der Nähe von Soltau gefangen genommen und anschließend wegen Bergen-Belsen verhört worden: »Das war in der Nähe. Ich wusste nicht, was das ist. Ich hörte den Namen zum ersten Mal.«

## Ideologische Bauchschmerzen

Schon wieder ein echtes ideologisches Problem in der Sendung: Wie kann man die offizielle Ideologie vom bösen deutschen Volk, das durch seine Ignoranz gegenüber der schrecklichen Wahrheit zum Mittäter wurde, aufrechterhalten und gleichzeitig Helmut Schmidts Äußerung und Erinnerung respektieren? Man merkt Fritz Stern die ideologischen Bauchschmerzen an, als er seinem Freund Schmidt diese Darstellung lässt. Es ist ihm aber offen-

sichtlich sehr wichtig hinzuzufügen, dass er nicht glaube, dies sei auf viele andere übertragbar.
Aber genau dies impliziert die Schmidtsche Behauptung. Denn als Offizier bewegte Schmidt sich in einer großen Armee, die immer auch ein gemeinsamer Kommunikationsraum ist, in dem sich Nachrichten und insbesondere Gerüchte schnell verbreiten. Außerdem kam Schmidt viel herum. 1941 und 1942 zunächst an der Ostfront, wurde er ins Reichsluftfahrtministerium nach Berlin versetzt und war ab Dezember 1944 als Batteriechef an der Westfront stationiert. Dass man ihm seine Äußerungen glauben kann (was ja auch der jüdische Historiker Stern tut), bedeutet, dass man auch anderen glauben muss. Denn Schmidt bewegte sich nicht im luftleeren Raum. Wenn er als Offizier nichts von den Verbrechen an den Juden wusste, dann heißt das, dass auch viele andere nichts davon wussten.

## Treffen mit einem dunklen Eisberg

Vor einem solchen »Rendezvous« mit dem Thema Nationalsozialismus fürchtet sich normalerweise jeder, der sich öffentlich äußert. Bisweilen bewegt sich dieses Thema auf einen zu wie ein schwarzer Eisberg, dem man nicht ausweichen kann. Ein derartiges Zusammentreffen ist äußerst gefährlich – denn was man auch sagt, es kann einem zum Verhängnis werden. Die dunkle und undefinierbare Masse kann einen verschlingen, versenken oder beschädigen. Wieder andere gleiten einfach berührungslos durch sie hindurch, ohne dass sie irgendwelche Spuren bei ihnen hinterlässt. So schwimmen im Kielwasser des dunklen Hitler- oder Nazi-Eisbergs jede Menge politische und gesellschaftliche Leichen, egal ob sie nun Philipp Jenninger, Martin Hohmann oder Eva Herman heißen. Wieder andere versuchten sich den dunkelbraunen und toxischen Dreck durch eilfertige Entschuldigungen von der Weste zu klopfen und durften anschließend ihrer vormaligen Tätigkeit weiter nachgehen.

Nach der ARD-Talkrunde bei Beckmann am 22. Februar 2010 lautete die spannende Frage daher: Wie würden Politik und »Qualitätsmedien« auf die Sendung und auf Schmidts Äußerungen reagieren? Antwort: Schmidt gehört eindeutig zu den Personen, die unbeschadet durch den dunklen Eisberg hindurchgleiten. Statt eines Aufschreis erlebte man wieder einmal den erfolgreichen Versuch, ein aufflackerndes Feuer durch Brennstoffmangel auszuhungern. So unglaublich es scheint, aber selbst vor einem Millionenpublikum ausgebreitete Skandale und Sensationen lassen sich ungeschehen machen, indem einfach nicht über sie berichtet wird.



### Kein Redakteur spitzt den Bleistift

Noch am 7. März 2010, also zwei Wochen später, lieferte *Google News* nicht mehr als vier Fundstellen für die Suchbegriffkombination »Schmidt – Obama – Hitler«, wobei eine davon gar nichts mit dem Vorfall zu tun hatte und eine weitere nur auf ein unbedeutendes Blog verwies. So total war das Schweigen der Medien, und so perfekt funktioniert die Medienkontrolle offenbar bereits, dass kein Redakteur mehr selbständig den Bleistift spitzt.

Es ist, als würde jemand einen riesigen Felsbrocken ins Wasser werfen, und auf dem Wasser bildeten sich danach nicht die kleinsten Wellen – wäre das nicht der beste Beweis, dass wir es nicht mit natürlichem Wasser – in unserem Beispiel also mit neugierigen und offen diskutierenden Medien – zu tun haben, sondern dass mit diesem Wasser etwas nicht stimmen kann?

Nur zwei besonders zuverlässige Propagandamedien, *Welt Online* und *Spiegel Online*, nahmen sich der Aufgabe an, die Schmidtschen Äußerungen wegzuinterpretieren, ihm also sozusagen mit journalistischen Schmierstoffen durch den Eisberg zu helfen.

*Welt Online* war die Sache nur einen winzigen »Einspalter« wert. *FAZ*it des dünnen Artikels: »Gewiss, als Altkanzler darf man, ja muss man auch hin und wieder anecken. Aber das geht dann doch zu weit.«

Ausführlich erklärte uns nur *Spiegel Online*, warum wir uns über diesen Vergleich ausnahmsweise einmal nicht aufzuregen brauchten, denn: »Man weiß, wie er es meint.« Ach so – und wie meint er es, wenn er es nicht genau so gemeint hat, wie er es gesagt hat? Antwort: Schmidt sei »ein gebranntes Kind des 20. Jahrhunderts«, »ein Verführter mit deutschem Pflichtgefühl«. Seine Botschaft sei »die große Ernüchterung: Nie wieder glauben, schon gar nicht an irgendeine innerweltliche Erlösung. Selbst die Sehnsucht danach macht ihn misstrauisch.«

Dennoch bleibe ich dabei: Hätte man in einer »lebendigen Demokratie« aus gegebenem Anlass nicht doch darüber diskutieren können, ob und, wenn ja, welche Gemeinsamkeiten es zwischen Hitler, Obama und Stalin gebe? Eine Diskussion unter »Souveränen« sozusagen? Das Verbot, das Dritte Reich oder Hitler als Vergleichsmaßstab heranzuziehen, erweckt den Eindruck, als seien Ähnlichkeiten zwischen unserer Gegenwart und dem Dritten Reich ein streng gehütetes Geheimnis, über das man auf keinen Fall reden dürfe. Es bedeutet schließlich, neuen, in diese Richtung deutenden Entwicklungen hilflos ausgeliefert zu sein. Denn wenn man diesen Negativmaßstab nicht anwenden darf, dann sind solche Tendenzen oder Persönlichkeiten nur schwer auszumachen.

## *22. Februar* Die Mohammedaner kommen

An diesem Tag staune ich nicht schlecht: »Mohammed ist nun offiziell häufigster Vorname männlicher Neugeborener in Europa«, warnt mich eine E-Mail. Diese und ähnliche Meldungen geistern durch zahlreiche Blogs und Foren und verbreiten Angst und Schrecken. Suggerieren sie doch, dass sich Europa und Deutschland bereits fest in der Hand der Muslime befänden.

Sagte ich Deutschland? Nun ja, vielleicht nicht ganz Deutschland.

Auch nicht ein Bundesland. Sondern das hessische Langen. Dort sei Mohammed der häufigste Vorname für männliche Neugeborene. Alarm! Die Mohammedaner haben das bekannte Zentrum der abendländischen Kultur Langen erobert, eine etwa 36000 Einwohner zählende Kleinstadt, von wo aus sie nun zweifellos ihren Siegeszug antreten werden!

Immer schön die Moschee im Dorf lassen. Wer sich einmal die Top Ten der beliebtesten Vornamen ansieht (erstellt von der Gesellschaft für Deutsche Sprache auf der Basis von 225 Standesämtern), der entdeckt keine Spur von Mohammed. Vielmehr lauteten die zehn beliebtesten Vornamen in Deutschland im Jahr 2009:

1. Maximilian
2. Alexander
3. Leon
4. Paul
5. Luca
6. Elias
7. Felix
8. Lukas/Lucas
9. Jonas
10. David

Statt Mohammed finden sich hier neben deutschen also vorwiegend jüdische Vornamen wie Elias, Jonas oder David – wobei es sich bei den Kindern häufig gar nicht um Juden handelt; die Vornamen sind vielmehr einfach »in«. Mohammed rangiert in seinen verschiedenen Spielarten erst auf Platz 62.

Offenbar haben die durchtriebenen »Mohammedaner« in Langen also einen ziemlich einzigartigen Brückenkopf für ihre Fortpflanzung errichtet.

Aber wie steht es mit Europa? Ist der alte Kontinent inzwischen nicht tatsächlich fest in der Hand Mohammeds? Wie man's nimmt. Sollte die eingangs zitierte Meldung, dass Mohammed in Europa der häufigste Vorname für männliche Neugeborene sei, stimmen, so würde dies noch nicht viel aussagen. Denn während bei Muslimen eine Konzentration auf den Vornamen Mohammed stattfindet, gibt es bei den europäischen Vornamen eine Zersplitterung. In den siebenundzwanzig EU-Staaten werden natürlich Hunderttausende verschiedener Vornamen vergeben. Gibt eine große ethnische oder religiöse Gruppe ihren Kindern zum großen Teil *denselben* Vornamen, hat sie gute Chancen, damit den ersten Platz zu erobern, entweder in Europa oder in einzelnen Städten mit großen muslimischen »Kolonien«. Um diese Verzerrung zu beseitigen, müsste man eigentlich nach der Reihenfolge der europäischen, muslimischen, asiatischen oder jüdischen Vornamen fragen. Und da würden europäische Vornamen wohl an erster Stelle stehen.

Doch in der Meldung hieß es, auch einzelne Staaten seien fest in der Hand der Muslime: »Aus Großbritannien kam die Meldung schon Ende des vergangenen Jahres: Im ganzen britischen Königreich ist der Name Mohammed der häufigste Vorname für männliche Neugeborene« *(inge09.blog.de)*. Und in Oslo und in Brüssel sei es ähnlich.

Allerdings wurden in Großbritannien nicht weniger als vierzehn Schreibweisen für Mohammed zusammengefasst. Ob bei englischen Vornamen ebenfalls alle jeweils möglichen Schreibweisen (z. B. John, Jon etc.) zusammengefasst wurden, ist dagegen nicht ganz klar. Und auch hier gilt natürlich, dass Muslime ganz verrückt nach dem Vornamen Mohammed sind, während im restlichen Großbritannien kein solcher »Run« auf einen bestimmten Vornamen herrscht. Auch in diesem Fall wäre es also sinnvoller, muslimische Vornamen englischen Vornamen allgemein gegenüberzustellen und die Vornamen der Kulturkreise miteinander zu vergleichen.

Hinzu kommt, dass bei Muslimen Mohammed häufig nicht einmal der Rufname ist. Gerufen werden die Kinder häufig mit ihrem Zweit- oder Drittnamen. Um ein realistisches Bild zu erhalten, könnte man den Namen Mohammed auch komplett aus der Statistik tilgen.

Noch ein ganz anderer Faktor spielt ebenfalls eine Rolle. Während ein normales und gesundes Fortpflanzungsverhalten zu mindestens 2,11 Lebendgeburten pro Frau führt (da nur Frauen gebären können, muss jede Frau statistisch gesehen mehr als zwei Kinder bekommen, um eine Gesamtpopulation in der Zukunft zu erhalten), liegen die europäischen Raten etwa bei 1,31 (Italien), 1,41 (Deutschland) oder 1,78 (Norwegen). Während Muslime ein normales Fortpflanzungsverhalten zeigen, üben sich die Europäer in Baby-Abstinenz. Mit 2,21 Kindern pro Frau liegt nur noch die vielgeschmähte Türkei über der »Reproduktionsrate« von 2,11 (Quelle: *www.welt-auf-einen-blick.de*). Wer einem EU-Beitritt der Türkei skeptisch gegenübersteht, mag sich hierdurch einmal mehr in seiner Ansicht bestätigt fühlen, dass die Türkei nicht zu Europa passe.

Während Muslime noch traditionelle Familien mit Vater, Mutter und mehreren Kindern gründen, ist der Rest der Welt auf den »Genderwahn« hereingefallen. »Gender Mainstreaming« heißt ein globales Programm zur Einebnung der Geschlechterunterschiede zur Abschaffung der Mutter- und Vaterrolle. Damit verbunden sind:

- die aggressive Propagierung einer neuen Frauenrolle, in welcher der Beruf die Hauptrolle spielen soll,
- die aggressive Propagierung von Homosexualität und gleichgeschlechtlichen Ehen.

Nichts gegen die freie Entfaltung der Persönlichkeit, der (Homo-) Sexualität und gegen die Entwicklung von Beruf und Karriere – aber man muss dann natürlich auch die Konsequenzen im Auge

behalten, und die lauten, dass die europäischen Populationen zusammenbrechen.
Kinder erliegen in Europa inzwischen zunehmend der Konkurrenz durch

- Konsum
- Karriere
- Selbstverwirklichung
- Verherrlichung von gleichgeschlechtlichem Sex

Da sich Europäer offenbar aufgrund dieser Tendenzen nicht mehr ausreichend fortpflanzen, wäre es natürlich kein Wunder, wenn eine sich normal vermehrende Kultur bei den Vornamen über kurz oder lang tatsächlich einen der oberen Plätze erobern würde. »Die muslimische Geburtenrate ist dreimal so hoch wie die nichtmuslimische«, rechnete *Times Online* am 6. Juni 2007 vor. Im Durchschnitt bestehe ein muslimischer Haushalt aus 3,8 Personen.
Nun ist es aber nicht so, dass Muslime sich überproportional vermehren würden, vielmehr begehen die Europäer durch Konsum, Beruf, Selbstverwirklichung und Homosexualität eine Art demographischen Selbstmord. »Dreimal so hoch« soll wohl bedrohlich klingen. Bedrohlich ist jedoch nicht die vermeintlich »hohe Geburtenrate« der Muslime, sondern die unnormal niedrige der Europäer. Die Wut auf Muslime, für die Kinder einen wichtigen Lebensinhalt bedeuten, ist nichts anderes als die Wut der Habenichtse, die Nachwuchs durch Autos, Fernseher, Auslandsreisen, Egotrips, Haustiere und Karriere ersetzt haben und das Ideal der Familie mit Kindern inzwischen verachten.
Ginge es nach den Globalisten, würden auch die Muslime endlich die Geschlechterrollen aufgeben, was dann höchstwahrscheinlich auch sinkende Geburtenraten zur Folge hätte.

## *25. Februar* Shutter Island: Verschwörungstheoretiker werden lobotomiert

Gehören Sie auch zu den Leuten, welche die »Klimakatastrophe« für einen Schwindel halten? Oder zu denen, die glauben, dass Präsident John F. Kennedy und Martin Luther King von den Geheimdiensten ermordet wurden? Dass die CIA in den fünfziger Jahren in den USA Menschenversuche durchführte? Oder dass die bemannte Mondlandung niemals stattgefunden hat? Dann machen Sie sich auf etwas gefasst. Am 25. Februar 2010 sendet Hollywood eine subtile Botschaft an alle »Verschwörungstheoretiker«. An diesem Tag läuft in deutschen Kinos der neue Thriller *Shutter Island* an, eine düstere und beängstigende Geschichte von einer Gefängnisinsel für geistig gestörte Gewalttäter, von der im Jahr 1954 eine Gefangene verschwindet. Um die Entlaufene aufzuspüren, landen die US-Marshals Daniels und Aule auf der Insel. Doch sogleich stoßen sie auf Ungereimtheiten. Aus der Zelle der Gefangenen gab es keine Fluchtmöglichkeit, und trotz der unwirtlichen Insel und des notorisch schlechten Wetters hat die Entflohene ihre Schuhe zurückgelassen: typische Ansatzpunkte für Zweifel an der »offiziellen Version«. Und wirklich kommt die Klinik Daniels immer mysteriöser vor. Während die beiden Ermittler durch einen Hurrikan auf der Insel festgehalten werden, entwickelt Daniels eine »Verschwörungstheorie«. Er offenbart seinem Kollegen Aule, dass ein früherer Bekannter ihm erzählt habe, auf der Insel würden im Auftrag der Geheimdienste grauenhafte Menschenexperimente durchgeführt, vor allem sogenannte Lobotomien, bei denen Teile des Gehirns zerstört werden. Federführend dabei soll der von (dem unheimlich sanften) Ben Kingsley gespielte Gefängnisdirektor Cawley sein.

Während dem Zuschauer angesichts der mysteriösen Umgebung diese Idee immer plausibler erscheint, wird Daniels gleichzeitig von quälenden Erinnerungen an das KZ Dachau heimgesucht, an dessen Befreiung er als US-Soldat beteiligt war. Während Daniels seine Theorie von den Gehirnoperationen auf *Shutter Island* entwickelt, sieht er immer wieder Leichenberge aus Dachau vor sich – und das Massaker, das US-Soldaten tatsächlich bei der Befreiung am Wachpersonal des Lagers verübten und bei dem, so der ehemalige amerikanische Militärarzt Colonel Howard A. Buechner, über 500 deutsche Kriegsgefangene erschossen wurden. In dem Film wird das (reale) Massaker immer mehr zum Gleichheitszeichen zwischen Nazideutschland und den USA. Beim Zuschauer entsteht so unausgesprochen der Eindruck, dass die Vereinigten Staaten und das Dritte Reich ein und dasselbe (gewesen) sein könnten. Damit greift der Film den Kernverdacht aller »Verschwörungstheorien« über den 11. September 2001, die Kriege gegen Afghanistan und den Irak sowie die totalitären Tendenzen im Innern auf – dass die USA im Grunde nicht besser seien als Nazideutschland: diabolisch, menschenverachtend und abgrundtief böse.

Der Ort, an dem sich die Verschwörungstheorie in dem Film festmacht, ist der streng bewachte Leuchtturm der Gefängnisinsel. Dort finden die Gehirnoperationen angeblich statt. Und gerade als Daniels den Zuschauer ganz von diesem schrecklichen Verdacht überzeugt hat, nimmt er ihn mit auf einen Einbruchsversuch in den Turm, um die Theorie zu überprüfen. Während er von Etage zu Etage stürmt, verspürt der Zuschauer ein inneres Kippen – denn sämtliche Stockwerke sind leer – bis auf das oberste, wo der sanft-unheimliche Gefängnisdirektor Cawley wartet, allerdings nicht mit Operationsbesteck und greller Stirnlampe, sondern ganz zivil hinter einem Schreibtisch. Wie Schuppen fällt es dem Zuschauer von den Augen, dass er einer »paranoiden Verschwörungstheorie« aufgesessen ist – nicht nur was die angeblichen Gehirnoperationen betrifft, sondern auch hinsichtlich des ungeheuerlichen Verdachts, die USA könnten so etwas wie »das Vierte Reich« sein.

Cawley erklärt nun dem Publikum und dem vollkommen aufge-

lösten Daniels, dass niemand anderer als er selbst der gesuchte Insasse der Strafanstalt sei. Nur, um ihn endgültig von seinen Wahnvorstellungen zu heilen, habe man für ihn das Rollenspiel eines ermittelnden US-Marshals inszeniert. Sein angeblicher Assistent Aule entpuppt sich als sein behandelnder Psychiater. Die Entdeckung des leeren Leuchtturms soll Daniels (und natürlich das Publikum) von seinen Wahnvorstellungen heilen und zu der Überzeugung bringen, dass all seine Verschwörungstheorien bloß paranoider Blödsinn sind. Allerdings sei dies der letzte Versuch, machen ihm die beiden sehr besorgt wirkenden Psychiater klar.
Und nun wird es interessant, denn plötzlich widerspricht sich der Film und bestätigt indirekt doch die Richtigkeit von Daniels' Verschwörungstheorie. Ohne es auszusprechen, droht man ihm indirekt nun doch mit einer Lobotomie, sollte er nach wie vor an seinen Wahnvorstellungen festhalten. Als Daniels noch einmal in die Rolle des ermittelnden Marshals zurückfällt, wird er tatsächlich abgeführt, und eine der Begleitpersonen hält offenbar ein Paket mit Operationsbesteck in Händen. Die letzte Einstellung des Films zeigt den Leuchtturm, der wie ein erhobener Zeigefinger über die Insel und das Meer ragt – und der Zuschauer versteht, dass dies nun offenbar doch Daniels' Endstation werden soll.
Die subtilen Botschaften und Absichten des Films sind unschwer zu entschlüsseln:

1. Eine zunächst plausibel wirkende Verschwörungstheorie, in die der Zuschauer hineingezogen wird, fällt am Ende in sich zusammen und wird als pure Wahnvorstellung entlarvt.
2. Dem Zuschauer in Gestalt von Daniels wird mit einer Gehirnoperation gedroht, sollte er an der Verschwörungstheorie festhalten.

So entpuppt sich *Shutter Island* als typische Gehirnwäsche à la Hollywood.

## Obama-Berater will Steuer auf »Verschwörungstheorien«

Natürlich ist diese Interpretation von *Shutter Island* ein bisschen überzogen. Aber nur ein bisschen. Denn ein Berater von US-Präsident Barack Obama hat vorgeschlagen, »Verschwörungstheorien« zu verbieten, zu besteuern und/oder die Wahrheitssuchenden zu unterwandern und von ihrer Meinung abzubringen.

Aber das wäre doch toll! Dann hätte endlich die Geschichte von Obama bzw. Osama und den neunzehn Räubern, die am 11. September 2001 auszogen, die Weltmacht USA zu attackieren, ein Ende! Oder die Theorie von den Massenvernichtungswaffen des Saddam Hussein! Oder von den Atomwaffen im Iran! Also all der amtliche politische und militärische Schwachsinn, der seit Jahren und Jahrzehnten über der Menschheit ausgegossen wird. Aber diese Theorien sind natürlich nicht gemeint, sondern jene anderen »Verschwörungstheorien«, die den obrigkeitlichen Blödsinn ihrerseits immer wieder als Verschwörungstheorie entlarven.

Verwirrend, nicht wahr? Dies ist genau jene Dialektik von Lüge und Wahrheit, von offiziellen Versionen und »Verschwörungstheorien«, wie sie bereits in den eingangs angestellten Betrachtungen zu Positiven und Negativen zum Ausdruck kam.

»Viele Millionen Menschen glauben an Verschwörungstheorien«, heißt es in dem Aufsatz von zwei offiziellen Verschwörungstheoretikern, Cass R. Sunstein und Adrian Vermeule, aus dem Jahr 2008. Sunstein ist Professor für Rechtswissenschaften und gehört laut *FAZ.net* vom 6. November 2008 »zu Barack Obamas wichtigsten innenpolitischen Beratern«. Und weiter: »Diejenigen, die an Verschwörungstheorien glauben«, so schreibt er mit seinem Co-Autor, »können ernste Risiken heraufbeschwören, einschließlich des Risikos der Gewalt.«

Zunächst einmal müsse man die Bedingungen erkennen, »unter denen Verschwörungstheorien gedeihen«, meinen die Verfasser.

Den beiden kann geholfen werden: »Verschwörungstheorien« blühen immer dann, wenn die offiziellen Informationen so miserabel sind, dass wirklich niemand sie mehr glaubt und die Menschen nach besseren Erklärungen suchen. Das Bessere ist also auch hier der Feind des Guten bzw. das Gute ist der Feind des Miserablen. Und weil der US-Regierung inzwischen sämtliche Felle davonzuschwimmen drohen, will sie unbequeme Meinungen gesetzlich unterdrücken oder anderweitig unterminieren. Die zweite Herausforderung bestehe, so Sunstein und Vermeule, darin, Wege zu finden, wie solche Verschwörungstheorien untergraben werden können. Wie wär's damit: Einfach mal die Wahrheit sagen!

Nicht doch, das war natürlich nicht gemeint. Denn an der Wahrheit würde das US-Imperium glatt zerbrechen – zum Beispiel an der Wahrheit über 9/11. Deshalb sind die Lügen der US-Geschichte auch konstitutiv, seien es nun die Lügen über den Untergang der »Maine« im Jahr 1898, über Pearl Harbor, den Kennedy-Mord oder eben über 9/11. Die Lügen und Inszenierungen sind fester Bestandteil und Rechtfertigung für die eigene Geschichte. Daher müssen sie verteidigt werden, und wenn das nicht geht, muss man die Wahrheit entweder untergraben und/oder sogar verbieten.

Und da kennt die Phantasie keine Grenzen: »Wir können uns eine Reihe von möglichen Maßnahmen vorstellen«, schreiben die Autoren, zum Beispiel ein Verbot von Verschwörungstheorien, eine Art finanzieller oder anderer Abgabe auf die Verbreitung von Verschwörungstheorien.

Das Beste jedoch sei die »weltanschauliche Infiltration von extremistischen Gruppen«. Mit »extremistischen Gruppen« sind Leute gemeint, die sich ihre eigenen Gedanken über das Weltgeschehen machen. Und wer die Lügen der US-Regierung nicht glaubt, der muss nach dieser Lesart einfach ein Extremist sein. »Wir schlagen eine spezielle Taktik vor, um den harten Kern von extremistischen Gruppen aufzubrechen, die Verschwörungstheorien verbreiten«, fabulieren Sunstein und Vermeule. Dabei sollen Zweifel an der Verschwörungstheorie gesät und so deren »gewünschte« Aufspaltung erreicht werden. Regierungsagenten könnten sich in Chat-Räume und soziale Netzwerke begeben, um die Verschwörungstheorien »zu unterminieren«.

Aber damit hat es noch lange nicht sein Bewenden. Dass »Verschwörungstheoretiker« oder kritische Menschen immer wieder hinsichtlich ihres Geisteszustandes hinterfragt werden, ist beinahe schon zur Regel geworden. Doch nun werden heimlich, still und leise auch die Weichen gestellt, sie zu psychiatrisieren: »Seit geraumer Zeit arbeiten Psychiater an der vierten überarbeiteten Ausgabe des *Diagnostic and Statistical Manual of Mental Disorders* (DSM, ›Diagnostisches und Statistisches Handbuch psychischer Störungen‹), in die sie eine ganze Reihe neuer psychischer Störungen aufzunehmen hoffen«, schrieb Ethan A. Huff am 26. Mai 2010 in *Kopp Online*. Das DSM ist die Bibel des Psychologen und Psychiaters. Hier wurden unter anderem Phantomkrankheiten wie das »Aufmerksamkeitsdefizit- und Hyperaktivitätssyndrom« (ADHS) aus der Taufe gehoben, die dazu führten, dass Millionen Kinder, vor allem Jungen, mit Medikamenten ruhiggestellt und lebenslang apathisch wurden (siehe *Jahresrückblick 2007*). Das ist einerseits gut für die Pharmaindustrie, andererseits auch für die Politik, denn so entstehen bequeme Untertanen. Wer unter Drogen steht oder phlegmatisch ist, der kann nicht mehr stören, egal ob in der Schule oder in der Gesellschaft.

Möglicherweise, so Huff, »werden in diese neue Ausgabe des DSM ›Störungen‹ wie ›Oppositional Defiant Disorder‹ (Aufsässigkeits-Trotz-Störung) aufgenommen, die bei Menschen festgestellt werden, die ›Autoritätsfiguren gegenüber ein negativistisches, trotziges, ungehorsames und feindliches Verhalten‹ an den Tag legen«. Und so könnte es schon bald heißen: Willkommen auf *Shutter Island!*

**Thema des Monats** *25.3.:*
*Wie Helmut Kohl einst den Euro schönredete*

**2.3.** Das Bundesverfassungsgericht erklärt das Gesetz zur Vorratsdatenspeicherung für verfassungswidrig ***16.3. Sexueller Missbrauch = »wildes Leben«*** **20.3.** Hirtenbrief des Papstes zum sexuellen Missbrauch **20.3.** Ausbruch des isländischen Vulkans Eyjafjallajökull ***25.3. Euro-Krise: Wie Helmut Kohl einst den Euro schönredete 31.3. Anschlag auf das Öl?***/Eine Geberkonferenz spendiert Haiti 7,4 Milliarden Euro

## *16. März* Sexueller Missbrauch = »wildes Leben«

Sexueller Missbrauch war das Aufregerthema der ersten Monate des Jahres 2010. Seit Januar jagte eine Schlagzeile die andere, insbesondere die Kirchen wurden von den Medien unter Feuer genommen. Die eigene Doppelmoral wurde dabei natürlich nicht thematisiert. Wie sexueller Missbrauch als Skandal gleich neben sexuellem Missbrauch als erregende Pornographie existieren kann, demonstriert die *Bild*-Zeitung am 16. März 2010. »*BILD.de* erklärt, woran Sie erkennen können, ob Ihr Kind missbraucht wurde«, verspricht die Website des Trash-Blattes ihrem Publikum fürsorglich und zählt einige verdächtige Symptome auf (siehe unten). Nur um wenige Stunden später einen krassen Fall von Missbrauch zu verherrlichen: »Das wilde Leben der Nina Hagen« titelt die *Bild*-Website da in knallroten Lettern und fährt fort: »Sex schon mit zwölf Jahren, Drogen- und Alkoholexzesse, zwei Abtreibungen, ein Selbstmordversuch.«

Demnach gehören Sex mit zwölf, Drogen- und Alkoholexzesse, Abtreibungen und Selbstmordversuche schon mal per se zu einem »wilden Leben« dazu, sind also offenbar »cool«. Wie der »Sex mit zwölf« ablief, beschreibt *Bild* auch:

»Meine beste Freundin und ich waren zu einer Party eingeladen worden«, zitieren die Bild-Schreiberlinge aus Hagens neuer Autobiographie *Bekenntnisse*: »Die Party fand in einer Ostberliner Laubenpieperkolonie statt. Es gab Zigaretten und Bier, vor allem aber supercoole Leute, die alle ziemlich älter waren als wir. Mit wilden Mähnen tanzten sie sich da die Nacht um die Ohren. Plötzlich kam ER zu dieser Party … Ich fühlte mich merkwürdig stark von ihm an- und später leider auch ausgezogen.«

Der Mann war sogar so »supercool«, dass er der damals Zwölfjährigen »eine Handvoll Pillen« hinhielt.

»Nimm mal eine!«, habe er dann gesagt: »Dormutil. Gibt dir

einen wahnsinnigen Kick! Du musst ordentlich Bier hinterherkippen.« Und plötzlich habe ihr »Christian« seine Zunge in den Mund gesteckt.

»Der Alkohol- und Dormutilcocktail fuhr mir immer heftiger in den Kopf«, zitiert die *Bild*-Zeitung Hagen weiter: »Sehr bald lag ich mit Christian auf weichen Unterlagen, vielmehr lag Christian auf mir drauf und machte rätselhafte Dinge mit mir. Ich hatte nicht die geringste Peilung, was das für ein Körperteil war, das sich da zwischen der unteren Verschlungenheit von Nina und Christian breitmachte.«

Klar – denn Nina Hagen war zu diesem Zeitpunkt noch ein Kind. Erst recht habe sie keine Ahnung gehabt, »warum er wollte, dass ich doch wenigstens meine Hände nach unten, zu diesem Ding hin, bewegen sollte, und was es mit der mechanischen Bewegung auf sich hatte, die ich daran ausführen sollte. Immer rauf und runter, wie seltsam …«

Nicht im Geringsten sei sie auf den Gedanken gekommen, »dass das Sex sein könnte oder mit Sex zu tun haben könnte«.

Und auch auf einen anderen Gedanken ist bis heute wohl niemand gekommen (zumindest kann man das dieser Passage nicht entnehmen), nämlich, dass es sich bei der »wilden« Sexszene um krassen sexuellen Missbrauch handelte. Wobei einem auch noch weitere Straftatbestände einfallen, wie zum Beispiel Körperverletzung und sexuelle Nötigung. Dormutil-N-Tabletten sind ein Schlafmittel, das laut Beipackzettel erst ab achtzehn Jahren verabreicht werden darf, und wenn, dann natürlich nicht zusammen mit Alkohol. Weil Schlafmittel sonst wie K.o.-Tropfen wirken können.

## Von Missbrauch »keine Peilung«

Der Vorgang ist bezeichnend für unsere Gesellschaft: einerseits dauernd über Missbrauch reden, andererseits einen zum Himmel schreienden Missbrauch, den man vor sich hat, nicht erkennen.

Das ist eben der Unterschied zwischen Aufklärung und Ausbeutung. Es ist zu befürchten, dass Tausende von Missbrauchsfällen auf diese Weise nicht erkannt werden. Statt ihre Leser wirklich aufzuklären, wie man Missbrauch erkennen und stoppen kann, beuten manche Medien die Missbrauchsopfer ein weiteres Mal aus. Schließlich leben sie ganz gut vom sexuellen Missbrauch. Dicke Schlagzeilen über Kindesmissbrauch steigern nun mal die Auflage, frei nach dem Motto: Missbrauch ist skandalös, ungeheuerlich, geheimnisvoll und verboten, peitscht die Emotionen hoch und öffnet die Geldbörsen.

Aber nicht nur die *Bild*-Zeitung, auch Hagen selbst scheint »keine Peilung« zu haben, dass sie ein Opfer sexuellen Missbrauchs wurde.

Dabei zeigt sie weitere typische Symptome, etwa äußerst direkte sexuelle Auftritte. In der österreichischen Talkshow »Club 2« vom 9. August 1979 zeigte sie vor laufender Kamera, wie eine Frau masturbiert. Ihre Tochter Cosma Shiva Hagen präsentierte sich bereits nackt auf einem Anti-Pelz-Plakat. Typisch auch die kindlich retardierte Ausdrucksweise von Nina Hagen: »Ich finde es furchtbar, was diese dicke Frau mit mir macht«, schimpfte Hagen einmal in einer Talkshow auf Jutta Ditfurth: »Jutta Ditfurth ist eine blöde, blöde Kuh. Mit dir werde ich nie wieder reden in der Öffentlichkeit!« (*Welt Online*, 8.9.2005).

Dazu kommt Hagens zerrüttete Biographie, die Ehe mit einem heroinsüchtigen Gitarristen, der an Aids starb, die »Punkhochzeit« mit einem 17-Jährigen samt Trennung nach einer Woche sowie weitere (zum Teil gescheiterte) Beziehungen zu Jahrzehnte jüngeren Männern, deren Mutter sie sein könnte. Ihr bizarres Äußeres dürfte andererseits als Schutz dienen, um sexuelle Anziehungskraft gar nicht erst entstehen zu lassen.

Möglicherweise ist sexueller Missbrauch also der wirkliche Schlüssel zu dem bizarren »Paradiesvogel« Nina Hagen.

## *25. März* Euro-Krise: Wie Helmut Kohl einst den Euro schönredete

Deutschland, ja Europa befindet sich in hellem Aufruhr: Der Euro steht am Abgrund. Aus den Bankenkrisen von 2007 bis 2009 sind nun Staatskrisen geworden. Mit dem hochverschuldeten Griechenland steht das erste Euro-Land vor der Zahlungsunfähigkeit. Am 25. März 2010 einigen sich die Staatschefs der wichtigsten Euro-Länder in Paris auf finanzielle Hilfen für das angeschlagene Griechenland. Deutschlands Anteil an dem Finanzpaket: 25 Milliarden Euro (28 %).

Dabei durfte, was passiert war, eigentlich gar nicht passieren. Denn zu diesem Zeitpunkt ist es erst zwölf Jahre her, dass der deutsche Nationalheld und »Kanzler der Einheit« Helmut Kohl den Deutschen versprach, dass es keine Finanztransfers unter den EU-Mitgliedstaaten geben werde. Der Euro sei zukunftssicher, stabil, dynamisch, wachstumsorientiert, kurz: ein »Jahrhundertereignis«, das Tollste, was Europa je gehabt habe. Am 23. April 1998 hatte Kohl den ganzen Deutschen Bundestag mit seinen bunten Versprechungen schwindlig geredet. Im Anschluss an die Rede stimmten 632 von 672 Abgeordneten für die Einführung des Euro, nur 35 dagegen. Schon zwölf Jahre später steht die sagenhafte Gemeinschaftswährung am Abgrund – gebührender Anlass, des Oggersheimers schönste Prophezeiungen zum Euro einmal Revue passieren zu lassen, getreu dem Motto »Read my lips«:

»Meine Damen und Herren, nach der vertraglichen Regelung gibt es *keine Haftung der Gemeinschaft für Verbindlichkeiten der Mitgliedstaaten und keine zusätzlichen Finanztransfers.* Heute hat einer unserer Kollegen von seiner Erfahrung im Europäischen Parlament berichtet. Wenn Sie quer durch alle Parteien mit den Kollegen im Europäischen Parlament reden, wissen Sie, dass dieser Satz einen Moment des Innehaltens verdient.

›Nach den vertraglichen Regelungen gibt es keine Haftung der Gemeinschaft für Verbindlichkeiten der Mitgliedstaaten und keine zusätzlichen Finanztransfers‹.«

(Hervorhebung und Einrückung im Bundestagsprotokoll vom 28. April 1998, GW)

Und weiter:

»Ich bin überzeugt, dass die Erfolgsgeschichte der D-Mark in unserem Land mit einer Erfolgsgeschichte des Euro weitergeht. Die Vorzüge, die wir mit der D-Mark erarbeitet haben und an der D-Mark – zu Recht – schätzen, gehen nicht verloren. Sie werden in ein größeres Ganzes zum Vorteil Deutschlands und zum Vorteil Europas eingebracht.«

»Der Euro stärkt die Europäische Union als Garanten für Frieden und Freiheit. Von der heutigen Entscheidung – ich meine das nicht pathetisch – hängt es wesentlich ab, ob künftige Generationen in Deutschland und in Europa in Frieden und Freiheit, in sozialer Stabilität und auch in Wohlstand leben können.«

»Das Europäische Währungsinstitut und die Deutsche Bundesbank haben in ihren Stellungnahmen bestätigt, dass die Vorschläge der Kommission stabilitätspolitisch vertretbar sind … Ich behaupte: Die Voraussetzungen für eine stabile europäische Währung waren noch nie so gut wie heute.«

»Die Einführung des Euro liegt im ureigensten wirtschaftlichen Interesse auch und nicht zuletzt der Deutschen.«

»Europa ist bereits im Vorfeld der Währungsunion zu einer Stabilitätsgemeinschaft zusammengewachsen.«

»Die gemeinsame europäische Währung wird Europa als Raum wirtschaftlichen Wohlstands und monetärer wie sozialer Stabilität festigen.«

»Die gemeinsame Währung wird das Klima für die wirtschaftliche Entwicklung in Deutschland und Europa nachhaltig verbessern.«

»Der Euro eröffnet große Chancen für neue wirtschaftliche Dynamik, für dauerhaftes Wachstum und dringend benötigte zukunftssichere Arbeitsplätze im 21. Jahrhundert.«



»Meine Damen und Herren, der Euro und die Europäische Währungsunion sind in gar keiner Weise ein unkalkulierbares Risiko.«

»Dafür sollten wir dankbar sein und den Menschen überall in Deutschland sagen, dass dies, was hier geregelt und entschieden wurde, in ihrem Sinne ist.«

»Die Bundesregierung hat mit ihrem konsequenten Eintreten erreicht, dass die Stabilitätskriterien des Vertrags von Maastricht strikt eingehalten werden.« (In Wahrheit wurden diese Stabilitätskriterien inzwischen weitgehend aufgegeben, G. W.)

»Niemand soll glauben, dass diese Chance automatisch wiederkommt, wenn wir sie jetzt nicht nutzen. Sie kommt nicht wieder!«

In der Rückschau tritt besonders deutlich zutage, um was für hohle Phrasen es sich bei Kohls Äußerungen oft handelte:

»Herr Präsident, meine Damen und Herren, lassen Sie uns diese Chance, die eine wahrhaft historische Chance ist, für den Frieden und die Freiheit, für den Wohlstand und für die soziale Stabilität in Europa und in Deutschland nutzen.«

»Ich bin ganz sicher – wie wir es schon bei anderen geschichtlichen Ereignissen erlebt haben –, dass diejenigen, die heute nein zum Euro sagen, schon in wenigen Jahren leugnen werden, dass sie je eine solche Meinung vertreten haben.«

»Meine Damen und Herren, wenn ich mich an jene Debatte erinnere, die vor weniger als sechs Monaten in diesem Saal stattfand, finde ich, dass es schon an der Zeit wäre, dass der eine oder andere wenigstens sagte – das zu tun ist ja menschlich: Ich habe mich geirrt …«

Dasselbe von Helmut Kohl zu erwarten wäre wohl zu viel verlangt.

## *31. März* Anschlag auf das Öl?

»Große Ereignisse werfen ihre Schatten voraus« – wie sich dieser Satz doch immer wieder bewahrheitet. Besonders an den Aktienbörsen des Planeten gibt es seit einiger Zeit ein interessantes Phänomen. Spätestens seit dem Herbst 2001 beginnen sich vor einer großen Katastrophe an den Börsen stille Hände zu regen. Hier und dort wird auf fallende Kurse gesetzt, vor dem 11. September 2001 zum Beispiel auf fallende Kurse der von den Anschlägen betroffenen Fluggesellschaften. So lag der Handel mit Put-Optionen auf bestimmte Airlines vor dem 11. September 2001 um ein Vielfaches über dem sonst üblichen Wert. Nach den Anschlägen wurde gefragt, warum diese außergewöhnlichen Börsenbewegungen denn niemandem aufgefallen seien. Schließlich verfügten die Börsenaufsichtsbehörden bereits damals über Computerprogramme, die sie in einem derartigen Fall alarmieren

sollten. Merkwürdigerweise »klingelte« es bei der Börsenaufsicht aber nicht.
Und auch vor der Explosion der Ölbohrinsel Deepwater Horizon am 20. April 2010 verließen die Ratten heimlich, still und leise das sinkende Schiff bzw. die sinkende Ölbohrplattform. Im ersten Quartal 2010 stieß beispielsweise die Goldman Sachs Asset Management L.P. bis zum Stichtag 31. März 2010 nicht weniger als 4,6 Millionen BP-Aktien ab – knapp 44 Prozent ihres gesamten BP-Portefeuilles. Aber auch andere Goldman-Sachs-Firmen wurden von einer plötzlichen BP-Allergie befallen. Goldman, Sachs & Co. stießen bis zum 31. März 2010 212 206 oder 24,3 Prozent ihrer BP-Aktien ab. Der Investmentfonds Goldman Sachs Structured Intl Equity A veräußerte weitere 400 000 BP-Aktien oder 33 Prozent seines BP-Bestandes. Insgesamt stieß die engere Goldman Sachs-Unternehmensfamilie im ersten Quartal 2010 also über 5,2 Millionen BP-Aktien ab (Quelle: *investors.morningstar.com*).

**1-800-BLOWOUT**

Aber das ist noch nicht alles. Noch jemand wurde möglicherweise von einem plötzlichen Misstrauen gegen das Öl-Unternehmen BP befallen: BP-Chef Tony Hayward, der am 17. März 2010 223 000 BP-Aktien verkaufte (Telegraph.co.ok, 5.6.2010). Das ist seltsam, denn die BP-Aktie befand sich zu dieser Zeit seit vielen Monaten in einem Aufwärtstrend.
Aber des Menschen Wille ist nun mal sein Himmelreich – von seinen dunklen Vorahnungen gar nicht zu reden. Noch ein weiterer Insider bewies besondere Weitsicht, nämlich der ebenfalls auf der Deepwater Horizon tätige Bohrdienstleister Halliburton. Dass Halliburton hierzulande kaum jemand kennt, liegt daran, dass in Deutschland nur wenig nach Öl gebohrt wird. Wo nach dem schwarzen Saft gesucht wird, ist Halliburton jedoch allgegenwärtig. So ist der Milliardenkonzern mit Sitz in Houston, Texas,

zum Beispiel Spezialist für die Zementierung von Bohrlöchern. Kurz vor der Explosion der Deepwater Horizon kam Halliburton auf eine blendende Idee: Warum nicht mal eine Firma zur Bekämpfung von Ölkatastrophen kaufen? So würde man nicht nur am normalen Betrieb einer Bohrinsel verdienen, sondern auch im Falle einer Katastrophe. Gesagt bzw. gedacht, getan. Am 9. April 2010 kündigte Halliburton den Kauf der »Öl-Feuerwehr« Boots & Coots International Well Control an. Also »gerade noch rechtzeitig« vor der Katastrophe auf der Deepwater Horizon am 20. April. Das Firmenlogo von Boots & Coots zeigt einen brennenden Bohrturm; die Notrufnummer lautet 1-800-BLOWOUT.

## »Government Sachs«

Werfen wir einen näheren Blick auf die Akteure. Die Macht des BP-Großaktionärs Goldman Sachs zu beschreiben würde den Rahmen dieses Kapitels sprengen. Goldman Sachs, 1869 von dem deutschen Auswanderer Markus Goldmann gegründet, ist inzwischen die nach Gewinn größte Investmentbank der Welt (Stand 2009). Den Spitznamen «Government Sachs« trägt Goldman Sachs unter anderem wegen der äußerst engen Beziehungen des Geldhauses zur US-Regierung. So war der von 2006 bis 2009 als US-Finanzminister amtierende Henry Paulson zuvor Geschäftsführer von Goldman Sachs. Paulson versuchte als Finanzminister in der Bankenkrise für die Geldindustrie günstige Hilfspakete zu schnüren. Auch einige der Vorgänger Paulsons auf dem Goldman-Chefsessel traten nach ihrem Ausscheiden aus der Bank in die US-Regierung ein – Robert Rubin zum Beispiel als Finanzminister unter Präsident Bill Clinton. Manche gingen auch den umgekehrten Weg, wie etwa Henry H. Fowler; er wurde nach seiner Zeit als Finanzminister (1965 bis 1968) Partner bei »Government Sachs«. Andere Regierungsmitglieder aus dem Goldman-Sachs-Stall waren Joshua Bolton und Robert Zoellick. Auch zwischen Goldman Sachs und BP gibt es enge personelle

Verbindungen. So war der Vorgänger von Tony Hayward auf dem Sessel des BP-Vorstandsvorsitzenden, John Browne, gleichzeitig Direktor bei Goldman Sachs. Peter Sutherland, Vorsitzender von Goldman Sachs International, ist zugleich Vorsitzender von BP. Der Jesuitenschüler Sutherland gehört zu den ganz großen internationalen Drahtziehern. Er wirkt in der Trilateralen Kommission genauso mit wie bei der Bilderberger-Konferenz (siehe Jahresrückblick 2010).

Das Bankhaus ist in zahlreiche anrüchige Spekulationen verwickelt, weshalb die US-Börsenaufsichtsbehörde SEC (United States Securities and Exchange Commission) Goldman Sachs wegen Wertpapierbetrugs verklagt hat – und zwar am 15. April 2010. Goldman soll Anleger in risikoreiche Finanzprodukte getrieben und gleichzeitig auf deren Scheitern gewettet haben, was nach dem Crash am US-Immobilienmarkt auch wirklich eintrat. Einer der Verlierer war die IKB Deutsche Industriebank AG, die 2007 mit Steuergeldern gerettet werden musste. Mit Insiderwissen über zukünftige Ereignisse Kunden Geld aus der Tasche ziehen, um es anschließend abzukassieren, scheint fester Bestandteil des Goldman-Geschäftsmodells zu sein. Streichen Sie das – sagen wir es freundlicher: Firmen wie Goldman Sachs verfügen offenbar über erstaunliche Weitsicht.

### Korrupte Schnittstelle zwischen Regierung und Militär

Sowohl der BP-Großaktionär Goldman Sachs als auch der Bohrdienstleister Halliburton gehören zu den großen strategischen Konzernen der USA, die den Kurs der Supermacht und damit der Welt maßgeblich mitbestimmen (wie übrigens auch BP selbst – der viertgrößte Konzern der Welt). Aufsichtsratsvorsitzender und Geschäftsführer von Halliburton war von 1995 bis 2000 der spätere US-Vizepräsident (ab 2001) Dick Cheney. Halliburton-Mann Cheney ist eine der zentralen geostrategischen Figuren der USA. Von 1987 bis 1989 und von 1993 bis 1995 war er Direktor des

geostrategischen Machtzentrums der USA, des 1921 gegründeten Council on Foreign Relations (CFR). Der CFR ist gleichzeitig das Rekrutierungsbecken für die US-Regierung und maßgebliches Steuerungsinstrument der US-amerikanischen Außenpolitik. Im CFR arbeiten hauptsächlich Banken, Ölindustrie und Geheimdienste an Hegemonialstrategien der Vereinigten Staaten.
Der CFR ist die Schwesterorganisation des 1920 gegründeten britischen Royal Institute of International Affairs, auch »Chatham House« genannt. Dessen Vorsitzende Dr. DeAnne Julius wiederum ist gleichzeitig Aufsichtsratmitglied von BP, was einmal mehr zeigt, dass BP neben ökonomischen auch geostrategischen Interessen zu dienen hat. Darüber hinaus ist sie Trägerin des Ordens »Commander of the British Empire«, der von anderen wegen seiner brutalen Konnotationen bereits abgelehnt wurde. So verzichtete der britisch-jamaikanische Dichter Benjamin Zephaniah 2003 öffentlich auf den Orden, weil er ihn an »Tausende Jahre voller Brutalität« erinnere: »Er erinnert mich daran, wie meine Urahnen vergewaltigt und misshandelt wurden.« Derartige Vorbehalte scheint DeAnne Julius nicht zu teilen. Zeitweise arbeitete sie auch als Analystin für die CIA.
CFR-Mann Dick Cheney war im ersten Golfkrieg von 1991 US-Verteidigungsminister unter Präsident George Bush senior. Als Boss der Ölbohrfirma Halliburton (ab 1995) gehörte er 1997 zu den Mitbegründern des »Project for a New American Century« (PNAC), einer aggressiven Lobbygruppe für einen Krieg gegen den Irak, das Land mit den drittgrößten Ölreserven der Welt. Das Land mit den zweitgrößten Erdölreserven der Welt steht ebenfalls schon längst auf der Agenda der US-Strategen: Iran. Im Gefolge des Irakkrieges fuhr Halliburton Aufträge im Wert von zwei Milliarden US-Dollar ein.
Im Jahr 2009 warf »ein unabhängiger Untersuchungsbericht dem Unternehmen ›Betrug, Verschwendung und Missbrauch‹« vor, so *Spiegel Online* am 29. Juni 2010. Was »bei der ›Privatisierung‹

der Kriege im Irak und in Afghanistan zu ›Milliardenverlusten‹ geführt« habe. »Dank seiner guten Beziehungen ins Weiße Haus« habe sich Halliburton »lukrative, doch oft dubiose Wiederaufbau-Verträge gesichert.« – »In den Bush-Jahren war Halliburton so allgegenwärtig», zitiert *Spiegel Online* die Online-Zeitung *Huffington Post*, »dass sein Name zum Synonym für Vetternwirtschaft und die korrupte Schnittstelle zwischen der Regierung und dem militärisch-industriellen Komplex wurde – vor allem dann, wenn es um Öl und/oder großes Geld ging.« Das scheint nicht übertrieben. Als Halliburton-Mann bereitete Cheney jenen Krieg vor, den er als Vizepräsident unter George Bush junior (der ebenfalls in der Ölindustrie tätig war) mit verwirklichte. So viel zur Gestaltungsmacht des BP-Vertragspartners Halliburton.



## Die Macht der Global Player

Global Player wie Halliburton und BP-Großaktionär Goldman Sachs sind also nicht irgendwelche Firmen. Sie werden nicht regiert, sondern sie stellen die Regierung, und zwar die der einzigen Supermacht des Planeten. Sie sind es schon lange gewohnt, Regionen und Landstriche zu formen und den Globus nach ihren Bedürfnissen zu gestalten – und zwar ohne Rücksicht auf menschliche und ökologische Verluste. Dies ist keineswegs verstaubte antikapitalistische Rhetorik, vielmehr haben diese Firmen am Golf von Mexiko ganz praktisch die Hand am Drücker – und zwar am Drücker unserer Trinkwasserreserven, das heißt unserer Lebensgrundlagen. Den wenigsten Menschen dürfte bislang bewusst gewesen sein, dass derartige Konzerne nicht nur über ökonomische, sondern auch über quasimilitärische Macht verfügen. Zum einen, weil ihre ökonomische Position und die personellen Verflechtungen ihnen Einfluss auf die Kriegsmaschine der USA verschaffen. Und zum anderen, weil diese Macht auf der Verfügung über zahlreiche Ölquellen fußt, die sich, einmal ausgebrochen, mittels des globalen Strömungssystems im schlimmsten

Fall samt der eingesetzten Chemikalien in den Atlantik ergießen und damit unser Regenwasser vergiften könnten. Möglicherweise wäre es dann nur eine Frage der Zeit, bis sich die Gifte über den gesamten Planeten verteilten. Im Golf von Mexiko stehen insgesamt 4000 Ölbohrplattformen. Noch ein, zwei oder drei Deepwater-Horizon-Katastrophen, und der globale Exitus wäre kaum noch abzuwenden. Davon jedenfalls gingen die schlimmsten Szenarien im Jahr 2010 aus.
Wir sprechen uns am 20. April 2010 in dieser Sache wieder.

# April 2010

**Thema des Monats** *10.4.:*
*Der polnische Präsident Kaczyński*
*kommt bei einem Flugzeugabsturz in Smolensk ums Leben*

***1. 4. Öko-Warlord von Greenpeace: »Ein wirklich friedlicher Typ« 3. 4. Die Vernichtung des Bischofs M./***Der russische Ministerpräsident Wladimir Putin und der polnische Ministerprasident Donald Tusk gedenken gemeinsam der Opfer des Massakers von Katyn im Jahr 1940 ***10. 4. Absturz im Nebel: »Operation Northwoods« in Smolensk? 15. 4. Europaweites Flugverbot wegen einer angeblichen Aschewolke aus dem isländischen Vulkan Eyjafjallajökull 20. 4. Öl-Alarm am Golf: Eine Prophezeiung und die Wirklichkeit***

## *1. April* Der Öko-Warlord von Greenpeace: »Ein wirklich friedlicher Typ«

Der Mann mit den weit auseinanderstehenden Augen und dem an den Mundwinkeln nach unten gezogenen Oberlippenbart blickt herausfordernd aus dem Foto. Seine schwarzen Haare sind zurückgekämmt, sein behaarter Oberkörper ist nackt, die Oberarme sind mit Tätowierungen übersät. Die Sprache des Mannes ist bedrohlich: »Wir wissen, wo Sie sind. Wir wissen, wo Sie wohnen.« Und: »Wir müssen das Gesetz brechen, um die Gesetze zu machen, die wir brauchen.«

Alles in allem wirkt die Szene wie ein Schnappschuss aus der Todeszelle von San Quentin. Oder ein Bild aus dem Familienalbum der Hells Angels. Ist sie aber nicht. Sondern ein Porträt aus dem Familienalbum von Greenpeace. Der Mann auf dem Foto ist nicht irgendwer, sondern Gene Hashmi, der »Kommunikationsdirektor« von Greenpeace in Indien. Hashmis Drohungen gelten den verhassten »Klimaskeptikern«, die nicht an eine von Menschen gemachte Klimakatastrophe glauben wollen.

»Zwölf Jahre lang hat Gene für eine der skrupellosesten, unehrenhaftesten und erfolgreichsten Werbeagenturen gearbeitet«, heißt es in einer Kurzbiographie des Umweltaktivisten. Um Sühne zu leisten »und aus Sorge über den Zustand, in dem wir diesen Planeten künftigen Generationen hinterlassen, arbeitet er nun für Greenpeace, um der Organisation dabei zu helfen, im Web 2.0 ihre Kampagnen weiter zu entwickeln, ihre Art, zu kommunizieren und Spenden zu sammeln«.

Und das ist nicht mal übertrieben. Hashmis Kommunikationsstil könnte tatsächlich richtungweisend für die Umweltorganisation sein. Seine Hasstiraden gegen alle Klimaskeptiker durfte Hashmi am 1. April 2010 auf der offiziellen Website der Umweltorganisation veröffentlichen:

»Die Politiker haben versagt. Nun ist es an uns. Wir müssen das

Gesetz brechen, um die Gesetze zu machen, die wir brauchen. Gesetze, die geeignet sind, die Gesellschaft und unsere Zukunft zu schützen«, zitierte Hashmi zustimmend einen anderen Umweltaktivisten. »Bis unsere Gesetze dies tun, vergesst es, Klima-Lobbyisten zu sein. Vergesst es, Klima-Aktivisten zu sein. Es funktioniert nicht. Wir brauchen eine Armee aus Klima-Outlaws.«
So hat bis jetzt noch jede Diktatur angefangen – nämlich mit der Behauptung, die Politik habe versagt und man müsse die Dinge nun selbst in die Hand nehmen.
»Die vorgesehenen Wege haben nirgendwo hingeführt. Es ist Zeit für massenhaften zivilen Ungehorsam«, fährt Hashmi fort und wendet sich direkt an die verhassten »Klimafeinde«:
»Wenn Sie zu denen gehören, die ihr Leben damit verbracht haben, eine fortschrittliche Klimagesetzgebung zu unterminieren, Müll-Wissenschaft zu finanzieren, irreführende Debatten über ungeeignete Maßnahmen zu nähren und demokratisch gewählte Regierungen durch Anstacheln der Massen in die Knie zu zwingen, dann hören Sie genau zu: Wir wissen, wer Sie sind. Wir wissen, wo Sie wohnen. Wir wissen, wo Sie arbeiten. Und wir sind viele, Sie sind wenige.«
Was man wohl kaum anders denn als Androhung von Gewalt verstehen kann. Und während der Beitrag über Hashmi wohl von jeder anderen seriösen Website der Welt gelöscht oder zumindest redigiert worden wäre, verteidigte Greenpeace zunächst lieber, wo es nichts zu verteidigen gab. Gene sei ganz lieb, versicherte man nun unermüdlich:
»Ich kenne Gene, er ist ein wirklich friedlicher Typ, der an die Macht des friedlichen Protestes glaubt, um die Welt zu verändern«, schrieb ein Verantwortlicher des »Climate Rescue Weblog« von Greenpeace – zu Deutsch: des »Klimarettungs-Internet-Tagebuchs«. Das Logo der Website zeigt das obere Halbrund der Erdkugel, aus dem gewaltige Windräder ragen. Schöne, neue Greenpeace-Welt. Manche Leute versuchten, Gene »anders dar-

zustellen«, meint der Greenpeace-Mann. »Lesen Sie einfach, was er im Kontext sagt. Er ist sehr präzise hinsichtlich dessen, was die Menschen tun sollten.«

Das kann man wohl sagen. Irgendwie scheint man bei Greenpeace die eigene Militanz gar nicht mehr wahrzunehmen. Über zwei lange Texte hinweg schäumte Greenpeace-Aktivist Hashmi über das »Desaster von Kopenhagen« – die gescheiterte Klimakonferenz vom Dezember 2009. Der Öko-Warlord und die gesamte Organisation sehen sich offenbar in einem schicksalhaften Endkampf um das Überleben der Erde, in dem allmählich jedes Mittel recht ist und in dem nur noch einer die Gesetze macht – nämlich Greenpeace.

Gene habe nun mal »einen Hang zum Dramatischen«. Er sei eben »kein Diplomat« und sage »laut und deutlich« seine Meinung, interpretiert die Greenpeace-Website die offene Kriegserklärung an Andersdenkende. Natürlich habe er in Wirklichkeit nur von friedlichem Protest gesprochen.

Natürlich. Doch wer einen Rundgang durch die Greenpeace-Websites unternimmt, mag daran nicht mehr so recht glauben. Vielmehr drängt sich dort der Eindruck auf, dass die Umweltorganisation allmählich selbst zum demokratischen Problem wird. Ein Foto zeigt ein Greenpeace-Plakat mit der bedrohlichen Aufschrift: »Warnung: Retten Sie das Klima jetzt! Greenpeace«. »Politiker reden – Führer handeln! Greenpeace« ist auf einem anderen Transparent zu lesen – da erübrigt sich jeder weitere Kommentar. »Bla, bla, Bla – act now!«, heißt es auf einem weiteren Plakat. Die Botschaft: Schluss mit dem (demokratischen) Geschwätz – handeln!

Von wegen »Anstacheln der Massen«: Offenbar bemüht sich die Öko-al-Qaida, durch immer aggressivere und demagogischere Töne eine Art vorrevolutionäre Situation zu schaffen. Der Ton, das Auftreten und die Aktionen geraten zunehmend militanter. So inszenieren sich Greenpeace-Aktivisten neuerdings auch äußerlich als Umweltmilizen und spielen mit quasistaatlichen Befugnissen. Anlässlich des Kopenhagener Klimagipfels wurde aus Greenpeace die »Greenpolice«. Während sich US-Präsident Barack Obama auf die Abreise nach Kopenhagen vorbereitete, erschienen die Umweltaktivisten vor der dem Weißen Haus benachbarten US-Handelskammer in einem grünen Streifenwagen mit der Aufschrift »Climate Crime Unit« und grünem Blaulicht auf dem Dach und umwickelten das Gebäude mit einem nachempfundenen Polizeiband. Aufschrift: »Tatort der Erderwärmung«. Auch die Anklage wurde gleich mitgeliefert – jeder, der anderer Meinung ist als Greenpeace, wird als »Killer« und »Krimineller« denunziert und aus der Gesellschaft ausgestoßen: »Die US-Handelskammer hat eine Serie von Klimaverbrechen begangen: Falschinformation der Öffentlichkeit über die Fragen des Klimawandels, Sabotage der Klimagesetzgebung, Geiselnahme der internationalen Klimagespräche.«



Irre ich mich, oder ist das gefährlich nahe an der Volksverhetzung? Werden aus Umweltaktivisten nun endgültig Öko-Terroristen? Oder ist das Ganze einfach nur peinliche Selbstinszenierung und Wichtigtuerei? Wer nach solchen Tiraden letztlich Gewalt anwendet – ob Greenpeace selbst oder aufgehetzte »Umweltfreunde« –, ist fast schon egal. Was die demokratische Zukunft der Erde angeht, macht sich Greenpeace mit solchen Tiraden und Aktionen zum Teil des Problems und nicht der Lösung.

## *3. April* Die Vernichtung des Bischofs M.

Der *Spiegel* will dem Papst an die Wäsche. Diese Assoziation drängt sich zumindest unweigerlich auf, wenn man das *Spiegel*-Titelbild vom 3. April 2010 sieht: Der Papst in voller Montur, mit ausgebreiteten Armen, und darüber die Überschrift: »Der Fehlbare – Die gescheiterte Mission des Joseph Ratzinger«. Nun – könnte es einem nicht egal sein, wenn ein »Zentralorgan« einer »Zentralinstitution« am Zeug flicken will? Nicht unbedingt:

Medien gegen Kirche – dieser Kampf der Diadochen hat einen gewissen Beigeschmack. Denn die Hatz geht weit über eine angemessene Berichterstattung zum Missbrauch in der Kirche hinaus, der zu Recht angeprangert werden muss.

## Kirche unter Dauerbeschuss

Was war passiert: Seit Anfang des Jahres stand die katholische Kirche unter dem Dauerbeschuss der deutschen Kampagnenmedien, die abwechselnd immer neue mutmaßliche Missbrauchsfälle aufdeckten. Nicht dass diese erfunden waren; vermutlich gab und gibt es tatsächlich zahlreiche Missbrauchsfälle in der Kirche. Dennoch erschien das Vorgehen der Medien abgestimmt und orchestriert. Wie eine stürmende Fußballmannschaft spielten sich Presse und Fernsehen gegenseitig den Ball zu. Zahlreiche Bistümer und kirchliche Einrichtungen wurden von den Vorwürfen erfasst; die Kirche geriet plötzlich als Ganzes unter Druck. Und ab Ende März 2010 bahnte sich sozusagen ein »Traumtor« an. Plötzlich stand der Augsburger Bischof Walter Mixa ganz oben auf der Abschussliste der deutschen Medien-Scharfrichter.

## Die Causa Mixa

Ein anderes »Zentralorgan«, die *Süddeutsche Zeitung*, hatte am 31. März 2010 mehrere eidesstattliche Versicherungen vorgelegt, wonach Mixa als Stadtpfarrer von Schrobenhausen in den siebziger und achtziger Jahren Heimkinder geschlagen haben soll. Die *Augsburger Allgemeine* berichtete am 1. April 2010, »es habe vor etwa 21 Jahren eine Versammlung von Ex-Heimkindern gegeben, auf der Mixa von Betroffenen mit den Vorwürfen konfrontiert worden sei«. Mixa erklärte demgegenüber, er habe »zu keiner Zeit körperliche Gewalt gegen Kinder und Jugendliche in irgendeiner Form angewandt« (*Bild am Sonntag,* 4.4.2010).

Doch der Bischof wackelte. Am 10. April feuerte die *Augsburger Allgemeine* ein neues Geschoss ab und legte mit einem ganz anderen Vorwurf nach. Dabei »enthüllte« sie, wie es dort heißt, »dass Mixa als Stadtpfarrer Stiftungsgelder satzungswidrig verwendet hat. So kaufte er unter anderem einen Kupferstich für 43 000 Mark.«

Schläge und finanzielle Unregelmäßigkeiten? Der Bischof war nicht mehr zu halten. Am 16. April 2010 machte Mixa zudem einen Rückzieher und erklärte, »dass ich als langjähriger Lehrer und Stadtpfarrer im Umgang mit sehr vielen Jugendlichen die eine oder andere Watschn von vor 20 oder 30 Jahren natürlich nicht ausschließen kann«. Am 21. April reichte Mixa bei Papst Benedikt XVI. seinen Rücktritt ein. Und nun wird diese Chronologie wirklich interessant. Denn bereits drei Tage später, am 24. April, widerrief Mixa sein Rücktrittsgesuch (*Welt Online*, 12.6.2010). Damit befand sich die »Causa Mixa« wieder in der Schwebe.

Etwas fehlte daher noch, und natürlich musste es der ungeheuerlichste aller Vorwürfe sein, um dem sich noch wehrenden Bischof den Garaus zu machen: sexueller Missbrauch von Kindern. Nach der Missbrauchskampagne der vergangenen Monate schien auch das Publikum regelrecht danach zu hungern – die Medien lechzten in jedem Fall. Und noch während der »zurückgenommene Rücktritt« Mixas bei Papst Benedikt lag, »deckte« die *Augsburger Allgemeine* am 7. Mai 2010 »Vorermittlungen« gegen Augsburgs Bischof Walter Mixa wegen des Verdachts des sexuellen Missbrauchs »auf«: »Nach Informationen der *Augsburger Allgemeinen* soll der Bischof einen minderjährigen Jungen missbraucht haben. Die Tat geschah angeblich im Zeitraum von 1996 bis 2005, als Mixa noch Bischof von Eichstätt war«, hieß es auf der *Bild*-Website vom 8. Mai 2010.

## Ein Vorwurf mit kurzer Halbwertszeit

Dies war das Ende für den Bischof. Am 8. Mai 2010 feuerte ihn Papst Benedikt. Das war knapp, denn schon am nächsten Tag, dem 9. Mai 2010, konnte man in der *Bild am Sonntag* lesen, dass

an den Vorwürfen absolut nichts dran sei. Dort erhielt Mixa einen Freispruch erster Klasse, und zwar von dem vermeintlichen Opfer selbst: »Ich bin nicht von Walter Mixa missbraucht worden«, versicherte der ehemalige Ministrant. Zu spät. Denn da war Mixa bereits seit einem Tag kein Bischof mehr. »Man muss beileibe kein Anhänger des – inzwischen ehemaligen – Augsburger Diözesanbischofs Dr. Walter Mixa sein, um eine Reihe von Vorgängen der letzten Tage nicht nur merkwürdig, sondern ausgesprochen fragwürdig zu finden«, schrieb denn auch am 10. Mai 2010 die *European Info Press* über die merkwürdigen Koinzidenzen im Fall Mixa. »Vorermittlungen« seien zum Beispiel noch lange keine Ermittlungen, von einer Anklage und einer Verurteilung ganz zu schweigen. Genau genommen können »Vorermittlungen« bereits von jeder substanzlosen Anzeige ausgelöst werden.
Das »Wie« spielte jedoch gar keine Rolle mehr, denn der Bischof war weg und die Mission damit erfüllt: der Kopf von Bischof Mixa für die Medien.

### Wer ist der Gute und wer der Böse?

Natürlich müssen sich die Kirchen nach ihrem Verhältnis zu Kindern und darüber hinaus zur Sexualität und letztlich zum Menschen generell fragen lassen: Kann man seelischen Kastraten Kinder und andere Schutzbefohlene überhaupt anvertrauen? Zumal die seelische Kastration durch das Zölibat weit schlimmere Folgen hat als die physische Kastration – jedenfalls für andere. Denn der Trieb bleibt ja bestehen und bricht sich auf krummen Wegen Bahn. Und – auch diese Frage muss gestellt werden – ist, wer den stärksten Trieb des Menschen weglügt, überhaupt zur Wahrheit fähig? Wohl kaum. Und ist, wer gewohnheitsmäßig lügt und verdreht – wie unsere Medien –, zur Wahrheit fähig? Ebenfalls unwahrscheinlich.
Gut und Böse waren hier deshalb nicht so leicht auszumachen. Bei der Betrachtung dieses seltsamen Kampfes Medien gegen

Kirche ging es denn auch nicht darum, Partei zu ergreifen, sondern die verschiedenen Interessen zu hinterfragen. Was passte den Globalistenmedien an der Kirche im Allgemeinen und an Bischof Mixa im Besonderen nicht? Die Antwort ist schnell gefunden: Man mag es kaum glauben, aber die Kirche ist politisch nicht korrekt.

Die Kirche geißelt alles, was dem Globalisten lieb und wegen seiner Wirkung auf die Bevölkerungsentwicklung teuer ist: die Pille, die Abtreibung, den Verfall der Familie. Denn während die Kirche immer neue Schäflein will, verfolgen die Globalisten im Rahmen des bereits erwähnten »Gender Mainstreaming« (siehe u. a. 22. Februar »Die Mohammedaner kommen«) genau entgegengesetzte Ziele: den massenhaften Einsatz von Verhütungsmitteln, möglichst freie Abtreibung, Förderung der Homosexualität, Zerstörung der Geschlechter-, Mutter- und Vaterrollen sowie schließlich der Familie selbst. Nun soll an dieser Stelle nicht der Minderheitenschutz für Homosexuelle kritisiert werden, sondern die Entwicklung der Homosexualität zum Massenphänomen. Wenn sich Homosexualität, Verhütung und Abtreibung zum »Breitensport« mausern, ist es kein Wunder, dass die Geburtenraten dabei auf der Strecke bleiben. Ganze Völker werden auf diese Weise sozusagen »psychosozial« unfruchtbar.



## Mit den Völkern stirbt die Kirche

Die Folge ist ein Zusammenbruch der Geburtenraten und damit das Aussterben ganzer Völker, speziell der europäischen. Mit der Zeit wird dabei klammheimlich eine gefährliche Linie überschritten, ein Punkt, von dem aus es kein Zurück mehr gibt und das Aussterben der jeweiligen Bevölkerung nicht mehr zu verhindern ist. Was natürlich auch die Kirche weiß. Denn die jahrtausendealte Institution denkt auch in Jahrhunderten und Jahrtausenden – also sehr viel weiter als flüchtige Glühwürmchen der Geschichte wie unsere Politiker.

Und diese Entwicklung verstößt gegen fundamentale Werte der Kirche wie den biblischen Auftrag »Seid fruchtbar und mehrt euch …«, auf dem die Macht der Kirche beruht. Ein Schaf soll immer neue Schafe hervorbringen. Zwischen den globalen »Eliten« und den klerikalen Eliten besteht daher ein elementarer Interessenkonflikt. Und dieser Konflikt brach im Jahr 2010 in voller Härte aus.

## Die soziale Sterilisation der Gesellschaft

Letztlich handelt es sich um den Konflikt zwischen zwei entgegengesetzten Machtkonzepten:

- Macht durch Vernichtung
- Macht durch Vermehrung

Mit Vernichtung ist hier eine Vernichtung gemeint, die gar nicht weh tut, erfolgt sie doch durch die soziale Sterilisation der Gesellschaft. Sämtliche Rahmenbedingungen für Nachwuchs werden derart verschlechtert, bis niemand mehr Kinder haben will und kann.
Die Kirche dagegen bietet vielen Menschen und vor allem manchen Familien eine vielleicht seltsam anmutende, aber doch eine Heimat und damit einen Halt. Während die Auflösung der Familie zur Auflösung des Schutzes jedes Einzelnen führt (nach dem Motto: »Erst wenn die Familie weg ist, wirst du merken, dass der Staat nicht dein Freund ist«), stärkt die Kirche diese soziale Schutzgemeinschaft, wobei es ihr allerdings mitnichten um Liebe, sondern um die eigene Macht geht. Denn wie kann eine Organisation, die seit zwei Jahrtausenden in allen Einzelheiten die grausame Hinrichtung eines Menschen zelebriert, zur Liebe fähig sein? Deren Gotteshäuser voll hängen mit sadomasochistischen Darstellungen nackter Folteropfer, allen voran ein gewisser Jesus? Deren zentrales Buch, die Bibel, voller düsterer Drohungen und lüsterner

Schilderungen von Gewalt ist? Und hinter deren keuschem Getue sich oft genug Priester verstecken, die ihren sexuellen Notstand in Notzucht am nächstbesten Ministranten umsetzen?

Ginge es um Liebe, wäre so etwas wie Missbrauch in der Kirche wohl nicht möglich. Es gibt kaum einen schlimmeren Akt des Hasses und der Folter als Gewalt und sexuelle Gewalt gegen Kinder. Und diese Kinder werden später nur schwer in der Lage sein, funktionierende Familien zu gründen. Dennoch überwiegt unter dem Strich die stabilisierende Wirkung der Kirche auf die Familie und damit auf die Geburtenrate – nicht zuletzt durch die öffentliche Schützenhilfe, die prominente Kirchenvertreter der Familie, und zwar nicht nur der katholischen, zuteil werden lassen.



## Das Haupt-Hassobjekt der Medien

Womit wir wieder beim damaligen Haupt-Hassobjekt der Medien wären, dem Augsburger Bischof Walter Mixa. Dieser betätigte sich immer wieder als lautstarker Vorkämpfer konservativer Werte und war der Bundesregierung in Berlin bereits mehrmals in die Parade gefahren. »Die Familienpolitik von Frau von der Leyen dient nicht in erster Linie dem Kindeswohl oder der Stärkung der Familie, sondern ist vorrangig darauf ausgerichtet, junge Frauen als Arbeitskräfte-Reserve für die Industrie zu rekrutieren«, sagte Mixa im Februar 2007. Womit der Mann vollkommen recht hatte. »Die Denkmuster des Familienministeriums erinnerten in beklemmender Weise an die Ideologie der staatlichen Fremdbetreuung von Kindern in der untergegangenen DDR. Die Doppelverdiener-Ehe werde von der Ministerin geradezu zum ›ideologischen Fetisch‹ erhoben«, wurde Mixa seinerzeit zitiert. Wer Mütter mit staatlicher Hilfe dazu verleite, ihre Kinder kurz nach der Geburt in staatliche Obhut zu geben, degradiere die Frau zur »Gebärmaschine«, so Mixa (*Focus Online*, 22.2.2007).

Kurzfristig richtig, langfristig falsch. Denn langfristig werden aufgrund kinderfeindlicher gesellschaftlicher Bedingungen und der Entfremdung der Erwachsenen von Kindern vermutlich immer weniger Frauen gebären. Einen »gesellschaftspolitischen Skandal« erblickte Mixa aber zu Recht auch in Planungen des Familienministeriums, Leistungen für die Familien zugunsten der Finanzierung neuer Kinderbetreuungseinrichtungen zu kürzen, also den Familien das Geld wegzunehmen und es Kinderbetreuungseinrichtungen zuzuschanzen. Im Jahr 2008 bezeichnete er eine geplante Erhöhung des Kindergelds um zehn Euro als »Beleidigung und grobe Missachtung der Leistung von Familien für unsere Gesellschaft«.

Aber dies waren nicht Mixas einzige Vergehen. Vielmehr trat der Kirchenmann seit seiner Ernennung zum Bischof von Augsburg im Jahr 2005 von einem Fettnäpfchen ins andere. Offenbar hatte Mixa sich vorgenommen, das einflussreiche Amt statt für Leisetreterei für klare Ansagen zu nutzen. Und die sind hierzulande nur gefragt, wenn sie in die politische Landschaft passen.

Im März 2007 löste er einen Sturm der Empörung aus, als er während eines Besuchs in Israel von einer »ghettoartigen Situation« in den besetzten Gebieten sprach, die »fast schon Rassismus« sei (siehe auch 31. Mai »Israelischer Seeüberfall: Sie wollten nur spielen«).

Am 25. Februar 2009 stellte er dem Völkermord an den Juden in Europa die Anzahl der Schwangerschaftsabbrüche der vergangenen Jahre gegenüber, woran man erneut sehen kann, wie enorm hoch die Kirche die Abtreibung tatsächlich einstuft.

## Klappe halten und Tote segnen

Mixas Einfluss auf die Öffentlichkeit war aber noch nicht einmal das einzige Problem. Vergessen wird häufig, dass Mixa seit dem Jahr 2000 auch der Militärbischof der katholischen Kirche war. Als solcher kritisierte er beispielsweise den Kongo-Einsatz der Bundeswehr (31. Juli bis 30. November 2006): »Der Auslandseinsatz sei eine hohe Belastung für die Ehepartner und die Familien der Soldaten«, wurde Mixa von Radio Vatikan am 7. Juli 2006 zitiert: »Dies wiege umso schwerer, so der Bischof, da der politische Sinn und das spezifische Interesse des Einsatzes nicht offensichtlich seien.«

Ein Militärbischof, der sich Gedanken über Sinn und Zweck von Militäreinsätzen macht – das fehlte natürlich gerade noch. Am 5. Januar 2010 sprang Militärbischof Mixa dann auch noch der Ratsvorsitzenden der Evangelischen Kirche in Deutschland, Margot Käßmann, »in ihrer Kritik am Afghanistan-Einsatz der Bundeswehr bei« (*Focus Online*, 5.1.2010), einer Frau also, die inzwischen auch nicht mehr in diesem Amt unter uns weilt. In ihrer Neujahransprache hatte sie ein Wort geprägt, das fortan die Runde machte: »Nichts ist gut in Afghanistan.« Am 24. Februar 2010 trat sie zurück, nachdem sie von der Polizei dummerweise alkoholisiert am Steuer erwischt worden war.

Der Politik drohte nicht weniger als ein Schulterschluss zwischen katholischer und evangelischer Kirche: »Jedes kriegerische Mittel bedeutet für ihn die ›Niederlage der Menschheit‹«, unterstützte Mixa damals Käßmann. Nicht gut. Denn schließlich sollen ja auch in Zukunft noch jede Menge »kriegerische Mittel« angewendet werden, wie die Kriegspläne gegen den Iran zeigen (siehe 27. Januar »Ein Volk, ein Reich, ein Reiseführer: Wie Deutschland einen Krieg gegen Iran plant«). Solche Bischöfe kann man also gar nicht brauchen; vielmehr braucht man wieder solche, welche die Klappe halten und die Gefallenen (aus-)segnen.

## Kampf den Familienfreunden

War die »Familienfreundin« und Katholikin Eva Herman mit Hilfe von konstruierten Nazi-Vorwürfen medial hingerichtet worden (siehe *Jahresrückblick 2007*), so wurde dem Familien- und Friedensfreund Mixa nun aus ein paar Ohrfeigen ein Strick gedreht, die er angeblich vor vielen Jahren als Stadtpfarrer von Schrobenhausen Heimkindern verabreicht hatte. Nicht, dass es sich um erfundene

Züchtigungen handeln muss – katholische Kindeseinrichtungen gelten nicht umsonst als kalt und lieblos –, aber davon abgesehen herrschte vor 30, 40 Jahren in Kindeseinrichtungen und Schulen generell noch eine Atmosphäre der Missachtung und Gewalt. Und einem heute 60- oder 70-jährigen Erzieher Gewaltanwendung gegen Kinder in der Vergangenheit nachzuweisen dürfte in den meisten Fällen kein allzu großes Problem darstellen, da Ohrfeigen und Stockschläge vor drei oder vier Jahrzehnten in allen derartigen Einrichtungen mehr oder weniger zum Alltag gehörten.

Das Vorgehen gegen Mixa war kein Zufall, vielmehr standen dieselben Kräfte dahinter, die auch die bekennende Katholikin und »Tagesschau«-Sprecherin Eva Herman seinerzeit im Visier gehabt hatten. Moralisten, Friedensfreunde und Familienfürsprecher sollen aus ihren Positionen entfernt und unmöglich gemacht werden. Die mediale Hinrichtung und Ablösung des Bischofs Mixa war aber noch weit spektakulärer als vom Publikum wahrgenommen. Denn sie deutete eine historische Machtverschiebung zwischen verschiedenen globalen Kräften an. Die Kirche zeigte sich nicht mehr in der Lage, ihre ureigensten Standpunkte und ideologischen Führungsfiguren zu verteidigen, nicht einmal bei so zentralen Themen wie Familie und Frieden. Durch die Missbrauchskampagne wurde ihr jegliche moralische Autorität entzogen. Mit der Entfernung Mixas aus dem Amt wurde die katholische Kirche auf die Linie der globalen Agenda von Familien- und Geschlechtervernichtung sowie Krieg gebracht.

»Die Kirche müsse kritischer werden gegenüber öffentlich inszenierter Kritik, die nur ›jemanden weghaben will‹«, erkannte denn auch laut *RP Online* der Regensburger Bischof Gerhard Ludwig Müller. »Nun stelle sich heraus, dass die Vorwürfe gegen Mixa ›gar nicht so gravierend‹ gewesen seien, wie es seinerzeit mit dem vorgetäuschten Missbrauch nahegelegt worden sei«, wurde Müller zitiert. Zu spät. Denn inzwischen schrieb man bereits den 4. August 2010.

## *10. April* Absturz im Nebel: »Operation Northwoods« in Smolensk?

Smolensk, Russland, 8.42 Uhr. Im Landeanflug auf den Sewernij Airport befindet sich die Tupolew Tu-154 des polnischen Präsidenten Lech Kaczyński. An Bord befinden sich außer ihm und seiner Ehefrau große Teile der nationalkonservativen polnischen Elite: Abgeordnete, Politiker, Amtsträger, kirchliche Würdenträger und der Präsident der Nationalbank. Des Weiteren scheint die gesamte Führungsspitze der polnischen Armee an Bord zu sein: angefangen beim Chef des Generalstabs über die Befehlshaber und Kommandanten von Luftwaffe, Marine und Landstreitkräften bis hin zum Kommandeur der Special Forces. Insgesamt 96 Personen. Um 11 Uhr will die Gesellschaft an einer Gedenkveranstaltung in Katyn bei Smolensk teilnehmen, wo vor genau 70 Jahren, im April/Mai 1940, 4400 polnische Soldaten und Offiziere vom sowjetischen Geheimdienst NKWD ermordet wurden.

Eine brisante Mission: Ein polnischer Präsident will auf dem Boden der damaligen Täter der Opfer gedenken und auf diese Weise das grauenhafte Katyn-Massaker heraufbeschwören, eine klaffende Wunde in den bilateralen Beziehungen. Ein Gedenken, das die Anklage bereits in sich trägt. Doch dazu kommt es nicht. Offiziellen russischen Angaben zufolge hat sich kurz vor der Ankunft des Flugzeugs das Wetter verschlechtert, dichter Nebel soll aufgezogen sein. Entgegen dem Rat der russischen Fluglotsen habe die Maschine trotzdem zu landen versucht, um den Präsidenten rechtzeitig zu der Gedenkveranstaltung zu bringen. Beim vierten Versuch sei es zum Crash gekommen. Kurz vor der Landebahn habe die Tupolew ein paar Bäume gestreift und sei in den Wald gestürzt. Alle Insassen seien dabei ums Leben gekommen. Kurz: ein Unfall zur falschen Zeit am falschen Ort mit den falschen Leuten.

Man könnte nun fragen, ob »offizielle Versionen« eigentlich immer falsch sein müssen oder ob auch mal eine – wenigstens eine

einzige – richtig sein kann? Anders ausgedrückt: Sind Regierungen und Medien eigentlich prinzipiell unfähig zur Wahrheit? Die Antwort: Zwar gibt es auf niederen Verwaltungsebenen auch viel Wahrheit, denn sonst wären die Führung und Verwaltung von Staaten unmöglich. Der Absturz der Maschine des polnischen Präsidenten Lech Kaczyński vom 10. April 2010 fällt jedoch in die Kategorie »ganz große Politik«. Und da wird gelogen, dass sich die sprichwörtlichen Balken biegen.
So gilt zum Beispiel das Flugzeug als das sicherste Verkehrsmittel der Welt. Dass nun ausgerechnet ein Staatspräsident samt Gefolge auf dem Weg zu einer hochsensiblen Mission abstürzt, ist schon ein ausgesprochen dummer Zufall, in etwa so unwahrscheinlich wie der Jackpot im Lotto. Ja, der Zufall ist sogar noch größer: Ausgerechnet auf dem Weg zum Gedenken des sowjetischen Massenmordes an Tausenden Polen im Zweiten Weltkrieg bei Katyn kommt es ganz in der Nähe, am Flughafen der russischen Stadt Smolensk, zu einem neuen »Massaker«, diesmal an der politischen und kulturellen Elite Polens: Eine Maschine russischen Typs stürzt beim Landeanflug auf einen russischen Flughafen mit dem Russenkritiker Lech Kaczyński an Bord ab. Die Untersuchung des Unfalls leitet der russische Ministerpräsident Wladimir Putin, als (ehemaliger) Angehöriger des russischen Geheimdienstes KGB/FSB selbst ein später Kollege der Mörder von Katyn. Und ob Unfall oder nicht – zweifellos wird auch dieses Massensterben in die Geschichte eingehen, das Trauma von Katyn erneuern und dafür sorgen, dass die Wunde niemals verheilt. Schlimmer konnte es wohl nicht kommen. Ausgerechnet im Moment der Heilung wurde der Alptraum erneuert. »Wieder verschwindet auf russischem Boden die Elite der polnischen Politik und Kultur«, lautete der Kommentar einer Polin. »Die großen Hoffnungen auf Versöhnung sind nun wohl dahin.«
»Eine Mega-Katastrophe für Polen« sei das, hieß es am 10. April 2010 auf der deutschsprachigen Website *Polskaweb News:* »Was die Katastrophe am heutigen Morgen für Polen bedeutet, hat das

Land noch nie erlebt. Der Präsident ist tot, der Direktor der Nationalbank lebt nicht mehr und auch nicht der Präsident des nationalen Olympischen Komitees sowie viele weitere zur polnischen Intelligenz gehörende Menschen.«

Die russischen Ermittler befassten sich »mit drei Versionen des Flugzeugabsturzes«: ungünstigen Wetterbedingungen, menschlichem oder technischem Versagen. Aber gibt es nicht noch eine vierte Möglichkeit – zumal bei Flugzeugabstürzen? Doch die Frage nach einem Attentat wurde praktisch nur im Internet gestellt: »An Bord war nämlich fast die gesamte antirussische und Anti-Regierungs-Koalition des Landes«, so *Polskaweb News* weiter: »Einige von diesen hatten erst vor wenigen Tagen Russland massiv wegen Geschichtsverschleierungen und fehlender Entschuldigungen wegen Katyn angegriffen.«

Auch laut dem Nachrichtendienst evangelisch.de wurde im Netz schon bald nach den Hintergründen des Unfalls gefragt: »Gibt es einen Grund, warum jemand seinen Tod wünschen könnte«, habe ein anonymer Nutzer eines Internetforums in Bezug auf Kaczyński gefragt: »Wer wird ihn ersetzen, und was bedeutet das für Polen? Und für die Interessen der USA? Ich habe das Wetter im Absturzgebiet überprüft. Es scheint kalt dort zu sein, aber nichts Ernsthaftes, nur ein paar Wolken, kein Niederschlag.« Ein anderer Nutzer spekuliere, ob Kaczyński vielleicht »zu viel über die geheimen CIA-Gefängnisse in Polen« gewusst habe, und deute so an, »die USA steckten hinter dem Absturz«. Wieder andere Internetnutzer verdächtigten die russische Regierung: »Zum einen wegen Kaczyńskis deutlicher Orientierung an der NATO, zum anderen, weil er sich auf dem Weg zur Gedenkfeier in Katyn befand, wo vor 70 Jahren rund 4000 polnische Offiziere auf Befehl Stalins ermordet worden waren.«

In Wirklichkeit stand Lech Kaczyński im Brennpunkt mächtiger Interessen. So war kurz vor seinem Tod in Polen ein strategisches Schiefergasvorkommen entdeckt worden, mit dem sich Polen vollkommen von Russland hätte unabhängig machen können. Und nicht nur Polen. Nach einem Bericht von *RIA Novosti* wären damit auch die Gasvorräte der EU (zu der Polen ja gehört) um 47 Prozent gestiegen. Bis jetzt hängen Polen und die EU am Gastropf der Russen und sind damit natürlich politisch beeinflussbar. Bereits im Mai sollte der US-Konzern ConocoPhillips mit der Erschließung beginnen. Kritiker sehen das russische Gas gar als Instrument des russischen Imperialismus. »Experten zufolge wird Europa dank Polens Gasvorräten die Abhängigkeit von den russischen Lieferungen senken können«, schrieb *RIA Novosti*. Es sei »klar, dass das neue polnische Schiefergasprojekt zur ernstzunehmenden Gefahr« für den russischen Gaskonzern Gazprom werden kann, an dessen Leitungen halb Europa hängt.

Nach dem Tod Kaczynskis wurde aber nichts aus dieser Gefahr. Denn nun unterzeichneten die beiden Ministerpräsidenten Putin (Russland) und Donald Tusk (Polen) plötzlich Verträge über russische Gaslieferungen im Wert von 100 Milliarden Dollar bis zum Jahr 2037 bzw. 2045. Gas, das Polen nach Lage der Dinge in diesem Umfang überhaupt nicht mehr braucht. »Erst vor wenigen Tagen waren bei einem mysteriösen Flugzeugabsturz in Russland die gewichtigsten Hindernisse zur Realisierung dieses seit dem vergangenen November in Polen diskutierten und durch die Opposition kritisierten Vertrages ums Leben gekommen«, schrieb *Polskaweb News* am 21. April 2010. Lech Kaczyński habe noch bis zu seinem Tode gesagt, »dass ihn der Tusk-Putin-Vertrag mit ›tiefer Sorge‹ erfülle und dies nicht nur, weil hierdurch Polen sich zu 100 Prozent 28 Jahre lang in russische Gasabhängigkeit begebe, die man dubioserweise als Energiesicherheit bezeichne«.

## Ich weiß, dass ich nichts weiß

In jedem Fall lief das Internet in den nächsten Wochen heiß. Denn einen solch merkwürdigen Flugzeugabsturz, bei dem praktisch ein ganzes Land enthauptet wurde, hatte die Geschichte schließlich bis jetzt noch nicht gesehen. Herrschte nun Nebel oder nicht? Gab es Seitenwind oder nicht? Wurde der Pilot vom Präsidenten persönlich zur Landung gedrängt oder nicht? Wurde der Sprit abgelassen oder nicht? Gab es nun zwei, drei, vier oder gar fünf Black Boxes? Wurde die Maschine abgeschossen, oder hatte sie eine Bombe an Bord?

Eine schöne Beschäftigungstherapie. Alle Welt arbeitete sich an einer Kakophonie von Bruchstücken ab und wurde schier wahnsinnig über dem unlösbaren Puzzle. Wobei 50 Prozent der kolportierten Puzzleteile vermutlich wertlos oder sogar irreführend oder falsch waren – aber welche 50 Prozent? Für die mutmaßlichen Veranstalter dieser »Tragödie« hatte das den »Vorteil«, dass damit niemand zu einer Lösung kommen konnte. Ein gelungenes Ablenkungsmanöver.



Wie immer muss man sich zunächst einmal von der gesamten Propaganda frei machen, um zu plausiblen Lösungen des Rätsels zu gelangen. Das Problem ist, dass das Dauerfeuer der Medien den vollkommen falschen Eindruck erweckt, wir wüssten alles. Dabei sollten wir es mehr mit dem geflügelten Wort halten: Ich weiß, dass ich nichts weiß. Wenn man ein Ereignis wie den Absturz bei Smolensk einmal nach diesen Kriterien vor seinem geistigen Auge ablaufen lässt, stellt man fest, dass es wirklich nur sehr wenige gesicherte Fakten gibt. Vor allem muss man sich von den »narrativen« Informationen von Politik und Medien verabschieden. Und zwar deshalb, weil sie Rohdokumente (z. B. Fotos) und Tatsachen vorinterpretieren und »vorkauen«. Alle narrativen Informationen sind Erzählungen von Behörden, in diesem Fall hauptsächlich russischen, aber auch polnischen Polizei- und Geheimdiensten. Denn während es zwischen bestimmten Kreisen beider Länder Konflikte gab, etwa zwischen Präsident Kaczyński und der russischen Führung, herrschte unter anderen Teilen der russischen und polnischen Eliten bestes Einvernehmen, etwa zwischen den Ministerpräsidenten Tusk (Polen) und Putin (Russland). Lässt man die narrativen Informationen (zunächst) einmal beiseite, bleiben nur wenige Fakten übrig, nämlich,

- dass die Maschine des polnischen Präsidenten etwa um 7.23 Uhr am 10. April 2010 vom Warschauer Flughafen Frédéric Chopin aus in Richtung Smolensk startete,
- dass die Maschine dort nicht landete,
- dass die auf der Passagierliste der Maschine stehenden Personen verschwunden und möglicherweise tot sind.

Stellen wir also unabhängig von den wohlfeilen narrativen Informationen anhand objektiverer Informationen einmal ein paar eigene Überlegungen an:

### *1. Das Wrack war nicht vollständig*

Mit der Zeit tauchten zahlreiche Videos und Fotos der Absturzstelle auf. Von oben sah man zum Beispiel ein langgezogenes Trümmerfeld im Wald kurz vor der Landebahn des Smolensker Sewernij-Flughafens. Was man da sah, beeindruckte jeden. Ein Bild ist schließlich mächtig. Es schafft Fakten und festigt vorgefasste Meinungen. Das »Nicht-Bild«, sprich: das, was man nicht sieht, hat es da viel schwerer. Tatsache ist: Auf den bisher bekannten Aufnahmen vom angeblichen Absturz der Tu-154 des polnischen Präsidenten fehlt eigentlich alles, was zu einer derartigen Bruchlandung aus geringer Höhe im Wald gehören würde:

- große Wrackteile, insbesondere große Rumpfteile, denn bei einer Bruchlandung im Wald bleiben große Maschinen häufig weitgehend formstabil
- der vordere Rumpf
- die zahlreichen Sitze und Sessel
- schwarze Brandspuren am Wrack
- Brandspuren/Asche an Waldboden und Bäumen

Anders gesagt: Wenn Wrackteile fehlen, müssen sie irgendwo hingekommen sein. Bei einem Flugzeugabsturz im Wald können sie – wenn sie nicht da sind – nur verbrannt sein. Wenn sie nicht verbrannt sind, weil es weder einen nennenswerten Brand noch eine Explosion gegeben hat, müssen sie da sein. Wenn sie aber nicht da sind, kann das nur heißen, dass hier nie ein vollständiges Flugzeug vorhanden war. Und der fehlende Brand kann umstandslos auch dadurch erklärt werden, dass hier eben nie ein betanktes Flugzeug abgestürzt ist.

### *2. Die vorhandenen Wrackteile waren zu klein*

Schon einige Beobachter haben sich darüber gewundert, dass die Maschine nur in Kleinteilen vorlag und kein größeres Teil erhalten geblieben ist. Einige Wochen nach dem »Unglück« tauchten plötzlich Fotos von der »zusammengesetzten« Maschine auf dem Flugfeld Smolensk-Sewernij auf. Betrachtete man diese Bilder der eingesammelten Wrackteile, erkannte man, dass noch immer große Teile des Flugzeugs fehlten, vor allem vom vorderen Rumpf. Die vorhandenen Teile waren dagegen gerade so groß, dass sie noch auf einen Tieflader oder Lkw passten. Die Frage war nur: Wurden sie nach dem Absturz für den Abtransport so zerkleinert – oder bereits für den Transport zur »Absturzstelle«?
Nachdem die Einzelteile des Wracks provisorisch auf dem Flugfeld zusammengestellt worden waren, erkannte man, dass das Wrack an einigen Stellen sauber durchtrennt worden war. Die beiden Tragflächen waren auf halber Länge in der Mitte durchgeschnitten. Da das nicht durch einen chaotischen Absturz passiert sein konnte, musste es sich um »künstliche« Schnitte handeln. Auch die beiden Höhenleitwerke am Heck erschienen säuberlich vom Rumpf getrennt. Nach den Luftaufnahmen zu urteilen, waren das Heck und die Tragflächen aber schon unmittelbar nach dem Absturz nicht mehr als Ganzes vorhanden. Das heißt, das Flugzeug wurde nicht erst für den Abtransport von der »Absturzstelle« zerlegt.

### *3. Die Wrackteile waren zu alt*

Betrachtete man die Fotos von dem Wrack genauer, stellte man fest, dass einige Teile kurz nach dem Absturz schon eine deutliche Patina angesetzt hatten. Zum Beispiel das runde Teil, das von einigen Medien als »Cockpit« bezeichnet wurde (in Wirklichkeit aber wohl eher eine Triebwerkhülle war). Dieses Fragment war zweifellos schon länger der Witterung ausgesetzt. Der Lack war deutlich korrodiert. Es war mit dunklen Punkten übersät, an der unteren Vorderseite hatte sich eine moosartige Patina gebildet. So sieht zum Beispiel auch ein Auto aus, das man einige Monate im Garten herumstehen lässt. Offenbar hatte dieses Teil schon viele Monate irgendwo auf einem Flugzeugschrottplatz herumgelegen.

### *4. Die Umgebung des Wracks*

»Zerplatzt« eine Maschine mit so vielen Passagieren an Bord beim Absturz in der Weise wie angeblich die Tupolew bei Smolensk, bietet sich dem Betrachter normalerweise ein grauenvolles Bild. Leichen, Schuhe, Hüte, Kleidung, Papiere und Gepäck liegen nicht nur wild am Boden verstreut herum, sondern hängen auch in den Bäumen. Nichts davon in Smolensk. Stattdessen sah man dort nur große und kleine Schrottteile, die kein vollständiges Flugzeug ergaben. Ja, der Absturzort sah viel »ärmlicher« aus als jene Katastrophenübung, der ich einmal vor einigen Jahren in Bayern beiwohnte und bei der ein Flugzeugabsturz simuliert wurde – unter anderem mit etwa fünfzig zerfetzten Schaufensterpuppen, Koffern, Taschen, Handtaschen, Schuhen usw. Kein Detail wurde vergessen. In Smolensk dagegen wurden alle Details vergessen bzw. fehlten all diese typischen Zutaten eines Flugzeugabsturzes. Und das liegt nicht daran, dass die Absturzstelle gesäubert wurde, bevor sich Fotografen nähern durften. Sondern das bestätigen auch Zeugen, die unmittelbar nach dem »Crash« an der Absturzstelle waren, so der polnische Journalist Slawomir Wisniewski, der drei Tage später der polnischen Tageszeitung *Rzeczpospolita*

*(RZ)* ein Interview gab. Wisniewski gehörte zu den Journalisten, die den Kaczyński-Besuch in Katyn bei Smolensk beobachten wollten. Stattdessen beobachtete er den Absturz. Also gab es doch einen Absturz? Keineswegs.
Das Interessante ist, dass Wisniewskis Aussagen sofort als Beweis für einen Flugzeugabsturz angeführt wurden, dabei hatte er diesen, wie aus dem Originalinterview hervorgeht, nicht wirklich gesehen. Vielmehr begann seine Erzählung bereits »danach«. Laut seinen eigenen Worten konnte er »schon nicht mehr das komplette Flugzeug erkennen, ich sah nur ein Fragment des Rumpfes und die linke Tragfläche, die ziemlich stark nach links gekippt war, und ein Kennzeichen darauf. Dies waren Bruchteile von Sekunden. Dann brauste die Luft, und ich sah eine kleine Feuersäule« (Übersetzung von *Polskaweb News*, 22.4.2010). Ob es sich dabei um ein statisches oder bewegtes Bild handelte, wurde nicht gesagt.

Das heißt:

- Seinen eigenen Worten zufolge sah dieser »Absturzzeuge« nie ein vollständiges Flugzeug aus der Luft herunterkommen.
- Schon er sah nur noch »ein Fragment des Rumpfes und die linke Tragfläche«.
- Erst anschließend »brauste die Luft«, und eine »kleine Feuersäule« tauchte auf.

Die kleinen Feuer hat man auch noch auf den Videos der Absturzstelle brennen sehen, wobei sie mehr wie Teil einer Feuerwehrübung wirkten. Tatsächlich ist es eine bewährte Methode, Attentate unter dem Deckmantel einer Übung durchzuführen. Laut Wisniewski, der sich sofort zur »Absturzstelle« begeben hatte, gab es »keinerlei Anzeichen dafür, dass fast 100 Menschen bei dem Absturz getötet worden waren … Es gab keine Sitze, Koffer,

Taschen, einfach nichts und vor allen Dingen keinerlei menschliche Überreste, und vor Ort herrschte eine schreckliche Stille«.

### *5. Warum überlebte niemand?*

Die Tu-154 des polnischen Präsidenten ist offiziellen Schilderungen zufolge nicht aus 10 000 Meter Höhe heruntergefallen, sondern befand sich im Landeanflug. Dann krachte sie in einen Wald bzw. setzte sogar auf den Bäumen auf. Natürlich kann das für Passagiere tödlich sein. Denn »Landeanflug« heißt immer noch über 200 Kilometer pro Stunde. Trotzdem gibt es bei solchen Bruchlandungen immer wieder große Rumpfbereiche, in denen Passagiere überleben können, zumal dann, wenn es keine große Explosion oder keinen großen Brand gibt. Denn die Bäume wirken wie große Federn, die das Flugzeug relativ sanft abbremsen. Aber selbst wenn es zu großen Explosionen kommt, können viele Passagiere überleben:

Erstes Beispiel: Airbus-Crash am 26. Juni 1988 in Habsheim, Elsass. Nach den offiziellen Schilderungen der Smolensk-Katastrophe ist dieser Fall vergleichbar: Ein großer Düsenjet setzte in Landekonfiguration auf dem Wald auf. Obwohl es einen riesigen Feuerball gab, überlebten von den 136 Insassen 133, also knapp 98 Prozent (Quelle: *airsafe.com)*.

Zweites Beispiel: Am 22. März 2010 landete eine russische Tupolew 204 statt auf dem Moskauer Flughafen im Wald. Von den nur acht Insassen (allesamt Crew-Mitglieder) überlebten alle (Quelle: *aviation-safety.net)*. Der Rumpf war noch weitgehend intakt.

Drittes Beispiel: Der Turkish-Airlines-Flug 1951 endete am 25. Februar 2009 kurz vor der Landung bei Amsterdam mit einem Crash – allerdings auf einem Acker. 126 von 135 Passagieren konnten sich retten, also 93 Prozent (Quelle: *aviation-safety.net)*.

Dies sind keineswegs außergewöhnliche Fälle. Nur wenige wissen, dass laut Statistik die Chance, einen Flugzeug-Crash zu überleben, fast 100 Prozent beträgt. Und das liegt daran, dass

70 Prozent der Flugzeugabstürze bei Start und Landung passieren, also in Bodennähe. Nach einer Statistik des US-amerikanischen National Transportation Safety Board (NTSB) beträgt die Wahrscheinlichkeit, einen Absturz zu überleben, 95,7 Prozent (*DiePresse.com,* 4.7.2009). Und laut offizieller Version ereignete sich der Kaczyński-Absturz nun mal ebenfalls in Bodennähe. Eine Bruchlandung im Landeanflug, die niemand überlebt, ist dagegen die große Ausnahme – vor allem im Wald. Zumindest einige Passagiere sollten es noch bis ins Krankenhaus schaffen, bevor sie sterben.

### *6. Wo waren die Leichen?*

Erinnern wir uns an die Zugkatastrophe von Eschede am 3. Juni 1998. Auch damals gab es etwa 100 Tote. Wenn niemand eine solche Katastrophe überlebt, gibt es viele Leichen. Nicht aber im Fall von Smolensk. Bei diesem »Absturz« fehlte alles, was man in Eschede gesehen hatte:

- lange Reihen von Krankenwagen
- lange Reihen von Leichenwagen
- zahlreiche Rettungshubschrauber
- Helfer mit Tragen und Bahren
- abgedeckte Leichen auf dem Boden oder auf Bahren
- Interviews mit Rettern, Ärzten und Obduzenten

Ferner sieht man bei solchen Katastrophe häufig:

- einen Hangar, eine Halle oder ein Zelt als vorläufige Sammel- und Identifizierungsstelle für die Opfer

All diese typischen Bilder fehlten merkwürdigerweise in Smolensk. War die gesamte Infrastruktur und Logistik zur »Aufbereitung« von fast 100 Absturzopfern also gar nicht vorhanden?

So verdichten sich die Hinweise, dass der »Absturz« nach einem bewährten Muster »inszeniert« worden sein könnte. Grundlage war vermutlich ein schon in den sechziger Jahren vom US-amerikanischen Generalstab ausgearbeiteter minutiöser Plan, der schon bald zum begehrten Exportgut geworden sein dürfte. Der Name: »Operation Northwoods«.

Bei der »Operation Northwoods« wird ein Verwechslungsmanöver zwischen echten Flugzeugen auf der einen und Drohnen, Wracks, Schrott und »Absturzstellen« auf der anderen Seite veranstaltet. Stellen Sie sich ein Dreieck vor: Das echte Flugzeug startet an Punkt A (Warschau). Statt jedoch zu Punkt B (Smolensk) zu fliegen, wird es nach Punkt C umgeleitet, wo es landet und man es samt Insassen »verschwinden« lässt. An Punkt B (Smolensk) wird dagegen der Absturz inszeniert, im Fall »Northwoods« durch eine Explosion und durch Wrackteile, die an der Stelle drapiert werden. Militär, Politik und Medien erklären das Ganze dann zum »Absturz« und zur »Absturzstelle«. Alles in allem ist dies heutzutage die beste Möglichkeit, entweder jemandem ein Attentat unterzuschieben (wie am 11.9. den »Islamisten«) und/oder das Verschwinden einer größeren Menschenmenge zu erklären und vor allem zu kontrollieren – und zwar lückenlos.

Fassen wir zusammen:

- Eine Maschine mit den Passagieren an Bord startet.
- In der Luft wird die Maschine zu einem anderen Flughafen umgeleitet, vielleicht wirklich unter dem Vorwand dichten Nebels am eigentlichen Zielflughafen.
- Die Maschine landet auf einem anderen Flughafen, wo man die Insassen verschwinden lässt.
- Am ursprünglich vorgesehenen Flughafen hat man dagegen

ein altes Wrack drapiert, das nun zur »Absturzmaschine« erklärt wird.

Simsalabim – weg ist die polnische Elite. Nur so lassen sich knapp 100 Menschen sauber »wegzaubern«. Scheinidentitäten von Menschen und Sachen sind schließlich die wichtigsten Zutaten der Zauberei. Genau so arbeitet auch jeder David Copperfield. Und ginge es nicht um Menschenleben, könnte man das Ganze fast »elegant« nennen. Nur dieses Verfahren besitzt den Vorteil der totalen Kontrolle über das Geschehen. Jedes andere Attentat (Abschuss, Bombe, Manipulation der Maschine oder der Landeeinrichtungen etc.) beinhaltet unkalkulierbare Risiken, zum Beispiel reale Beweise (etwa Sprengstoffspuren) und Überlebende. Das oben beschriebene Verfahren ist da erheblich sicherer.
Eine »Verschwörungstheorie«? Keineswegs. Eine Verschwörungstheorie ist eine Theorie ohne Fakten. Dies aber ist eine Theorie mit Fakten. Zum Beispiel kann das der Öffentlichkeit präsentierte Wrack nicht an diesen Ort geflogen sein.



## Die zwei Flughäfen von Smolensk

Komplett totgeschwiegen wurde in den Medien auch, dass Smolensk nicht nur über einen, sondern über zwei Flughäfen verfügt. Neben dem Militärflughafen im Norden, dem angeblichen Unglücksflughafen, Smolensk Sewernij Airfield, ICAO-Code XUBS, gibt es noch einen verschwiegenen zweiten Flughafen im Süden von Smolensk, Smolensk Yushny Airport, IATA-Code LNX (Quelle: *The Aviation Herald,* 10.4.2010).
Ein Verwechslungsspiel zwischen diesen beiden Flughäfen zu inszenieren wäre einfach. Nehmen wir an, man hätte Kaczyński auf Sewernij tatsächlich die Landung wegen (vermeintlichen) Nebels verweigert: Hätte man nun nicht nach der nächstgelegenen Landemöglichkeit Ausschau gehalten? Oder hätte man dem Flugzeug diese Alternative nicht sogar angeboten? Natürlich hätte man das

getan. Von der Lage her wäre das nur acht oder neun Kilometer entfernte Flugfeld von Yushny/Smolensk-Süd ideal gewesen. Dieser Flugplatz ist von Katyn genauso weit entfernt wie Sewernij/ Smolensk-Nord. Aus der Pilotenperspektive liegt der Flugplatz gleich nebenan. Beide Landebahnen sind auch in derselben Himmelsrichtung ausgerichtet. Das heißt, die Maschine hätte lediglich um neun Kilometer versetzt anfliegen müssen. Und das heißt, der alte, nur noch wenig benutzte Yushny Airport wäre das »natürliche Nadelöhr« gewesen, durch das die Tupolew nun vielleicht gekommen wäre. Allerdings erscheint die Piste dieses Airports mit 1,6 Kilometer Länge etwas kurz. Auf der anderen Seite lassen sich die von der Tupolew normalerweise benötigten 2,5 Kilometer Landestrecke bei vollem Einsatz von Schubumkehr und Bremsen erheblich verkürzen. Auf Komfort käme es hier schließlich nicht an. Und zum Starten benötigt die Tupolew Tu-154 nur etwa 1,2 Kilometer. Aber natürlich hätte man das Flugzeug auch auf einem anderen Flugplatz landen lassen können.

Inszenierungen vom Typ »Northwoods« erkennt man daran, dass es an Punkt B (also der offiziell behaupteten Absturzstelle, in diesem Fall Smolensk-Nord) in zwei Bereichen erhebliche Widersprüche und Ungereimtheiten gibt:

- bezüglich der technischen Überreste (Wrack)
- bezüglich der menschlichen Überreste (Leichen)

Da die »richtigen« Menschen und das »richtige« Flugzeug ganz woanders ankamen, konnten sie natürlich nicht gleichzeitig an der behaupteten Absturzstelle sein. Unstimmigkeiten hinsichtlich Wrack und/oder Leichen an Punkt B können also ein Hinweis auf die Umsetzung der »Operation Northwoods« sein. Gibt es Probleme in beiden Bereichen (zum Beispiel fehlende Wrack- und Leichenteile), ist es sogar wahrscheinlich, dass wir es mit einer »Operation Northwoods« zu tun haben. Vor allem dann, wenn es für das Fehlen keine natürlichen Erklärungen, beispielsweise einen ausgeprägten Aufschlagbrand, gibt.

## Shanksville ist überall – besonders in Smolensk

Der angebliche Flugzeugabsturz von Smolensk entwickelte sich damit immer mehr zum Gruselschocker. Nach einem Bericht auf *Polskaweb News* vom 1. Mai 2010 wurden den Hinterbliebenen zur Beerdigung tatsächlich nur minimale Leichenreste zurückgegeben. Bei den Beisetzungsfeierlichkeiten nach dem Kaczyński-Absturz trugen demnach jeweils acht Soldaten Särge, die nur einen Arm oder ein Bein enthielten: »Was verantwortliche Politiker als ›Tote‹ bezeichneten, war meist nicht mehr als nur ein Arm, Bein oder ein halber Torso, der später bei den Beerdigungsfeiern von acht schwitzenden Soldaten geschleppt wurde, als habe man die fehlenden Körperteile durch Steine ergänzt.« Damit gleicht der Fall immer mehr den Geschehnissen von Shanksville, Pennsylvania, nach dem 11. September 2001, wo angeblich ebenfalls ein Flugzeug abstürzte, nämlich United-Airlines-Flug 93.
Auch nach dem »Absturz« von Shanksville gab man den Hinterbliebenen nur minimale menschliche Überreste zurück.

## Ein Container voller Leichen

Nach einer solchen Katastrophe wird normalerweise DNA aus dem Umfeld des Verstorbenen (zum Beispiel von Haar- und Zahnbürsten, gebrauchter Wäsche, aber auch aus Blutproben von Angehörigen) gesammelt und dann so lange mit der DNA von unbekannten Leichenteilen verglichen, bis man die gesamte Leiche »beisammen«hat. Dies ist jedenfalls das seriöse Verfahren. Erstaunlicherweise ist dies nach Smolensk allem Anschein nach unterblieben. Offenbar hielt man es für ausreichend, den Angehörigen lediglich einzelne identifizierte Körperteile zurückzugeben. In Moskau hingegen (wo die Leichen angeblich identifiziert wurden) lagere noch »ein Container voll« mit Leichenteilen, die nicht per

DNA-Vergleich identifiziert worden seien, berichtete *Polskaweb News*. Ein sehr ungewöhnliches Verfahren. Warum hat man nicht den gesamten »Leichenberg« identifiziert und zur Bestattung an Polen zurückgegeben? Um einer Antwort nahe zu kommen, müssen wir uns nun vollständig von der offiziellen Version trennen. Nach den oben dargestellten Tatsachen dürfte das nicht schwerfallen. Fakt ist: An der angeblichen Unfallstelle gab es weder ein vollständiges Flugzeugwrack noch Leichen oder Accessoires von Fluggästen. Daher wäre auch folgende Version denkbar:

1. Der große Rest der in Moskau lagernden Leichen war nicht vorzeigbar, weil mit Befunden übersät, die nicht mit einem Flugzeugabsturz zu vereinbaren sind, zum Beispiel mit Schusswunden. Daher wurden lediglich einzelne (»unverletzte«) Leichenteile nach Polen zurückgeschickt.
2. Deshalb verheimlichte Moskau auch die genauen Todesursachen: Als Todesursache wurden laut *Polskaweb News* (18. Mai 2010) lediglich »multiple Verletzungen« angegeben. Das heißt: Moskau wollte die genauen Verletzungen nicht beim Namen nennen.
3. Und aus diesem Grund wurde auch die Kleidung der Toten verbrannt (*Polskaweb News*, 20.6.2010), möglicherweise, weil sie Einschüsse aufwies.
4. Den großen Rest der authentischen Leichen musste man auf Nimmerwiedersehen verschwinden lassen – ganz einfach, weil diese Leichen auf keinen Fall »in der Welt« bleiben durften, auch nicht in Russland.
5. Weil man aber auch vor Ort in Moskau nicht einfach mit leeren Händen oder ein paar Armen und Beinen herumstehen konnte (schließlich kam ja viel Besuch aus Polen), musste man die verschwundenen Leichen mit den verdächtigen Verletzungen vorübergehend durch unbekannte Leichen ersetzen. Das ist dann der berühmte »Container« voll nicht identifizierter Lei-

> chenreste. Identifiziert wurden sie deshalb nicht, weil sie nicht den verschwundenen Opfern gehörten. Warum das naheliegt? Ganz einfach: Nachdem die in Polen im Umfeld der Verstorbenen gesammelte DNA nach Moskau geschickt worden war, stellte sich heraus, dass darunter auch DNA-Proben waren, »die überhaupt niemandem zugeordnet werden konnten« (*Polskaweb News,* 1.5.2010). Was bedeuten könnte: In Moskau wurden irgendwelche unbekannten Toten als Opfer des Absturzes von Smolensk ausgegeben.



Aber wer sind dann diese unbekannten Toten? Immerhin ist Russland so groß, dass es möglich ist, in Krankenhäusern und Pathologien ein paar Dutzend unbekannte Leichen aufzutreiben und sie in Moskau als Überreste einer Flugzeugkatastrophe auszugeben, die dann mit Hilfe der wenigen authentischen Leichenteile »beglaubigt« werden. Man identifiziert beispielsweise ein Bein und behauptet gegenüber polnischen Besuchern oder Ermittlern, der Rest des Toten liege sicherlich bei den restlichen Leichen oder Leichenteilen in dem »Container« oder Kühlhaus. Nur »zurückgeben« kann man diesen (falschen) Leichenberg natürlich nicht so ohne weiteres, denn spätestens in Polen – wo man neue DNA-Tests durchführen könnte – dürfte der Schwindel auffliegen. Deshalb erhalten die Hinterbliebenen nur ein kleines »echtes« Teil zurück. Ganz ähnlich wird es wohl in Shanksville gelaufen sein, wo den Angehörigen auch nur kleine Leichenteile übergeben wurden. Wie schon gesagt: Das Spiel mit der Identität von Menschen und Sachen ist eine der wichtigsten Grundlagen der Zauberei.
Aber wo bleibt der Aufstand der Hinterbliebenen? Möglicherweise bleibt er aus, weil ihnen bereits kurz nach der Katastrophe eine Entschädigung zugesagt wurde. »Nach Bild-Information hat der polnische Staat eine Summe von 30,84 Millionen Zloty (rund acht Millionen Euro) als Entschädigung freigegeben. Jede der Opferfamilien erhält rund 40 000 Zloty (ca. 10 000 Euro).«

Das klingt zwar nicht gerade nach viel, aber 40 000 Zloty »haben oder nicht haben« macht in Polen durchaus einen Unterschied. Überdies wirft die *Bild*-Rechnung einige Fragen auf. Teilt man acht Millionen Euro durch rund 100 betroffene Familien, kommen nach Adam Riese 80 000 Euro oder 316 000 Zloty auf jede Familie. Auch nach dem 11. September 2001 wurden Opferfamilien auf diese Weise zum Schweigen gebracht, denn normalerweise ist mit solchen Entschädigungen auch eine Stillhalteklausel verbunden. Wer sie bricht, muss das Geld wieder abliefern. Nach dem 11. September 2001 wurden angeblich sogar etwa sechs Milliarden Dollar verteilt, wodurch einige Hinterbliebene zu Millionären wurden.

## »Gott schütze uns vor diesem Alptraum ...«

Zuletzt machte sich bei einigen Journalisten in Polen Verzweiflung breit: »Die Welt schaut zu, während russische und polnische Behörden nun schon im dritten Monat dabei sind, die Umstände des mysteriösen Flugzeugabsturzes vom 10. April bei Smolensk primitiv und arrogant zu entsorgen, zu verschleiern oder zu verstecken«, meinte *Polskaweb News* am 20. Juni 2010. Der politische Mord auf offener Straße sei offenbar »zum Kavaliersdelikt avanciert«. Es lohne sich kaum noch, über die »Ermittlungen« zu dem Flugzeugabsturz bei Smolensk zu berichten, auch wenn sich tagtäglich neue Ungereimtheiten ergäben. »Auch neuere Details, wie das Fehlen entscheidender 16 Sekunden auf dem russischen Stimmenrekorder der Präsidenten-Tupolew, Moskaus Weigerung zur Herausgabe der Auslesungen aus den technischen Black-Boxen, die Erkenntnis darüber, dass gar keine seriösen Identifikationen der Opfer in Russland stattfanden, Polen keinen Zugang zu den Leichen bzw. Überresten der Opfer hatten, sämtliche polnischen Amtshilfeersuchen nicht bearbeitet wurden und jetzt auch noch die auf einem abgesicherten Gelände in Smolensk lagernden Tupolew-Reste, gegen den Willen von Militärstaatsanwälten,

Opferbeiständen und den meisten Polen, eingeschmolzen werden sollen. Nach der Verbrennung der Kleidung der Opfer, eine weitere Tat zur Beweisvernichtung. Diese niederträchtige Ignoranz schmerzt auch uns bereits. Gott schütze uns vor den Auswirkungen des Alptraums, in dem wir uns bereits befinden.«

## *15. April* Aschewolke: Ein Stück aus dem Tollhaus

1984, Ministerium für Liebe. Winston Smith ist an eine Pritsche gefesselt und außerstande, eine Bewegung zu machen. Sogar sein Hinterkopf ist auf irgendeine Weise befestigt. Auf dem Programm steht die totale Gehirnwäsche: »Erinnern Sie sich«, fragt Winstons Folterknecht O'Brien, »in Ihr Tagebuch geschrieben zu haben: ›Freiheit ist die Freiheit zu sagen, dass zwei und zwei vier ist‹?« – »Ja.« – »Wie viele Finger halte ich hoch, Winston?« – »Vier.« – »Und wenn die Partei sagt, es seien fünf?« – »Vier.« Das Wort endet mit einem Schmerzensschrei. Ein Stromstoß durchzuckt Winston. Der Spannungszeiger ist auf 55 Prozent gestiegen. Schweiß tritt aus allen Poren seines Körpers. »Wie viele Finger, Winston?« – »Vier.« – Diesmal steigt die Nadel auf sechzig. Vor Schmerzen windet sich Winston auf seiner Pritsche. »Wie viele Finger, Winston?«, hört der Gefolterte die ernste, aber auch irgendwie besorgte Stimme seines Folterknechts. »Vier! Was soll ich denn anderes sagen? Vier! Zwei und zwei macht vier!« – »Manchmal, Winston. Manchmal macht es fünf. Manchmal drei. Manchmal alles zusammen. Sie müssen sich mehr Mühe geben. Es ist nicht leicht, vernünftig zu werden.«

### Wie viele Aschewolken sehen Sie?

Nun, das ist natürlich nur eine Szene aus einem düsteren Roman, in diesem Fall George Orwells *1984*. Bei uns gibt es, Gott sei Dank, keinen O'Brien, sondern höchstens Leute wie Claus Kleber

vom »ZDF heute journal«. Und der fragt am 15. April 2010 auch nicht nach der Summe von zwei plus zwei, sondern: Wie viele Aschewolken sehen Sie?
Keine? Asche auf Ihr Haupt. Sie müssen sich mehr Mühe geben. Also noch mal: Wenn die Partei bzw. das »heute journal« nun sagen würde: »Ein Vulkanausbruch auf Island legt den Flugverkehr über ganz Nordeuropa lahm. Die Aschewolke, durch die kein Flugzeug unbeschädigt fliegen kann, zieht weiter.«
Wie viele Aschewolken sehen Sie dann? Immer noch keine? Und wenn die Partei bzw. das »heute journal« Ihnen nun einen Film mit einem Text wie diesem zeigen würde: »Rauch steht über dem Inselberggletscher, dem Eyjafjallajökull im Süden Islands, Asche verdunkelt den Himmel, weht hinaus aufs Meer, sorgt für Chaos, noch Tausende Kilometer entfernt.« Vor Ort könne man zwar noch fliegen, heißt es in dem Film, woanders sei das aber schwieriger, denn der Vulkan und seine Asche seien »Gift für die Fliegerei«. Der Satellitenfilm zeige den Weg der Aschefahne Richtung Europa, die Folgen seien »fatal«.
Wie viele Aschewolken sehen Sie dann? Eine? Na bitte, es geht doch!
Nur fünf Tage nach dem Tod des polnischen Präsidenten Lech Kaczyński bei dem katastrophalen und mysteriösen Flugzeugabsturz vom 10. April 2010 dreht einer der obersten Nachrichtenverkäufer der Bundesrepublik, Claus Kleber vom »heute journal«, dem Publikum auf diese Weise eine neue »Katastrophe« an. Während Europa noch unter Schock steht und sich fragt, wie der Absturz passieren konnte, verbreitet der ZDF-Mann eine neue Räuberpistole: Eine riesige Aschewolke bedecke ganz Europa, und dadurch werde der Flugverkehr derart behindert, dass kein Flugzeug mehr fliegen könne.

**Zwei plus zwei ist vier, und der Himmel ist blau**

Und dabei geht es uns wie dem Winston aus Orwells düsterer Vision: Wenn wir zum Himmel emporsehen, ist dieser immer noch blau. Denn sehen kann man die Wolke genauso wenig wie O'Briens fünften Finger. Selbst wenn man in 1000, 5000 oder 11 000 Meter Höhe fliegt, sieht man ebenfalls nichts, wie Piloten bestätigten. Doch andererseits: Wenn O'Brien bzw. Kleber die Wolke sieht, dann ist sie doch sicher da – oder nicht?

Bestimmt. Denn alle behaupten es. Ganz Europa diskutiert und redet sich die Köpfe über dieses Nichts heiß, als wäre es unzweifelhaft wahr. Beschuldigungen, Anklagen und Verteidigungsreden werden hin und her geschleudert. Das Drama der Wolke entfaltet sich vor dem atemlosen Zuschauer: Minister, Airline-Bosse und deren Pressesprecher steigen in den medialen Ring und liefern sich erbitterte Schlachten. Etwas, um das man sich so erbittert streitet, muss doch existieren. Und siehe da: Das Drama der Wolke entfernt den Fall Kaczyński wirksam aus unseren Köpfen. Die virtuelle Wolke legt sich nicht nur wie ein Leichentuch über Europa, sondern fällt auch wie ein Vorhang in dem Drama Kaczyński. Hunderttausende von Urlaubern sind nun mit ihren eigenen kleinen Dramen beschäftigt, nämlich, wo sie als Nächstes übernachten, wie sie wieder nach Hause oder an ihren Bestimmungsort kommen. Und Hunderttausende von Geschäftsleuten fragen sich dasselbe, buchen ihre Termine um, vertrösten ihre Geschäftspartner und hoffen, dass die Flugzeuge bald wieder starten. Laut *Spiegel Online* vom 4. Mai 2010 fielen etwa 100 000 Flüge aus, wodurch etwa zehn Millionen Passagiere mitunter tagelang festsaßen und der Luftfahrtbranche ein Schaden von bis zu 2,5 Milliarden Euro entstand.

Dabei war zwei plus zwei immer noch vier und war der Himmel immer noch blau. Auch sonst gab es keine Beweise für die

Aschewolke. Messungen existierten nicht. Bis auf die »optischen Messungen«, welche die Piloten mit ihren eigenen Augen durchführten: Erboste Airline-Chefs stiegen mit ihren Fliegern auf und sahen nichts. Aschewolke? Fehlanzeige. Für den Inhaber der österreichischen Fluggesellschaft Fly Niki, Niki Lauda, war die Aschewolke schlicht ein »Spuk«, und der müsse ein Ende haben. Denn kann man eine Aschewolke nicht sehen, gibt es auch keine bzw. ist die Aschekonzentration so gering, dass sie zu vernachlässigen ist.

## Ein Stück aus dem Tollhaus

Doch die Politik beharrte auf einer »technischen Messung« durch ein Messflugzeug, wodurch der unhaltbare Zustand eines Flugverbots bei bestem Flugwetter um mehrere Tage verlängert wurde. Und das, obwohl von vornherein feststand, dass die Messungen keinerlei Konsequenzen haben würden. Denn »von keinem Triebwerkshersteller gibt es Daten, wie viel Vulkanasche ein Triebwerk aushalten kann und wo die Grenzwerte liegen«, sagte Airline-Chef Lauda. Warum nicht? Ganz einfach: Weil Aschewolken derartige Randerscheinungen im Luftverkehr sind, dass es bisher kein einziger Triebwerkshersteller für nötig gehalten hat, sich mit diesem Phänomen auseinanderzusetzen.
Kurz: Die Sache mit der Aschewolke entwickelte sich immer mehr zu einem Stück aus dem Tollhaus. Komplett wurde der Irrsinn, als nach wenigen Tagen immer mehr Flugzeuge den angeblich gefährlichen Luftraum nach Sichtflugregeln durchfliegen durften, als wäre die Aschewolke bei Sichtflug für die Triebwerke weniger gefährlich als bei Instrumentenflug. Vor den Augen des staunenden Publikums tanzten Till Eulenspiegel und die Schildbürger einem ganzen Kontinent auf der Nase herum, brachten Millionen von Menschen in Schwierigkeiten und die Fluggesellschaften um Milliarden.

## »Habemus nimbum«: Wir haben eine Wolke

Es dauerte vier Tage, bis das Messflugzeug schließlich am 19. April 2010 von dem bayerischen Flugplatz Oberpfaffenhofen startete, um die Aschekonzentration zu messen. Dabei ging es weniger um die konkreten Messergebnisse als vielmehr darum, Bundesverkehrsminister Peter Ramsauer (CSU) bei der Gesichtswahrung zu helfen. Nach dem Motto: Wer sich wirklich Mühe gibt, der wird schließlich den fünften Finger sehen und den Beweis liefern, dass zwei plus zwei fünf ist. Auftragsgemäß verkündeten die Flieger nach der Landung denn auch: »Habemus nimbum« – Wir haben eine Wolke! Allerdings war die gemessene Aschekonzentration nicht höher als an jeder x-beliebigen Straßenkreuzung, sie lag bei 60 Mikrogramm Partikel pro Kubikmeter Luft – also »Feinstaub«. Zum Vergleich: Der Grenzwert für Autoabgase in Graz liege bei 50 Mikrogramm pro Kubikmeter »und wurde 2006 immerhin in 120 Tagen um bis das Dreifache überschritten«, schrieb die Nachrichtenseite *MMNews* am 21. April 2010.

Von einem Hindernis für den Luftverkehr konnte in Wirklichkeit also nicht die Rede sein, ansonsten müsste wegen der Feinstaubbelastung durch den Luftverkehr vermutlich jeder Flughafen geschlossen werden.

Kein Wunder, dass es bei den Airlines brodelte: »Der Ätna auf Sizilien spuckt ständig. Die Flugsicherung überlässt es aber den Piloten, ob sie über oder unter der Wolke fliegen. Der Luftraum wird dort aber niemals gesperrt!«, schimpfte Niki Lauda. Das Flugverbot in Europa sei deshalb der »größte Skandal der Luftfahrt«.

## Ich hab's doch im Fernsehen gesehen

Dabei konnte man im Fernsehen doch alles ganz genau sehen. Und was dort gezeigt wird, muss existieren – die Aschewolke ebenso wie die Schweine- und Vogelgrippe oder die Klimakatastrophe.

Schließlich verbürgten sich dort »Experten« für das Vorhandensein der Aschewolke, und zweitens gab es »Simulationen« zu sehen, das heißt auf Computerberechnungen beruhende Animationen. Obwohl bei flüchtigem Hinsehen der Eindruck entstand, ein Satellitenbild oder einen Satellitenfilm wie bei der Wetterkarte vor sich zu haben, handelte es sich im Fall der Aschewolke oft nur um Animationen oder Skizzen – also nicht um ein Abbild, sondern um graphische Prognosen der Realität, früher hätte man »Trickfilme« gesagt. Und auf den Satellitenfotos war die sogenannte Aschewolke nicht von normalen Wolken zu unterscheiden.

## Ersatzrealität aus dem Computer

Das heißt, der »fünfte Finger«, die Aschewolke, existierte wie die Klimakatastrophe oder die Schweinegrippe-Pandemie hauptsächlich als Suggestion. Computersimulationen und daraus erzeugte Animationen sind jedoch inzwischen zu einer Art Ersatzrealität geworden, die für bare Münze genommen und zur Grundlage politischer Entscheidungen gemacht wird. »Klimakatastrophe« und »Aschewolke« haben eine gemeinsame Quelle, das britische »Met Office« in Exeter (früher »Meteorological Office«), eine altehrwürdige Einrichtung der Briten, die ursprünglich die Schifffahrt mit Wetterdaten versorgte: Das Met Office bezeichnet sich selbst als »größten britischen Zulieferer« zu den Klimaberichten des UN-Klimarates, dessen Reputation im Jahr 2009 in einem Skandal zusammenbrach, als jede Menge Manipulationen in den Klimamodellen und -prognosen an die Öffentlichkeit kamen (»Climategate«). Und genau wie das Klimaphantom ist auch die Aschewolke zum Gutteil auf dem wissenschaftlichen Mist des Met Office gewachsen.

## Die Phantome der UNO

Und wie Klimakatastrophe (Ausgangspunkt: Intergovernmental Panel on Climate Change; IPCC/UN-Klimarat) und Schweinegrippe (Ausgangspunkt: World Health Organization; WHO/Weltgesundheitsorganisation) ist auch die gigantische Aschewolke über Europa ein Konstrukt der UNO. Mit Beginn der neunziger Jahre fing deren Unterorganisation ICAO (International Civil Aviation Organization; Internationale Zivilluftfahrtorganisation) plötzlich an, für den gesamten Globus Vulkanasche-Beratungszentren (Volcanic Ash Advisory Centers; VAAC) ins Leben zu rufen, als wäre Vulkanasche wirklich eine ebenso ernste Gefahr für den Luftverkehr wie etwa Gewitter oder Tornados. In Wirklichkeit hat es aber in der gesamten Luftfahrtgeschichte nicht einmal eine Handvoll ernster Zwischenfälle mit Vulkanasche gegeben, und kein einziger davon endete mit einem Absturz. Was, nebenbei bemerkt, daran liegt, dass eine Aschewolke einem Flugzeug nur dann gefährlich wird, wenn es wirklich mitten durch ihren sichtbaren Bereich fliegt – was normalerweise kein Pilot tut.

Angesiedelt wurden die VAACs bei ausgewählten meteorologischen Einrichtungen, wie beispielsweise dem britischen Met Office. Dort erklärt man auch gern, wie eine Aschewolke »gemacht« wird. Diese stammt nämlich nicht, wie allgemein angenommen, aus einem Vulkan, sondern aus einem Computer: »Wenn ein Vulkan in seinem Zuständigkeitsbereich ausbricht, startet das Londoner Vulkanasche-Beratungszentrum, angesiedelt beim Met Office, sein atmosphärisches Verteilungsmodell NAME. Diese und vergleichbare Modelle haben sich gut bewährt, und wir können sie benutzen, um die Ausbreitung von Verschmutzungen nach einem Chemie- oder Nuklearunfall oder sogar von über die Atmosphäre verbreiteten Krankheiten vorherzusagen. In diesem Fall benutzen wir das Verteilungsmodell, um die Ausbreitung von Vulkanaschewolken zu prognostizieren.«

## Wie eine Aschewolke gemacht wird

Die Sache funktioniert ganz einfach: »Der Londoner VAAC-Meteorologe ermittelt den Ort, die Ausbruchszeit, die Ausbruchshöhe sowie das obere und untere Ende der Wolke (falls bekannt), und das Modell wird gestartet. Nach 15 Minuten ist es fertig ... Die Prognose wird anschließend von Luftfahrtbehörden benutzt, um zu entscheiden, ob bestimmte Lufträume geschlossen werden müssen, um Zusammenstöße mit der Aschewolke zu vermeiden« (Met Office: »Volcanic ash forecasting: How we work«, http://*www.metoffice.gov.uk).*

Das Aschewolken-Modell, mit dessen Berechnungen Millionen Menschen tagelang terrorisiert wurden und der Wirtschaft Milliardenverluste entstanden, basiert demnach auf fünf Ausgangsdaten, nämlich dem Ort, der Zeit und der Höhe des Vulkanausbruchs sowie dem oberen und unteren Rand der Aschewolke. Dieses »Modell« ist nichts weiter als ein besserer Zufallsgenerator. Die Datenbasis ist viel zu klein, um irgendein komplexes meteorologisches Ereignis abzubilden, geschweige denn vorherzusagen. Und natürlich lässt sich ein so primitives Modell leicht manipulieren. Je nachdem, an welcher Stellschraube (=Ausgangswert) man dreht, ändert sich das Ergebnis. Auf dieser Basis die Ausbreitung der Aschewolke über ganz Europa über Stunden und Tage hinweg zu prognostizieren war daher Hokuspokus. Und während das Londoner VAAC für Claus Kleber ein »ernstzunehmendes Institut« ist, »das in der ganzen Welt respektiert wird«, bemerkte Lufthansa-Chef Wolfgang Mayrhuber zutreffend: »Wenn in England ein Institut sitzt, das einen Vulkanausbruch aus Island mit mathematischen Modellen fortrechnet und dann uns erklärt, was in Deutschland, in Hannover, in Hamburg, in Berlin zu welcher Stunde passiert, dann darf man das nicht mehr ernst nehmen« (»ZDF heute journal«, 18.4.2010).

## Aschewolke: Fehlanzeige

Richtig. Denn wie Lufthansa-Chef Mayrhuber ebenfalls klarstellte, können nur Aschewolken zur Einstellung des Luftverkehrs führen, nicht aber Simulationen von Aschewolken. Im konkreten Fall machte das Computermodell des VAAC aus einer kleinen

Aschewolke, wie sie immer mal wieder über dem Eyjafjallajökull hängt, eine große Aschewolke über ganz Europa. Und dieses Szenario wäre jederzeit wiederholbar, solange auch nur die dünnste Rauchfahne aus dem Eyjafjallajökull aufsteigt. »Was wir konkret wollen, ist, dass man genau das, was international vorgeschrieben ist, auch beachtet«, rückte Mayrhuber in einem Interview ZDF-Mann Kleber den Kopf zurecht. »Wir sprechen in der IATA [International Air Transport Association; Internationale Flug-Transport-Vereinigung] und ICAO von Aschewolken. In den letzten drei Tagen, Herr Kleber, konnte man von Flensburg bis Berchtesgaden keine einzige Wolke sehen.«
Mit virtuellen Aschewolken lässt sich jedoch der globale Luftverkehr steuern, so wie sich mit Klimakatastrophe und Schweinegrippe der Globus nach Belieben steuern lässt. Über die Primitivsimulationen zumindest des britischen VAAC lässt sich somit unter dem Vorwand eines Vulkanausbruchs der Luftverkehr jederzeit lahmlegen und ein ganzer Kontinent von der Versorgung aus der Luft abschneiden. Die virtuellen Aschewolken haben also regelrecht strategische Bedeutung. Hinter den VAACs steht die UNO-Organisation ICAO und im Falle des Londoner VAAC auch das britische Militär.

### »Brilliant Ardent«

Rein zufällig fand genau um die Zeit der »Aschewolke« und des Flugverbots im selben geographischen Raum ein NATO-Manöver namens »Brilliant Ardent 2010« statt (12.–22.4.). Sofort wurde deshalb vermutet, das Flugverbot diene dazu, den Militärflugzeugen den Luftraum freizuhalten. Das Manöver war offenbar jedoch nicht der Grund für die Luftraumsperrung. Vielmehr war auch »Brilliant Ardent« von dem Verbot betroffen, denn der Flugbetrieb des Manövers wurde durch die vermeintliche Aschewolke lahmgelegt. Das militärische Flugverbot wurde erst am 21. April 2010 aufgehoben, als auch im zivilen Luftverkehr die letzten Verbote fielen.

Abschließend bleibt die Frage, ob die »Aschewolke« wirklich nur Ausdruck bodenloser Inkompetenz war. Oder kann so viel Ignoranz kein Zufall sein? Immerhin gibt es noch eine andere interessante Koinzidenz, und zwar mit dem Absturz und der Beisetzung des polnischen Präsidenten Lech Kaczyński. Der mysteriöse Flugunfall wurde durch die Aschewolke fein säuberlich aus den Schlagzeilen »geputzt«. Und just am 15. April 2010, als ZDF-Mann Kleber im Brustton der Überzeugung eine gefährliche Aschewolke verkündete, durch die kein Flugzeug fliegen könne, bereitete sich Polen auf Kaczyńskis Beisetzung vor. Die offiziellen Trauerfeierlichkeiten begannen am 17. April in Warschau, die Beisetzung erfolgte am 18. April in Krakau – also in den »Kerntagen« des Flugverbots. Treppenwitz der Geschichte: Die Leichname des Ehepaars Kaczyński wurden trotz Flugverbot auf dem Luftweg von Warschau nach Krakau übergeführt.

## Ein Begräbnis zweiter Klasse

Und tatsächlich wurden den Polen die Feierlichkeiten durch die Aschewolke »verhagelt«, da zahlreiche wichtige Staatschefs Lech Kaczyński nicht die letzte Ehre erweisen konnten, darunter US-Präsident Barack Obama, Bundeskanzlerin Angela Merkel, der kanadische Ministerpräsident Stephen Harper und der spanische Ministerpräsident José Luis Rodríguez Zapatero, um nur einige zu nennen.

Betroffen von dem Flugverbot war also hauptsächlich die erste Garnitur der prominenten Staatschefs. Das heißt, die »Aschewolke« hatte auch eine konkrete symbolische Konsequenz, da Kaczyński auf diese Weise nur ein Begräbnis zweiter Klasse erhielt.

So handelte es sich bei den Prognosen des VAAC also um eine kleine Simulation mit gigantischer Wirkung. Ihre Hausaufgaben machten die Behörden erst hinterher – nachdem Hunderttausenden von Menschen ideelle und materielle Schäden entstanden waren, von den Milliardenverlusten der Fluggesellschaften ganz zu schweigen. Erst am 3. Juni 2010 veröffentlichte das Luftfahrtbundesamt (LBA) ein vierseitiges Papier über den zukünftigen Umgang mit »Aschewolken« (NfL II – 31/10 vom 3.6.2010):

- Der Grenzwert, unterhalb dessen noch geflogen werden kann, beträgt zwei Milligramm Aschepartikel pro Kubikmeter Luft, also das Dreißigfache der bei dem Messflug des DLR am 19. April 2010 gemessenen Menge (60 Mikrogramm pro Kubikmeter). Schon das bedeutet: Die Flugverbote vom April 2010 waren völlig unsinnig.
- »Da Luftfahrzeuge in der Regel nicht über Messgeräte hierfür verfügen«, wird die Aschekonzentration künftig nicht etwa gemessen, sondern vom Piloten geschätzt, der entscheidet, ob eine »deutliche Sichtverschlechterung« vorliegt.
- Zwar kann er sich auf die Daten des VAAC in London stützen, aber alle in dem LBA-Dokument genannten Werte »beziehen sich auf die tatsächliche Aschekontamination, sofern nicht anders gekennzeichnet«. Also auf wirkliche Aschewolken, nicht auf simulierte. Die Einschätzung der tatsächlich vorliegenden Aschekontamination durch den Piloten hat demnach Vorrang vor den Simulationen des VAAC.

All das hätte das Luftfahrtbundesamt allerdings auch in einem einzigen Satz sagen können, der da lautet: Wer meint, fliegen zu können, der soll in Zukunft fliegen.

## *20. April* Ölalarm am Golf: Eine Prophezeiung und die Wirklichkeit

»Eine fürchterliche Detonation erschreckte die Stadt. Sie dröhnte von weit her, vom Süden, und die Schiffer meinten, es müsse in der Nähe der großen Landzunge – ungefähr zwischen Tampiko und Veracruz – der Ursprung der Erscheinung zu suchen sein.

(…) Donner? – jetzt? – und bei heiterem Himmel! – Unmöglich. – Also wahrscheinlich ein Erdbeben.« Doch es war kein Erdbeben. Vielmehr beschrieb hier der Dichter Gustav Meyrink eine Ölkatastrophe im Golf von Mexiko, und zwar in seiner Novelle *Petroleum, Petroleum* aus dem Jahr 1903.

## Megaschurke Dr. Jessegrim

Die Erzählung dreht sich um einen Megaschurken namens Dr. Jessegrim. Dieser hatte den Plan gefasst, die unterirdischen Ölvorkommen Mexikos durch Sprengungen zum Meer hin zu öffnen. Danach »floss das Petroleum, genau wie Dr. Jessegrim berechnet hatte, fleißig aus den unterirdischen Becken Mexikos ins Meer ab und bildete an der Oberfläche eine opalisierende Schicht, die sich immer weiter und weiter ausdehnte und, vom Golfstrom fortgetrieben, bald den ganzen Meerbusen zu bedecken schien. Die Gestade waren verödet, und die Bevölkerung zog sich ins Innere des Landes zurück.«

»Wenn das Erdöl in dem Maße weiter strömt, wie bisher, so werden meiner Berechnung nach in 27 bis 29 Wochen sämtliche Ozeane der Erde davon bedeckt sein und ein Regen in Zukunft für immer ausbleiben, da kein Wasser mehr verdunsten kann – im besten Falle wird es dann nur Petroleum regnen«, meint Oberschurke Jessegrim in Meyrinks Novelle. »Diese frivole Prophezeiung rief eine stürmische Mißbilligung wach, gewann aber täglich an Wahrscheinlichkeit, und als die unsichtbaren Zuflüsse gar nicht versiegen wollten«, sondern sich sogar »ganz außerordentlich zu vergrößern schienen, befiel ein panisches Entsetzen die gesamte Menschheit.«

»Erdölquellen nehmen stetig zu«, telegrafierte man aus Amerika nach Europa, »Situation äußerst gefährlich.«

Das Unheimliche: Zu Beginn der Novelle nannte Meyrink dieses Szenario explizit eine »Prophezeiung« und stellte quasi notariell fest, dass er diese Prophezeiung bereits 1903 getätigt habe.

Wörtlich schrieb er: »Um mir die Priorität dieser Prophezeiung zu sichern, stelle ich fest, dass folgende Novelle im Jahre 1903 geschrieben wurde. Gustav Meyrink.«
Gespenstisch, nicht wahr?
Denn am 20. April 2010 scheint die Prophezeiung plötzlich Wirklichkeit zu werden. An diesem Tag explodiert die Ölbohrplattform Deepwater Horizon, die im Auftrag der Firma BP im Golf von Mexiko nach Öl bohrte. BP hat die Bohrinsel von dem Betreiber Transocean geleast.

### Der Ritt auf dem Vulkan

Wie ein Schwarm riesiger, fetter Schnaken sitzen die rund 4000 Ölbohrplattformen im Golf von Mexiko auf dem Wasser. Mit ihren ellenlangen dünnen und verletzlichen Rüsseln saugen sie in bis zu 2400 Meter Tiefe hochbrisante Öl-Gas-Mischungen aus gewaltigen Reservoiren unter dem Meeresboden. Dort, in weiteren Tausenden Metern Tiefe, schwappen seit ewigen Zeiten langsam riesige Blasen aus Gas, Öl und Schlamm hin und her, bis sie irgendwo eine »Höhle« bzw. ein Reservoir gefunden haben, in dem sie sich sammeln. Nach diesen Reservoiren bohren die »Schnaken« wie Moskitos nach Blutgefäßen und setzen dabei ihr Leben aufs Spiel, wie man an dem Unfall der Deepwater-Horizon-Bohrinsel sehen kann.
Denn der Kampf mit diesen Naturgewalten gleicht einem Ritt auf dem Vulkan. Die unterseeischen Ölreservoire stehen häufig unter einem gewaltigen Druck. Ein Reservoir zu öffnen, ohne dabei in die Luft zu fliegen, ist ein kitzliges Unterfangen, das im Wesentlichen mit einem ausgeklügelten Druckmanagement im Bohrloch und -kanal bewältigt wird. Und nichts fürchtet der Ölingenieur so sehr wie das totale Versagen dieses Managements, nämlich den Blowout, die unkontrolliert sprudelnde Ölquelle.
Schießt das Öl mit einem zu hohen Druck durch den Rüssel der »Schnake« nach oben, kann es sich im Prinzip seinen Weg bis

nach oben bahnen und die Schnake umbringen – wie es eben am 20. April 2010 im Golf von Mexiko angeblich geschah. Zwar gibt es jede Menge trickreicher Sicherungen, die genau das verhindern sollen und es in 99,9 Prozent der Fälle auch tun – zum Beispiel das Blowout-Ventil (Blowout-Preventer): eine pfiffige Erfindung, die den Blowouts im Prinzip ein Ende machte oder sie zumindest fast auf null reduzierte. Aber das »fast« ist in diesem Fall genau das Problem. Ein Unterwasser-Blowout in großer Tiefe darf ganz einfach nicht passieren.

### Das Gespenst des Blowouts

Was bisher nirgends erwähnt wurde: Schon im Jahr 1997 machten sich Fachleute erhebliche Sorgen um einen sogenannten »sustained deepwater blowout« einen »anhaltenden Tiefwasser-Ölausbruch«, und zwar nirgendwo anders als im Golf von Mexiko. »Weltweit wird in immer tieferem Wasser nach Öl gebohrt. Ein bedeutender Tiefwasser-Bohrboom findet im Golf von Mexiko statt«, schrieb am 1. Januar 1997 das *Offshore Magazin*. Bisherige Unterwasser-Blowouts seien häufig durch »natural well bridging« geschlossen worden, das heißt, das Bohrloch wurde durch ein Zusammenbrechen des Ozeanbodens zugeschüttet. Aber diese erste Hoffnung erfüllte sich im Macondo-Ölfeld, wo die Deepwater Horizon bohrte, allem Anschein nach nicht. Stattdessen kam es offenbar zu dem erwähnten »sustained deepwater blowout«, dessen Folgen das *Offshore Magazin* schon 1997 als »schwerwiegend« einstufte, weil man keine Ahnung hatte, wie ein »Ultratiefwasser-Blowout« zu bekämpfen wäre. »Die Möglichkeiten, einen Ultratiefwasser-Blowout zu kontrollieren, sind sehr begrenzt«, so das *Offshore Magazin.* Und das ist schlimm. Denn mit »Ultratiefwasser« waren in diesem Artikel nur 300 Meter Wassertiefe gemeint. Die Deepwater Horizon bohrte aber in der fünffachen Wassertiefe, nämlich in 1500 Metern.

## Ein Blowout mit Vorwarnung

Zwar hatte ein Blowout auch schon andere Bohrinseln im Golf von Mexiko erwischt, beispielsweise am 3. Juni 1979 die Ölplattform Sedco 135f, woraufhin zuerst 30000 Barrel, dann 20000 Barrel und schließlich 10000 Barrel pro Tag austraten (1 Barrel = 159 Liter) – und zwar zehn Monate lang. Erst dann gelang es, den Ausbruch zu stoppen. Das Bohrloch von Sedco 135 f befand sich aber in lediglich 50 Meter Wassertiefe. Angekündigt hatte sich die Deepwater-Horizon-Katastrophe bereits seit längerem. »Der Verdacht, dass Insidern schon länger bekannt war, was passieren würde, verdichtet sich stetig«, werde aber von den Mainstream-Medien überhaupt nicht aufgegriffen, hieß es beispielsweise in der Ausgabe 26/2010 des Informationsdienstes *Kopp exklusiv*. »Die Sicherheitsmängel und die hochriskante Bohrmethode auf der gesunkenen Deepwater Horizon waren schon lange bekannt.« Bereits im Februar 2010 müsse es so gravierende Pannen und Sicherheitsprobleme auf der Bohrplattform gegeben haben, dass die US-Regierung eigentlich davon hätte unterrichtet werden müssen. In einem Bericht an die Regierung habe es geheißen, dass BP bereits Anfang Februar mit großen Rissen am Bohrloch der Deepwater Horizon zu kämpfen gehabt habe. »Sie sind verdammt nah dran, die Bohrinsel zu sprengen!«, soll ein Ingenieur der Universität von Kalifornien in Berkeley die Vorgänge kommentiert haben. Möglicherweise waren dies auch die Gründe für die Aktienverkäufe und Unternehmensakquisitionen durch Halliburton im Vorfeld des Unglücks.

## Sabotage am Golf?

Mit der Explosion am 20. April 2010 passierte etwas, das eigentlich gar nicht hätte passieren können: Laut Aussagen von Sicherheitsexperten für Bohrinseln, so *Kopp exklusiv*, hätte das Unglück trotz aller Probleme mittels mehrerer redundanter Sicherheitsvorkehrungen »in jedem Fall … verhindert werden müssen. Dass alle Sicherheitssysteme zufällig gleichzeitig versagt haben sollen, halten Fachleute für schlicht undenkbar. Manche sprechen offen von Sabotage.«

In der Tat. So lehnte der US-Erdölkonzern Anadarko, Mitinhaber der Bohrlizenz in dem betroffenen Ölfeld, die Verantwortung für die Katastrophe ab. Die Ölpest sei »das direkte Ergebnis von BPs rücksichtslosen Entscheidungen und Aktionen«, wurde Anadarko zitiert: »Anadarko-Chef Jim Hackett warf BP Leichtfertigkeit vor, was als grobe Fahrlässigkeit oder Vorsatz gewertet werden könne« (siehe u. a. *Reuters* vom 19. 6. 2010). Das heißt, Anadarko ging so weit, BP auch Absicht als Motiv für die Bohrinsel-Katastrophe zu unterstellen. Absicht aber bedeutet Anschlag.

Worin könnte diese »Absicht« zum Ausdruck gekommen sein? Nun, wie es aussieht, nahmen BP und der Bohrinselbetreiber Transocean in Kauf, dass eine Sicherung nach der anderen auf der hochbrisanten »Sektflasche« am Ozeanboden versagte. Oder räumten sie gar eine Sicherung nach der anderen aus dem Weg?

## Ohne Licht und Bremsen

Der entscheidende Korken auf der sprudelnden Sektflasche der Ölquelle ist der erwähnte Blowout-Preventer, ein haushohes, komplexes Ventil mit mehreren redundanten Sicherungen. Schon vier Wochen vor der Katastrophe sei nach einem Bohrunfall an Deck der Deepwater Horizon plötzlich ein kritischer Dichtungsring aus dem Blowout-Preventer zum Vorschein gekommen – nach oben gespült durch die Bohrleitung, berichtete der ehemalige Chefelektroniker der Deepwater Horizon, Michael Williams, in der US-Fernsehsendung »60 Minutes« vom 16. Mai 2010. Dieser sogenannte Annular dient dazu, das Bohrloch druckdicht zu versiegeln. Erst dann kann man dort den Druck messen und feststellen, ob dieser gefährliche Werte erreicht oder nicht. Ist der Annular dagegen beschädigt, kann der Druck durch ihn entweichen und erscheint bei den Messungen als zu niedrig. Mit anderen Worten: Die Besatzung ist blind für eine durch hohen Druck im Bohrloch heraufbeschworene Gefahr. In etwa so, als würde jemand ohne Licht mit dem Auto durch die Nacht rasen.

»Machen Sie sich keine Gedanken darüber«, habe jedoch ein Verantwortlicher des Bohrinsel-Betreibers und BP-Vertragspartners Transocean Williams beruhigt. Auch als weitere lebenswichtige Teile des Blowout-Preventers versagten, geschah nach Williams' Angaben nichts.

Der Ausfall dieser Teile sei vergleichbar mit dem Verlust eines Beins, meinte Professor Bob Bea von der Universität von Kalifornien in »60 Minutes«, der das Unglück untersuchte. Damit war der »Korken« auf der »Ölflasche« also schwer angeschlagen. Übertragen auf ein Auto, würde das heißen: Hier fuhr jemand nicht nur ohne Licht, sondern auch ohne Bremsen mit hoher Geschwindigkeit nachts über die Autobahn.



## Eine Sektflasche mit drei Korken

Schon hier stellt sich die Frage, wie so etwas möglich sein konnte: Selbst als lebenswichtige Teile des Blowout-Preventers an Bord der Plattform gespült wurden, stoppte man die Bohroperation nicht – ganz so, als hätte es jemand darauf angelegt, dass der Korken der »Sektflasche« wegfliegt und eine Fontäne in den Himmel bzw. ins Wasser schießt.

Am Morgen des Unglücks habe es einen Streit zwischen dem Transocean-Manager und dem BP-Manager an Bord gegeben: Ob er wisse, worum es gegangen sei, fragte der »60-Minutes«-Moderator Professor Bea. »Ja«, antwortete Bea, »darum, wer der Boss ist.« Inhaltlich drehte sich der Wortwechsel um die Einbringung von drei Zementkorken in den Bohrkanal durch die Firma Halliburton. Diese Zementkorken (unterhalb des Blowout-Preventers, der oben auf dem Bohrloch sitzt) sollten den kilome tertief in das Ölreservoir hinabführenden Bohrkanal unten, in der

Mitte und oben abdichten, bis mit der Ausbeutung des Reservoirs begonnen werden könnte. Die sollte dann eine andere Plattform übernehmen. Normalerweise verbleibt bei der Zementierung zusätzlich schwerer Bohrschlamm im Bohrkanal, um einen Blowout zu vermeiden. Doch diesmal habe der BP-Manager darauf bestanden, den Bohrschlamm vor der Einbringung des letzten, oberen Zementverschlusses zu entfernen, hieß es in »60 Minutes«. Damit stand über dem mittleren Zementkorken und dem defekten Blowout-Preventer nur noch Wasser. Die unteren Zementkorken versagten, und es kam zum Blowout.

»Andere Plattform-Arbeiter haben ebenfalls behauptet, dass sie von BP und ihren dortigen Vorgesetzten unter Druck gesetzt wurden, schnell zu machen«, schrieb das politische Magazin *Mother Jones* am 7. Juni 2010, sprich: sonst übliche Prozeduren außer Acht zu lassen. »Transocean-Deck-Arbeiter Truitt Crawford erzählte der Küstenwache, dass er Unterhaltungen des Bohrinsel-Managements mitbekommen habe, wonach BP durch Ersetzen des Bohrschlamms durch Salzwasser ›Abkürzungen nehmen‹ wollte, was dem massiven Druck der Ölquelle weniger Gewicht entgegensetzen würde.« Auch Arbeiter von Halliburton hätten BP Verstöße gegen »die gute Praxis« vorgeworfen und den Ölriesen gewarnt, er werde »ernsthafte Probleme mit dem Gasfluss« bekommen, so *Mother Jones*.

Ob der Blowout auch passiert wäre, wenn sich im oberen Teil des Kanals oder der »Steigleitung« (über den beiden unteren Zementstopfen) noch Bohrschlamm befunden hätte, fragte der »60 Minutes«-Moderator Professor Bea. Die trockene Antwort: »Es sieht nicht danach aus.« Statt also die Hauptsicherung, den Blowout-Preventer, schleunigst zu reparieren, wurden dem gefährlichen Druck der Ölquelle demnach weitere Hindernisse aus dem Weg geräumt. Weil ein Bohringenieur die Folgen eines solchen Verhaltens natürlich genau kennen muss, drängt sich der Vorwurf der groben Fahrlässigkeit oder gar des Vorsatzes förmlich auf.

Ein Busunternehmen, das seinen Fahrer bei Nacht ohne Licht und Bremsen gegen eine Wand fahren lässt, wird sich ebenfalls kaum auf einen »Unfall« herausreden können.

### »Are you fucking happy? The rig is on fire!«

Aber es finden sich noch weitere Indizien, die nahelegen, dass BP oder die beteiligten Firmen zumindest sehenden Auges in die Katastrophe marschierten. Laut *Mother Jones* hörte nach der Explosion der Kapitän eines der Rettungsschiffe ein Telefonat zwischen einem Transocean-Manager namens Jimmy Harrell und einem Gesprächspartner in Houston mit. Demnach schrie der Transocean-Mann ins Telefon: »Sind Sie nun verdammt zufrieden? Die Plattform brennt! Ich habe Ihnen gesagt, dass das passieren würde!« Der Gesprächspartner am anderen Ende wollte Harrell offenbar beruhigen, denn er habe geantwortet: »Ich bin verdammt ruhig! Haben Sie kapiert, dass die Plattform brennt?« *(theatlantic.com,* 7.6.2010). Auch andere hätten dieses Gespräch mitangehört.



Demnach hatten einige Leute die Explosion und den Brand der Ölbohrplattform also bereits vor dem Unglück klar vor Augen und andere gewarnt. Im Juli 2010 wartete Bohrinsel-Elektroniker Mike Williams mit einer weiteren Enthüllung auf. So seien wichtige Alarmsysteme auf der Bohrinsel schon lange vor der Katastrophe abgeschaltet worden. »Die Sensoren des Alarms, der vor Feuer oder einer hohen Konzentration giftiger oder explosiver Gase warnt, hätten zwar funktioniert, die Alarmsignale seien aber blockiert worden«, sagte der Techniker diesmal laut der deutschen *Bild*-Website (23.7.2010). Auf der Deepwater Horizon seien der Hauptalarm und die Warnlampen auf »blockiert« gestellt gewesen, so dass erhöhte Werte zwar von einem Computer aufgezeichnet wurden, aber nicht zu einem Alarm führten, sagte Williams laut *The Times-Picayune* vom 23. Juli 2010. »Das Bohrloch explodierte, die Sicherheitssysteme waren blockiert oder versagten, und Menschen verloren ihr Leben«, gab Williams bei

einer Anhörung am 23. Juli 2010 zu Protokoll: »Irgendwie müssen wir der Sache auf den Grund kommen.«
Transocean verteidigte das Vorgehen als »gängige Praxis«. Der Hauptalarm habe nur manuell von der Brücke aus ausgelöst werden können, um nicht bei jeder kleinen Fehlermeldung einen Alarm auszulösen. Das klingt einleuchtend. Allerdings versagten laut Williams auch automatische Abschaltsysteme, die bei einer hohen Gaskonzentration beispielsweise die Motoren der schwimmenden Insel hätten stoppen müssen. So aber entzündete der laufende Motor Nr. 3 das nach oben strömende Gas und explodierte. Auch am Armaturenbrett des Blowout-Preventers seien Sicherheitssysteme ausgeschaltet gewesen, die ein Entzünden der hochschießenden Gase hätten verhindern können. Alles Zufälle?
In Wirklichkeit erinnert das Verhalten der Verantwortlichen tatsächlich fatal an Vorsatz. Wer ständig wider besseres Wissen handelt und einschlägige Warnungen missachtet, dessen Verhalten ist irgendwann nicht mehr mit bloßer Fahrlässigkeit zu erklären. Vor allem dann nicht, wenn er sein gefährliches und regelwidriges Verhalten sogar gegen den offenen Widerstand anderer Fachleute durchsetzt, wie in diesem Fall offenbar geschehen. All dies untermauert den Vorwurf des Vorsatzes, denn es deutet auch auf einen starken Willen hin oder, wenn man so will, eine erhebliche »kriminelle Energie«, die Katastrophe herbeizuführen.
Die möglichen Motive dafür liegen allerdings im Dunkeln: Handelte es sich um undurchschaubare strategische Operationen? Oder ging es vielleicht einfach nur darum, BP-Chef Tony Hayward loszuwerden? Schließlich wurde die Ölquelle mit seiner Kaltstellung im Juli 2010 plötzlich sang- und klanglos geschlossen.

### Die eigentliche Katastrophe?

Die Katastrophe auf der Deepwater Horizon ist nicht mit einer Tankerhavarie (zum Beispiel mit dem Unfall des Öltankers »Exxon Valdez« 1989) vergleichbar. Im Golf von Mexiko geht es im

Prinzip um Reservoire, aus denen Tanker gespeist werden. BP-Sprecher schätzten den Inhalt der nun weitgehend unkontrolliert sprudelnden Macondo-Lagerstätte auf 50 Millionen Barrel, andere Experten auf 100 Millionen, genug für fünfzehn bis dreißig Supertanker, vielleicht ist es aber auch sehr viel mehr.
Schätzungen vom Frühsommer 2010 gingen von 10000 bis 84000 Barrel austretendem Öl pro Tag aus. Und da sind wir auch schon bei des Pudels Kern: Wieso »Schätzungen«? Hat man eine Ölleitung oder ein Bohrloch mit einem gegebenen Durchmesser und einer messbaren Durchflussgeschwindigkeit, kann man die austretende Menge pro Zeiteinheit doch fast auf den Liter genau berechnen! Hier ging das aber nicht. Und nicht nur das: Die Schätzungen wichen auch gravierend voneinander ab. Und schließlich erklärte der mit der Bewältigung der Krise beauftragte Admiral Thad Allen, es sei sogar »völlig unmöglich, eine genaue Schätzung abzugeben«. Warum?
Eine Erklärung könnte lauten, dass es sich nicht um technische Lecks nach Art der auf Videos vom Meeresboden gern gezeigten gebrochenen Ölleitung(en) handelte; vielmehr trat (und tritt?) das Öl aus dem Meeresboden selbst aus. Und weil ein solches Ereignis niemand kontrollieren kann, könnte dies die eigentliche Katastrophe gewesen sein.
Wie kann so etwas passieren? Zum Beispiel indem der kilometertiefe Bohrkanal (oder die »Steigleitung«), der vom Meeresboden aus senkrecht in die Tiefe führt, zusammenbricht und das von unten heraufschießende Öl seitlich in den Meeresboden austritt (siehe 26. Mai »Top Kill: Doomsday hoch zwei?«).

**Thema des Monats** *26.5.:*
*Operation Top Kill: Doomsday hoch zwei?*

**1.5.** Taliban versuchen angeblich einen Anschlag auf den New Yorker Time Square ***5.5. Feiern zum Untergang Europas***/Generalstreik und Unruhen in Griechenland **9./10.5.** Verabschiedung des Rettungspakets für Griechenland in Höhe von insgesamt 750 Milliarden Euro **13.5.** Der polnische Ministerpräsident Tusk erhält den Aachener Karlspreis ***15. 5. Weltumsegelung: Ein Milchmädchen umrundet die Welt 26. 5. Top Kill: Doomsday hoch zwei? 31. 5. Israelischer Seeüberfall: Sie wollten nur spielen***/Bundespräsident Horst Köhler tritt zurück

## *5. Mai* Feiern zum Untergang Europas

Die Republik ist außer Rand und Band. Es ist ein ganz besonderer Tag. Die Staatsführung feiert den Untergang Europas – und Deutschlands. Dabei darf natürlich niemand fehlen. Und so hat sich die gesamte Führungselite im braun getäfelten Konzertsaal des Ludwigshafener Pfalzbaus versammelt: neben dem Bundespräsidenten, der Bundeskanzlerin und dem Bundestagspräsidenten die Bundesminister Guido Westerwelle, Rainer Brüderle, Norbert Röttgen und Ronald Pofalla. Des Weiteren die Ministerpräsidenten Horst Seehofer, Roland Koch, Christine Lieberknecht, Stefan Mappus und Stanislaw Tillich sowie Charlotte Knobloch, Präsidentin des Zentralrats der Juden in Deutschland – um nur einige zu nennen. Insgesamt haben sich 800 Gäste im Pfalzbau eingefunden. Ein »Schaulauf der Superlative« sei das gewesen, berichtete am Tag darauf die Website der Rheinpfalz: »Noch nie gab es eine solche Dichte von Würdenträgern der Bundesrepublik in der Chemiestadt« Ludwigshafen.

Natürlich feierte die versammelte bundesdeutsche Politprominenz an diesem Tag nicht den Untergang Deutschlands oder Europas. Aber so ganz abwegig ist der Gedanke nicht. Denn (nach)gefeiert wurde der Geburtstag von Helmut Kohl, der am 3. April 2010 achtzig geworden war. Kohl war von 1982 bis 1998 deutscher Regierungschef und ist aus dieser Zeit vor allem als »Kanzler der deutschen Einheit« in Erinnerung geblieben.

Und mit Einheiten hatte Kohl es tatsächlich, nämlich mit Währungseinheiten. Mit gleich zwei Währungsunionen schickte er zuerst Deutschland bzw. die beiden Deutschlands und dann Europa auf Talfahrt. Aber während die D-Mark längst weg war und der Euro in Schwierigkeiten steckte, ließ sich der Mitverursacher des Schlamassels am 5. Mai 2010 mitten in Deutschland als Held feiern. »Einer der großen Beweger der europäischen Nachkriegsgeschichte und Staatsmann mit Weltruf«, sei Kohl gewesen, fand

der Politikprofessor Karl Kaiser. Es stehe Kohl zu, »dass wir uns hier vor ihm verneigen«, säuselte der frühere Bundespräsident Roman Herzog bei der Geburtstagsgala – die übrigens auf den »Europatag« des Europarates fiel, der am 5. Mai 1949 ins Leben gerufen wurde. Denn schließlich war Kohl ein ganz großer Europäer – aber ein winzig kleiner Deutscher.
Nun gibt es ja bekanntlich offizielle Bilanzen und ehrliche Bilanzen. Und beide sind merkwürdigerweise meistens grundverschieden. Offizielle Bilanzen des Wirkens von Helmut Kohl wurden im Jahr 2010 massenhaft gezogen, ähnlich wie seinerzeit die offiziellen Bilanzen des Wirkens von Erich Honecker. Die sahen bis zum Untergang der DDR auch jedes Mal gut aus. Und auch die offiziellen Bilanzen der Ära Kohl wurden mit Pauken und Trompeten verkündet, um die leisen, zweifelnden Töne zu überstimmen. Was fehlte, waren die notwendige Korrektur der herrschenden Meinung und eine ehrliche Bilanz des Wirkens von Helmut Kohl: Was hat Deutschland ihm wirklich zu verdanken? Von daher muss es erlaubt sein, hier einmal die wirklichen »Verdienste« dieses sagenhaften Wunderkanzlers zu beleuchten.

## Währungsunion Nr. 1

Unsere Gesellschaft krankt unter anderem daran, dass keine Zusammenhänge mehr hergestellt werden. Die Geburtstagsfeiern für Helmut Kohl waren dafür ein ebenso gutes wie verheerendes Beispiel. Eine Gesellschaft, die sich weigert, Zusammenhänge herzustellen, kann weder lernen noch rational agieren und ist deshalb zum Untergang verurteilt. Dies gilt auch für den Zusammenhang zwischen Helmut Kohl und dem Niedergang des deutschen Staates.
Da man mit diesem Thema gut und gerne ein dickes Buch füllen könnte, will ich mich hier auf die zwei durch Kohl angeschobenen Währungsunionen beschränken. Die erste Währungsunion war die vom 1. Juli 1990 mit der eingemeindeten früheren DDR. Nicht die Wiedervereinigung an sich, aber ihre Durchführung à la Kohl war

ein schwerer Schlag für beide Teile Deutschlands, von dem sie sich bis heute nicht erholt haben. Während ein Vernunftstratege wie der SPD-Kanzlerkandidat Oskar Lafontaine 1990 durch ein Attentat aus dem Rennen geworfen wurde, konnte ausgerechnet der »Dicke aus Oggersheim« seinen Plan umsetzen.
Wobei die Bezeichnung »Plan« etwas zu viel der Ehre für Kohls Vorgehen ist, rührte er doch im Wesentlichen alles zusammen, was (noch) nicht zusammengehörte. Stellen wir uns einen Moment lang vor, Kohl wäre Schleusenwärter gewesen: Ein Schiff fährt in die Schleuse, und statt den Wasserspiegel nun erst einmal auf das Niveau des Oberwassers anzuheben, hätte Kohl die Tore zu dem höheren Gewässer sofort geöffnet. Resultat: Das Schiff in der Schleuse wäre umgehend überspült und versenkt worden. Genau das geschah mit der DDR. Und stellen Sie sich weiter vor, anschließend hätte man den Mann nicht umgehend gefeuert und vor Gericht gestellt, sondern an der Schleuse eine Riesenparty für ihn gefeiert. Bizarr, nicht wahr? Aber Realität.
Rücksichtslos warf Kohl mit der Währungs-, Wirtschafts- und Sozialunion vom 1. Juli 1990 vollkommen inkompatible Wirtschafts-, Sozial-, und Finanzräume in einen Topf. Die westdeutsche Wirtschaft rollte wie ein Panzer über die ehemalige DDR hinweg und machte alles platt, was sich ihr in den Weg stellte. Von Kritikern wird die Wiedervereinigung à la Kohl gerne mit der Wirkung einer Neutronenbombe verglichen. Zumindest wirkte sie wie ein Flächenbombardement: »Noch nie ist in Friedenszeiten ein solches Ausmaß an wirtschaftlicher Zerstörung registriert worden wie 1990/91 in Ostdeutschland«, schrieb Linksnet in einem Artikel am 22. Juli 2005 (»15 Jahre Währungsunion. Ein kritischer Rückblick«). Kohls Sprüche von den »blühenden Landschaften«, die alsbald überall entstehen würden, muss man einmal vor diesem Hintergrund sehen. Das einzig »Blühende« war jedoch Kohls Phantasie. Der Osten hingegen wurde plattgemacht. Die Volkseigenen Betriebe wurden durch die sogenannte Treuhandanstalt

privatisiert, das heißt verhökert. Und als das nicht schnell genug ging, sprang ein weiterer Vernunftstratege und Zauderer »auf die brutale Art« über die Klinge. Der Treuhandchef Detlev Karsten Rohwedder (SPD) wollte die DDR-Betriebe nicht nur möglichst schnell verramschen, sondern da, wo es ging, auch sanieren und am Leben erhalten. Rohwedder wurde 1991 ermordet.

### *Ein Schlag gegen Deutschland*

In der DDR gab es zwar eine wenig produktive veraltete Wirtschaft, die aber ihren Mann ernährte. Millionen standen in Brot und geringem Lohn, der aber ausreichte, die niedrigen Mieten zu bezahlen. Der Arbeiter, der auf veraltete Weise veraltete Produkte herstellte, kaufte sie anschließend auch. Es gab einfach nichts anderes. Der Wirtschaftskreislauf wurde zwangsweise geschlossen. Die Arbeitnehmer der DDR wurden zwangsweise zu ihrer eigenen Kundschaft gemacht. Zwar waren Wohlstand, Lebensstandard und Gesundheit nicht gerade die besten. Und sicher würde dieses System, in dem den Menschen allein schon die vernachlässigte Bausubstanz unter den Füßen wegschimmelte, auch nicht mehr allzu lange durchhalten.

Auf der anderen Seite war nun ein sehr sorgfältiger Umgang mit diesem filigranen Kunstgebilde gefragt, dessen Wirtschaft weniger aus eigener Produktivität und Attraktivität heraus funktionierte als vielmehr aufgrund von Kaufzwang. Würde man die Menschen von diesem Kaufzwang befreien und ihnen mit einem Schlag westdeutsche und internationale Produkte anbieten, würde Folgendes passieren: Die begehrten und meistens auch besseren Westprodukte würden den Markt für Ostprodukte sofort zerstören und die Kreisläufe unterbrechen. Ost würde nicht mehr bei Ost, sondern fortan bei West kaufen. Die Folge eines solchen schlagartigen Zusammenschlusses wäre ein umfassender und totaler Boykott gegen die eigene Wirtschaft – mit ziemlich vorhersehbaren Folgen für die Betriebe, die Arbeitnehmer und am Ende für

alle deutschen Bürger. Denn die Abermillionen von Arbeitslosen würden nun in die sozialen Netze fallen!
Genau so kam es, was zwar nicht neu, aber schon halb vergessen ist. Zumindest wird es mit aller Macht vergessen gemacht; die Feiern zum 80. Geburtstag Helmut Kohls waren da ein gutes Beispiel. Es war also eine Folge von Schlägen, die hier gegen die beiden Deutschlands geführt wurden. Ein namhafter Politiker, der diese Gefahren glasklar sah, war, wie bereits erwähnt, der SPD-Vorsitzende Oskar Lafontaine. Für ihn – und dies ist sehr wichtig – konnte die nationale Einheit nur die Folge gleicher Lebensverhältnisse sein, nicht aber die Voraussetzung. Das heißt: Schleusenwärter Lafontaine wollte die beiden Wasserstände erst einmal auf dasselbe Niveau bringen, bevor er die Schleusentore öffnete.

### *Die Legende vom »engen Zeitfenster«*

Um das Desaster in den neuen Bundesländern zu entschuldigen, werden gerne »die einmalige historische Gelegenheit« und das »enge Zeitfenster« bemüht, in dem die Wiedervereinigung angeblich nur möglich war. Kohl tat gewissermaßen so, als habe er die DDR am Wühltisch ergattern müssen, bevor der Geschäftsinhaber (in diesem Fall die Siegermächte des Zweiten Weltkriegs) den Laden wieder zumachten und die Wiedervereinigung auf lange Zeit unmöglich wäre. Man schreibt ihm die einmalige strategische Leistung zu, den Siegermächten die DDR quasi abgeluchst zu haben. Das ist natürlich eine Fiktion. In Wirklichkeit stand nach dem Ende des Ostblocks die Expansion des westlichen Imperiums auf dem Programm, dessen Takt Geostrategen wie George W. Bush und Henry Kissinger vorgaben. Und da würde ein politischer und wirtschaftlicher Graben wie die DDR nur stören. Nicht zu vergessen die tödlichen Grenzbefestigungen. Wer wollte so etwas schon im eigenen Einflussgebiet haben? Daher musste die DDR dem westlichen Einflussgebiet zugeschlagen werden, und zwar schnell.

Das eigentliche Zeitfenster war aber nicht die angeblich einmalige Gelegenheit zur deutschen Wiedervereinigung für Helmut Kohl, sondern die einmalige Gelegenheit für das westliche Imperium, in das östliche Machtvakuum hineinzustoßen. Dieser Vorstoß war unumgänglich, und nun suchte man einen verdienten »Soldaten«, dem man ihn zuschreiben konnte. Man verpackte den Vorstoß deshalb in schönes Geschenkpapier und schenkte ihn Helmut Kohl – unter dem Namen »Wiedervereinigung«. So rum wird ein Schuh draus. Denn auf der Speisekarte des Westblocks standen schon längst Polen, Weißrussland, die Ukraine, Georgien und andere ehemalige Ostblockstaaten. Es ging also um den unstillbaren Hunger eines ganzen Imperiums. Die DDR war da nur im Weg. Also inszenierte man eine schöne »demokratische Revolution« und ließ eine Lichtgestalt aus Oggersheim als weißen Ritter aufmarschieren, der die DDR dem Würgegriff der Siegermächte entwand. Ein schönes Märchen. Welche Folgen dies für die Menschen haben würde, interessierte einen Bush, Kissinger oder Kohl am allerwenigsten.

### *Wer wird denn so kleinlich sein!*

Wie gesagt, musste man nun Millionen Arbeitslose ernähren, von den psychosozialen Folgen von Job- und Identitätsverlust einmal ganz abgesehen. Des Weiteren galt es, den Aufbau der gesamten Infrastruktur der neuen Länder zu finanzieren. Womit man beim »Soli« und bei der explodierenden Staatsverschuldung angekommen ist. Denn außer Kontrolle geriet die deutsche Staatsverschuldung erst nach 1990. Durch diese Art der Wiedervereinigung wurde das wirtschaftliche Gesamtgleichgewicht beider deutscher Staaten (und später des gesamtdeutschen Staates) weiter gestört und ihre Existenzgrundlage gefährdet – wie die Existenzgrundlage eines Menschen, der ins Wasser springt, um einen halbtoten Ertrinkenden zu retten. Ob er das schafft oder aber mit untergeht, ist genauso wenig sicher.

Inmitten der überbordenden Feierlaune am 3. April bzw. 5. Mai wurden die Kosten der kleinen Vereinigungsparty, so wie Kohl sie veranstaltet hatte, natürlich nicht angemessen gewürdigt. Wer wird denn so kleinlich sein! Aber immerhin betrugen die Gesamtkosten der deutschen Einheit von 1990 bis 2009 nach einer Studie der FU Berlin netto 1,6 Billionen Euro – brutto sind es sogar zwei Billionen. »Diesen kaum vorstellbaren Betrag haben selbst die größten Skeptiker der Vereinigung seinerzeit nicht für möglich gehalten«, zitierte *Welt Online* den FU-Wissenschaftler Klaus Schroeder am 21. August 2009. »Damit ließen sich alle Staatsschulden auf einen Schlag tilgen.« War der Anstieg der Staatsverschuldung vor der Wiedervereinigung eher regelmäßig und linear gewesen, so wurde die Kurve nach der Wiedervereinigung erheblich steiler. Hätte man die vorherige Zunahme linear fortgeschrieben, wäre man zum Beispiel im Jahr 2005 bei einer offiziellen Schuldenlast unterhalb einer Billion Euro angekommen, was zwar auch nicht gut, aber doch erheblich weniger ist. So aber landete man bereits im Jahr 2005 bei (offiziell) 1.5 Billionen Euro.

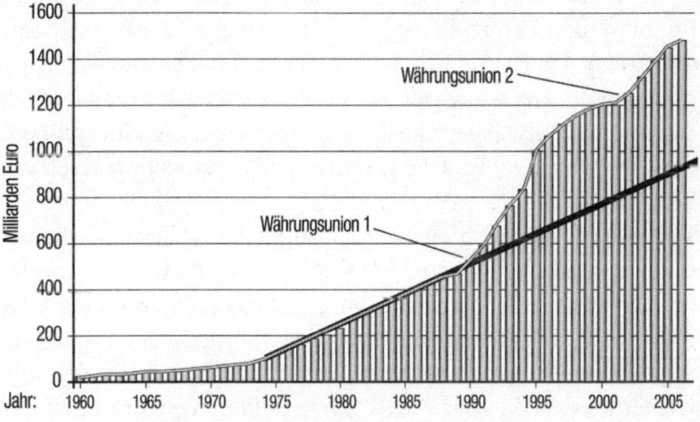


*Deutsche Staatsverschuldung: nach 1990 außer Kontrolle*
(Quelle: Wikipedia)

Das heißt, den größten Anteil daran, dass Deutschland aktuell überschuldet ist, hat die deutsche Einheit. Oder besser gesagt: die Deutsche Einheit à la Kohl.

### Währungsunion Nr. 2

Womit wir auch schon beim Euro wären. Denn da unser Schleusenwärter, wie gesagt, nicht gefeuert, sondern befördert worden war, durfte er sich nun am Zusammenschluss noch weit größerer und komplexerer Wirtschafts- und Währungsräume versuchen. Die Währungsunion zwischen BRD und DDR war quasi nur eine kleine Fingerübung gewesen. Beim Zusammenschluss mit der DDR ging es um die Verschmelzung von zwei völlig unterschiedlichen Volkswirtschaften; beim Euro ging es um die Verschmelzung von elf, später sechzehn zum Teil – auch kulturell und sprachlich – völlig unterschiedlichen EU-Volkswirtschaften. »Die EU stellt zum Unterschied von den USA keinen optimalen Währungsraum dar«, schrieb ein Kritiker schon 1997, »zu unterschiedlich sind Sprache, Kultur, Bildungsniveau, politisches System, Infrastruktur, Kapitalausstattung, Gewerkschaftseinfluss, Produktivität, Löhne, Preise, Sozialversicherungssysteme, Schuldenlasten, Außen- und Sicherheitsinteressen der einzelnen Mitgliedstaaten. Der Ausgleich der Unterschiede würde entweder die Staaten in die Zwangsjacke des Big Brother stecken müssen, oder es würden riesige Transferzahlungen erforderlich.« (»Zur Zeit«, 21.11.1997)

Wie wahr. Aber noch ein Jahr später stellte Kohl dies vehement in Abrede und versprach den Deutschen feierlich im Bundestag: »Nach der vertraglichen Regelung gibt es keine Haftung der Gemeinschaft für Verbindlichkeiten der Mitgliedstaaten und keine zusätzlichen Finanztransfers« – was er sogar noch ausdrücklich wiederholte (siehe März 2010: »Wie Helmut Kohl einst den Euro schönredete«).

Dies war zwölf Jahre vor der Euro-Krise und dem »Rettungs-

schirm« von 2010. Die Einführung des Euro und die weitere europäische Integration waren jedoch nicht nur ein wirtschaftlicher, sondern auch ein politischer Betrug. Denn kaum wiedervereinigt, wurde Deutschland auch schon wieder in der Europäischen Union aufgelöst. Die Auflösung der starken deutschen Währung war dafür ein wichtiger Schritt.
Alle wichtigen Weichen wurden in der Kanzlerschaft Helmut Kohls (1982 bis 1998) gestellt. Die erste Stufe der Euro-Währungsunion begann kurioserweise just am Tag der deutschen Währungsunion, dem 1. Juli 1990, mit der Herstellung des freien Kapitalverkehrs zwischen den EU-Staaten. Das heißt, am selben Tag, als die DDR-Bürger die D-Mark mit Sekt begossen, wurde bereits ihr Untergang besiegelt. Hatte man bei der überstürzten Wiedervereinigung zwei inkompatible Blutkreisläufe zusammengeschlossen, ging man nun daran, elf, sechzehn und letztlich sogar an die dreißig unterschiedliche Blutkreisläufe zusammenzuschließen (EU-Mitgliedstaaten und Nicht-Mitgliedstaaten).



### *Vom Euro zum Teuro: die Bürger und ihre neue Währung*

Der Euro wurde am 1. Januar 1999 hinter den Kulissen zum Buchgeld gemacht und am 1. Januar 2002 dann als Bargeld eingeführt. Und zwar ebenso rücksichtslos, wie die politischen Entscheidungen getroffen wurden. Während in anderen Ländern nach der Euro-Einführung zum Beispiel Preiserhöhungen für einen gewissen Zeitraum verboten waren, setzte man in Deutschland (inzwischen unter Bundeskanzler Gerhard Schröder) auf eine »Selbstverpflichtung des Handels«, aus DM-Preisen nicht einfach Euro-Preise zu machen. Schließlich wäre ja nichts leichter, als auf diesem Wege die Preise mit einem Umrechnungskurs von etwa 1:2 um satte 100 Prozent zu erhöhen. »Selbstverpflichtung« ist allerdings die politische Chiffre für »Laissez faire«. Anders als in anderen Ländern hinderte in Deutschland niemand den Handel daran, genau solche Preiserhöhungen durchzuführen. Während Honorare und Gehälter zum Euro-DM-Umrechnungskurs von etwa 1:2 halbiert wurden, war das bei den Preisen keineswegs sicher. Kostete beispielsweise ein Shampoo statt einer Mark nun plötzlich einen Euro, dann sah das Preisschild zwar fast genauso aus – der Preis jedoch betrug das Doppelte.

Tatsächlich war dies noch der einfachste Fall. Es gab vielerlei Methoden, die Leute bei Einführung des Euro übers Ohr zu hauen. Wie jeder aus dem Urlaub weiß, öffnet der Umgang mit einer fremden Währung Tricksereien und Irrtümern Tür und Tor. Eine »1« sieht schließlich genauso aus wie zu Hause, bedeutet aber etwas ganz anderes. Mit Einführung des Euro in Deutschland war sie zum Beispiel plötzlich doppelt so viel wert bzw. der Artikel oder die Dienstleistung doppelt so teuer. Kurz: Der Euro machte die Deutschen plötzlich zu Fremden im eigenen Land und eröffnete Handel und Gewerbe paradiesische Zustände. Ohne jede staatliche Kontrolle, wohlgemerkt.

»Keine Preiserhöhungen bei Einführung des Euro« – das konnte zum Beispiel auch heißen, dass die Preise einfach kurz vorher erhöht und erst danach auf Euro umgestellt wurden. Der Handel hatte aber auch noch andere Tricks auf Lager. Wurden beispielsweise 0,89 D-Mark für ein Pfund Spaghetti in Euro umgerechnet (genauer Umrechnungskurs 1,95583), kamen 0,46 Euro dabei heraus. Weil der Handel aber nun mal auf »9« endende Preise bevorzugt, wurde in der Regel bis zur nächsten 9 aufgerundet, in diesem Fall auf 0,49 Euro (Preissteigerung: 6,5 Prozent). In anderen Fällen wurde zwar der Verkaufspreis korrekt umgerechnet, dafür aber der Verpackungsinhalt verringert.

Eine Zeitlang wehrten sich Staat und Politik mit dem Begriff der »gefühlten Inflation« gegen jede Kritik. »Einer der Gründe, die Gemeinschaftswährung abzulehnen, ist die gefühlt hohe Inflation«, hieß es auf *stern.de* am 18. Dezember 2006. »Der Euro als Teuro – besonders die Boulevardpresse pflegt das Image der

Abzocker-Währung bis heute.« Nicht nur die Boulevardpresse: »Vor allem bei regionalen Produkten und Dienstleistungen ist es durch die Euro-Einführung zum Teil zu deutlichen Preissteigerungen gekommen«, räumte selbst Bundesbank-Vorstand Franz-Christoph Zeitler schon im Jahr 2002 ein (*Tagesspiegel*, 13.5.2002). Einen Preis-Experten des Statistischen Bundesamts zitierte der *Tagesspiegel* wie folgt: »Der Eindruck, dass Güter des täglichen Bedarfs teurer geworden sind, täuscht nicht.« Selbst der SPD-Bundesfinanzminister Hans Eichel wurde mit der Ansicht zitiert, »andere Länder wie etwa Frankreich – mit einem Verbot für Preiserhöhung – oder die Niederlande hätten die Umstellung ›besser hingekriegt‹« (*FAZ.net*, 11.5.2002).
Was heißt »hingekriegt«? In diesen Ländern verschwendete man wenigstens ein paar Gedanken darauf, wie die Bürger vor der »fremden Währung im eigenen Land« geschützt werden könnten. Den Regierungen Kohl und Schröder war dies jedoch herzlich egal. »Insbesondere die Gastronomie und eine Reihe von Dienstleistern hätten nach der Euro-Einführung mit Preiserhöhungen ›ziemlich zugelangt‹«, räumte Eichel laut *Tagesspiegel* (13.5.2002) ein: »Das hat bei den Leuten auf die Stimmung gedrückt.« Wobei der Sprecher des Hauptverbandes des Deutschen Einzelhandels (HDE), Hubertus Pellengahr, zu Recht zu bedenken gab, dass sich auch die Bundesregierung mit der Ökosteuer (1999) sowie der Tabak- (Erhöhung u.a. 2002 und 2003) und Versicherungssteuer (Erhöhung 2002) als »Preistreiber« betätigt habe.
Alles in allem wurden die Einnahmen der Bürger (Löhne, Gehälter, Honorare) durch den Euro halbiert, die Ausgaben aber nicht. Über den Daumen gepeilt, dürfte die Preissteigerung seit Einführung des Euro bis heute bei 100 Prozent liegen, also (vereinfacht ausgedrückt) bei durchschnittlich zehn Prozent pro Jahr. Die Einnahmen der Bürger dürften wohl kaum im selben Maße gestiegen sein. Jeder kann in seiner Umgebung beobachten, dass

inzwischen praktisch alle Euro-Preise mit den früheren D-Mark-Preisen identisch sind oder sogar darüber liegen. Da Löhne und Gehälter bei weitem nicht im selben Umfang gestiegen sind, darf man den Euro also mit Fug und Recht als die größte Enteignung der Deutschen seit dem Zweiten Weltkrieg bezeichnen.
Wie schon die deutsche Wiedervereinigung begleitete Kohl auch die europäische Währungsunion mit großen Sprüchen. »Dieses Geld wird eine große Zukunft haben«, tönte Kohl im Dezember 2001. Nur neun Jahre später, 2010, war diese Zukunft schon extrem gefährdet.

### *Im Würgegriff des Euro*

Um zu verstehen, wie es so weit kommen konnte, muss man die Frage beantworten: Was bedeutete der Euro für die teilnehmenden Staaten? Für Deutschland bedeutete er auf jeden Fall einen großen Schritt in Richtung Auflösung – nach dem Muster eines Stücks Zucker im Kaffee. Und insgesamt? Man stelle sich vor, ein bis zwei Dutzend unterschiedliche Schiffe, vom Ruderboot bis zum Rennboot, von der Segeljacht bis zum Ozeandampfer, würden mit einem Tau aneinandergebunden, um dann loszufahren. Schon bald würde es zu enormen Spannungen innerhalb dieses Schiffsverbandes kommen. Taue würden reißen, kleinere Boote würden umgerissen, untergepflügt werden und sinken. Aber auch die kleineren Boote würden die größeren behindern und beschädigen. Erst recht, wenn man dieses unnatürliche Gebilde einer enormen Belastung, beispielsweise einem Sturm, aussetzen würde. Dann ist ein solcher Verband natürlich extrem verwundbar. Aufgrund der in diesem Fall zu erwartenden Spannungen würde es zu Chaos und Zerstörung kommen. Genau deshalb würde auch kein vernünftiger Mensch auf die unsinnige Idee kommen, so unterschiedliche »Schiffe« wie die Industrie- und Exportgroßmacht Deutschland und den Agrar- und Schifffahrtszwerg Griechenland aneinanderzubinden – bis auf unsere Politiker, allen voran Helmut Kohl. Der größte Wert an der Athener Börse sei ein Getränkeabfüller, der zweitgrößte ein Sportwettenanbieter, schrieb *FAZ.net* am 8. Mai 2010.

Dem Euro kommt in diesem Beispiel die Rolle des alle Schiffe verbindenden Taus zu, das dafür sorgt, dass sich die Kräfte der Schiffe zum Teil gegeneinander richten. Um noch ein einfacheres Beispiel zu nennen: Man binde einmal 16 oder 30 völlig unterschiedliche Tiere aneinander, vom Schäferhund bis zum Huhn, vom Pferd bis zur Schildkröte, alle mit unterschiedlichen Geschwindigkeiten, Vorlieben und Verhaltensweisen. Die meisten werden nach kurzer Zeit tot sein, und zwar nicht nur die kleinen. Auch die großen können stranguliert werden oder stolpern und sich die Beine brechen. Selbst der dümmste Bauer würde nicht so dumm sein, seinen Tieren so etwas anzutun, es sei denn, aus perversem Vergnügen an einem abartigen Experiment. »Unterschiedlich leistungsfähige Volkswirtschaften dürfen nicht über eine gemeinsame Währung miteinander verbunden werden«, meinte ein mir bekannter Unternehmensberater. »Dadurch wird die Wirtschaft der Schwächeren an die Wand gedrückt, das jeweilige Land letztlich am Ende deindustrialisiert, volkswirtschaftlich ausgeplündert!«

Wie wahr. Aber kann uns das nicht egal sein? Eben nicht. Denn auf Stufe 1, den Zusammenschluss, folgt umgehend Stufe 2, bei der die stabileren Länder zu verstärkten Transferleistungen an die geschwächten Länder gezwungen werden. Der Aufbau Ost lässt grüßen.

Auf den Aufbau Ost nach der Währungsunion 1 folgt nach der Währungsunion 2 nun – finanziell gesehen – der »Aufbau Süd«, sprich: der »Aufbau Griechenland«, der »Aufbau Portugal«, der »Aufbau Spanien«, aber auch der »Aufbau Irland«. Denn diese Länder mögen zwar eine modernere Wirtschaft und Infrastruktur haben; finanziell aber sind sie ähnlich abgewirtschaftet wie einst die DDR.

»Die DDR war an ihrem Ende hoch verschuldet», schreibt

Dr. Klaus Först, Steuerberater und Betreiber der Website *staatsverschuldung.de:* »Die Zahlungsunfähigkeit war absehbar.« Der Kronzeuge hierfür sei Günter Mittag, der oberste Wirtschaftslenker der DDR. »Schon Mitte der siebziger Jahre wußte niemand mehr, wie die von Jahr zu Jahr steigenden Kosten der Sozialpolitik beglichen werden sollten«, schrieb der *Spiegel* 1991 über Mittag und die wirtschaftliche Situation der DDR. Also genau das, was heute mit Gesamtdeutschland passiert: »Die DDR lebte alsbald auf Pump und von ungedeckten Schecks.« Mittags »Stab klärte ihn darüber auf, daß die DDR über ihre Verhältnisse lebte«.
Kommt uns das nicht irgendwie bekannt vor? »Über die Verhältnisse gelebt« war auch das Schlagwort der Euro-Krisentage im Jahr 2010, als die PIIGS-Staaten anfingen zu wackeln. »PIIGS« lautete 2010 der Oberbegriff für die Euro-Problemstaaten Portugal, Italien, Irland, Griechenland und Spanien.
Und mit all diesen Ländern haben wir uns im Rahmen der Euro-Währungsunion ebenfalls vereinigt. Wie gut, dass Deutschland da noch seine Kreditanstalt für Wiederaufbau (KfW) hat. Finanzierte sie nach dem Zweiten Weltkrieg den Wiederaufbau der deutschen Wirtschaft, pumpte die staatliche Förderbank nach der Wiedervereinigung mit der DDR Milliarden in den Osten. Ab 2010 trug sie die Lasten der nächsten Vereinigung und überwies Mitte Mai 2010 (über den Umweg der Europäischen Zentralbank) 4,43 Milliarden Euro an Griechenland. Diese Überweisung ist praktisch ein kräftiger Ruck am Euro-Seil, das Deutschland um den Hals trägt. Weitere Rucke könnten zur Strangulierung führen.

### *Die schreckliche Enkelin*

So stellte sich Kohls Nachfolgerin Angela Merkel 2010 mit einer großen Tasche voller Geld an ein offenes Fenster im obersten Stock eines Hochhauses, sprach: »Wir schützen das Geld der Menschen in Deutschland«, und warf die Geldtasche anschließend in hohem Bogen aus dem Fenster. Und zwar ohne mit der Wimper zu zucken oder dabei rot zu werden. Statt Abflüsse wie Griechenland, Spanien und Portugal zu verstopfen, pumpte Merkel weiter in großem Stil (deutsche) Milliarden hinein, so, als wäre sie über die sich auftuenden Löcher nicht etwa entsetzt, sondern regelrecht begeistert, weil sie die Möglichkeit boten, das deutsche Volksvermögen endgültig den Ausguss hinunterzuspülen. Und dies ist auch der Beleg dafür, dass Merkel sich in strenger Kontinuität zu Helmut Kohl befindet. Kohl hatte die gemeinsame Euro-Badewanne geschaffen, Merkel spülte den Inhalt den Abfluss hinunter bzw. zwang die bereits selbst stark belasteten Länder der Euro-Zone, den anderen eine finanzielle Mund-zu-Mund-Beatmung angedeihen zu lassen.

### *Eine fixe Idee namens Euro*



Der Euro ist schuld? Nicht doch: Die PIIGS sind doch schuld! Ihre schlechte Haushaltsführung, sprich: Überschuldung, hat doch erst in die Misere geführt! Keineswegs: Das eigentliche Problem ist die Knebelung durch den Euro. Auch der tschechische Präsident Vaclav Klaus äußerte die Meinung, »dass die wahre Ursache für die Krise der Euro-Zone nicht in der griechischen Wirtschaftspolitik, sondern im Euro selbst zu suchen sei«, so Klaus in der *FAZ* laut *Junge Welt* vom 17. Mai 2010. Ohne den Euro »hätte Athen die Krise mit einer Abwertung seiner Währung um etwa 40 Prozent bewältigen können, so Klaus«.
Mit dem Euro aber war Griechenland auf Gedeih und Verderb an die anderen Euro-Staaten gefesselt. Noch im Angesicht der verheerenden Antagonismen hielten unsere Politiker eisern an der strangulierenden Gemeinschaftswährung fest. Während die kleinen Tiere bereits starben und die großen unter der Strangulierung (in Form immer neuer Kredite an die »Bruderstaaten«) japsten, ließen die Politiker dennoch nicht vom Euro ab, sondern erklärten nun, nicht etwa nur die einzelnen »Tiere« (also die Länder), sondern vor allem das »Seil« (also den Euro) retten zu wollen!

Um die Länder und die Menschen ging es also überhaupt nicht, sondern nur um eine ebenso fixe wie abstrakte Idee namens Euro! Nicht der Euro sollte den Menschen dienen, sondern die Menschen dem Euro! Ja, die »Euro-Rettung« wurde zum Wert an sich hochstilisiert: »Retten die Minister hier unseren Euro?«, fragte die *Bild*-Website über einem Foto der europäischen Finanzminister am 17. Mai 2010. Länder und Menschen wurden auf dem Altar dieser Idee geopfert, die jedoch ohne den Primat des Wohlergehens der Menschen gar keinen Sinn ergibt! Dadurch wurde der Euro, ohne dass irgendjemand es groß zur Kenntnis nahm, als bloße über den Menschen stehende Ideologie entlarvt. »Nein, das Seil ist gut für euch«, sprach der Bauer zu seinen nach Luft schnappenden und sterbenden Tieren.

### *Der wirkliche Zweck einer Idee*

Es kann aber auch noch einen anderen Grund geben, warum einem eine Idee sinnlos, abstrakt oder ideologisch vorkommt – weil man den wirklichen konkreten Zweck (noch) nicht erkennen kann. Wir können lediglich einen Zweck des Euro verneinen, nämlich den Wohlstand und das Wohlergehen der Menschen. Darum geht es sicher nicht. Aber worum geht es dann? Hat die Wahrheit gar etwas mit der alten Weisheit zu tun, die da lautet: »Geld regiert die Welt?« Vielleicht wird das Ganze besser verständlich, wenn wir es mit den Worten des Finanzgenies und Gründers der gleichnamigen Bankendynastie Mayer Amschel Rothschild (1744–1812) sagen. Diesem Herrn verdanken wir einige erfrischende Wahrheiten über Geld und Macht. Zum Beispiel:
»Ihr Geld ist nicht weg, mein Freund, es hat nur ein anderer.«
»Ich lese keine Zeitungen. Was wirklich wichtig ist, erfahre ich an der Börse.«
»Die Unkenntnis der Steuergesetze befreit nicht von der Pflicht zum Steuernzahlen. Die Kenntnis aber häufig.«
Der Mann hatte gut lachen. Seine ganz persönliche Version des

Mottos »Geld regiert die Welt« lautete angeblich: »Lasst mich das Geld einer Nation herausgeben und kontrollieren, und es ist mir egal, wer die Gesetze schreibt.«* So viel Macht verleiht die Kontrolle über eine Währung? Was wäre, wenn man nun eine künstliche Währung schaffen und sie möglichst vielen Nationen »aufs Auge drücken« würde? Hätte man dann die Macht über diese Nationen? Ist das etwa der Grund, warum man den Euro einfach nicht aufgeben will? Und ist das der wirkliche Grund für das »Gängelband« Euro? Fehlt also in unserem Modell mit den aneinandergebundenen Tieren etwa noch etwas Wichtiges, zum Beispiel der »Bauer«? Führt man ihn in das Modell ein, ergibt es gleich viel mehr Sinn. Erschien es zuvor als eine Ausgeburt des Wahnsinns, so viele unterschiedliche »Tiere« aneinanderzubinden bzw. zusammenzuzwingen, sieht die Sache natürlich ganz anders aus, wenn man sich dazu noch ein handelndes Subjekt und einen handelnden Interessenträger vorstellt.

Tatsächlich werden die europäischen Nationen mit Hilfe des Euro schon länger regiert. Durch Einführung einer Währung und Abtreten der Währungshoheit an eine supranationale Institution wie die Europäische Zentralbank (EZB) werden die Länder sogar in einem sehr wichtigen Punkt regiert – in ihrer Geldpolitik. Aber das Ganze geht noch weiter: Die Länder der Euro-Zone haben sich auch gewissen »Stabilitätsgesetzen« zu unterwerfen. Aber erst die Krise des Jahres 2010 gab den europäischen Institutionen die Möglichkeit, quasi diktatorische Maßnahmen zu ergreifen. So soll ab 1. Januar 2011 zunächst Griechenland der totalen Finanzkontrolle der EU unterstellt und den Menschen zum Beispiel Bargeldzahlungen ab 1500 Euro verboten werden (siehe 23. September: »Angriff auf das Bargeld«).

*zit. nach Robert L. Owen, in: G. Edward Griffin: Die Kreatur von Jekyll Island. Die US-Notenbank Federal Reserve. Das schrecklichste Ungeheuer, das die internationale Hochfinanz je schuf, Rottenburg a. N. 2006.

Schöne, neue Krise bzw. Welt! Wenn das stimmt, dürfte Europa mit Hilfe der Finanzkrise und des Euro auf dem besten Wege in eine Finanzdiktatur sein.

## *15. Mai* Weltumsegelung: Ein Milchmädchen umrundet die Welt

»Triumphale Heimreise in Pink: Jessica Watson ist jüngste Weltumseglerin«, kann man unter diesem Datum auf *stern.de* lesen. »Mit ihrer Yacht Ella's Pink Lady ist die jüngste Weltumseglerin der Geschichte wieder im Hafen von Sydney eingelaufen«, heißt es am selben Tag auf *sueddeutsche.de*. »Jessica Watson, 16, ist der jüngste Mensch, der je die Welt allein, ohne Unterbrechung und ohne Hilfe umsegelte«, schreibt auch *Spiegel Online*. Also stimmt es: »Sechzehnjährige Weltumseglerin schlägt alle Rekorde« (wie das *Oberbayerische Volksblatt* jubelt).
Jessica Watson startete am 17. Oktober 2009 in Sydney, wo sie nach 210 Tagen auf See am 15. Mai 2010 wieder einlief – drei Tage vor ihrem 17. Geburtstag. Der bis dahin jüngste Einhand-Weltumsegler, der Australier Jesse Martin, der im Dezember 1998 mit siebzehn Jahren zu seiner Weltumsegelung aufbrach, war damit entthront, wie man auch bei Wikipedia nachlesen kann: »Sein Rekord als jüngster Einhand-Weltumsegler wurde am 15. Mai 2010 durch Jessica Watson, welche ebenfalls aus Australien stammt, gebrochen« (Stand: 6.8.2010).

### Titel nachgeworfen

Doch in Wirklichkeit hat Watson Martins Rekord nie gebrochen. Die Medien warfen dem Segelgör Watson den Titel »jüngste Weltumseglerin« vielmehr quasi hinterher. Ein schönes Beispiel dafür, wie dieser »falsche Hase« unters Volk gebracht wurde, ist der entsprechende Bericht auf *sueddeutsche.de* vom 15. Mai 2010. Dort wurde zwar einerseits korrekt berichtet, dass Watson »auf eine offizielle Anerkennung als jüngste Weltumseglerin … ohnehin nicht hoffen« könne. Im selben Atemzug wurde aber Jesse Martin zum »bisherigen« Rekordhalter erklärt – ganz so, als hätte Watson ihn doch entthront: »Den bisherigen Rekord als jüngster Weltumsegler ohne Hilfe hält der Australier Jesse Martin, der seine Reise 1999 im Alter von achtzehn Jahren beendete.«Ist Watson also nun die jüngste Weltumseglerin oder nicht? Gegenfrage: Wer ist der schnellste 800-Meter-Läufer? Der, der eine Bahnkurve abkürzt und als Erster (in diesem Fall: als Jüngster) ins Ziel geht, oder der, der die Strecke korrekt absolviert und als Zweiter einläuft? Richtig ist natürlich Antwort B: Nur der, der sich an die Regeln hält, kann als Sieger anerkannt werden. Damit ein Wettbewerb überhaupt einen Sinn hat, darf man nicht Äpfel mit Birnen vergleichen. Damit Leistungen vergleichbar werden, müssen alle Wettbewerber dieselben Aufgaben absolvieren. Damit dies auch bei einer Weltumsegelung gilt, darüber wacht der Weltverband WSSRC (World Speed Sailing Record Council).



### Außer Konkurrenz gestartet

Und da der WSSRC Einhand-Weltumsegelungen von unter Achtzehnjährigen grundsätzlich nicht anerkennt, wurde Watson der »Rekord« schon allein deshalb nicht zugesprochen. Die Beschränkung existiert aus gutem Grund und soll verhindern, dass sich irgendwann krankhaft ehrgeizige Teenager (oder die halbwüchsigen Sprösslinge krankhaft ehrgeiziger Eltern) mit dem Segelboot umbringen. Denn eine Weltumsegelung ist in jedem Fall ein körperlicher und mentaler Überlebenskampf. Jessica Watson war also quasi »außer Konkurrenz« gestartet. In der Rubrik »Jüngster Nonstop-Weltumsegler« auf der WSSRC-Website steht deshalb auch im August 2010 immer noch: »Jesse Martin, Australien, 18 Jahre«. Der jüngste anerkannte Weltumsegler aller Zeiten ist also kein sechzehn- oder siebzehnjähriges Mädchen, sondern ein achtzehnjähriger Junge.

Formale Anerkennung oder nicht – auf die Leistung komme es schließlich an, erklärten flugs die Watson-Freunde.
Aber auch da sieht es eher schlecht aus – jedenfalls nach Meinung der Segel-Website *sail-world.com:* »Eine Publikation für Segler und nicht für das allgemeine Publikum [müsse] mit Weltumsegelungs-Rekorden sorgfältig um[zu]gehen«, hieß es da am 5. Mai 2010. »Anlässlich der spannenden Geschichten über die Reise der sechzehnjährigen australischen Schülerin Jessica Watson, die in den Medien enorme Aufmerksamkeit erfuhr, wurden wir in den letzten zwei Wochen mit E-Mails, Texten, Skype-Telefonaten und Anrufen von Seglern überschwemmt.«

## Rekord gleich doppelt verfehlt

In allen sei die Besorgnis über die »Konfusion« in den Mainstream-Medien und darüber, dass im Fall Watson Äpfel mit Birnen verglichen würden, zum Ausdruck gekommen.
Watsons Sprecher Andrew Fraser reagierte laut der Segel-Website *sailangle.com* mit dem Hinweis, dass die 16-Jährige die wichtigsten Bedingungen der WSSRC-Statuten für eine Weltumsegelung erfüllt habe: Beginn und Ende im selben Hafen, Überqueren aller Längengrade und des Äquators sowie Umschiffen der südlichen Spitzen von Südamerika und Südafrika. »Jessica hat alle diese Kriterien erfüllt«, behauptete PR-Mann Fraser. Strittig seien einzig die zurückgelegten Seemeilen. Denn ein echter Weltumsegler kann sich für die oben genannten Aufgaben nicht den kürzesten Weg heraussuchen, sondern muss laut WSSRC-Statuten auch einmal die Strecke des Erdumfangs absolvieren, nämlich 21 600 Seemeilen oder 40 000 Kilometer. Diese Anforderung der WSSRC-Statuten ist denn auch der K.o.-Schlag für Watsons Weltumsegelung. Warum? Laut ihrem Sprecher Fraser hat sie während ihrer »Weltumsegelung« schließlich 23 000 Seemeilen zurückgelegt!
Wie bei jedem anderen Segeltörn sei sie dabei aber keine gerade Linie gefahren, sondern habe gekreuzt und gehalst, erklärte

*sail-world.com*. Nur darf diese gesegelte Strecke natürlich nicht mit der überwundenen Distanz gleichgesetzt werden. Nach Berechnungen eines führenden australischen Navigators habe Watson eine Entfernung von lediglich 18 265 Seemeilen zurückgelegt – 2335 Seemeilen weniger als die offizielle Rekorddistanz von 21 600 Seemeilen und sogar ganze 3495 Seemeilen weniger als der offizielle Rekordhalter Jesse Martin. Das heißt, Watson verfehlte den Rekord demnach gleich doppelt – zum einen wegen ihres geringen Alters, zum anderen wegen der zu geringen überwundenen Distanz. Nach eigenen Angaben stellte *sail-world.com* diese Berechnungen auch Watsons Sprecher Fraser zwecks Stellungnahme zur Verfügung. »Wir haben Andrew eingeladen, andere Zahlen zu präsentieren, falls sie der Meinung sein sollten, diese Zahlen seien falsch. Andrew bestätigte den Empfang, bestritt aber nicht die Korrektheit der Punkt-zu-Punkt-Distanzen.«



## K.o.-Schlag für das »Segelgör«

Tatsächlich hatte die angebliche Weltumseglerin von Anfang an erhebliche Probleme mit der Navigation. So kollidierte sie bei einer kurzen Probefahrt am 9. September 2009 vor der Küste Australiens gleich an ihrem ersten Tag auf See mit einem 225 Meter langen Frachter. Dann erwies sich, dass sie die gestellte Aufgabe der Weltumsegelung nicht einmal ansatzweise verstanden hatte. »Es gibt einige wichtige Ziele, die ich erreichen muss, um den ›Rund-um-die Welt-Status‹ zu erreichen«, behauptete sie auf ihrer Website: »Die ungefähre Distanz beträgt 23 000 Seemeilen (rund 38 000 Kilometer).« Für eine Weltumseglerin eine erstaunliche Milchmädchenrechnung:

1. Die von den WSSRC-Statuten geforderte Distanz beträgt nicht 23 000, sondern 21 600 Seemeilen;
2. die von Watson genannten 23 000 Seemeilen entsprechen nicht 38 000, sondern 42 596 Kilometern.

Das alles hat also weder Hand noch Fuß. Besonders Punkt 2 ist für eine Weltumseglerin wirklich blamabel. Da eine Seemeile 1852 Metern (1,852 km) entspricht, ergibt sich auf den ersten Blick, dass 23 000 Seemeilen mehr als 40 000 Kilometer sein müssen – und nicht weniger. Einem versierten Segler wäre dieser Rechenfehler daher gar nicht erst passiert oder sogleich aufgefallen. Weil Navigatoren sehr gut rechnen können müssen und Seemeilen und Kilometer das tägliche Brot eines Skippers sind, erstaunt dieser Fehler auf Watsons Website umso mehr. Nicht minder erstaunt, dass die vor der Reise als zu bewältigende Entfernung angegebenen 23 000 Seemeilen genau der Distanz entsprechen, die Watson schließlich tatsächlich gesegelt sein will. Stand das Ergebnis der Fahrt also schon vor Beginn fest?

## Zweifel an der selbständigen Weltumsegelung

Langsam wachsen die Zweifel an der selbständigen Weltumsegelung der Jessica Watson. Neben den Streckenanforderungen muss eine Einhand-Weltumsegelung laut WSSRC drei weitere Bedingungen erfüllen:

1. Die Jacht muss die geforderte Distanz nonstop zurücklegen;
2. der Einhand-Segler muss die ganze Zeit über an Bord sein;
3. der Einhand-Segler muss alleine an Bord sein (»only one person aboard«).

Überprüfen lassen sich Punkt 2 und Punkt 3 normalerweise nicht. Es sei denn, man lässt sich erwischen. So wollte der Extremsegler Bernt Lüchtenborg im Jahr 2009 das Sportliche mit dem Angenehmen verbinden und nahm nach dem Auslaufen in Cuxhaven auf der Insel Norderney heimlich seine Geliebte an Bord – ein naheliegender Trick für »Einhand-Weltumsegler«. Bedauerlicherweise wurde Lüchtenborg jedoch krank und plauderte im Fieber von seiner Ehefrau – was der Geliebten gar nicht gefiel. Auf den

Kanarischen Inseln rauschte die Gehörnte davon, nicht ohne aller Welt von ihrem heimlichen Trip mit dem angeblichen »Einhand-Segler« zu erzählen. Aus war's mit dem Rekordversuch.

Prinzipiell ist ein Betrug kein Problem. Denn wer will nach dem Auslaufen noch feststellen, ob später eine weitere Person an Bord genommen wurde? Und den oder die Begleiter rechtzeitig vor dem Einlaufen in den Ausgangshafen wieder loszuwerden dürfte ebenfalls leichtfallen. So beschleichen einen auch angesichts der Kollision mit dem Frachter und der bescheidenen mathematischen Fähigkeiten von Watson gewisse Zweifel, ob das Mädchen die (ohnehin nicht ausreichende) Umsegelung wirklich allein schaffte.

### Das Geheimnis der wackelnden Kamera

Bestärkt werden diese Zweifel auch durch Watsons »Videotagebuch«. Dort trifft man auf ein ganz seltsames Phänomen: Das Bild wackelt. Normalerweise dürfte das nicht passieren, denn der Einhand-Segler kann sich nur dann filmen, wenn die Kamera entweder fest irgendwo installiert ist oder auf einem Gegenstand abgestellt wird. Dann gibt es zwischen Kamera und Schiff keine Bewegung mehr. Zwar haben einige Einhand-Segler die Kamera auch mit dem ausgestreckten Arm gehalten und auf sich gerichtet; dies ist aber aufgrund des dann geringen Aufnahmeabstandes und weil man den Ansatz des abstehenden Armes im Bild sieht, deutlich zu erkennen. Das Besondere ist nun, dass das Bild in Watsons Videotagebuch wackelt, obwohl sie die Kamera nicht selbst hält, wie man an ihren Armen erkennt (z. B. »Jessica's Video Diary – Day 53«, siehe *youtube* u. a.). Das kann eigentlich nur bedeuten, dass eine andere Person die Kamera gehalten hat.

Die weltweite Publicity für die junge Seglerin Watson steht jedenfalls in einem gewissen Missverhältnis zu ihrer Glaubwürdigkeit. Zwar fertigte sie Skeptiker nassforsch mit den Worten ab: »Wenn ich nicht um die Welt gesegelt bin, dann frage ich mich, was ich die ganze Zeit da draußen gemacht habe«, aber die Tatsache, dass man sich eine Weile nicht an Land, sondern »da draußen« befindet, ist für sich genommen noch kein Beweis für eine Weltumsegelung.

### Ein Team von Kindergärtnern

Aber die ganze Debatte dürfte sich ohnehin bald erledigen, weil ab August 2010 die vierzehnjährige Niederländerin Laura Dekker aller Welt zeigen wird, dass sogar Mädchen, die noch jünger sind als Jessica Watson, allein um die Welt segeln können. »Wenn sie erfolgreich ist, könnte sie die jüngste Person sein, die es geschafft hat; zurzeit ist die Australierin Jessica Watson mit sechzehn die jüngste«, heißt es in der englischsprachigen Ausgabe der Online-Enzyklopädie Wikipedia. Aber erstens ist das, wie wir inzwischen wissen, so nicht richtig. Und zweitens werden auch hier schon wieder Äpfel mit Birnen verglichen. Denn das Segelgör Dekker kann die Umsegelung, wenn überhaupt, nur mit Hilfe eines ganzen Teams von Kindergärtnern meistern. An nicht weniger als vierzehn Orten wird sie an Bord helfenden Besuch bekommen. Auch auf besonders gefährlichen Strecken, wie im Panamakanal, wird sie nicht allein sein. Bei ihrem Hafen-zu-Hafen-Törn soll die längste zusammenhängende Zeit auf See lediglich drei Wochen betragen. Treten Stürme auf, kann Dekker wählen, in welchen Hafen sie einlaufen will. Das Ganze hat mit einer »Einhand-Weltumsegelung« überhaupt nichts zu tun, und irgendwelche Rekorde kann man damit auch nicht brechen. Aber wahrscheinlich wird dies in der Medienberichterstattung ebenso untergehen wie die Wahrheit hinter dem »Rekord« von Jessica Watson.

## *26. Mai* Top Kill: Doomsday hoch zwei?

Preisfrage: Was passiert eigentlich, wenn in einen Gewehrlauf von beiden Seiten gleichzeitig eine Kugel geschossen wird? Dumme Frage: Er explodiert natürlich. Das weiß doch jedes Kind. Vielleicht. Aber vielleicht nicht jeder Erwachsene. Jedenfalls nicht jeder Erwachsene bei BP, jener Firma, die am 26. Mai 2010 bereits seit über einem Monat den Golf von Mexiko mit Öl verseucht. Am 20. April 2010 war die BP-Ölplattform Deepwater Horizon explodiert und kurz darauf gesunken, wobei elf Menschen starben und siebzehn weitere verletzt wurden.

Die Explosion hinterließ ein offenes Bohrloch bzw. einen offenen Kanal, aus dem das Öl mit hohem Druck herausschoss – ein sogenannter »Blowout«. So weit, so schlecht. Ein offenes Bohrloch in 1500 Meter Tiefe ist zwar schlimm, aber wohl nicht so schlimm wie das, was dann ab dem 26. Mai 2010 geschah, als BP mit der »Operation Top Kill« begann. Seitdem häuften sich nämlich Berichte, wonach der Meeresgrund an vielen Stellen »leckgeschlagen« sei.

Wie konnte das passieren? Normalerweise »ist ein Blowout ein Blowout«: Durch einen Unfall oder eine Fehlfunktion wird das Bohrloch unkontrolliert geöffnet, und Öl, Gas und Wasser schießen heraus. Das war's dann. Die zum Ölreservoir in die Tiefe führende Steigleitung bleibt dabei in der Regel unbeschädigt. Da der Druck im Bohrkanal nun durch das offene Bohrloch entweichen kann, gibt es keinen Grund, warum die Einfassung des Bohrkanals »platzen« sollte. Der Druck entweicht an der schwächsten Stelle, und das ist nun mal das offene Bohrloch. Wenn, dann wäre der Bohrkanal (oder die »Steigleitung«) unter dem Druck von Gas und Öl »geplatzt« oder zusammengebrochen, solange der »Korken« (Blowout-Preventer) noch oben draufsaß. In diesem Fall hätte der Druck – theoretisch – vielleicht seitwärts durch die Einfassung des Kanals entweichen können. Aber nach einem Blowout herrscht im Bohrkanal logischerweise ein viel geringerer Druck als vorher.

Und so dürfte sich die Situation auch die ganze Zeit über bis zum 26. Mai 2010 dargestellt haben. In dieser Zeit dilettierten BP-Ingenieure oder -Beauftragte an dem Bohrloch herum, wo-

05

bei angeblich nichts klappte, bis die BP-Leute auf die brillante Idee kamen, bis zu 50 000 Barrel Schlamm bereitzuhalten, um sie in das Bohrloch zu schießen, und zwar mit einer Leistung von 30 000 PS.

Würde sich der Druck im Bohrkanal dadurch verringern oder erhöhen? BP erklärte dazu: »Das Hauptziel des Top-Kill-Verfahrens besteht darin, schweren Bremsschlamm in das Bohrloch einzubringen, damit der Druck und anschließend der Ölfluss reduziert wird.«

Tatsächlich jedoch würde mit 30 000 PS in das Bohrloch geschossener Schlamm den Druck im Kanal erhöhen. Und was wäre die Folge? Laut BP würde der Schlamm das Öl zurückdrängen und so den Ölfluss stoppen. Tatsächlich aber würde der Bohrkanal durch den Druck platzen. Und genau das geschah offenbar auch.

Am 31. Mai 2010 wurde in der *Washington Post* ein nicht namentlich genannter BP-Experte mit den Worten zitiert: »Wir stellten fest, dass etwas unter dem Meeresgrund gebrochen war« – also im Bohrkanal. »Er sagte«, so die *Washington Post*, »dass Schlamm aus dem Bohrloch ›nach außen in die Formation‹ eindrang.« Womit das umgebende Gestein gemeint ist. Und das wiederum kann nur heißen, dass der Bohrkanal geplatzt war.

## Ein erhellendes Gespräch

Am 7. Juni 2010 kam es zwischen der MSNBC-Reporterin Andrea Mitchell und dem sehr gut informierten US-Senator Bill Nelson aus Florida zu folgendem Dialog:

*Nelson:* Andrea, wir werden hier zurzeit mit etwas Neuem konfrontiert, und zwar sind das Berichte, wonach das Öl aus dem Ozeanboden sickert …, was, falls es stimmt, darauf hinweisen würde, dass die Umfassung des Bohrlochs selbst perforiert ist … unter dem Meeresgrund. Sie sehen also, dass die Probleme angesichts dessen, womit wir hier konfrontiert sind, schlicht enorm sein könnten.

*Mitchell:* Damit ich es besser verstehe: Wenn das stimmt, dass es aus dem Meeresboden austritt, würde nicht einmal eine Entlastungsbohrung eine endgültige Lösung darstellen, um das zu schließen? Das bedeutet, dass wir es mit Öl zu tun haben, das aus zahlreichen Stellen am Meeresboden nach oben sprudelt?

*Nelson:* Das ist möglich. Es sei denn, man bekommt die Entlastungsbohrung tief genug hinunter, unterhalb von der Stelle, an welcher der Bohrkanal gebrochen ist.

Am 8. Juni 2010 machte sich der US-Fernsehmoderator Keith Olbermann Gedanken, was wohl die Steigerung von »Doomsday«, des »Jüngsten Tags«, sein könnte. Denn womit niemand gerechnet hatte: Dank BP und seiner »Kontraktoren« schien die englische Sprache nun eine solche Steigerung zu benötigen. In Olbermanns Sendung berichtete der Ölexperte Bob Cavnar, er wisse von Beteiligten, dass es während der Top-Kill-Operation einen Zwischenfall gegeben habe, woraufhin der Vorgang sofort gestoppt worden sei. »Ich glaube, sie hatten es während der Top-Kill-Operation wahrscheinlich mit einem Versagen der Einfassung [›Casing‹, G. W.] zu tun.« Also der Einfassung des in die Tiefe führenden Bohrkanals. »Vergessen Sie nicht, dass der Schlamm mit 30 000 PS in das Bohrloch gepumpt wurde, und das heißt, dass die bereits beschädigte Einfassung versagt haben könnte.«

Das hörte sich so an, als ob es den Bohrkanal bei der Operation »Top Kill« zerrissen habe und sich das von unten heraufschießende Öl nun seinen Weg durch den umgebenden Meeresboden suchte, bis es irgendwo an die Oberfläche dringen konnte, und zwar, falls entsprechende Berichte stimmten, sogar noch in elf Kilometer Entfernung. Damit das Öl so weit entfernt an die Oberfläche treten kann, müsste der Bohrkanal in großer Tiefe gerissen sein, denn wäre er weiter oben geborsten, würde das Öl in der Nähe des ursprünglichen Bohrlochs austreten. BP und die Vertragsfirmen des Konzerns hätten also aus einem Blowout etwas gemacht, wovon es möglicherweise kein Zurück mehr gibt – eine Art Doomsday hoch zwei.

## Alles halb so wild?

Natürlich sind das alles wieder nur Verschwörungstheorien. Denn Mitte Juli 2010 herrschte plötzlich eitel Sonnenschein. Hatte es bei dem Blowout der Sedco 135 f am 3. Juni 1979 noch zehn Monate gedauert, das Leck in 50 Meter Tiefe zu schließen, war bei dem 1,5 Kilometer tiefen Loch der Deepwater Horizon schon nach drei Monaten Schluss. Hatte sich zuvor ein Desaster mit zahlreichen Löchern und Rissen im Meeresboden abgezeichnet, so war das Problem Mitte Juli plötzlich mit atemberaubender Geschwindigkeit behoben. Auf einmal hieß es: »Öl gestoppt!« Am 13. Juli stülpte BP einen schweren Zylinder über die Quelle; nur zwei Tage später galt sie als komplett verschlossen. Was einigermaßen verwunderlich war, denn schließlich hatte man genau das schon unmittelbar nach dem Blowout versucht und war damit gescheitert. Hatte der plötzliche Erfolg etwas damit zu tun, dass just um diese Zeit die Ablösung von BP-Chef Tony Hayward begann, den man allgemein für das Desaster verantwortlich machte? Versiegte praktisch das Interesse an dem Ölleck in dem Moment, in dem Haywards Schicksal besiegelt war? Gegen Mitte Juli sank Haywards Stern rapide, am 27. Juli gab er seinen Rücktritt als Vorstandsvorsitzender zum 1. Oktober bekannt. Oder wehte Mitte Juli nur ein anderer Wind in der Öffentlichkeitsarbeit von BP, sprich: wurde wirklich das Ölleck gestopft oder nur ein Nachrichtenleck? Schließlich konnte kaum jemand überprüfen, was die BP-Kameras aus 1500 Meter Tiefe zeigten. In die Bilder eingeblendete Koordinaten legten zumindest den Verdacht nahe, dass der Öffentlichkeit immer wieder verschiedene Lecks gezeigt wurden.

Einer war nach der »Abdichtung« des Öllecks jedenfalls ganz anderer Meinung: der Investmentbanker, Offshore-Experte, »Öl-

Guru« (»Yahoo! News«) und Präsident des »Ocean Energy Institute«, Matthews Simmons. Niemand wusste so genau, was den Council-on-Foreign-Relations-Mann und früheren Bush-Berater geritten hatte, aber Simmons glaubte keinen Moment an das Ende der Ölpest. Vielmehr sei er der Meinung, so das Informationsportal *The Intelligence* am 10. August 2010, »dass es sich bei der von BP gezeigten und mittlerweile verschlossenen Bruchstelle nicht um das einzige Leck handelte, sondern in einigen Kilometern Entfernung wesentlich mehr Öl unkontrolliert austrat«. »Risse im Meeresboden, die ein Durchsickern von Öl und Erdgas erlaubten, schloss er ebenfalls nicht aus.« In Wirklichkeit handele es sich laut Simmons um die »größte jemals da gewesene Vertuschung einer Umweltkatastrophe«. In fünf bis zehn Meilen Entfernung gebe es ein »sehr tiefes Ölleck«, das täglich weiter wachse.

In einem Interview mit dem Business-Sender Bloomberg TV vom 21. Juli 2010 sagte Simmons: »Als ich diese schockierenden Nachrichten sah, dass eine der größten Tiefwasser-Bohrplattformen, die einer der größten Konzerne in der Branche je gebaut hatte, sich im Zentrum dieses schrecklichen Feuers befand und erklärt wurde, dies sei ein Brand der 700 Gallonen Diesel-Treibstoff auf der Bohrplattform, sagte ich ›Warum sagen sie so etwas? Das ist eine Lüge. Der Golf von Mexiko brennt.‹ Zwei Tage lang behaupteten sie, das sei ein Plattform-Brand, erst als die Plattform sank, konnten sie das nicht mehr behaupten« (siehe *youtube:* »Matthews Simmons discusses BP's Oil Leak in the Gulf of Mexico«).

Frage des Moderators: »Und warum haben sie das gesagt?«

Die trockene Antwort: »Wenn sie die Wahrheit gesagt hätten, wären sie alle getötet worden.«

Das bringt selbst die abgebrühten und aalglatten Bloomberg-Moderatoren ins Stottern. Warum und wieso und vor allem von wem sie getötet worden wären, legte Simmons nicht dar.

Am 8. August 2010 lag dann jedoch der 67-jährige Matt Sim-

05

mons plötzlich tot im Swimmingpool seines Sommerhauses in Rockport, Maine. »Während anfängliche Meldungen sowohl von einem Unfall als auch von einem Herzinfarkt berichteten, führte die am Montag durchgeführte Autopsie zu dem Schluss, dass der Tod zwar durch Ertrinken, allerdings unter Mitwirkung von Herzproblemen, eingetreten ist« (»The Intelligencc«).
Womit zumindest ein weiteres Nachrichtenleck versiegte. Ob auch das oder die Ölleck(s) wirklich versiegt sind, wird wohl erst die Zukunft zeigen.

## *31. Mai* Israelischer Seeüberfall: Sie wollten nur spielen

Es ist wirklich kaum zu fassen. Da will man auf hoher See in internationalen Gewässern ein paar Schiffe kapern, und dann wehren sich die Leute! Dieser Horror widerfährt am 31. Mai Angehörigen der israelischen Marine. Die israelischen Soldaten sind so perplex, dass sie gleich neun Leute erschießen. Eigene Verluste gibt es nicht zu beklagen. *Spiegel Online* schildert am nächsten Tag eine Pressekonferenz der geschockten israelischen Armee zu dem Vorfall. Ein Feldwebel »spricht leise, er hält sich den Unterarm, als ob er schmerze: ›Wir dachten, wir würden auf Leute treffen, die den Frieden wollen‹, sagt er in einen Strauß von Mikrofonen. ›Stattdessen haben wir den Krieg gesehen.‹«

### Der Händedruck als Erstschlagwaffe

Nicht zu fassen: Da gondelt man mit seinem Hubschrauber friedlich über das Mittelmeer, um sich irgendwo auf einem fremden Schiff auf ein Glas Tee einzuladen, und dann so etwas: Vom ersten israelischen Hubschrauber aus habe der Feldwebel beobachtet, wie »zwei Männer mit Stangen auf einen seiner Kameraden einschlagen«. Er sei dann runter, um seinen Kameraden zu befreien, und zwar »mit bloßen Händen«. Nach dem Motto: der Hände-

druck als Erstschlagwaffe. Wie jedermann im Gazastreifen bezeugen kann, ist die bloße Hand praktisch die Standardwaffe der Israelis, gegen die sich die Bewohner jedes Mal mit rüden Steinwürfen und Qassam-Raketen zur Wehr setzen. Und just in dem Moment, als der Feldwebel den leicht verspannten Gastgebern an Bord der Schiffe mit bloßen Händen eine Massage verpassen wollte, sei er angegriffen worden, und zwar von »Männern mit Wahnsinn in den Augen«. Da habe er endlich zur Waffe gegriffen und die feigen Aggressoren »in Schach gehalten«. Bei der Waffe habe es sich um eine »Paintball-Pistole« gehandelt.
Womit bewiesen wäre: Die Israelis wollten nur spielen.

### Das Spiel mit den Raketen

Spaß beiseite: Am 31. Mai 2010 überfielen israelische Marine-Kommandos im Mittelmeer einen Hilfskonvoi für den Gazastreifen. Rund 680 Aktivisten und Passagiere aus fast 40 Ländern hatten sich in sechs Schiffen aufgemacht, um die israelische Blockade des Gazastreifens zu durchbrechen. Und während die Wellen der Aufregung in den internationalen Medien hochschlugen, kümmerte sich kaum noch jemand um den eigentlichen Anlass des Ganzen, den Gazastreifen.
Der Gazastreifen ist so etwas Ähnliches wie eine »Reservation« für Palästinenser an der Mittelmeerküste Israels. Etwa einundvierzig Kilometer lang und sechs bis zwölf Kilometer breit, hat er in etwa die Ausdehnung des Bundeslandes Bremen und die Einwohnerzahl einer deutschen Großstadt: 1,6 Millionen. Vorne das Mittelmeer, im Rücken das viel größere und schwer bewaffnete Israel und zur Seite Ägypten, befindet sich der Gazastreifen in einer aussichtslosen strategischen und militärischen Lage. Dessen ungeachtet ist das Gebiet Ausgangspunkt eines merkwürdigen Spielchens, das im Abschuss Tausender nahezu nutz- und wirkungsloser Eigenbauraketen in Richtung Israel besteht. Die im Gazastreifen selbstgebastelten Qassam-Geschosse zum Beispiel

gleichen von der Bauart her großen Silvesterraketen: Zwischen 80 und 200 Zentimetern lang und 6 bis 17 Zentimeter im Durchmesser, sollen sie zwischen einem halben bis zehn Kilo Sprengstoff (angeblich TNT) tragen – ungefähr die Menge, mit der man bei einem Volltreffer ein Haus beschädigen oder zerstören und/oder maximal einige Menschen verletzen oder töten kann. Und genau das ist das »Problem« – denn Volltreffer erzielen die Qassam-Raketen so gut wie keine. Jedenfalls kaum auf israelischer Seite:
Die Reichweite der Qassam-Raketen beträgt nur etwa drei bis zehn Kilometer, so dass manche Raketen noch im Gazastreifen einschlagen.
Die Steuerbarkeit ist genau wie bei einer Silvesterrakete gleich null. Man kann also beim Abschuss lediglich die Richtung vorgeben; anschließend ist die Rakete Luftwiderstand und Winden »hilflos« ausgeliefert.
Ob eine der vom Gazastreifen aus abgeschossenen Raketen ein »Ziel« in Israel trifft, ist daher im Wesentlichen dem Zufall überlassen. Statt Israel zu schaden, schlagen viele der Geschosse noch im dicht besiedelten Gazastreifen selbst ein. Der palästinensische Historiker und Archäologe Nazmi Jubeh behauptete in einem Interview mit *tagesschau.de* vom 7. Juli 2006 sogar, dass »über 70 Prozent der so genannten Qassam-Raketen« auf palästinensischer Seite niedergegangen seien und »dort Häuser zerstört« hätten.

### Ein geduldetes »Feuerwerk«?

Um auf israelischer Seite nennenswerten Schaden anzurichten, müssen die Raketen ein Gebäude schon direkt treffen, was so gut wie nie vorkommt. Am 30. Juni 2010 schlug beispielsweise eine Qassam-Rakete in der Nähe einer Verpackungsanlage in Israel ein. Avi Aptelboim, der Leiter der örtlichen Rettungskräfte, sagte laut *Ynetnews.com* zwar, das Gebäude habe schweren Schaden erlitten, auf einem Foto zeigte eine Person in dem offensichtlich unbeschädigten Bau jedoch gerade mal auf eine herabhängende

Neonleuchte, weshalb der Bau »heute« nicht benutzt werden könne – was nicht gerade für eine totale Zerstörung spricht. Von 2001 und 2008 sollen insgesamt mehr als 8600 Raketen den Süden Israels getroffen und 28 Menschen getötet haben (es könnte aber auch sein, dass diese Zahlen weit übertrieben sind; siehe unten). Natürlich ist das für jedes einzelne Opfer und dessen Hinterbliebene eine Katastrophe. Was hier jedoch interessieren muss, ist die militärische Wirkung dieses Beschusses. Und die ist gleich null.
Oder anders ausgedrückt: Zwar ist so ein Geschoss für einen Menschen gefährlich – nicht aber militärisch. Denn erstens kommen kaum Menschen zu Schaden, und wenn doch, handelt es sich zweitens in der Regel um Zivilisten und nicht um Militärs. Man fragt sich also, was das Ganze überhaupt soll – warum irgendwelche palästinensischen Dunkelmänner seit Jahren in irgendwelchen Raketenwerkstätten Tausende von Geschossen zusammenschweißen, nur um auf der gegnerischen Seite in acht Jahren gerade mal zwei bis drei Dutzend Zivilisten zu töten. Und woher sie den erforderlichen militärischen Sprengstoff TNT beziehen, der nicht im Gazastreifen hergestellt werden kann. Der »antiisraelische« Effekt dürfte vergleichsweise gering sein, der »antipalästinensische« dagegen umso größer. Denn mit derartigen »Ballerangriffen« wird natürlich erst recht die Angst vor den Palästinensern geschürt und der vermeintliche Feind (Israel) gestärkt, und zwar sowohl mental als auch propagandistisch.
Israel liefert die nutzlose Ballerei ständig einen Vorwand, den Gazastreifen zu unterdrücken und zu bekämpfen, während die eigene Bevölkerung durch den Dauerbeschuss in ständiger Angst gehalten und gegen die Menschen im Gazastreifen aufgebracht wird. Auf der anderen Seite wäre der Beschuss für Israel leicht zu stoppen. Die wenigen Raketenbauwerkstätten in dem geographisch winzigen Gebiet müssten eigentlich sehr leicht auszuschalten sein, zumal Israel keinerlei Hemmungen zeigt, in das Gebiet einzudringen, es zu besetzen oder mit Kriegshandlungen zu überzie-

hen. Zugespitzt formuliert, könnte man zu dem Schluss kommen, dass Israel dieses ständige »Feuerwerk« regelrecht duldet. Ist es möglicherweise einfach zu nützlich? »Bis jetzt sind rund 800 Raketen auf Israel abgefeuert worden«, sagte Jubeh laut *tagesschau.de* am 7. Juli 2006. Aber: »Die Israelis haben über 8000 Bomben auf den Gazastreifen als Reaktion abgeworfen.« Er bezeichnet das Ganze als »Theater«, das beendet werden müsse. Aber hierfür gebe es auf palästinensischer Seite »keine Autorität«.

## Massaker an Familienvätern

Das also sind die Hintergründe dessen, was sich am 31. Mai 2010 etwa 75 Kilometer vor der israelischen Küste in internationalen Gewässern abspielte. Die Israelis haben den Gazastreifen abgeriegelt, um die Einfuhr von Raketen-Baumaterial zu unterbinden. Die Hilfsschiffe wollten ebendiese Blockade durchbrechen, um vor allem Material zum Hausbau, aber auch andere Hilfsgüter, wie Fertighäuser, Zement, Baustahl, Dachziegel, Kläranlagen, Rollstühle und medizinische Artikel in das isolierte Gebiet zu bringen. Am Morgen des 31. Mai gegen 4.15 Uhr tauchten Hubschrauber über dem Hilfsschiff »Mavi Marmara« auf. Von den Helikoptern seilten sich Marineinfanteristen ab und begannen zu schießen. Dabei kamen neun türkische Aktivisten ums Leben. Das wurde auch in den hiesigen Medien berichtet. Was hierzulande dagegen nicht berichtet wurde, war, wer genau dabei ums Leben kam und auf welche Weise. So seien fünf der neun Opfer an Kopfschüssen gestorben, zitierte die Website des US-Nachrichtensenders CNN den Direktor des Istanbuler gerichtsmedizinischen Instituts, Dr. Haluk Ince.

Ibrahim Bilgen, ein einundsechzigjähriger Elektroingenieur, Vater von sechs Kindern, sei von vier Schüssen in Schläfe, Brust, Hüfte und Rücken getroffen worden, berichtete der britische *Guardian* am 4. Juni 2010 auf seiner Website. Ein neunzehnjähriger türkisch-amerikanischer Schüler mit Namen Furkan Dogan sei fünfmal aus einer Entfernung von weniger als 45 Zentimetern in Gesicht, Hinterkopf, Bein und Rücken geschossen worden, so der *Guardian*. Hier eine Liste der Opfer laut International Solidarity Movement Germany (ISM):

*Ibrahim Bilgen* – ein einundsechzigjähriger Elektroingenieur, verheiratet und Vater von sechs Kindern

*Ali Haydar Bengi* – ein neununddreißigjähriger Einzelhändler, verheiratet und Vater von vier Kindern

*Cevdet Kiliçlar* – ein achtunddreißigjähriger ehemaliger Journalist und Menschenrechtsaktivist, verheiratet, Vater von zwei Kindern

*Çetin Topçuoglu* – ein vierundfünzfigjähriger ehemaliger türkischer Taekwando-Nationaltrainer, verheiratet, ein Kind

*Fahri Yaldiz* – ein zweiundvierzig- oder dreiundvierzigjähriger Feuerwehrmann, verheiratet, vier Kinder

*Cengiz Songür* – ein siebenundvierzigjähriger Familienvater mit sieben Kindern

*Cengiz Akyüz* – ein einundvierzigjähriger Familienvater mit drei Kindern

*Furkan Dogan* – ein neunzehnjähriger türkisch-amerikanischer Schüler

*Necdet Yildirim* – ein zweiunddreißigjähriger Entwicklungshelfer der türkischen Hilfsorganisation IHH, verheiratet, ein Kind

## Wie eine Hilfsflotte zur Terrorflotte umgedeutet wird

Sagte ich gerade »Familienväter« und »Hilfsorganisation IHH«? Da haben wir's. Denn die IHH (International Foundation for Human Rights, Liberties, and Humanitarian Relief) ist natürlich keineswegs harmlos, sondern in Wahrheit »tief in islamistischen Terror verstrickt«, schrieb am 3. Juni 2010 der islamkritische Autor Udo Ulfkotte. Ein Blick ins Archiv genüge, »um festzustellen, dass die von den Qualitätsmedien hofierte Organisation IHH noch vor wenigen Jahren von der türkischen Regierung als Terrorgruppe gelistet war, deren Gelder wegen Terrorunterstützung beschlagnahmt wurden«, so Ulfkotte weiter. »In einer Studie des renommierten Kopenhagener Forschungsinstituts Danish Institute for International Studies vom Juli 2007« werde die türkische Hilfsorganisation IHH »als türkische Unterstützergruppe von Al Qaida bezeichnet.«

Damit wird, was soeben noch als regelrechtes Verbrechen gegen die Menschlichkeit erschien, nämlich der israelische Überfall auf die Gaza-Hilfsflotte, plötzlich reingewaschen. Gegenüber »Terroristen« ist schließlich alles erlaubt. Am Tag darauf schrieb Ulfkotte, nach Angaben des niederländischen Geheimdienstes habe sich »an Bord des von Israel beschossenen angeblichen türkischen Hilfsschiffes auch ein niederländischer Terrorunterstützer befunden«. Schauen wir uns Herrn Ulfkottes Beweise im Folgenden einmal etwas näher an.

### Beweis Nr. 1: Erkenntnisse des »Terrorism Consultant«

Laut der »Studie« des Danish Institute for International Studies (DIIS) aus dem Jahr 2006/07 soll die türkische Hilfsorganisation IHH, die ein Schiff der Hilfsflotte gechartert hatte, in den Terrorismus verwickelt sein.

Autor des Aufsatzes ist ein gewisser Evan F. Kohlmann, laut Kurzbiographie der NEFA-Foundation (siehe unten) »international Terrorism Consultant« – wobei es vielleicht besser »Anti-Terrorism Consultant« heißen sollte. Wie auch immer. Kohlmann forsche jedenfalls seit Jahren über Al Qaida, also jene Geheimdienstfiktion einer konzernartig aufgebauten, international tätigen Terrororganisation, einer Art »Terror Inc.«.

Durch zahlreiche Publikationen und Recherchen ist inzwischen allerdings bewiesen, dass es sich bei Al Qaida um nichts weiter als ein Phantom handelt, um den internationalen »Krieg gegen den Terror«, das heißt willkürliche und völkerrechtswidrige Kriege gegen Staaten wie Afghanistan und Irak zu rechtfertigen. Um dieses Phantom am Leben zu erhalten, produziert ein internationales Netzwerk von »Instituten« immer neue »Studien«, in denen die angebliche Struktur und die Verflechtungen des internationalen Terrors im Allgemeinen und von Al Qaida im Besonderen beschrieben werden, wobei die hauptsächliche Quelle des Terrors in der Regel sorgfältig ausgespart bleibt, nämlich die Geheimdienste selbst.

Wo es tatsächlich so etwas wie »Al Qaida-Strukturen« gibt, werden sie von den Diensten selbst aufgebaut: »Al Qaida ist von westlichen Geheimdiensten durchsetzt – bis an die Spitze«, schreibt beispielsweise Jürgen Elsässer in seinem Buch *Terrorziel Europa. Das gefährliche Spiel der Geheimdienste* (St. Pölten/Salzburg 2008). Osama Bin Ladens Verbindungen zu den US-Diensten reichen demnach in die achtziger Jahre des letzten Jahrhunderts zurück. So habe die CIA die »afghanischen Gotteskrieger« in ihrem damaligen Kampf gegen die Sowjetunion mit drei Milliarden Dollar unterstützt. Kein Geringerer als der frühere (1997–2001) britische Außenminister Robin Cook wies darauf hin: »Al Qaida, wörtlich: ›die Datenbank‹, war ursprünglich die Computerdatei mit den Tausenden von Mudschaheddin, die mit Hilfe der CIA rekrutiert und trainiert worden waren, um die Russen zu besiegen.«

## Hans Dampf in allen Gassen der Geheimdienste

Das heißt, Al Qaida ist von A bis Z ein Kind der Geheimdienste, die es nicht nur ins Leben gerufen, sondern auch hochgepäppelt haben. Und dieses Konstrukt ist der Forschungsgegenstand des trefflichen Herrn Kohlmann, Verfasser der »Studie« mit den Informationen über die Verflechtungen der türkischen Hilfsorganisation in den internationalen Terrorismus. Eines Machwerks, das nun hilft, den israelischen Terrorüberfall auf zivile Schiffe in internationalen Gewässern »ex post facto« zu rechtfertigen.

Und natürlich ist auch unser »Terrorism Consultant« Evan

F. Kohlmann ein Hans Dampf in allen Gassen der Geheimdienste. Wie schon gesagt, sind Institute wie das oben genannte »renommierte« DIIS Teil eines internationalen Netzwerks von »Forschungseinrichtungen«, die den Geheimdiensten zuarbeiten. Und so ist es auch kein Zufall, dass Kohlmann ebenfalls bereits für den dänischen Geheimdienst PET tätig war.

## Ein Phantom nährt sich selbst

Ferner arbeitete Kohlmann auch für das Pentagon, das FBI und – laut der Nachrichten-Website *salon.com* – auch für die CIA. Was bedeuten würde, dass Kohlmann Teil jenes Netzwerkes ist, das Al Qaida ursprünglich schuf und dieses Phantom seitdem hegt, pflegt und für seine Zwecke nutzt. So tritt Kohlmann wiederum auch als »Experte« und »Gutachter« in Terrorprozessen auf, wo er vermutlich dafür sorgt, dass Terrorverdächtige verurteilt werden – u.a. aufgrund seiner »Expertisen«. Jedes Urteil ist natürlich wieder eine Art amtlicher Existenzbeweis für »Al Qaida«. Auf diese Weise nährt das Phantom sich selbst.

Kohlmann besuchte an der berüchtigten Geheimdienst- und Jesuiten-Universität Georgetown (aus der viele Banker, Militärs und Geheimdienstler hervorgingen) die nach dem Jesuitenpriester Edmund A. Walsh benannte Edmund A. Walsh School of Foreign Service. Eigenen Angaben zufolge widmet sich die Fakultät der Erziehung »der nächsten Generation globaler Führer«. Und zu ihren Markenzeichen zählen »jesuitische Ideale«. Ab den späten siebziger Jahren des vorigen Jahrhunderts lehrte hier zum Beispiel auch Bilderberger-Boss Henry Kissinger. Weitere Absolventen sind der ehemalige CIA-Chef George Tenet, der frühere NATO-Oberbefehlshaber Europa und Ex-Außenminister Alexander Haig, Obamas nationaler Sicherheitsberater James L. Jones, US-Armeestabschef George Casey sowie EU-Kommissionspräsident José Manuel Barroso.

Kohlmann arbeitet ferner für die Nine Eleven Finding Answers

Foundation (NEFA), eine Propagandaorganisation zur begleitenden »Information« über die Attentate des 11. September 2001 und den Terrorismus. Die NEFA sorgt im Nachhinein für die Plausibilität der offiziellen Version, wonach die 9/11-Anschläge von islamistischen Terrornetzwerken wie Al Qaida verübt worden seien. Angesichts einer Flut von Artikeln und »Studien« zu dem Thema entsteht der Eindruck einer Fülle von Beweisen für die offizielle Version. Im NEFA-Stab findet sich neben Kohlmann ein gewisser Ronald Sandee, ein ehemaliger Angehöriger des niederländischen Geheimdienstes – womit sich der Kreis schließt. Denn der niederländische Geheimdienst war offenbar auch die Quelle eines *Telegraaf*-Artikels über die Teilnahme eines angeblichen »niederländischen Terrorunterstützers« an der Gaza-Hilfsfahrt (siehe unten). Kohlmanns Aufsatz eine »unabhängige international renommierte Quelle« zu nennen, wie Ulfkotte es tut, ist daher schwer nachvollziehbar.



### Beweis Nr. 2: Eine geheimnisvolle Quelle

In einem Artikel des niederländischen *Telegraaf* vom 2. Juni 2010 wird zwischen einem der Aktivisten der Gaza-Hilfsflotte und der Terrororganisation Hamas eine Verbindung hergestellt. Der Niederländer Amin Abu Rashed (43) sei ein Führer der Hamas.
Der gebürtige Palästinenser Rashed besitze einen niederländischen Pass und operiere von Rotterdam aus, schreibt der *Telegraaf*: »›Rashed ist der Führer der Hamas in den Niederlanden‹, behauptet eine Geheimdienstquelle. Er ist unter dem Pseudonym Amin Abu Ibrahim in mehreren Geheimdienstberichten zu finden.«
Rashed habe mit der berüchtigten niederländischen Al-Aqsa-Stiftung zu tun, die der Mittelbeschaffung für die Hamas verdächtigt werde. Er sei auch »sehr aktiv« in der Stiftung Palästinensische Plattform für Menschenrechte und Solidarität (PPMS), so der *Telegraaf*-Informant.
Beweis Nr. 2 sind also »eine Geheimdienstquelle« (ein »Infor-

mant«) und »Geheimdienstberichte«. Nun können Geheimdienstquellen alles mögliche sein – nur nachprüfbar und zuverlässig sind sie eher selten. Weder wird der Name der Quelle genannt noch der Geheimdienst, von dem die Information angeblich stammte. Sollte die Information tatsächlich von einem Geheimdienst stammen, wäre auch das kein gutes, sondern ein schlechtes Zeichen. Geheimdienste verfolgen mit solchen »aus dem Off« gestreuten »Informationen« normalerweise ganz bestimmte Ziele – die neutrale Berichterstattung gehört in der Regel nicht dazu. Der Beweiswert der »Information« ist also gleich null.

Mit den »Geheimdienstberichten« verhält es sich ähnlich. Hier gibt die Formulierung zu denken: »Er ist unter dem Pseudonym Amin Abu Ibrahim in mehreren Geheimdienstberichten zu finden.« Was in Wirklichkeit nichts anderes heißt, als dass der Name Amin Abu Rashed in den »Geheimdienstberichten« gar nicht auftaucht. Stattdessen taucht dort ein anderer Name auf, der als Pseudonym von Amin Abu Rashed bezeichnet wird. Wenn das alles ist, könnte man zum Beispiel auch behaupten, dass Sie im Verfassungsschutzbericht 2009 auftauchen. Natürlich nicht unter Ihrem richtigen Namen, sondern unter einem Pseudonym.

Was den Schiffszwischenfall angeht, so schlug Israel diesmal, anders als bei früheren vergleichbaren Anlässen, international eine Welle der Empörung entgegen. In Tel Aviv selbst protestierten Tausende von Israelis gegen den Kommandoüberfall und lieferten sich Straßenschlachten mit regierungsnahen Unterstützern (*Haaretz*, 5.6.2010). Statt eine internationale Untersuchung zuzulassen, berief Ministerpräsident Benjamin Netanjahu eine eigene Untersuchungskommission, in der ausländische Beobachter kein Stimmrecht hatten. Aber keine Sorge: Der Wahrheit wird zweifellos noch die Ehre gegeben. Und zwar durch einen gewissen Gabi Aschkenasi. Auch der gründete prompt eine Kommission zur Untersuchung des Überfalls. Aschkenasi ist Generalstabschef der israelischen Streitkräfte.

# Juni 2010

**Thema des Monats** *11. 6.:*
*Schwule in der Nationalmannschaft?*

**3. 6.** Bilderberger-Treffen in Sitges/Spanien ***8. 6. Gold: Journalismus schadet Ihrem Vermögen 10. 6. Elektrisierend: »DLD Women Experience« 11. 6. Fußball-WM: Chefsache Analverkehr*** **19. 6.** Israel verweigert dem deutschen Entwicklungshilfeminister Dirk Niebel (FDP) die Einreise in den Gazastreifen **25. 6.** Erleichterung der Sterbehilfe durch den Bundesgerichtshof ***28. 6. Das Verschwinden der Kirsten Heisig*** **30. 6.** Christian Wulff wird zum Bundespräsidenten gewählt

## *8. Juni* Gold: Journalismus schadet Ihrem Vermögen

»Journalismus schadet Ihrer Gesundheit«, hatte ich einmal im Zusammenhang mit der Schweinegrippe-Hysterie geschrieben, die im Jahr 2009 auf dem Globus grassierte. Hunderttausende Menschen hatten sich impfen lassen und waren nicht an der Schweinegrippe, sondern nach der Impfung an allen möglichen anderen Symptomen erkrankt. Einige waren nach der Impfung sogar gestorben. Ja, überhaupt würde ich für alle journalistischen Produkte einen Warnhinweis vorschlagen, nach dem Muster der Hinweise auf Zigarettenschachteln. Auf dem *Spiegel* könnte etwa stehen: »Dieses Produkt enthält wahrscheinlich nicht alle Informationen, die Sie brauchen. Sorgen Sie daher für eine ausgewogene Lektüre.« Natürlich könnte man so etwas auch bei Fernsehnachrichten machen, etwa wie bei der Medikamentenwerbung: »Zu Risiken und Nebenwirkungen befragen Sie unabhängige Quellen und Ihren Lieblingsblog.« Oder: »Zu den riesigen Nebenwirkungen befragen Sie sich selbst oder jemand anderen mit gesundem Menschenverstand.«

Journalismus schadet aber nicht nur Ihrer Gesundheit, sondern auch Ihrem Vermögen. Wer auf die Mainstream-Medien hört, setzt sich in jeder Hinsicht der Gefahr aus, ernsten Schaden zu erleiden. Falsche Informationen können nicht nur Ihren Körper vergiften, sondern auch Ihre Existenz, weshalb ich solche Informationen hier auch »toxisch« nennen will. Von schädlichen Finanzprodukten kennen wir diesen Begriff ja schon zur Genüge, nun möchte ich ihn allerdings auch auf schädliche Informationsprodukte ausweiten. Denn was die Medienwelt anstellt, steht den Tricksereien der Finanzwelt in nichts nach. Ein weiteres Beispiel neben der Schweinegrippe: der Goldpreis. Mitte März 2008 hatten große Medien bei einem Goldpreis von über 1000 Dollar pro Unze eine Kampagne gegen den Besitz von Gold gestartet, die in der Empfehlung gipfelte, sein Gold doch bitte schleunigst zu verhökern. Der »Gold-Hype« sei nämlich »für Kleinanleger riskant«, warnte die *Süddeutsche Zeitung* am 18. März 2008: »›Von dem jetzigen ›Hype‹ sollten Kleinanleger sich besser nicht anstecken lassen. Gold ist keineswegs die sichere Geldanlage, als die es oft gepriesen wird‹, sagte Roland Aulitzky von der Stiftung Warentest in Berlin.« – »Wer bessere Nerven hat, verkauft jetzt seine Goldbarren«, empfahl *Spiegel Online* Millionen Lesern, »und fährt einen dicken Gewinn ein.«

Von wegen. Wer diesem Rat folgte, verzichtete vielmehr auf einen dicken Gewinn. Wer damals auf die Medien hörte und verkaufte, war wirklich angeschmiert. Anfang September 2009 wurde erneut die 1000-Dollar-Marke gerissen, etwa zwei Monate später die 1100er Marke, und zum Jahreswechsel 2009/10 stieg der Goldpreis auf über 1200 Dollar und nach einer Korrektur im Frühsommer 2010 auf mehr als 1250 Dollar.

Allerdings kaufen oder verkaufen die Leser der hiesigen Medien nicht in Dollar, sondern in Euro. Und da sah die »Performance« von Gold noch viel besser aus. Während der Gold-Kurs in Dollar auch große Rückschläge hinnehmen musste, kannte der Gold-Kurs in Euro in den letzten Jahren fast nur eine Richtung: nach oben – von 332 Euro im Januar 2005 auf 937 Euro Anfang Mai 2010. Zum Zeitpunkt der Anti-Gold-Kampagne im März 2008 stand die Feinunze bei etwa 650 Euro. Am 8. Juni 2010 erreichte sie ein neues Allzeithoch von 1048,03 Euro (laut *taxfreegold.co.uk)*. Seit der Verkaufsempfehlung von *Spiegel* & Co. wäre das also eine Wertsteigerung von rund 60 Prozent gewesen – bei zehn Unzen 4000 Euro, bei 100 Unzen 40 000 Euro. Vielleicht wird der Goldpreis auch wieder fallen – aber der von den tonangebenden deutschen Medien für den Verkauf empfohlene Monat März 2008 war definitiv der falsche Zeitpunkt.

## *10. Juni* Elektrisierend: »DLD Women Experience«

Sie sind jung. Sie sind blond. Sie sind aalglatt. Sie wirken oft unbedarft. Und sie sind in jeder Talkshow anzutreffen: Die Girlies kommen. Wenn man die gesellschaftliche Entwicklung weiterdenke, lande man »in einem fortpflanzungsunwilligen Matriarchat voneinander entfremdeter Frauen, Männer und staatlich erzogener Kinder«, hieß es im Jahrbuch 2009. Wobei »Matriarchat« eine freundliche Übertreibung sei. Denn »Mutterherrschaft« suggeriere ja noch so etwas wie Reife, Lebenserfahrung, Fürsorge und Verantwortung. Da es jedoch immer weniger Mütter mit immer weniger Kindern geben werde, würden wir nicht in einem Matriarchat ankommen, sondern in einer Gesellschaft jüngerer und immer älter werdender »Girlies«, »die einen entscheidenden Reifungsschritt nie vollzogen haben und denen Fürsorge und Verantwortung Fremdworte sind. Willkommen in der Girly-Kratie.« Kurz: Was einer wird und welches Amt er bekleidet, darüber soll nicht der Inhalt seines Kopfes, sondern seiner Hose entscheiden, oder besser gesagt: seines Höschens. Genau diesen Zustand wollte die Frauenbewegung ursprünglich eigentlich beenden. Nun aber ist er unter umgekehrten Vorzeichen wieder da. Wichtig ist nämlich neuerdings, dass in der Hose gähnende Leere herrscht, im Klartext, dass es sich um eine Frau handelt. Der Rest spielt keine Rolle. Die Geschlechterbenachteiligung soll in Wirklichkeit also nicht aufgehoben, sondern nur umgedreht werden.

### Eine elektrisierende »experience«

Doch nun zum 10. Juni 2010. An diesem Tag wird die »Female Decade« ausgerufen, zu deutsch das weibliche Jahrzehnt. Und weil man das heutzutage nicht mehr in Deutsch ausdrücken kann, wurde es auf der Konferenz »DLD Women« vom 10. bis 11. Juni 2010 in München als »Female Decade« verkündet. DLD steht für

Digital, Life und Design, und »Women« eben für »Frauen«, denn ohne Anglizismen geht es auch in der neuen Frauenbewegung nicht. Außerdem ist »Digital – Life – Design« natürlich nicht einfach nur eine Konferenz, sondern eine »experience«, eine »Erfahrung«.

Die »DLD Women Experience« ist ein Ableger der »DLD«-Konferenz. Und »Chairman« bzw. Vorsitzender der »DLD«-Konferenz ist ein Mann, nämlich der Bilderberger und globale Medienstratege Hubert Burda, Herr über *Focus, Bunte, SuperIllu, Tomorrow, TV Today, TV Schlau*, aber auch über *Frau im Trend, freundin, Elle und Verena.* Die jährliche Bilderberger-Konferenz, an der Burda häufig teilgenommen hat, ist eines der entscheidenden Lenkungsgremien des Planeten, über das globale Strategien wie etwa die künftige »Herrschaft der Frauen« in die jeweiligen Länder der Teilnehmer einsickern, unter anderem natürlich mit Hilfe der Medien. Ein weiterer »DLD«-Vorsitzender ist der israelische Politiker und Hightech-Unternehmer Joseph (Yossi) Vardi. Vorsitzende, pardon: »Chairwomen« der Tochterkonferenz »DLD Women« ist Burdas Ehefrau, »tatort«-Kommissarin Maria Furtwängler.

### »Frauen vor« – koste es, was es wolle

Das Thema der »DLD Women« 2010 lautete, »wie mehr Frauen in Führungspositionen gelangen« können – koste es, was es wolle. Um dieses Ziel zu erreichen, bedarf es jeder Menge begleitender Maßnahmen. Und dies ist auch der eigentliche Hintergrund für die ach so sozial erscheinende Sorge um Kinderbetreuung und Frauenförderung. Diese radikale Umgestaltung kann man getrost als das größte soziale Experiment des 20. und 21. Jahrhunderts betrachten, das darauf abzielt, die Gesellschaft total auf den Kopf zu stellen, Frauen mit billig und schnell zu erlangenden Qualifikationen (Master, Bachelor, Juniorprofessor) zu überhäufen, sie in Führungspositionen zu bringen und Männer aus denselbigen zu verdrängen. Diesem Zweck sollen auch die anonymisierten Bewerbungen dienen, die 2010 diskutiert wurden: »Erst wenn der Bewerber zum Vorstellungsgespräch antritt, weiß das Unternehmen, mit wem man es zu tun hat« (Arbeit und Arbeitsrecht, 20.8.2010). Genau dies wünscht sich das Girly im »Familienministerium«, die dreiunddreißigjährige Kristina Schröder. Der Arbeitgeber soll anhand des Namens bei einer Bewerbung nicht mehr erkennen, ob es sich um einen Mann oder eine Frau, um einen Deutschen oder einen Ausländer handelt. Eine Maßnahme, die noch mehr Frauen in Arbeitsverhältnisse bringen und ihren Familien entfremden wird.

Wer möchte, dass Frauen in Führungspositionen aufsteigen, muss überlegen, »wie Technologien die Vereinbarkeit von Familie und Beruf unterstützen« können – folglich war auch diese Frage ein Thema der »DLD Women«-Konferenz. Maria Furtwängler zum Beispiel »hofft, mit der Konferenz eine neue Bewegung anzustoßen und ein neues Frauenbild für das kommende Jahrzehnt zu entwickeln«, berichtet *Focus Money Online* (aus dem Burda Verlag) vom 10. Juni 2010.

Die Frauenbewegung der sechziger und siebziger Jahre sei nämlich steckengeblieben, so Furtwängler. Jetzt müsse es einen Schritt weiter gehen. »Die Ressourcen werden knapper, die Frauen sind unendlich gut ausgebildet, und man kann langfristig gar nicht mehr auf dieses ›human capital‹ verzichten«, erklärt die Blondine in stromlinienförmigem Englisch in die Kamera.

## Weibliche Finanzgenies an die Macht!

Wussten Sie zum Beispiel, dass uns die Finanzkrise erspart geblieben wäre, wenn nur genügend Frauen am Ruder gewesen wären? Und ob: »Zeigt nicht die gegenwärtige Finanzkrise, dass weibliche Risiko-Aversion eine im Wirtschaftsleben gefragte Qualität sein könnte?«, fragt *Focus Money Online*. Genau. Zum Beispiel die »Risiko-Aversion« von Ingrid Matthäus-Maier: Unter ihrer Führung hatte die staatliche KfW-Bankengruppe im Jahr 2007 satte 6,2 Milliarden Euro Verlust zu verzeichnen (nach Internationalem Rechnungslegungsstandard), weshalb Matthäus-Maier am 7. April 2008 zurücktreten musste. Und man erinnere sich ferner, dass die von Matthäus-Maier geleitete KfW und deren Tochter IKB im Jahr 2007 ganz am Anfang der Bankenkrise in Deutschland standen. Die KfW-Tochter IKB war es nämlich, die durch verantwortungslose Geschäfte mit sogenannten »Subprime-Krediten« Milliardenverluste einfuhr, für die zunächst die KfW, letztlich aber der Steuerzahler haften musste. Kurz: Am Beginn der Bankenkrise in Deutschland stand in maßgeblicher Position eine Frau.

Auf der Rednerliste, pardon: »Speaker-List« der »DLD Women Experience« standen ausgewiesene weibliche Finanzgenies wie die Vizepräsidentin des Europäischen Parlaments, Silvana Koch-Mehrin, jene Frau, die sich in der ARD-Sendung »Hart, aber fair« vom 5. Mai 2010 nach Kräften blamiert hatte. Die Talkshow erwies sich geradezu als idealtypischer Minitest für die finanzpolitischen Fähigkeiten von Frauen und Männern. Am Ende der Sendung pflegt Moderator Frank Plasberg der Runde immer noch eine Abschlussfrage zu stellen. Diesmal lautete sie: Um wie viel ist die deutsche Staatsverschuldung (1,6 Billionen Euro) im Laufe der 75-minütigen Sendung wohl gestiegen? Bei einer Staatsverschuldung von 1,6 Billionen Euro sind 75 Minuten, in denen beispielsweise Zinsen anfallen, natürlich eine lange Zeit. Doch Koch-Mehrin schätzte, dass die Verschuldung des gesamten deutschen Staates in einer Stunde und 15 Minuten um lediglich 6000 Euro zugenommen habe!

### Von Finanzen keine Ahnung?

Damit bewies die kesse Blonde, dass sie nicht die leiseste Ahnung von den Größenordnungen staatlicher Haushalte und Verschuldungen hatte. In Wirklichkeit stiegen die deutschen Staatsschulden während der Talkshow nicht um 6000 und auch nicht um 60 000 oder um 600 000, sondern um 20 Millionen Euro – also hatte sich Koch-Mehrin etwa um den Faktor 3000 verschätzt. Doch was schätzte der Rest der Runde? Ulrich Stockheim, Diplomvolkswirt und Journalist: »15 Millionen Euro.« Kurt Biedenkopf (CDU, früherer Ministerpräsident von Sachsen): »Wahrscheinlich noch mehr als 15 Millionen: 25.« Hans Eichel, Ex-Finanzminister: »Bei der Gegend von 15, 16 Millionen.« Rudolf Hickel, Professor für Finanzwissenschaften, traf mit geschätzten 21,5 Millionen Euro den Anstieg der deutschen Staatsverschuldung während der Sendung am besten.

Dabei sollten wir nicht vergessen, dass Koch-Mehrin ja nicht irgendjemand ist, sondern Vize-Präsidentin des Europäischen Parlaments. Als solche sollte sie schon eine Ahnung von den wichtigsten Kennziffern der Mitgliedstaaten haben. Darüber hinaus lautet der Titel von Koch-Mehrins Doktorarbeit: »Historische Währungsunion zwischen Wirtschaft und Politik. Die Lateinische Münzunion 1865–1927«. Gleichwohl scheint ihre finanzpolitische Ahnung begrenzt zu sein. Wobei man offenbar noch froh sein kann, dass Koch-Mehrin wenigstens noch von Zahlen und von Euro sprach. Denn in einem Fernsehinterview verirrte sich die französische Ex-Justizministerin Rachida Dati in eine völlig andere »Disziplin«, als sie »Inflation« glatt mit »Fellatio« verwechselte: »Wenn ich sehe, wie einige auf Gewinne von 20 bis 25 Prozent aus sind – in einer Zeit, in der es fast keine Fellatio gibt …«, sagte Dati (*Bild Online,* 28.9.2010). Na ja, kann doch mal vorkommen. Schließlich haben sowohl Inflation als auch Fellatio etwas mit »Blasen« zu tun.

### »Mama, können Männer eigentlich auch Kanzler werden?«

Auf europäischer Ebene (wohin zum Beispiel Dati abgeschoben wurde) interessiert das jedoch niemanden. Viel wichtiger ist etwa Koch-Mehrins Tätigkeit als Vorsitzende der Arbeitsgruppe »Gender Equality & Diversity« (»Geschlechtergleichheit und -vielfalt«) des Präsidiums des EU-Parlaments.

Ist es da nicht »phantastisch, dass wir eine Kanzlerin haben, also dass die Regierungschefin eine Frau ist, das glaube ich, ist toll«, findet Koch-Mehrin. Kürzlich, erzählt Koch-Mehrin lachend, habe sogar ihre Tochter gefragt: »Mama, können Männer eigentlich auch Kanzler werden?«

Allerdings dämpft der *Focus Money*-Bericht über die Frauenkonferenz die Begeisterung: »Auch wenn Deutschland eine Kanzlerin und einige exponierte politische Frauenfiguren hat, in Regierung und Parlament sind Männer weiterhin in der Mehrheit – Deutschland in dieser Hinsicht noch ein Entwicklungsland.« Dass Männer (im Verein mit einigen sehr fähigen Frauen) die gesamte technische, politische und wissenschaftliche Zivilisation des Westens geschaffen haben, gerät da ein wenig aus dem Blickfeld.

## Im Sinkflug ohne Motor

»In Spanien zum Beispiel gibt's mehr Frauen im Kabinett, in der Regierung als Männer«, freut sich Koch-Mehrin. Womit wir wieder beim Thema Finanzen wären, denn Spanien ist eines der Länder Europas, die dem finanziellen Abgrund am nächsten stehen. Spanien befinde sich »im Sinkflug ohne Motor«, befand schon im Jahr 2008 *faz.net*: »Die Ahnungslosigkeit des politischen Milieus ist atemberaubend. Vor vier Jahren schimpfte die damalige Wohnungsbauministerin María Antonia Trujillo, wer von einer ›Immobilienblase‹ spreche, handele verantwortungslos. ›Die Preise steigen‹, sagte sie vollmundig, ›weil alle Wohnungen, die gebaut werden, auch weggehen.‹« In Wirklichkeit wurde aufgrund einer verfehlten Politik die Spekulation zum neuen Volkssport. »Die Moral ging ja nicht erst mit dem Immobilienskandal von Marbella vor die Hunde, der uns mit der erstaunlichen Tatsache konfrontiert, dass sich die letzten drei Bürgermeister(innen) der Stadt schmieren ließen.« (4.11.2008)

Den geballten weiblichen Sachverstand möchte Koch-Mehrin endlich auch in DAX-Unternehmen am Werk sehen: Was noch fehle, sei, »dass zum Beispiel in den DAX-Unternehmen 'ne große Anzahl von Frauen in den Vorständen ist, dass Frauen mehr in Aufsichtsräten sind …« Das ist wahr: Das fehlte gerade noch.

## Die eigentliche Mädchen- bzw. Gretchenfrage

Kommen wir zur eigentlichen Mädchen- bzw. Gretchenfrage: Warum, um alles in der Welt, werden Frauen von den globalen Eliten gefördert, verherrlicht und in Führungspositionen gehievt – koste es, was es wolle?

Ganz einfach: Weil Frauen (tendenziell, versteht sich) so schön »brav« sind und das tun, was man ihnen sagt. Um diese vermeintlich frauenfeindliche Ansicht zu untermauern, genügt ein Blick in die Grundschule. Während Jungen ein eher distanziertes Verhältnis zu Lehrern und Lerninhalten haben, saugen Mädchen gierig alles auf, was man ihnen vorsetzt, und zwar, ohne Fragen zu stellen. Mädchen »sind in der Lage, das zu tun, was der Erzieher von ihnen verlangt«, schreibt der Kinderarzt Dr. Leonard Sax in seinem Buch *Jungs im Abseits. Die aufrüttelnde Analyse eines Kinderarztes. Fünf Gründe, warum unsere Söhne immer antriebsloser werden* (München 2009). »Sie können still sitzen. Sie können mehrere Minuten am Stück zuhören, ohne aufzuspringen und dazwischenzurufen.« Mädchen und Jungen hätten »ein unterschiedliches Bedürfnis, ihren Lehrer oder Erzieher zufrieden zu stellen … Viele Jungen hingegen kennen diese Motivation nicht.« Mädchen würden sich im Gegensatz zu jungen Männern eher den Erwachsenen anschließen und deren Ziele und Werte teilen. »Mädchen sind eher geneigt, Erwachsenen zuzuhören und kooperativ zu sein …«

Nehmen wir als Beispiel die Hausaufgaben in der Schule: Während Mädchen sie ganz einfach deshalb machten, weil es von ihnen verlangt werde, sei das für Jungen als Motivation nicht ausreichend: »Wenn sie die Hausaufgaben als ›blöd‹ oder ›langweilig‹ betrachten, beachten sie sie nicht weiter«, so Sax. Studien hätten gezeigt, »dass Mädchen im Allgemeinen sehr viel zuverlässiger sind, was die Erledigung der Schularbeiten betrifft, und zwar in jedem Fach«. Mädchen hätten nicht deshalb bessere Noten, weil sie klüger, sondern weil sie ehrgeiziger seien. Und »die meisten Mädchen wollen ihrem Lehrer eine Freude bereiten«.

Viele Jungen seien hingegen von einem »Willen zur Macht« beseelt. Klar, Stamm und Jagdgesellschaft früherer Zeiten brauchten fähige Führer. Jungen und Männer wollen lieber Kontrolle ausüben als beliebt sein, so Sax, während es für die meisten Mädchen und Frauen wichtiger sei, gemocht zu werden oder angesehen zu sein. Genau das meinte ich mit »brav«.

Ist das nicht genau die Führungsschicht, welche die Globalisten gebrauchen können? Eine Führungsschicht, die nicht fragt, sondern auswendig lernt und tut, was man ihr sagt? Und ob. Meiner Meinung nach ist das der einzige Grund, warum Frauen wirklich gefördert werden und so viele Führungspositionen wie möglich besetzen sollen. Denn selbständig denkende und womöglich agierende Männer sind in der schönen neuen Welt nicht gefragt.

Das ist der eigentliche Hintergrund der politisch korrekten Fraueneuphorie. Frauen sind das gefeierte Führungsgeschlecht, weil man mit ihnen einen ganz anderen Staat errichten kann, als das mit Männern jemals möglich wäre. Und dabei werden Frauen selbst zum Opfer: Ihr Frausein und die Familie werden ihnen verleidet bzw. durch berufliche Zwänge unmöglich gemacht.

## *11. Juni* Fußball-WM: Chefsache Analverkehr

Man mag es kaum glauben, aber während die deutsche Fußballnationalmannschaft seit dem 11. Juni 2010 in Südafrika um den WM-Titel kämpft, interessiert sich ein Teil der Journalisten für etwas ganz anderes, nämlich wer von den Fußballern sich vielleicht, möglicherweise, ja sogar wahrscheinlich für das eigene Geschlecht interessiert. »Zwei Monate zuvor (vor der WM/d. Red.), in einer anderen Fußballzeit, erzählte mir Michael Becker, der Manager von Michael Ballack, welche deutschen Spieler angeblich schwul seien« , schrieb der *Spiegel*-Autor Alexander Osang in der Ausgabe 28/2010.

Donnerwetter – das ist ja wirklich spannend. Auch im Fußball interessiert also inzwischen mehr der Inhalt der Hose als der Beine: »Ein paar Tage später, am Rande des Abschiedsspiels von Bernd Schneider in Leverkusen, kündigte Becker inmitten einer Traube von Spielerberatern und Journalisten im Bayer-Clubhaus an, dass es einen ehemaligen Nationalspieler gebe, der ›die Schwulencombo‹ demnächst hochgehen lassen würde«, so Osang. Und: »Alle Sportjournalisten schienen die Geschichten von der vermeintlichen großen homosexuellen Verschwörung um die Mannschaft von Joachim Löw zu kennen … Als ich ihn fragte, ob denn ein Spieler, der etwas überraschend nominiert worden war, seiner Meinung nach auch schwul sei, sagte Becker nur: ›Der ist halbschwul‹.«

Halbschwul, viertelschwul oder nur ein bisschen schwul – da kann einem doch der Hut hochgehen. Was haben wir schließlich nicht schon alles für schwule Männer gesehen: Guido Westerwelle und Dirk Bach, Klaus Wowereit und Mark Medlock, Ole von Beust und Alfred Biolek, Rex Gildo und »Tagesschau«-Sprecher Wilhelm Wieben – alle schwul. Sogar schwule Boxer haben wir schon erlebt und schwule Priester sowieso. Alle machen mit beim fröhlichen Outing, nur die Fußballer wollen unbedingt noch richtige Männer sein. Prompt machte auch Ballack-Berater Becker einen Rückzieher: »Der Kollege vom *Spiegel* muss offensichtlich etwas falsch verstanden haben«, korrigierte er sich laut *Bild*-Website vom 11. Juli 2010.

Die Fußball-WM sei »eines der weltweit größten Festivals der Männlichkeit«, hieß es ganz richtig in einem Bericht über die erwähnte, fast gleichzeitig stattfindende »DLD Women«-Konferenz. »Der Profifußball ist eines der letzten heterosexuellen Milieus in unserer Gesellschaft«, erkannte die *Frankfurter Allgemeine Sonntagszeitung* schon viel früher (am 17. Februar 2008). Elf Freunde rennen da über den Rasen und wollen gar keine (warmen) Freunde sein? Damit soll nun Schluss sein, denn »normal ist anders« (Motto des Christopher Street Day 2010).

### Chefsache Analverkehr



Kein Zweifel, der heterosexuelle Fußball steht auf der Abschussliste. Die Zahl der Fundstellen für die Wortkombination »schwule Fußballer« steigt bei *Google News* seit 2004 kontinuierlich an. 2010, im Jahr der WM, erreichte das Thema einen vorläufigen Höhepunkt. Es lag in der Luft. Und das war politisch gewollt. Denn »das Festival der Männlichkeit« passt nicht mehr in die Landschaft von Christopher Street Day, Loveparade und »Gender Mainstreaming«. Je mehr Menschen sich in der restlichen Gesellschaft als schwul, bi, lesbisch, transsexuell oder »metrosexuell« »outen«, desto mehr erscheint der Männerfußball als Provokation, als Festung, die gestürmt werden muss. Wer wird also der erste sein – und wann?

Seit einiger Zeit interessiert sich auch der DFB-Präsident für das Thema. Analverkehr im Fußball ist nämlich Chefsache. Niemand anderer als Theo Zwanziger, Träger einer hochkarätigen Auszeichnung des Zentralrats der Juden, will Geburtshilfe leisten, wenn der erste Profifußballer sich öffentlich zu seiner Homosexualität bekennt. »Jetzt bietet DFB-Präsident Theo Zwanziger schwulen Profis Hilfe an«, meldete die Website der *Süddeutschen Zeitung* am 26. Januar 2010. Ja, mehr noch: »DFB-Chef Zwanziger hofft auf ein Coming-out eines aktiven Profis – und die davon ausgehende Signalwirkung.«

Signalwirkung? Und ob: Der heterosexuelle Männerfußball muss unbedingt weg, weil die kernigen Fußballer das letzte männliche Vorbild für unsere männlichen Kinder sind. Wo, wenn nicht auf dem Fußballplatz, kann man noch die letzten Männer besichtigen: Hier wird gerannt, gejagt, gerangelt, gekämpft und auch mal gefoult. Hier tobt man(n) sich aus und setzt sich durch. Denn Fußball ist ein ritualisiertes Jagd- und Kriegsspiel, falls jemand das vergessen haben sollte. Und das Jagd- und Kriegsrudel war immer schon männlich, ob das unseren politisch korrekten Globalisierern nun passt oder nicht.

Auf die Jagd und in den Krieg zogen einst (fast) ausschließlich Männer – was auch ein Grund dafür sein mag, warum Frauenfußball auf manche Betrachter so befremdlich wirkt. Ein »Rudel Frauen« ist nun mal ein Widerspruch in sich. Von anatomischen Problemen einmal ganz abgesehen: Der Oberkörper der Frau wurde nicht unbedingt für Kampfspiele, sondern für die Ernährung des Nachwuchses entwickelt.

### Darf man eigentlich noch Mann sein?

Die Frage ist ja heutzutage nicht: Darf man eigentlich schwul sein, sondern darf man eigentlich noch Mann sein? Im Fußball werden noch männliche Helden geboren – und genau das ist der Punkt. Denn männliche Helden sind nicht gefragt, sondern zum Aussterben verurteilt. Nur auf dem Fußballplatz ist jeder in Zeitlupe gezeigte Torjubel noch eine Hommage an den »echten« Mann – wie er über seinen Sieg strahlt, und wie sich der Rest der Jagdgesellschaft auf ihn wirft, um ihn zu feiern. Woher kommt dieser befreiende Jubel, als hätte der »Tor-Jäger« soeben nicht

nur seinem »Rudel«, sondern auch dem ganzen Stamm (der Fangemeinde) ein neues Leben geschenkt? Ganz einfach: Weil er das früher wirklich getan hat, indem er die Seinen mit einem Jagderfolg von Hunger und Not befreite.
Und natürlich kennen auch die politisch korrekten Eliten die prägende Macht dieser Bilder. Daher muss damit Schluss sein; das letzte »Mannsbild«, der Fußballer, muss stürzen. Ein schwuler Fußballprofi muss her, koste es, was es wolle: »Der DFB signalisiert, dass er das Coming-out mit allen Mitteln begleitet und, soweit es nötig ist, unterstützen wird«, zitierte die *SZ*-Website Theo Zwanziger (26.1.2010).

### Tödliches Coming-out

Das Problem ist natürlich das Umfeld. Nirgends sind Schwule so verpönt wie im Fußball – vor allem unter den Fußballfans. Einmal schon ging so ein Coming-out schief. Im Jahr 1990 outete sich »als erster und bislang einziger homosexueller Fußballprofi« *(SZ)* der farbige britische Balltreter Justin Fashanu. Das britische Mainstream-Blatt *The Sun* versüßte ihm sein öffentliches Bekenntnis mit 80 000 Pfund. Im Oktober 1990 zitierte es Fashanu auf der Titelseite mit den Worten »Ich bin schwul!«. Sein herbeigesehntes Coming-out kostete ihn allerdings das Leben: »Acht Jahre später erhängte er sich in einer Londoner Garage. Er ertrug die Anfeindungen nicht mehr«, so *sueddeutsche.de* (26.1.2010)
Ein echtes Desaster. Nicht nur für den bedauernswerten Fußballer. Sondern vor allem für die globale Agenda. Denn man darf sicher sein, dass jeder insgeheim schwule Fußballprofi den Namen Fashanu seitdem als Menetekel betrachtet. So etwas darf daher auf keinen Fall noch einmal passieren. Zwanziger weiß, dass sich kein Fußballer zu seiner Homosexualität bekennen wird, solange er damit rechnen muss, auf dem Spielfeld mit Teddybären und Kondomen beworfen und zur Persona non grata erklärt zu werden. »Der würde von den Fans niedergemacht«, sagte der Tor-

hüter von Werder Bremen, Tim Wiese, zum Thema Outing eines Fußballprofis: »Fußball ist trotz der vielen Frauen im Stadion ein Macho-Sport« (*op-online,* 14.4.2010).
Daher erklärte Zwanziger es zu seiner »Pflicht … ein Bewusstsein zu schaffen, damit das Ganze nicht zu einem Spießrutenlauf wird«. Denn nur wenn ihm dieser Spießrutenlauf erspart bleibt, wird der schwule Fußballer sich vielleicht aus der Deckung wagen. Der DFB-Präsident wird also zunächst das Umfeld beackern, dem sein schwuler Profi sich stellen muss. »Dem Kampf gegen Homophobie in den Stadien« müsse ein »angemessen höherer Stellenwert« eingeräumt werden, so Zwanziger. Warum wohl? Um die Fans langsam an die Anwesenheit schwuler Fußballprofis auf dem Rasen zu gewöhnen.

## Schadet Analverkehr dem Querpass?

Schon im Oktober 2009 unterschrieb der »Fan Club Nationalmannschaft (FNC) powered by Coca-Cola« »im Rahmen eines Round-Table-Gesprächs, an dem Repräsentanten von schwul-lesbischen Fanclubs und Organisationen sowie der ehemalige Spieler Marcus Urban teilnahmen«, eine Erklärung »Gegen Diskriminierung im Fußball«. »Dazu hat der DFB auch Flyer drucken lassen, in dem die Fans unter anderem in einem Beitrag von Dr. Theo Zwanziger dazu aufgefordert werden, sich gegen jede Art von Diskriminierung von Homosexuellen in der Fußballszene zu engagieren. Die Flyer wurden an alle Vereine der Bundesliga, 2. Bundesliga, 3. Liga und der beiden Regionalligen zum Verteilen geschickt und wurden beim Länderspiel am Mittwoch gegen Finnland auch am Fanbus im Stadion in Hamburg verteilt« (DFB, 14.10.2009). In dem Flyer finden sich Antworten auf so weltbewegende Fragen wie:

- Können Schwule kicken? (Wollte man nicht immer schon wissen, ob Analverkehr dem Querpass schadet?)

- Warum hat sich im Fußball noch niemand geoutet? (Tja, warum eigentlich nicht?)
- Wozu braucht es schwul-lesbische Fanclubs? (Rätsel über Rätsel)

Wenn Sie mich fragen: alles vorbeugende Maßnahmen für den Tag X, an dem der erste als schwul geoutete Bundesliga-Profi und/oder Nationalspieler in ein Stadion einlaufen wird: »Unser Ziel muss es sein, Minderheiten respektvoll und fair zu begegnen. An dieser Thematik müssen wir immer kontinuierlich weiterarbeiten«, sagte DFB-Präsident Dr. Theo Zwanziger. Allmählich gewinnt man den Eindruck, dass schwule Fußballprofis, wenn es sie denn geben sollte, weniger unter dem Druck ihrer Kameraden oder ihres Doppellebens stehen als unter dem Druck des DFB-Präsidenten.

### Der Totengräber des Männerfußballs



Eine Schlüsselrolle spielen »schwul-lesbische Fanclubs«, die in die Fanszene einsickern und die natürlichen Verbündeten des kommenden offen homosexuellen Fußballers sind. Zweifellos wird aus dieser Ecke sehr viel Unterstützung kommen, und man wird versuchen, die restlichen Fans zu beeinflussen und mitzuziehen sowie Fußballer, die sich outen, vor Anfeindungen zu schützen.
Zwanzigers »besonderer Dank« galt anlässlich der Unterzeichnung der Erklärung gegen Diskriminierung im Fußball Tanja Walther-Ahrens, der deutschen Repräsentantin der European Gay and Lesbian Sports Federation: »Sie ist mir eine gute Freundin und Ratgeberin geworden, seitdem ich beim Fankongress 2007 in Leipzig begriffen habe, dass der Kampf gegen Homophobie auch ein wichtiger Bestandteil des Kampfes gegen Diskriminierung ist«, betonte der DFB-Präsident, den ich als Totengräber des traditionellen Männerfußballs betrachte.

Während der Männerfußball zerstört werden soll, wird der Frauenfußball systematisch gefördert. Am 1. August 2010 gewannen die DFB-Frauen das Endspiel der U-20-Weltmeisterschaft gegen Nigeria. »U 20-Frauen vollenden das Sommermärchen«, hieß es dazu auf der DFB-Website. Soll heißen: Was die Männer gleich zweimal nicht schafften (2006 und 2010), das schaffen die Frauen. Dass die internationale Konkurrenz im U-20-Frauenfußball mit derjenigen im Männerfußball nicht vergleichbar ist, wurde natürlich nicht erwähnt.

## Den Frauen soll die Zukunft gehören

Frauenfußball kann auf die Dauer nur funktionieren und sich selbst tragen, wenn der Mythos des Männerfußballs zerstört wird. Letzterer ist sonst einfach zu übermächtig. Die Förderung des Frauenfußballs durch den DFB ist daher eine strategische Maßnahme für den Moment, wo dem Männerfußball mit der Präsentation eines oder mehrerer schwuler Fußball-»Helden« der vernichtende Schlag versetzt wird. Und dann wird eine der letzten Männerbastionen geschleift, und die Frauen werden auch im Fußball zur tonangebenden Kraft.

Bei der Präsentation eines schwulen Fußballprofis geht es also mitnichten um »Gleichberechtigung«, »Toleranz« oder etwa »Hilfe« für den Betreffenden, sondern um die Zerstörung des Männerfußballs. Der erste schwule Profi ist nur ein Werkzeug, was auch daran zu erkennen ist, dass sich für lesbische Fußballerinnen kein Mensch interessiert. So leben einige deutsche Fußballerinnen ganz offen in einer homosexuellen Beziehung, ohne dass ein Hahn danach krähte. Die frühere Nationaltrainerin Tina Theune-Meyer schätzte den Anteil lesbischer Spielerinnen im Nationalteam auf 20 bis 40 Prozent; an anderer Stelle ist von 60 bis 70 Prozent die Rede – was eigentlich nur logisch ist, weil Fußball, aller Propaganda zum Trotz, im Grunde ein Männersport ist, der hauptsächlich »männliche Frauen«, also Lesben, anzieht.

## Frauenfußball ist Lesbenfußball

»Frauenfußball ist die beliebteste Sportart von Lesben«, schrieb eine Zeitschrift, die es wissen muss, nämlich das Lesbenmagazin *lespress.* »Sie spielen in allen Ligen, von der Kreisklasse bis zur Bundesliga.« Im Jahr 1995 habe es im Kader des Frauen-Nationalteams überhaupt keine heterosexuelle Spielerin gegeben, berichtete das Blatt. Die österreichische Trainerin Ingrid Kornberger sagte laut *DiePresse.com* vom 20. Juni 2009: »80 Prozent der Fußballerinnen sind lesbisch. Zumindest in den oberen Spielklassen ist das so.«
Überspitzt formuliert: Frauenfußball ist also überhaupt kein Frauenfußball, sondern Lesbenfußball. Und genau deswegen ist Männerfußball auch kein Schwulenfußball, sondern eben Männerfußball. Und daraus folgt direkt, dass der Anteil schwuler Männer im Fußball eher gering sein und vielleicht im einstelligen Prozentbereich liegen dürfte. Ganz einfach deshalb, weil die harte Sportart – anders als zum Beispiel Ballett – nicht unbedingt feminine Männer anzieht. »Schwule haben eben eine feminine Seite, und die kann mit Fußball meist nicht viel anfangen«, sagt die österreichische Trainerin Kornberger laut *DiePresse.com.* Und das Blatt fügt hinzu: »Wohingegen Lesben eher Interesse an Dingen haben, die gemeinhin als Männersache bezeichnet werden.«

## Schwule Fußballer sortieren sich von selbst aus

Schwule Männer sortieren sich im Fußball ganz schnell selbst aus – warum, erklärte der ausgestiegene frühere Balltreter Marcus Urban: »Ich musste Unmengen an Energie aufbringen, um meine Homosexualität zu überdecken. Es ging immer nur um Selbstkontrolle, und das hat jene Kraft gekostet, die mir dann auf dem Platz gefehlt hat.« Das kann man auch ganz leicht nachvollziehen. Man stelle sich nur vor, man müsste als heterosexueller Mann jeden Tag zusammen mit lauter attraktiven Frauen duschen

– wer glaubt, dass das wirklich angenehm ist, hat die Sache noch nicht zu Ende gedacht. Wer auf dem Rasen Höchstleistungen bringen will, der kann nur schlecht gleichzeitig Höchstleistungen auf dem Gebiet der Verstellung und Geheimhaltung bringen. Denn so ein Doppelleben kostet unglaubliche Energien – nicht nur in der körperlichen Nähe von Umkleidekabinen und Duschen, sondern auch »draußen« im Privatleben, wo die meisten Fußballprofis ein Leben als Familienväter führen. Wie sollen sie da als drittes Segment neben Fußball und Familie noch homosexuelle Beziehungen pflegen? Oder anders gesagt: Wie sollen sie neben einer manifesten Homosexualität auch noch Platz für streng heterosexuellen Fußball, Familie und Kinder erübrigen?

Natürlich ist das nicht ausgeschlossen, weshalb Zwanziger seinen schwulen Fußballprofi sicher irgendwann bekommen wird. Warum der DFB-Präsident allerdings von schwulen Fußballern regelrecht besessen ist, erschließt sich nicht so ganz. Warum soll dem Männerfußball unbedingt ein homosexuelles Image verpasst werden, das ihm gar nicht gerecht wird? Warum lechzt Zwanziger geradezu nach dem ersten Outing? Warum macht er sich »konkrete Hoffnungen« *(Frankfurter Allgemeine Sonntagszeitung)*: »Ich glaube, irgendwann wird sich ein Fußballspieler auch in Deutschland melden und sagen: Ja, ich bin homosexuell.«

Na dann: Herzlichen Glückwunsch – auch zu einer Ehrung des »Schwulen-Netzwerks NRW«, die Zwanziger während der Fußball-WM (am 3. Juli 2010) zuteil wurde. Es handelte sich um eine Kompassnadel, die Zwanziger wahrscheinlich helfen soll, nicht zu vergessen, wo's langgeht – zum anderen Ufer nämlich.

## *28. Juni* Das Verschwinden der Kirsten H.

Dieser Montag im Juni muss für die Berliner Jugendrichterin Kirsten Heisig ein besonderer Tag gewesen sein. Denn an diesem Tag liefert sie bei ihrem Verlag die letzten Korrekturen für ihr Buch *Das Ende der Geduld – konsequent gegen jugendliche Gewalttäter* ab. Und wer schon einmal ein Buch geschrieben hat, der weiß, dass dies ein Moment der Freude und Erleichterung ist. Am Vormittag erschien sie laut *Berliner Kurier* wie immer zur Arbeit im Amtsgericht Tiergarten. Um 13.48 Uhr nimmt sie per SMS die Einladung zu einer Talkshow an: »Alles klar und schöne Ferien, liebe Grüße KH«, simste sie an »Stern TV«. Denn Kirsten Heisig ist berühmt. »Mit dem von ihr ins Leben gerufenen Neuköllner Modell (›Strafe folgt auf dem Fuß‹) befand sich Kirsten Heisig jetzt auf dem absoluten beruflichen Höhepunkt«, schrieb der *Berliner Kurier* am 5. Juli 2010. »Sie gab Interviews, ihr erstes Buch steht kurz vor dem Erscheinen und gerade erst im Februar bekam sie von der FDP den Bürgerinnenpreis ›Liberta‹ – für ihre außergewöhnlichen Leistungen für die Gesellschaft«, so der *Berliner Kurier* weiter.

Anders als die Mehrzahl der bundesdeutschen Beamten, die das Elend bloß verwalten, will Heisig wirklich etwas verändern. Durch schnelle Aburteilung jugendlicher Straftäter will sie die Strafe mit der Tat in einen für die Jugendlichen erkennbaren Zusammenhang bringen.

Die Frage ist nur, ob wirkliche Verbesserungen auch erwünscht sind – oder ob in Wirklichkeit nicht vielmehr das Abrutschen der deutschen Städte in die Kriminalität auf dem Programm steht. »Wir müssen uns gemeinsam Gedanken machen, wie es in dieser Gesellschaft weitergehen soll. Und wir müssen handeln. Jetzt.« – Dieser Aufruf aus ihrem Buch *Das Ende der Geduld* fand vielleicht nicht überall Zustimmung.

Tatsächlich warf die resolute, aber auch warmherzige Brünette Mitte/Ende Juni 2010 gerade erst die PR-Maschine für ihr Buch *Das Ende der Geduld* an, ein Buch, das sie und ihr Vorgehen gegen jugendliche, vorwiegend ausländische Gewalttäter zweifellos endgültig bekannt machen würde. Die Buchveröffentlichung wäre der Treibsatz für eine noch steilere Medienkarriere geworden. Kirsten Heisig wäre in den Talkshows herumgereicht worden, bis ihr Name im Zusammenhang mit politischen Ämtern gefallen wäre. Ihr Einfluss auf die Justiz in ganz Deutschland hätte weiter zugenommen.

»Morgen wollten wir uns treffen«, schrieb der *B.Z.*-Reporter Ole Krüger am 5. Juli 2010. »Der Termin steht noch im Kalender. 11 Uhr Heisig, habe ich mir notiert.« »Tschüss, Herr Krüger, wir sehen uns dann in zehn Tagen. Dann reden wir auch über mein Buch«, habe sie am Telefon gesagt. Das Buch, »auf das sie sich so sehr gefreut hat«.

»Noch kürzlich habe ihm die Richterin ein paar Stellen aus ihrem Buch, das im September erscheinen soll, vorgelesen«, zitierte am 4. Juli 2010 die Website des *Tagesspiegel* den Neuköllner Bezirksbürgermeister Heinz Buschkowsky: »Wahrscheinlich werde sie damit wieder ein paar Leuten auf die Füße treten, fügte sie hinzu. ›Sie hat sich darüber diebisch gefreut‹, sagt Buschkowsky.«

Schon Mitte Juni zeichnete das ZDF mit der Berliner Amtsrichterin eine Folge der Talkshow »Peter Hahne« auf. »Diese Frau wurde ihrem Ruf mehr als gerecht in der Sendung«, berichtete Hahne später dem Fachdienst *Quotenmeter.de*: »Sie sei bei ihm sehr entschieden, eloquent, konsequent, aber auch humorvoll aufgetreten, beschreibt Hahne die 48-Jährige«, so *Quotenmeter.de*: »Sie erschien mir mutig, tatkräftig, zupackend und kein bisschen resignativ«, meinte Hahne gegenüber *Quotenmeter.de*. Angst habe sie keine gehabt.

Angst? Vor wem? Na, vor den »arabischen Jugendlichen« natürlich. Nein – die begegneten ihr inzwischen nämlich mit Respekt, sagte sie Hahne. »Bis zum nächsten Mal«, habe sich Heisig fröhlich nach der Aufzeichnung verabschiedet.

Doch ein nächstes Mal wird es nicht geben. Am Abend dieses 28. Juni ist die Frau, die darauf brannte, der Republik endlich die Wahrheit über den richtigen Umgang mit ausländischen jugendlichen Gewalttätern zu sagen, plötzlich spurlos verschwunden. Fünf Tage später, am 3. Juli 2010, wird sie tot in einem Wald bei Heiligensee aufgefunden (siehe 3. Juli »Keine Tote im Wald«).

# Juli 2010

**Thema des Monats** *3.7.: Jugendrichterin Heisig wird tot aufgefunden*

***3.7. Die Leiche von Kirsten Heisig wird gefunden*** **4.7.** In der Stichwahl um das polnische Präsidentenamt setzt sich Bronisław Komorowski gegen Jarosław Kaczyński durch **13.7.** Die französische Nationalversammlung beschließt ein Verschleierungsverbot, das sich vor allem gegen den muslimischen Ganzkörperschleier (Burka) richtet ***15.7. Sommerhitze: Der Migräne-Schwindel 16.7. Urlaub: Draufzahlen mit der*** **Bild*****-Zeitung 17.7. Kornkreis-Alarm in Oberschleißheim*** 24.7. Massenpanik bei der »Loveparade«

## *3. Juli* (K)eine Tote im Wald

»Gegen 13 Uhr 45 hat eine Polizistin bei der Absuche nach einer Vermissten in einem Waldstück am Elchdamm in Heiligensee eine Frauenleiche gefunden. Bei der Toten dürfte es sich mit hoher Wahrscheinlichkeit um die vermisste Richterin handeln.« Mit diesen äußerst knappen Worten beschreibt eine Pressemitteilung der Berliner Polizei vom 3. Juli 2010 das Auffinden der Leiche der vermissten Jugendrichterin Kirsten Heisig (siehe auch 28. Juni »Das Verschwinden der Kirsten H.«). Endgültige Erkenntnisse zur Identität und zur Todesursache seien erst nach einer Obduktion zu erwarten, »die noch heute Abend vorgenommen werden soll. Die ersten Untersuchungen am Fundort ergaben keine Hinweise auf Fremdverschulden.« Also Selbstmord.

### Eine Polizei, die mehr weiß, als die Polizei erlaubt

Siehe da – hat es die Polizei nicht gleich gesagt? Mindestens genauso seltsam wie das plötzliche Verschwinden von Kirsten Heisig am 28. Juni 2010 waren nämlich die hellseherischen Fähigkeiten der Berliner Ordnungshüter.

»Eine Entführung, überhaupt eine Straftat schließt die Polizei aus«, berichtete der *Berliner Kurier* nämlich schon am 2. Juli 2010, kurz nachdem Heisig als vermisst gemeldet worden war. Wie konnte die Polizei das wissen? Über Heisigs Schicksal konnten zu diesem Zeitpunkt maximal zwei Personenkreise etwas wissen, nämlich Mörder und Opfer, möglicherweise in Personalunion als Selbstmörder. Weil das so ist, bedeutet das im Umkehrschluss, dass jemand, der zu diesem Zeitpunkt definitive Aussagen über Heisigs Schicksal machte, automatisch zum Kreis der Tatverdächtigen gehörte. Vor dem Auffinden der Leiche und der Obduktion sind definitive Aussagen über das Schicksal des Opfers eigentlich nicht möglich.

Bereits zu diesem Zeitpunkt schien die Berliner Polizei über das

Schicksal von Heisig aber mehr zu wissen, als die Polizei erlaubt. Denn einen Abschiedsbrief hat es ja nicht gegeben. Zwar wurde angeblich eine SMS von Heisigs Handy an eine ihrer Töchter gesendet – ein Beweis für einen Selbstmord ist das aber nicht (siehe unten). Eher das Gegenteil: Denn welche Mutter würde ihren Töchtern auf diese Weise ihren Selbstmord ankündigen?

## Ein Schlaumeier von der Staatsanwaltschaft

Der nächste Schlaumeier war der Sprecher der Berliner Staatsanwaltschaft, Martin Steltner. Laut *Welt Online* vom 4. Juli 2010 sagte er, »der Suizid sei durch die Obduktion erwiesen«. Das klingt ein bisschen apodiktisch. Normalerweise sollte man sich als Fachmann etwas differenzierter ausdrücken. Zum Beispiel: »Gemäß dem Ergebnis der Obduktion weist alles auf einen Selbstmord hin.« Auch das wäre allerdings schon sehr weitgehend, denn die Obduktion klärt zunächst einmal den genauen Todesmechanismus im Körper, was also zum Beispiel ein um den Hals gezogener Strang zusammen mit dem Körpergewicht des Betreffenden alles anrichtete: Genickbruch etc. Die Klärung der Todesursache ist also noch nicht gleichbedeutend mit der Beantwortung der Frage, ob man es mit Mord oder Selbstmord zu tun hat. Da sind zusätzlich die Kriminalistik und die Kriminaltechnik gefragt. Und auch Obduktionen enthüllen häufig nicht die letzte Wahrheit. Ein Blick in den Obduktions- und Tatortbericht wäre deshalb sehr aufschlussreich gewesen, doch bei der Berliner Staatsanwaltschaft und Polizei herrschte, abgesehen von der oben zitierten dürren Meldung, eisernes Schweigen über den Fall.

## Wo ist der Abschiedsbrief?

Ein gewichtiger Beweis für einen Selbstmord ist natürlich ein Abschiedsbrief, wobei sein Fehlen nicht unbedingt gegen einen Selbstmord spricht. Außer in einem Fall wie diesem. Denn hier ist das Fehlen eines Abschiedsbriefs praktisch nicht zu erklären:

- Kirsten Heisig hatte sowohl eine große Lebensleistung als auch eine beachtliche Lebensbilanz aufzuweisen.
- Sie hatte auch ein bedeutendes Erbe zu hinterlassen, nämlich das von ihr kreierte »Neuköllner Modell« zur Behandlung jugendlicher »Intensivtäter«, ein Modell, das nun als Idee einer »Selbstmörderin« beschädigt zu werden droht.
- Sie pflegte ihr Tun stets in aller Ausführlichkeit schriftlich zu begründen – sowohl als Richterin wie auch als Buchautorin.
- Sie hatte zumindest zwei nahestehende Adressaten für einen Abschiedsbrief, nämlich die Töchter. Ihren eigenen Kindern nicht wenigstens einige Worte mit auf den weiteren Lebensweg zu geben ist bei der Frau, die tagtäglich mit Jugendlichen arbeitete, kaum vorstellbar.

## »Und tschüss, ich begehe jetzt mal Selbstmord« – wie echt ist die »letzte SMS«?

Aber was ist denn nun mit der erwähnten »letzten SMS« vom 28. Juni 2010 an eine ihrer Töchter? »Die Jugendrichterin hatte am Montagabend (28. Juni) in der ruhigen Wohnstraße geparkt und eine letzte SMS an eine ihrer Töchter geschickt«, schrieb der *Berliner Kurier* am 5. Juli 2010. Dabei habe sie sinngemäß geschrieben, »dass sie alles falsch mache, dass alles zu viel für sie sei. Aus den kurzen, aber doch sehr erschütternden Zeilen spricht große Verzweiflung« (*Berliner Kurier,* 2.7.2010). Verzweiflung vielleicht, aber eben keine eindeutige Selbstmordabsicht. »Ich mache bei euch alles falsch«, lautete ihre letzte SMS »an eine ihrer Töchter« auch laut *B.Z.* vom 5. Juli 2010. Dem oberflächlichen Zeitungsleser erscheint das plausibel – so als sei damit ihr Selbstmord erwiesen. Doch in Wirklichkeit enthält das Zitat überhaupt keine Selbstmordankündigung. Immerhin: Laut *B.Z.* »soll« die Tochter geantwortet haben: »Bitte tu es nicht.« Offenbar weiß auch die *B.Z.* nichts Genaues. Den Wortlaut des angeblichen SMS-Wechsels kennt sie offenbar nur gerüchteweise. Die Staatsanwaltschaft weigerte sich auf meine Nachfrage strikt, zu der angeblichen SMS Stellung zu nehmen.

## Vermisst erst nach zwei Tagen

Die Presseberichte legen nahe, dass sich hier Mutter und Töchter über den Selbstmord »verständigten«, das heißt, dass die Mutter den Suizid ankündigte und die Töchter die Ankündigung verstanden, indem sie antworteten: »Bitte tu es nicht!« Wenn das so gewesen wäre – was wäre dann passiert? Nun, jede 15- und auch schon jede 13-Jährige hätte bei einer solchen Selbstmordankündigung sofort ihr gesamtes soziales Umfeld alarmiert – einschließlich der Polizei. Aber: Als vermisst gemeldet wurde Kirsten Heisig erst zwei Tage nach der angeblichen Selbstmordankündigung per SMS: »Am Mittwoch war bei der Polizei Vermisstenanzeige erstattet worden, weil die 48-jährige Richterin seit Montag verschwunden war«, heißt es in der Polizei-Pressemitteilung vom 3. Juli 2010. Da kann also etwas nicht stimmen: Jemand kündigt seinen Selbstmord an, verschwindet, und dann wird erst zwei Tage später Vermisstenanzeige erstattet? Gegenüber dem angeblichen SMS-Austausch ist daher größtes Misstrauen angebracht. Vielleicht wurde hier eine relativ banale Kommunikation zwischen Eltern und Kindern, wie sie immer mal wieder vorkommt, erst im Nachhinein zur Selbstmordankündigung stilisiert. Von einer inhaltlichen Selbstmordankündigung in der SMS kann dagegen keine Rede sein. Ihren eigenen Kindern, mit denen sie in wenigen Tagen in Urlaub fahren wollte, den Selbstmord per SMS anzukündigen (nach dem Motto: »Und tschüss, ich begehe jetzt mal Selbstmord«) dürfte überdies wohl den extremsten Widerspruch zu jener Kirsten Heisig darstellen, die man bislang gekannt hatte. Und natürlich einen Widerspruch zu der erst zwei Tage später erfolgten Vermisstenanzeige.

## Eine bequeme Tarnung

Oder die SMS stammte gar nicht von Kirsten Heisig. Während man im normalen Leben vielleicht davon ausgehen kann, dass wirklich nur der Besitzer eines Handys Absender einer SMS ist, gilt dies natürlich nicht, wenn der Handybesitzer Opfer eines Verbrechens wurde. Denn in diesem Fall hat der Täter wahrscheinlich auch Zugriff auf das Handy – samt Telefonspeicher. Daher ist die Tatsachenbehauptung des *Berliner Kurier* vom 5. Juli 2010, die Jugendrichterin habe »eine letzte SMS an eine ihrer Töchter geschickt«, unseriös. Richtig müsste es heißen: »wurde von ihrem Handy aus eine letzte SMS an ihre Töchter geschickt«.
Eine SMS wäre für einen Attentäter eine sehr bequeme Methode, einen »Abschiedsbrief« zu simulieren und einen Mord als Selbstmord zu tarnen. Weil die Nachricht vom Handy der Vermissten stammt, nimmt jeder an, dass sie auch von ihr geschickt wurde. Die Telefonnummern der Angehörigen sind gespeichert – praktischer geht's kaum. Normalerweise sollte außerdem auch ein Selbstmörder Täterwissen besitzen – zum Beispiel, warum er die Tat begeht. Dieses Täterwissen offenbart die SMS, nach dem, was wir wissen, gerade nicht: »Alles zu viel für mich« und »alles falsch gemacht« nimmt keinen Bezug auf irgendetwas oder irgendwen. Für sich genommen sind die Äußerungen banal und könnten auch typisch sein für jemanden, der *nicht weiß,* warum der Betreffende Selbstmord begehen sollte.
Die daraufhin getätigte schnelle Äußerung der Berliner Polizei (»Eine Entführung, überhaupt eine Straftat schließt die Polizei aus. Die Ermittler fürchten das Schlimmste …«) gibt also zu denken. Auch im Hinblick auf die Angehörigen, darunter besagte Kinder. Bereits kurz nach Heisigs Verschwinden teilte man ihnen also implizit mit, dass Heisig wohl Selbstmord begangen habe. Dieses Verhalten als »unseriös« zu bezeichnen ist noch geschmeichelt.

Davon abgesehen bliebe auch hier die Frage offen, warum, wenn denn ein Täter eine Selbstmordankündigung verschickt haben sollte, nicht sofort Vermisstenanzeige erstattet wurde.
Und siehe da: Tatsächlich lösen sich die angebliche SMS und die Antwort »Bitte tu es nicht!« mehr und mehr in Luft auf. Inzwischen erhält die *B.Z.* diese Schilderung offenbar nicht mehr aufrecht. Am 30. September 2010 erklärte die Zeitung, die Passage auf eine Beschwerde beim Deutschen Presserat hin aus dem Bericht zu streichen. Heute findet sich der Abschnitt nicht mehr in dem Artikel.

**Todeswissen = Täterwissen?**

Interessant ist auch, was die Polizei nach dem Verschwinden von Kirsten Heisig alles nicht unternahm. Nach der Vermisstenmeldung von Mittwoch, dem 30. Juni 2010, begann die Polizei mit der Suche. Aber nicht so, wie man sich eine Vermisstensuche vorstellen würde: mit ausführlicher Beschreibung der Person, der Kleidung, des letzten Aufenthaltsortes und der Frage, wer die Vermisste gesehen habe. Kleidungsstücke oder Handtasche können schließlich auch zu einer Toten führen. Aber die Bevölkerung wurde überhaupt nicht in die Suche einbezogen. Die Presseberichte enthalten keine Suchaufrufe und Merkmale, anhand deren sich Kirsten Heisig finden ließe (bis auf Fotos der Vermissten, natürlich). Vielmehr wurde die Suche von Anfang an ausschließlich zur Polizeisache gemacht, und es wurde ausschließlich nach einer Leiche gesucht. Dass die Betreffende noch lebend gefunden werden könnte, wurde von der Polizei offenbar ausgeschlossen. Warum?
Denn selbst wenn Heisigs letzte SMS eine Selbstmordankündigung enthalten haben sollte (was aufgrund der Korrektur der *B.Z.* Inzwischen immer unwahrscheinlicher geworden ist), heißt das noch lange nicht, dass der Selbstmord auch tatsächlich ausgeführt wurde oder gelang. Selbstmorde werden bestimmt hundertmal

häufiger angekündigt als wirklich umgesetzt (was nicht heißt, dass man entsprechende Drohungen nicht ernst nehmen sollte, weil auch der eine »erfolgreiche« Suizid von den einhundert einer zu viel ist). Vielleicht saß Heisig also irgendwo verzweifelt im Wald? Oder hatte sich in einem Hotel eingemietet, wo sie mit ihrem Entschluss kämpfte? Vielleicht hätte man sie noch retten können! Dafür hätte man allerdings auch nach einer Lebenden fahnden müssen, nicht nur nach einer Toten. Doch daran hatte die Polizei offenbar kein Interesse. Entweder, weil sie Kirsten Heisig gar nicht lebend finden wollte. Oder weil sie Kirsten Heisig gar nicht lebend finden konnte – nämlich weil sie wusste, dass sie tot war. Besaß die Polizei also ein »Todeswissen«, das sie eigentlich gar nicht besitzen konnte? Und wäre ein Todeswissen nicht gleichzusetzen mit einem Täterwissen?

Faustregel: Die Suche nach einer potenziellen Selbstmörderin ist nach einem so kurzen Verschwinden immer die Suche nach einer Lebenden *und* nach einer Toten. Eine ausschließliche Suche nach einer Toten ist aber die Suche nach einem Mordopfer. Anders gesagt, verfügte die Polizei also bereits lange vor dem Auffinden der Leiche über einen Todesbeweis? Wie konnte das sein?



## Wer suchet, der (nicht) findet …

Fragen über Fragen. Die nächste: Warum wurde die in der Sommerhitze angeblich in einem Waldstück bei Heiligensee verwesende Leiche über fünf Tage lang nicht gefunden? Wenn es stimmt, dass sich Heisig schon am Abend des 28. Juni das Leben nahm (wie von der Staatsanwaltschaft angenommen), dann befand sich ihre Leiche in der extrem heißen Woche bis zum 3. Juli 2010 etwa 400 bis 500 Meter von ihrem Auto entfernt nicht weit von einigen Wohnhäusern im relativ lichten Wald. Durch den Wald führen zahlreiche Spazierwege, auf denen Radfahrer unterwegs sind und Anwohner ihre Hunde spazieren führen.

Ich weiß nicht, ob Sie schon einmal eine offen daliegende, verwesende Leiche im Sommer gerochen haben – ich leider schon. Der durchdringende Gestank unterscheidet sich von allen Gerüchen, die wir sonst kennen, und wird bereits nach zwei bis drei Tagen absolut unerträglich. Den Aufenthaltsort einer seit mehreren Tagen in der Hitze verwesenden Leiche sollte man also schon aus mindestens 100 Meter Entfernung riechen können. In derselben Gegend wurde einmal ein junges Wildschwein überfahren – das habe wahnsinnig gestunken, sagten die Anwohner.

Das heißt, schon nach kurzer Zeit hätte es nicht nur jeden Spaziergänger mit seinem Vierbeiner umgehauen, sondern auch die Spezialhunde der Polizei, mit denen diese schon unter der Woche in wenigen hundert Meter Entfernung vom späteren Fundort unterwegs war. »Gestern waren bei der Suche erstmals statt der normalen Suchhunde zwei sogenannte Mantrailing-Hunde im Einsatz«, schrieb der *Berliner Kurier* am 2. Juli 2010. »Diese hochqualifizierten Spezialhunde« haben geradezu übersinnliche Fähigkeiten und »können den Geruch kleinster Hautpartikel über weite Strecken verfolgen. Selbst wenn der Gesuchte in einem Auto oder gar Bus unterwegs war, weil der Geruch über die Lüftung nach außen getragen wird. Einigen Hunden gelang es sogar, Ertrunkene noch an der Wasseroberfläche zu wittern.« Die Pressemeldung soll offenbar suggerieren, dass sich die Polizei unheimlich ins Zeug legte und mit allen Mitteln nach Kirsten Heisig suchte. Merkwürdig nur, dass diese »tollen Hunde« eine in geringer Entfernung offen verwesende Leiche jedoch nicht witterten.

Tatsächlich war laut Medienberichterstattung schon unter der Woche sogar genau in dem späteren Fundgebiet gesucht worden. Doch weder lieferte die Wärmebildkamera eines Hubschraubers Erkenntnisse, noch stolperten die Beamten bei ihrem Streifzug durch den Wald über die Tote. Gut möglich, so die *Berliner Morgenpost* am 4. Juli 2010, »dass die Leiche bei der ersten nächtlichen Suche mit auf den Boden gerichteten Lampen übersehen

wurde«. Doch genau das ist wegen des durchdringenden Geruchs einer offen verwesenden Leiche nicht möglich.
Daher drängen sich zwei Alternativen auf:

- Die Leiche lag zu diesem Zeitpunkt gar nicht im Wald,
- oder sie verweste nicht offen, sondern war verscharrt und/oder sorgfältig verpackt.

Dann aber scheidet ein Selbstmord aus.

### Fragen ohne Antworten

Da die Behörden sicherlich überzeugende Beweise für den Selbstmord von Kirsten Heisig liefern können, stellte ich der Berliner Polizei und Staatsanwaltschaft folgende Fragen:

- Können Sie mir bitte den genauen Fundort der Leiche von Frau Heisig mit Skizze nennen?
- Können Sie mir bitte die Auffindesituation der Leiche schildern und wie lange sich die Leiche dort bereits befunden hat?
- Können Sie mir bitte die genaue Todesursache von Frau Heisig nennen?
- In den Medien wurde berichtet, die Polizei habe Kettensägen und Leitern angefordert. Wozu wurden diese gebraucht? Was wurde durchgesägt?
- In den Medien war von einer letzten SMS die Rede. Können Sie mir bitte deren Wortlaut und den Adressaten mitteilen?
- Können Sie mir bitte sagen, wodurch Selbstmord erwiesen ist?

Ziemlich klare Fragen, auf deren Beantwortung die Öffentlichkeit ein Recht hat. Und zwar aufgrund des Berliner Landespressegesetzes und des Informationsfreiheitsgesetzes. Denn Kirsten Heisig war nicht nur eine Privatperson, sondern eine Person des öffentlichen Lebens.

Oder anders gesagt: Wo kämen wir hin, wenn jemand verschwindet und die Behörden den Vorgang einfach zum »Selbstmord« erklären, ohne die Behauptung weiter zu »substanziieren«, wie der Jurist sagt? Der Tod einer öffentlichen Person muss für die Öffentlichkeit nachvollziehbar sein. Das heißt, die Öffentlichkeit braucht so viele Informationen, wie nötig sind, um den Tod des Betreffenden schlüssig und ohne vernünftigen Zweifel nachvollziehen zu können. Alles andere öffnet staatlicher Willkür Tür und Tor. Es entstünde ein rechtsfreier Raum, in dem niemand vor einem »Selbstmord« sicher wäre.

## Für Selbstmord keine Beweise

Erstaunlicherweise setzte die Berliner Staatsanwaltschaft meinem Auskunftsersuchen jedoch härtesten Widerstand entgegen. Polizei und Staatsanwaltschaft weigerten sich strikt, auch nur eine der genannten Fragen zu beantworten:

- Frage nach der Todesursache: Fehlanzeige
- Frage nach dem genauen Ort des Auffindens: Fehlanzeige
- Frage nach der Auffindesituation (z. B. erhängt): Fehlanzeige
- Frage, wodurch Selbstmord feststeht: Fehlanzeige

Aufgrund des hinhaltenden Widerstandes sah ich mich genötigt, am 21. Juli 2010 beim Verwaltungsgericht Berlin einen Antrag auf eine einstweilige Anordnung gegen die Staatsanwaltschaft Berlin zu stellen. Solche Eilverfahren sind möglich, wenn bei Beschreiten des normalen Rechtsweges durch den Zeitablauf die Gefahr besteht, dass für den Kläger ein irreparabler Schaden entsteht. Eine Gefahr, die im Fall der aktuellen Berichterstattung eines Journalisten auf der Hand liegt: In einem halben oder einem Jahr wird sich wahrscheinlich niemand mehr für den Fall interessieren. Doch während solche Eilanordnungen normalerweise binnen Stunden, maximal in ein bis drei Tagen getroffen sein sollten, hatte ich nach einer Woche noch immer nichts vom Verwaltungsgericht Berlin gehört. Also bat ich meinen Anwalt darum, sich einmal bei Gericht nach dem Sachstand zu erkundigen. Schockiert berichtete er mir kurz darauf, bei Gericht habe man die Sache in zehn Tagen »auf Wiedervorlage« gelegt, mit anderen Worten: zurückgestellt. Das heißt, hier wurde ein Eilverfahren kurzerhand für anderthalb Wochen auf Eis gelegt. Auf seine Nachfrage hin teilte das Gericht schriftlich mit, eine Entscheidung komme erst »nach Ablauf der dem Antragsgegner gewährten Stellungnahmefrist – eine Woche – in Frage«, da »auch Geheimhaltungsinteressen« betroffen seien.

## Unerklärliche Geheimhaltung

Während normalerweise in einem Eilverfahren der Standpunkt der Gegenseite durchaus auch mal telefonisch abgefragt wird, um schnell eine Entscheidung treffen zu können, räumte man hier der Staatsanwaltschaft Berlin eine ganze Woche zur Stellungnahme ein, damit diese sich in Ruhe überlegen konnte, warum sie nichts zu meinen Fragen sagen könne. Und zwar, weil angeblich auch »Geheimhaltungsinteressen« im Spiel seien.

Mit anderen Worten: Der Fall Heisig ist offenbar noch viel heikler, als ich dachte, so heikel, dass sich selbst ein Gericht in die Hinhaltetaktik der Staatsanwaltschaft einspannen lässt und ihr mit der abenteuerlichen Verzögerung eines Eilverfahrens zur Seite springt. Was mich in der Ansicht bestärkte, dass die Berliner Staatsanwaltschaft nicht den geringsten Beweis für einen Selbstmord von Kirsten Heisig in Händen hält.

Wohingegen es vieles gibt, was gegen die Version von Polizei und Staatsanwaltschaft spricht:

- keine Wahrnehmung einer in der Sommerhitze offen verwesenden Leiche durch Anwohner, Spaziergänger und deren Hunde

- keine Wahrnehmung der Toten durch Spezialspürhunde
- kein Auffinden der Leiche bei den ersten polizeilichen Suchaktionen im Wald
- kein Auffinden der Toten durch Wärmebildkameras
- kein Auffinden der Leiche durch unabhängige Zeugen (Spaziergänger, Hundebesitzer), sondern schließlich durch die Polizei

Faustregel: Echte Leichen werden von Spaziergängern gefunden, denn sie sind immer noch die größte Hundertschaft, die fast rund um die Uhr in unseren Wäldern unterwegs ist. Und auch Hundestaffeln sind ständig in unseren Wäldern aktiv, nämlich die Hundestaffeln der privaten Hundebesitzer. Dass also fünf Tage nachdem sich jemand im Hochsommer bei 35 Grad Hitze im Wald erhängt hat, erst die Polizei kommen muss, um den Betreffenden zu finden, ist mehr als merkwürdig. Was darauf hindeuten könnte, dass die Tote eben nicht offen im Wald lag oder hing, sondern verscharrt worden war – womit die »Selbstmordtheorie« erledigt wäre.

## Eine Plastikplane und ein Hundekadaver

Tatsächlich fand ein Spaziergänger drei Tage nach der Bergung der Toten am 3. Juli 2010 an der in den Medien angegebenen Stelle eine grüne Plastikplane mit Verwesungsgeruch, in der gut ein Mensch gelegen haben könnte, sowie einen mit Klebeband verschnürten Hundekadaver. In der Plastikplane stand eine bräunliche, nach Verwesung stinkende Flüssigkeit. »Die Polizei, die ich rief, kam vor Ort und sagte, sie setze sich mit der Kripo in Verbindung«, schrieb der Spaziergänger mir.

## Der Hund der Kirsten H.

Tatsächlich redet niemand davon, dass Kirsten Heisig ja einen Hund besessen haben soll. Neben all ihren Verpflichtungen schaffte sie es auch noch, »mit ihrem Hund joggen zu gehen«, konnte man am 4. Juli 2010 auf der Website der *Berliner Morgenpost* lesen. Nun, zweifellos kann man im Wald am Elchdamm sehr gut mit dem Hund joggen oder spazieren gehen – wie die dortigen Anwohner auch. Und wenn Heisig (wie von den Medien behauptet) ihren Onkel bzw. Verwandten in Reinickendorf besuchte, hätte es sicher nahegelegen, anschließend sich selbst und dem Vierbeiner im Wald etwas Auslauf zu gönnen (Heiligensee gehört zum Verwaltungsbezirk Reinickendorf). Hat Heisig also etwas gemacht, das in dieser Gegend viele tun – nämlich in dem Wald am Elchdamm ihren Hund ausführen? Nur dass sie dabei ihren Mörder traf?

Allerdings reichte mir das beiläufige Zitat aus der *Berliner Morgenpost* über Heisigs Hund nicht. Also fragte ich herum – und siehe da: Ein Bekannter von Kirsten Heisig, der Berliner Stadtverordnete René Stadtkewitz, antwortete: »Ja, ich weiß, dass sie einen Hund hatte. Sie erwähnte ihn hin und wieder als ihren persönlichen Schutz, wenn sie allein in Parks oder durch den Wald joggen ging. Dass sie dies regelmäßig tat, hat man ihr wohl angesehen. Was aus dem Hund geworden ist und ob sie ihn an diesem Tag dabeihatte, weiß ich nicht.«



In diesen kurzen Zeilen steckt eine Menge Sprengstoff. Sie sind der Schlüssel zur Aufklärung des Todes von Kirsten Heisig. Sie bedeuten, dass Heisig nicht (nur) als Hundefreundin einen Hund besaß, sondern auch oder vor allem zu ihrem Schutz. Weil sie sich offenbar bedroht fühlte. Kirsten Heisig führte den Hund deshalb wahrscheinlich ganz bewusst so oft es ging mit sich – wenn nicht sogar immer. Also (wenn man Selbstmord ausschließt bzw. nicht für erwiesen hält) sehr wahrscheinlich auch am 28. Juni 2010.

- War die Plastikplane also der wahre Fundort und die wahre Fundsituation von Heisigs Leiche und der ihres Hundes?
- Will die Staatsanwaltschaft deshalb einen Erhängungstod partout nicht bestätigen?

- Nahm man bei der Bergung nur Heisigs Leiche mit und ließ den Rest achtlos liegen?

Sehr gut möglich. Denn sorgfältige Kriminalisten trifft man heutzutage vorzugsweise noch in TV-Krimis an – aber nicht unbedingt in der Wirklichkeit, wo Staatsanwaltschaft und Polizei das Ermittlungsmonopol besitzen und besonders bei Toten, die bekanntlich niemanden mehr anklagen können, im Prinzip machen können, was sie wollen. Die Plastikplane und der halb vergrabene Hundekadaver könnten sehr gut erklären, warum es nicht nach Verwesung stank und tagelang niemand über die Leiche stolperte. Nicht erklären ließe sich dadurch allerdings, wie diese Funde zu einem Selbstmord passen sollen.
Hatte Kirsten Heisig den Hund dabei, gibt es zwei Möglichkeiten:

- Der Hund überlebte den Tod von Kirsten Heisig;
- der Hund starb mit Kirsten Heisig, durch ihre oder durch fremde Hand.

Szenario 1 dürfte ausscheiden, denn die rührende Geschichte, dass Heisigs Hund den »Selbstmord« seines »Frauchens« überlebte, hätten uns die Medien wohl kaum vorenthalten. Außerdem hätte der Hund ja auch zu einer früheren Entdeckung seines »Frauchens« beitragen können. Doch die Suchmannschaften stießen nirgends auf den herrenlosen Hund von Kirsten Heisig, jedenfalls wurde nichts darüber berichtet. Von dem Hund hörte man absolut nichts, er wurde regelrecht totgeschwiegen.
Und damit kommen wir zu Szenario 2, dem Tod des Hundes: Hatte Heisig den Hund vor ihrem Selbstmord also etwa selbst getötet? Aber warum hat sie ihn anschließend auch noch verpackt? Das ergibt überhaupt keinen Sinn. Sinn ergeben würden der Tod und das Verstecken des Hundes nur bei einem Mord. Denn be-

vor Kirsten Heisig ermordet worden wäre, hätte natürlich ihr »Schutzhund« unschädlich gemacht werden müssen. Zum einen, um einen Verteidiger auszuschalten, zum anderen, um einen »Verräter« zu beseitigen, der bellen, davonlaufen und auf die Situation aufmerksam machen oder zur vorzeitigen Entdeckung der Toten beitragen konnte. Kurz: Der Hund stand einer Kontrolle der Tat im Wege.

## Neue Indizien für ein menschliches Grab

Tatsächlich waren schon bald neue Indizien dafür aufgetaucht, dass dort, wo etwa hundert Meter vom Elchdamm in Heiligensee entfernt inzwischen Baumstämme aufgehäuft worden waren, noch vor kurzem ein Mensch begraben gewesen war. Wie bereits berichtet, hatte ein Spaziergänger hier drei Tage nach der Bergung von Kirsten Heisigs Leiche am 3. Juli 2010 eine nach Verwesung stinkende Plastikplane und einen halb im Boden verscharrten und mit Plastikband verschnürten Hundekadaver gefunden.

Anders als die Plastikplane war der rötlich braune Hundekadaver im Waldboden auf den Fotos, die der Spaziergänger mit seiner Handykamera machte, zunächst nicht zu erkennen. Zumal der Mann sich in dem Moment über die große Bedeutung des Fundes nicht im Klaren war. Die Sache ist aber auch deswegen plausibel, weil Kirsten Heisig, die ja tatsächlich ganz in der Nähe gestorben sein soll, ebenfalls einen Hund hatte, ohne den sie nicht auf die Straße ging. Diese Frau also wurde hier im Wald tot aufgefunden, und drei Tage später findet ein Spaziergänger hier eine nach Verwesung riechende Plastikplane, einen Hundekadaver und eine grabähnliche Anlage. Zufall?

Sagte ich »grabähnliche Anlage«? Tatsächlich: Erhöht man den Kontrast des Fotos von der Plastikplane, tritt klar eine etwa 200 mal 70 Zentimeter große rechteckige Bodenanomalie zutage, wie man sie auch bei Gräbern sieht. Die Plastikplane liegt dabei an einem der kurzen Enden.

## Wie das »Grab« abgedeckt wurde

Hätte es sich um einen belanglosen Fund gehandelt, beispielsweise nur um einen von einem Anwohner bestatteten Hund, hätte es sicher gereicht, das Ganze zu entfernen. Stattdessen wurde ein enormer Aufwand getrieben, der sich rekonstruieren lässt. Einen Tag nachdem der Spaziergänger seinen Fund der Polizei gemeldet hatte, lagen, wie gesagt, plötzlich mehrere meterlange, massive Baumstämme auf dem Grab, und zwar der Länge nach.

In dem lockeren Mischwald am Elchdamm wird keine Holzwirtschaft betrieben. Es gibt hier also weit und breit weder Holzstapel noch Waldfahrzeuge und anderes schweres Gerät, das man zur Holzgewinnung und -bearbeitung benötigt. Der Holzstapel ist also eine Anomalie und wurde ganz bewusst an dieser Stelle plaziert. In der Nähe des Stapels lag nur ein einziger umgelegter Baum, von dem die kurzen, aber sehr schweren Stücke abgesägt worden waren. Dafür hatte man offenbar eigens ein schweres Waldfahrzeug herantransportiert, dessen Spuren mein Informant gesehen hatte.

Bemerkenswert ist, dass die längliche Form des »Grabes« dabei sehr wohl wahrgenommen wurde, denn die Baumstämme wurden nicht irgendwie, sondern genau der Länge nach daraufgelegt (eine ausführliche Schilderung mit vielen Abbildungen finden Sie auf der DVD »Kirsten Heisig: Geheimsache Selbstmord«, erschienen bei Kopp Media).

## Eine »Eilentscheidung« nach drei Wochen

Am 9. August 2010, fast drei Wochen nach Einreichen des Eilantrags, fällte das Verwaltungsgericht Berlin endlich eine Entscheidung über mein Auskunftsersuchen. Es wurde abgelehnt. Als Begründung führte die Behörde hauptsächlich »schutzwürdige private Interessen« der Verstorbenen und ihrer Familie an.

Am 23. August 2010 reichte ich Beschwerde dagegen beim Ober-

verwaltungsgericht Berlin ein, die Begründung lieferte ich am 6. September nach – wieder mit einem Hinweis auf die Eilbedürftigkeit der Sache, weil Ende September Redaktionsschluss für das Jahrbuch 2011 sei. Das hätte ich vielleicht nicht tun sollen. Auch drei Wochen später hatte das Oberverwaltungsgericht noch nicht den leisesten »Piep« von sich gegeben – von einer Entscheidung ganz zu schweigen.
Der aktuelle Informationsstand der Öffentlichkeit stellte sich zu diesem Zeitpunkt wie folgt dar:

- Über die Art des Selbstmordes wollen die Behörden entgegen dem in der Öffentlichkeit vorherrschenden Eindruck eines Erhängungstodes nichts sagen. Das heißt, man wollte auch einen Tod durch Erhängen nicht bestätigen. Demnach war völlig offen, wie Kirsten Heisig ums Leben kam. Fremdverschulden war nach Ansicht der Behörden aber auszuschließen.
- Wodurch im Umkehrschluss ein Selbstmord erwiesen sein soll, wollte man jedoch nicht sagen.
- Der genaue Fundort der Leiche gehörte nach Behördenlesart zu den »schutzwürdigen privaten Interessen« von Heisig und ihren Angehörigen, was natürlich absurd ist.
- Zur Auffindesituation der Leiche (also erhängt, liegend, stehend, verscharrt etc.) wollten die Behörden nichts sagen.
- Auch die Todesursache wollte die Staatsanwaltschaft nicht bekanntgeben.
- Ebenfalls nicht mitteilen wollte man den Inhalt der angeblichen SMS an Heisigs Töchter.

Stattdessen wurde die Öffentlichkeit unter anderem auf die offizielle Pressemitteilung vom 3. Juli 2010 verwiesen, die fast nur vorläufige Informationen und Vermutungen enthält:
»Bei der Toten dürfte es sich mit hoher Wahrscheinlichkeit um die vermisste Richterin handeln. Endgültige Erkenntnisse zur

Identität und zur Todesursache sind erst nach einer Obduktion zu erwarten, die noch heute Abend vorgenommen werden soll. Die ersten Untersuchungen am Fundort ergaben keine Hinweise auf Fremdverschulden« (Pressemeldung, 3.7.2010).

Das heißt, die Öffentlichkeit sollte mit vorläufigen Erkenntnissen abgespeist werden. Damit genügten die Behörden in keinster Weise ihrer Informationspflicht.

Aus alldem ergab sich:

- dass in Berlin nun mit dem Segen des Verwaltungsgerichts Menschen einfach mir nichts, dir nichts verschwinden und zu »Selbstmördern« erklärt werden können, ohne dass der Öffentlichkeit auch nur im Geringsten plausibel gemacht werden muss, wodurch man zu diesem Schluss gekommen ist;
- dass auch die Staatsanwaltschaft und das Verwaltungsgericht Berlin möglicherweise »schutzwürdige private Interessen« verletzen. Denn auch die unbewiesene Behauptung gegenüber der Öffentlichkeit, dass Heisig Selbstmord begangen habe, könnte das Persönlichkeitsrecht verletzen.

Normalerweise kann man über niemanden ohne stichhaltige Beweise öffentlich Behauptungen aufstellen, die sein postmortales Persönlichkeitsrecht verletzen könnten – was die Behauptung eines Selbstmordes aber tut. Schließlich gilt ein Selbstmord nicht per se als ehrenhaft, insbesondere dann nicht, wenn minderjährige Kinder allein zurückbleiben. Wohl niemand möchte als Selbstmörder in Erinnerung bleiben, wenn er gar keinen Suizid begangen hat – es sei denn, es ließe sich beweisen. Und genau diese Beweise wurden der Öffentlichkeit vorenthalten.

Am 20. August 2010 begab sich mein Informant übrigens noch einmal zu der Stelle im Wald – bewaffnet mit Schaufel und einem Chip-Lesegerät (RM INDEXL). Mit einem solchen Lesegerät kann man den vielen Haustieren implantierten Identifizierungschip auslesen. Tatsächlich war der Hundekadaver noch da. Es gelang ihm, ihn auszugraben und sich anhand des langen Schwanzes und des rötlich braunen Fells davon zu überzeugen, dass es sich wirklich um einen Hund handelte. Das war's dann aber auch schon. Dem Tier fehlte nicht nur der Kopf, sondern auch der Chip; jedenfalls zeigte das Lesegerät nichts an. Außerdem war der Kadaver inzwischen sehr weitgehend verwest, so dass die Frage, ob es sich hier um Heisigs Hund handelte, noch immer nicht mit Sicherheit beantwortet werden konnte. Ich melde mich mit dem neuesten Stand der Zusammenfassung wieder (Trends).

## *15. Juli* Der Migräne-Schwindel

Er war nun schon seit Stunden unterwegs. Die Sonne brannte ihm auf Kopf und Rücken. Am Vormittag war er mit seinem Flugzeug in der endlosen Wüste notgelandet und hatte sich sogleich auf den Weg gemacht, um nicht an Ort und Stelle zu verdursten. Sein bescheidener Wasserproviant war schnell aufgebraucht. Der Durst wurde immer unerträglicher. Plötzlich war ihm, als fehlte auf einmal ein Teil des Wüstenbodens. Statt der sandigen Struktur sah er an einer Stelle nur noch einen milchigen Schleier. Verblüfft zwinkerte er mit den Augen. Doch die »leere Stelle« verschwand nicht. Daraufhin ließ er den Blick hin und her schweifen, und tatsächlich konnte er nun an der zuvor leeren Stelle wieder etwas sehen – aber dafür entstand jetzt an anderer Stelle dieses merkwürdige »Loch« in seiner Umgebung. Da sonst nichts weiter geschah, lief er nach kurzem Innehalten weiter, nicht ohne dabei fortgesetzt zu zwinkern, den Blick schweifen zu lassen und sich über die Augen zu wischen. Doch nun erschienen plötzlich bunt schillernde Muster vor seinen Augen, wie die durchsichtigen Flammenkränze eines Gasherdes. Bald bedeckte das Flimmern sein halbes Gesichtsfeld. Vielleicht brauchte er eine Pause – vielleicht war es das. Tatsächlich döste er kurz ein, doch als er erwachte, war nichts besser – im Gegenteil. Zwar waren die transparenten Flammenringe etwas zurückgegangen, aber dafür zersägte nun ein unerträglicher Schmerz seinen Kopf, als hätte ihm jemand seitlich eine Axt oder ein Schlachtermesser in den Schädel gerammt. Der Schmerz wurde so schlimm, dass er anfing zu stöhnen. Und dann wurde ihm übel. Das erste Mal übergab er sich, etwa eine Stunde nachdem er die merkwürdigen »Löcher« in seiner Umgebung gesehen hatte. Tatsächlich waren die optischen Erscheinungen nun weg, aber er hätte sie gern gegen die unerträglichen Kopfschmerzen und das würgende Erbrechen eingetauscht. Nach dem ersten Übergeben traten Erschöpfung und Besserung ein, aber nur für etwa eine halbe bis eine Stunde, dann wurde ihm erneut übel. Ungefähr sechs Stunden lang mag das so gegangen sein: übergeben – erholen – übergeben. Nach dem sechsten oder achten Erbrechen ging es ihm plötzlich deutlich besser; irgendetwas gab ihm das Gefühl, dass dies das letzte Mal gewesen sein musste. Tatsächlich schlief er nun erschöpft ein, um erst tief in der kalten Wüstennacht wieder zu erwachen. Bis auf den starken Durst waren die quälenden Symptome verschwunden. Beinahe fühlte er sich leicht und beschwingt und sog genüsslich die kalte Luft ein.

### Ein Wiedersehen mit dem Helden meiner Kindheit

So stand es in einem Abenteuerroman, den ich als Jugendlicher verschlungen hatte, über einen in der Wüste abgestürzten Piloten. Warum ich das erzähle? Ganz einfach: Weil just in der Sommerhitze des 15. Juli 2010 mein Blick in einer Apotheke auf die aktuelle *Apotheken-Umschau* fällt, jene bunte Illustrierte mit den sagenhaften und ganz uneigennützigen Gesundheitstipps. Und auf dem Titelbild sehe ich ihn wieder, den heldenhaften Flieger meiner Kindheit: Sein männlich-markantes Gesicht blickt mich direkt an, der tiefblaue Himmel hinter seinem Kopf muss der Wüstenhimmel sein. Doch irgendetwas scheint nicht mit ihm zu stimmen. Die Gesichtszüge sind angespannt, die Augenbrauen herabgesenkt, dazwischen prangt eine steile Falte. Ja, auf die Stirn hat ein Grafiker sogar noch zuckende Blitze montiert, wahrscheinlich, um die Kopfschmerzen darzustellen. Kein Zweifel: Das ist er, der Held meiner Kindheit! Zumindest hatte ich ihn mir genau so vorgestellt! Aber was hat er auf der *Apotheken-Umschau* zu suchen? Enthielt sie etwa ein Bericht über das Verdursten? Keineswegs – sondern über Migräne. Aber dass beides ein und dasselbe ist, wurde den Lesern natürlich nicht verraten. Migräne ist eine jener für den Medizinbetrieb vorteilhaften Krankheiten, die zwar nicht heilbar sind, den Patienten aber auch nicht umbringen. So schleppt sich ein Millionenheer von Gequälten regelmäßig in die Apotheken und Arztpraxen, zu Entspannungsseminaren und Massagen, ohne dass die Beschwerden dabei nennenswert abnehmen würden. Für Migräne, so macht uns der Medizinbetrieb Glauben, gibt es viele Ursachen – und gar keine. Denn welche Ursache man auch immer beseitigt – die Krankheit bleibt.

## Der Doktor gibt uns die Pille, der Homöopath die Kugel



Und davon leben alle ganz gut. Der Doktor gibt uns die Pille, und der Homöopath die Kugel – im vollen Bewusstsein, uns schon bald wiederzusehen. Denn was wirklich hilft, das sagen sie uns nicht, weil sie es oft selbst gar nicht wissen. »Diese Faktoren gelten unter anderem als Faktoren einer Migräne«, schrieb etwa *Homöopathie,* die »Zeitschrift des Zentralvereins homöopathischer Ärzte«: »Stress, Schlafmangel, grelles Licht, starke körperliche Belastung, Nikotin, auch Passivrauchen, Alkohol, hormonelle Schwankungen wie Menstruation, Schwangerschaft oder hormonelle Verhütungsmittel. Aber auch Genuss- oder Nahrungsmittel wie Schokolade, Rotwein und bestimmte Käsesorten können eine Migräne auslösen.« Die *Apotheken-Umschau* wiederum führt »Wettereinflüsse« als mögliche Ursache an.
Na dann viel Spaß beim Suchen! Und beim Arzt. Das einzig Ge-

meinsame fast all dieser »Faktoren« erwähnen die beiden Zeitschriften ausgerechnet nicht: Wassermangel. Stress führt zum Schwitzen, ergo zu einem erhöhten Flüssigkeitsbedarf. Jeder Zustand, der mit Schwitzen verbunden ist, zum Beispiel auch »körperliche Belastung«, verlangt logischerweise nach mehr Wasser. Viele Menschen lassen bei Arbeitsüberlastung nicht nur eine Mahlzeit ausfallen, sondern vergessen auch zu trinken. Auch bei »Beziehungsstress« und Ehestreit öffnet sich die »Wasserschere« und beginnt das systematische Verdursten: Einem höheren Bedarf steht – vor lauter Aufregung – ein geringeres Angebot gegenüber. Wenn dann noch der (dehydrierende) Alkohol dazukommt, ist die Migräne nicht mehr weit.

## Wer nichts trinkt, riskiert Migräne

»Grelles Licht«? Auch damit werden wir vorzugsweise bei hellem Sonnenschein konfrontiert, der meistens mit erhöhter Temperatur einhergeht – also mit erhöhtem Flüssigkeitsbedarf. Aber auch künstliches Licht ist häufig mit Wärme verbunden – also mit erhöhtem Flüssigkeitsbedarf. Und wer von uns hat nicht schon mal nach einer Tafel Schokolade einen Riesendurst bekommen und eine ganze Flasche Wasser geleert. Süßes macht nämlich unheimlich durstig. Wer nichts dazu trinkt, riskiert einen Migräneanfall.

Und was ist mit den »Wettereinflüssen«? »Wenn jemand durch bestimmte Wettereinflüsse Migräne bekommt, können wir nichts dagegen tun«, zitiert die *Apotheken-Umschau* einen Migräne-»Experten«. Ein Migräne-Klassiker ist zum Beispiel der sogenannte Föhn, jener warme Fallwind, der im Winter immer wieder überraschend aus den Alpen herabströmt. Prompt beginnen die Leute in ihren dicken Wintermänteln zu schwitzen – und unter Migräne zu leiden. Denn die plötzlich erhöhten Temperaturen passen nicht zu ihren winterlichen Trinkgewohnheiten.

Ach – und was ist mit der Angst? »Schon die Angst vor der nächs-

ten Attacke kann einen Anfall auslösen«, heißt es in der *Apotheken-Umschau*. Klar – denn wer Angst hat, schwitzt und hat einen erhöhten Flüssigkeitsbedarf. Dies gilt natürlich nicht nur für die Angst vor einem Migräneanfall, sondern für jegliche Angst. Wer also im Alltag unter »Stress« leidet und dabei auch viel Angst hat (zum Beispiel vor Kollegen oder Vorgesetzten), der hat einen erhöhten Flüssigkeitsbedarf.
Papperlapapp: Migräne ist eine Durchblutungsstörung im Gehirn, und zwar eine unerklärliche – basta, sagt die Schulmedizin. Durchblutungsstörung ja – aber unerklärlich? Ist es nicht vielmehr allzu logisch, dass bei Wassermangel Durchblutungsstörungen auftreten? Und ob.

### Das klammheimliche Verdursten

Richtig ist, dass nicht jeder so empfindlich auf Wassermangel reagiert – oder nicht jeder »klammheimlich verdurstet«. Und das ist denn auch der eigentliche Unterscheidungsfaktor zwischen Migränepatienten und »normalen« Menschen. »Migräniker« neigen schon bei moderatem Wassermangel zu regelrechten Verdurstungssymptomen – siehe oben. Oder der Wassermangel ist in Wirklichkeit nicht moderat, sondern ausgeprägt – und zwar, weil es sich um Menschen handelt, die den Durst zu spät spüren.
Das erzählt uns die Homöopathen-Zeitschrift allerdings nicht. Und auch nicht die *Apotheken-Umschau*, die ja nicht umsonst im Hochsommer mit ihrem Migräne-Titel herauskommt. Denn der Sommer ist Migräne-Hochsaison. Viele Menschen haben noch die Trinkgewohnheiten des Winters beibehalten, mit denen sie nun – in der Sommerhitze – grandios scheitern.
Es ist ja auch zu schön: »Migräne lässt sich zwar nicht heilen, aber gut behandeln«, schreibt die *Apotheken-Umschau*. Herzlichen Glückwunsch. Das geht dann mit Pillen oder auch so: »Nach einer Woche im Patientenseminar an der Neurologischen Klinik der Universität München ist Beate Lindqvist einiges klargeworden.

Seit sechzehn Jahren leidet die Mutter eines vierjährigen Sohnes an Migräne. ›Die Anfälle kommen regelmäßig jede Woche an einem, manchmal auch an zwei Tagen‹, erzählt sie, ›und sind momentan ohne Medikamente nicht erträglich‹.« Was man gerne glaubt. Denn wenn der Migräneanfall erst einmal da ist, hilft meistens wirklich nur noch die chemische Keule. »›Ich muss mein Leben entschleunigen‹, sagt die vierundvierzigjährige Produktmanagerin aus Reilingen bei Heidelberg, ›mehr Sport treiben, regelmäßige Entspannungsphasen einlegen und Stress reduzieren.‹«

## Ausgerechnet am Wochenende!

Was man der Frau nicht mitteilt: Mit diesem Verhalten versucht sie ihren Flüssigkeitshaushalt zu regulieren, aber da ihr das niemand sagt, wird es wohl kaum gelingen. Entspannung und weniger Stress setzen den Flüssigkeitsbedarf zwar herab, und wenn die Frau Glück hat, wird ihr Trinkverhalten durch Sport verbessert, weil bei manchen Menschen erst »richtiger Durst« dazu führt, dass sie genügend trinken, aber das Problem ist, dass der Flüssigkeitsmangel häufig maskiert wird. Das heißt, die Anfälle treten dann in Ruhe- und Entspannungsphasen erst recht auf! Wie bei einem gestressten Tier schleppt sich der Organismus gewissermaßen noch in seine Höhle, bevor er zusammenbricht. Vor allem die häufig mit Migräneanfällen verbundenen Sehstörungen (die sogenannte »Aura«) können vom Organismus im Alltagskampf natürlich nicht toleriert werden, da sie die »Überlebenschancen« vermindern würden. Also hält man die anstrengende Autofahrt nach Hause noch durch – oder auch bis zum Wochenende. Wobei das Wochenende bei manchen durch sportliche Aktivitäten, Sonnenbaden und Ähnliches sogar mit einem noch höheren Flüssigkeitsbedarf verbunden sein kann als der Alltag. Wenn Migräniker mit ihren Trinkgewohnheiten aus dem klimatisierten Büro ins warme Wochenende gehen und Migräne bekommen, verstehen sie gar nichts mehr: »Aber jetzt ist doch Wochenende!«

## Am Wasser vorbei

Meiner Ansicht nach wird das Begreifen und Verstehen der Migränepatienten gezielt gesteuert – und zwar am Wasser vorbei. Nicht nur in Apothekenzeitschriften, sondern auch auf Websites wie *migraene-online.de,* die bei dem Suchbegriff »Migräne« ganz oben auf den Ergebnislisten der Suchmaschinen stehen. Auf solchen Seiten sucht der schmerzgeplagte Mensch nach Rat und Hilfe. Woher die Migräne kommt, davon hat man aber auch hier keine Ahnung: »Nach wie vor tappen die Forscher im Dunkeln, was die exakten Ursachen der Migräne sind. Fest steht, dass es sich bei diesem Leiden um eine sehr komplexe biologisch determinierte Funktionsstörung im Gehirn handelt.« Unter dem Thema »Ursachen der Migräne und Auslöser« sucht man das Wort »Wasser« vergebens. Nur pflichtgemäß weist man hier darauf hin, dass »nicht nur Medikamente helfen«, sondern auch Entspannung, Sport, Yoga, Muskelrelaxation und eine «Reduktion der Stresshormone«. Betrieben wird die Website von der Pharma-Firma Pfizer.

Eine andere Seite ist *Migraene-Info.de.* »Zwar ist eine Migräne nicht heilbar, aber sie kann erfolgreich behandelt werden« – so ähnlich formulierte es auch die *Apotheken-Umschau.* »Sogenannte ›Triggerfaktoren‹ (Auslöser) können eine Migräne auslösen. Sie geben aber nur den Anstoß zu einer Attacke, sind also nicht deren eigentliche Ursache.« Wie wahr. »Zu diesen Triggerfaktoren zählen unregelmäßiger Schlaf, Stress, Ernährung, Hormone, Wetter, Reize.« Der Punkt »Ernährung« ist besonders interessant, denn Wasser ist schließlich der Anfang jeder Ernährung. Klickt man diesen Begriff an, stößt man auf die üblichen Verdächtigen, zum Beispiel »Rotwein und andere alkoholische Getränke«. Kein Wort über Wasser. Betrieben wird die Seite von der Pharma-Firma GlaxoSmithKline.

## Mäuse im Labyrinth

Die armen Migränepatienten befinden sich in einer kafkaesken Situation. Sie irren wie die Mäuse durch ein Labyrinth von Verhaltensempfehlungen, ohne die geringste Chance, ihre Krankheit zu verstehen. Damit sind sie ein Fressen für den Medizinbetrieb, der es tunlichst vermeidet, im Zusammenhang mit Migräne auf das Thema Wasser zu sprechen zu kommen. Denn an der Migräne hängen ganze Industrien; nicht nur Pillendreher und Pharmazeuten, Apotheker und Ärzte, sondern auch Psychologen, Entspannungs- und Physiotherapeuten, Sporttrainer, Masseure, Akupunkteure, Yogalehrer, Migränekliniken sowie Verbände wie die Deutsche Migräne- und Kopfschmerzgesellschaft (DMKG), auf deren Website man das Wort »Wassermangel« vergeblich sucht. Sie alle schöpfen Bedeutung und Gewinn aus dem geheimnisvollen quälenden Schmerz im Kopf und pflegen das Heer ihrer leidenden Schäflein, die sich Erlösung erhoffen.

## Er kauft Aspirin und speit

Kaum etwas treibt einen Patienten so schnell in die Apotheke und zum Arzt wie der schneidende Migränekopfschmerz. Daher sind die Pillen ein Riesengeschäft – vor allem die falschen. Bevor der Migränepatient nämlich die höheren Weihen einer Behandlung mit Triptanen erhält, muss er erst mal knietief durch Aspirin, Thomapyrin, Ibuprofen (und wie die Mittel alle heißen) waten. Die kann ein Migränepatient haufenweise schlucken und noch einen Nachschlag verlangen – ohne dass es was hilft. Denn ist der Anfall erst einmal da, wirken »symptomatische« Medikamente nicht mehr, sondern nur noch »kausale«, die wirklich in die Schmerzentstehung eingreifen. Die Triptane werden vom Medizinbetrieb nur mit ganz spitzen Fingern angefasst. Vor dem Gebrauch von rezeptfreien Triptanen soll der Apotheker den Patienten zunächst »beraten«, heißt es in der *Apotheken-Umschau*, sprich: abschre-

cken. Und für verschreibungspflichtige Triptane (zum Beispiel Maxalt) muss der Migräniker ohnehin erst zum Arzt. In der akuten Situation kommt das viel zu spät, deshalb kauft er eben doch lieber schnell eine Packung Aspirin – und speit. Nur die Hoffnung stirbt bekanntlich zuletzt.
Richtig ist, dass eine Tablette in jedem Fall nur der Weisheit letzter Schluss ist. Bei einem Migräneanfall hat schlicht und einfach das Flüssigkeitsmanagement versagt.
Die Verschwörung des Schweigens über die Zusammenhänge zwischen Migräne und Wassermangel kostet uns eine Stange Geld. Nicht nur für Medikamente, sondern auch für Produktionsausfälle. Denn bei einem Migräneanfall ist man in der Regel definitiv arbeitsunfähig. Und wenn es stimmt, dass 10 bis 15 Prozent der Menschen unter Migräne leiden, kann man sich ungefähr vorstellen, welcher volkswirtschaftliche Schaden durch Migräne entsteht.

### »Sie sind nicht krank, Sie sind nur durstig«

Zwar findet man durchaus Quellen zum Thema »Migräne und Wassermangel«, allerdings nur, wenn man schon weiß, wonach man suchen muss – zum Beispiel genau nach dieser Begriffskombination: »So manche Migräneattacke kann mit natürlichen Vorbeugemaßnahmen verhindert werden. So kann es beispielsweise hilfreich sein, viel Wasser zu trinken und regelmäßig Äpfel zu essen«, heißt es auf der *Focus*-Website vom 18. Dezember 2008: »Darauf hat Professor Dr. Jürgen Kesselring von der Reha-Klinik Valens in einer Seminarreihe der Fachzeitschrift *Medical Tribune* hingewiesen … Denn Austrocknung ist ein häufig verkannter Migräneauslöser. Verlieren die Betroffenen viel Flüssigkeit und können sie diesen Effekt nicht ausgleichen, kann es zu den Beschwerden kommen.«
Chapeau! Eine lobenswerte Ausnahme ist auch die Migräneklinik Königstein: Wissenschaftler hätten herausgefunden, »dass häufig

genannte Trigger – wie zum Beispiel Rotwein, Käse, Schokolade oder Speiseeis – offensichtlich überschätzt werden.« Vielmehr »gebe es deutliche Hinweise darauf, dass Flüssigkeitsmangel in einem direkten Zusammenhang mit einer Migräneattacke steht. Studien zeigten, so die Forscher, dass bei jedem Zehnten ein Anfall durch zu wenig Trinken ausgelöst werden kann. Zum anderen ergab sich, dass lediglich durch Trinken von ½ bis ¾ Litern Wasser nach drei Stunden eine Schmerzlinderung bei 97 Prozent der Probanden eintrat« (siehe *migraene-klinik.de*: »Wasser gegen Migräne?«).

Nun sind drei Stunden für einen Migränepatienten eine halbe Ewigkeit. Sicher wird der eine oder andere, wenn der Anfall erst einmal da ist, neben dem großen Glas Wasser sicherheitshalber noch zum Triptan oder ähnlich wirksamen Medikamenten greifen. Und anschließend regelmäßig mehr trinken.

Wem die »Wassertherapie« als allzu simpel erscheint, dem kann ich ganz entspannt entgegnen: Dass Wasser das älteste Heilmittel der Menschheit ist, steht wohl außer Zweifel – egal, ob innerlich oder äußerlich angewendet. Und dass Wassermangel definitiv krank macht, dürfte – da der Mensch zu über 60 Prozent aus $H_2O$ besteht – doch eigentlich auch nicht überraschen. Nach dem Motto: »Sie sind nicht krank, Sie sind durstig«, wie der Titel eines Buches von Fereydoon Batmanghelidj lautet. Das einzig Überraschende daran ist aus meiner Sicht die Tatsache, dass es nach wie vor gelingt, den Menschen diese einfachen Einsichten dauernd vorzuenthalten.

## *16. Juli* Urlaubskasse: Draufzahlen mit der *Bild*-Zeitung

Mitte Juli. Hochsommer. Deutschland schwitzt. In einigen Bundesländern haben gerade die Ferien begonnen, in anderen steht der Ferienbeginn vor der Tür. Millionen Urlauber werden in ihren Autos wieder gen Süden aufbrechen, und wer eine lange, beschwerliche und auch teure Reise unternimmt, der kann guten Rat natürlich gebrauchen. Und da trifft es sich gut, dass die *Bild*-Zeitung den Durchblick hat – nämlich wie man das warme Wetter mit einem warmen Geldregen verbinden kann, sprich: wie man »mit den Tipps von *BILD.de* viel Spritgeld in die Urlaubskasse« zurückfließen lassen kann. Sieht man bei diesen Aussichten nicht schon Hunderttausende neben ihren Autos vor Freude auf dem Seitenstreifen tanzen? Schließlich schwitzt manch einer nicht nur wegen der sommerlichen Temperaturen, sondern auch beim Gedanken an die Scheinchen, die bei der langen Reise in seinem Tank verschwinden.

»Gut jeder zweite Urlauber (62%)«, so die *Bild*-Website am 16. Juli 2010, »startet im Auto in die Ferien. Dabei lässt sich viel sparen. Mit den Tipps von *BILD.de* wandert viel Spritgeld in die Urlaubskasse.« Tolle Sache, dachte ich und wischte mir erst mal den Schweiß von der Stirn.

Vorhang auf also für den ersten Tipp:

**»Lassen Sie Ihr Auto vor dem Start auf technische Mängel überprüfen.** Verschmutzte Luftfilter oder Zündkerzen können zu einem deutlich höheren Spritverbrauch führen.«



Nun, dachte ich, natürlich ist ein gut laufendes Auto nicht zu verachten – aber ob dieses Geld wirklich in die Urlaubskasse wandert, wie von *Bild* versprochen? Eher bleibt es wohl in der Werkstatt hängen – wenn man nicht sogar ordentlich draufzahlt.

Der nächste »Tipp«: **»Auch ein Ölcheck sollte Teil der Wartung sein.** Empfehlenswert: Leichtlauföle, mit denen sich der Kraftstoffverbrauch um bis zu vier Prozent senken lässt.«

So langsam kräuselte sich meine Stirn. Auch dieses Geld kommt nämlich nicht wie versprochen in meiner Urlaubskasse an, denn Leichtlauföle sind doppelt bis dreimal so teuer wie normale Öle.

Aber jetzt: **Unnötigen Ballast aus dem Kofferraum entsorgen!** Kostet nichts und bringt vielleicht das eine oder andere Wasserglas voll Spritersparnis. Das Gleiche gilt für den Reifendruck. Den Kofferraum dürfte allerdings jeder Urlauber von selbst leer machen, um sein Gepäck unterzubringen. Dazu bedarf es sicher keines »Tipps« der *Bild*-Zeitung.

Und dann: **die Profiltiefe der Reifen!** Erforderlich seien mindestens 1,6 Millimeter, klärt mich *Bild* auf. Das ist die gesetzliche Mindesttiefe. Zum Spritsparen optimal wären aber mindestens drei Millimeter, meint *Bild.* Frage: Soll man nun wirklich 400 bis 500 Euro oder mehr in neue Reifen investieren, nur um ein paar Liter Sprit zu sparen? Auch dieses Geld wird wohl kaum wieder in der Urlaubskasse landen – von einer echten Ersparnis kann auch hier kaum die Rede sein.

**Schonendes Fahren, also früh schalten, nicht schneller als 130 km/h fahren:** Gut – aber wer kann im Stau schon schneller als 130 km/h fahren? Und warum anschließend länger im Auto s(chw)itzen als unbedingt nötig? Ist frühzeitig ankommen nicht auch etwas wert? Und wenn es ganz dumm läuft, braucht man nun vielleicht eine Zwischenübernachtung mit der ganzen Familie.

Zwischenergebnis: Warmer Geldregen stimmt – allerdings weniger für den Autofahrer als für die Wartungs- und Zubehörindustrie. Wer all diese *Bild*-»Tipps« berücksichtigt, zahlt jedenfalls ordentlich drauf, nach dem Motto: *»Bild*-Zeitung. Da ist guter Rat wirklich teuer.«

Nichts da – wie wär's damit:

**Vor dem Start Auto im Schatten parken und gut lüften, um die Klimaanlage zu entlasten; außerdem die Klimaanlage sparsam verwenden:** Vielleicht endlich doch mal eine gute Idee, die nichts kostet. Trotzdem zählt auch eine angenehme Temperatur an Bord zum Komfort – und der ist auch was wert. So muss man unterwegs automatisch weniger Wasser kaufen. Und schließlich schlägt übermäßige Hitze auf den Kreislauf und die Konzentration, was sich wiederum auf die Fahrsicherheit auswirken kann.

Auch wieder wahr! Aber das Gute an der *Bild*-Zeitung ist, dass man, um das zu erkennen, nicht noch eine andere Zeitung kaufen muss. Schon am 22. Juli 2010 hatte die *Bild*-Website nämlich ganz neue Ferientipps parat: »Hitzestress im Auto kann lebensgefährlich sein! Laut Automobilclub AvD steigen bei 37 Grad Hitze die durchschnittlichen Unfallzahlen um 33 Prozent!« »In aufgeheizten Fahrzeugen werden die Fahrer schneller müde und unkonzentriert, reagieren schlechter und langsamer, werden gereizter und aggressiver und verursachen mehr Unfälle«, zitierte *Bild* nun einen Experten des »Automobilclubs von Deutschland«. Kurz: »Je heißer es wird, desto eher kracht es!«

Wie gesagt, an der Klimaanlage sparen kann ganz schön teuer werden und sogar Menschenleben gefährden! Schon bei 27 Grad im Innenraum erhöhten sich die durchschnittlichen Unfallzahlen um sechs Prozent, hat *Bild* seit den letzten Spritspartipps herausgefunden. Nur wenige Tage zuvor hatte das Blatt seinen Lesern noch erzählt: »Fünf Grad weniger als die Außentemperatur reichen vollkommen aus.« Das wären bei 36 Grad also 31 Grad Innentemperatur, und bei 40 Grad 35 Grad Innentemperatur. Aber schon bei Innentemperaturen ab 32 Grad steigen die durchschnittlichen Unfallzahlen laut neuesten *Bild*-Erkenntnissen um 13 Prozent und bei extremer Hitze ab 37 Grad »sogar um 33 Prozent«.



## *Bild* lesen ist nicht so einfach, wie Sie denken

Also doch eine Lanze für die Klimaanlage! Moment. *Bild* lesen ist nicht so einfach, wie Sie denken – man muss es auch können. Direkt unter dem Artikel über die negativen Folgen hoher Temperaturen im Innenraum finden sich noch die Tipps der *Bild*-Website »zur richtigen Bedienung der Klimaanlage«! Und dort steht noch immer als »Faustregel: Maximal fünf Grad unter die Außentemperatur herunterregeln … ansonsten drohen Kreislaufprobleme oder eine Erkältung.«

Also, was nun: lieber Kreislaufprobleme und eine Erkältung aufgrund zu niedriger Temperaturen in Kauf nehmen oder einen

Unfall wegen mangelnder Konzentration bei zu hohen Temperaturen?
Sparen mit der Klimaanlage ist inzwischen jedenfalls völlig passé, denn das, verrät die *Bild*-Website nun unter ihren »Tipps für die Klimaanlage«, schade Letzterer, und das kann bekanntlich teuer werden (was in dem Artikel über die Entlastung der »Urlaubskasse« glatt verschwiegen wurde)! »Die Klimaanlage sollte nicht nur allein im Hochsommer eingeschaltet werden. Eine regelmäßige Nutzung beugt Schäden, etwa am Klimakompressor, vor. Eine Reparatur ist teuer.«
Also die Klimaanlage das ganze Jahr laufen lassen? Und was ist dann mit der Spritersparnis? Keine Ahnung. Aber wie gesagt: *Bild* lesen ist eine Sache, *Bild* verstehen eine ganz andere; Letzteres ist mir leider nicht gelungen.

## *17. Juli* **Kornkreis-Alarm in Oberschleißheim**

Endlich können auch die Münchner mitreden. Auf der ganzen Welt landen Außerirdische oder toben sich paranormale Kräfte in Getreidefeldern aus, um Kornkreise zu erzeugen, nur in der bayerischen Metropole nicht. Mitte Juli 2010 hat Bauer Josef Z. aus Feldmoching endlich ein Einsehen, dass es so nicht weitergehen könne. Er selbst würde das natürlich bestreiten und behaupten, er sei zu dem Kornkreis gekommen wie die berühmte Jungfrau zum Kind.
Laut offizieller Geschichtsschreibung der *Münchner Abendzeitung* vom 30. Juli 2010 begab es sich also, das Josef Z. am Abend des 17. Juli 2010 zu seinem Kornfeld kam, »um zu schauen, ob die Gerste schon reif ist. Doch als er zu seinem Feld an der Ruderregattastrecke in Oberschleißheim kommt, erwartet ihn eine Überraschung: ›Da lagen Teile vom Feld platt, und es waren auch schon Leute mitten im Feld mit Kameras‹, erzählt der Landwirt.«
Nun, wer schon einmal im erntereifen Kornfeld eines Landwir-

tes herumgelaufen ist, der weiß natürlich, wie die Geschichte nun weiterging. Zuerst lief das Gesicht des braven Landwirtes rot an, dann holte er tief Luft, schrie die ganze Gesellschaft von seinem Feld herunter und erstattete vielleicht sogar Anzeige wegen Sachbeschädigung.

Falsch. Denn Josef Z. war an diesem Abend von einer gar wundersamen Sanftheit beseelt. Statt der Gesellschaft ordentlich Ärger zu machen, wollte *er* »keinen Ärger mit den Leuten, und weil er noch viel zu tun hat, fährt er wieder heim«. Hallo? Wenn hier jemand Ärger bekommen musste, dann doch wohl diejenigen, die hier des Bauern Feld plattmachten und vor allem schon plattgemacht hatten. Und an dieser Stelle bekam mein bis dahin unerschütterlicher Glaube an den übersinnlichen bzw. außerirdischen Ursprung von Kornkreisen erste Risse.

Man vergisst ja allzu leicht, dass schon in der Vergangenheit nachweislich allzu irdische Kornkreise auftauchten. Zum Beispiel ein Kornkreis in Pizzaform, von Menschenhand erstellt für die Sendung »Stern TV« am 9. Oktober 2002. Prompt fielen zwei Kornkreisforscher darauf herein und erklärten das Ganze zur »Sensation des Kornkreissommers 2002« mit »unerklärlichen Frequenzsignalen« und »seltsamen Materialien«. In Wirklichkeit handelte es sich dabei jedoch nur um »den größten Streich seit Max und Moritz«, so der Untertitel des Buches *Kornkreise* von Florian Brunner und Harald Hoos (Saarbrücken 2006).

Doch zurück zu Bauer Z.: Der fuhr also heim nach Feldmoching und kümmerte sich nicht weiter um sein plattgewalztes und -getrampeltes Feld. »Das ganze Ausmaß« erfuhr er »erst einen Tag später auf der Internetplattform ›youtube‹: In seinem Gerstenfeld ist ein riesiger Kornkreis gezogen: 40 Meter im Durchmesser« *(Münchner Abendzeitung)*. Um einen Ring waren kreisförmig Dreiecke angeordnet, die Blütenblätter oder Sonnenstrahlen darstellen könnten. Von oben sah das Ganze aus wie eine Blume oder eine Sonne – oder etwa wie eine Sonnenblume?

Und holte Herr Z. jetzt die Polizei, oder erstattete er Anzeige? Nein. Bauer Josef Z. war es »egal, wie das Muster in seine Gerste kam«, konnte der verblüffte Leser der *Münchner Abendzeitung* entnehmen: »Ich seh' das einfach als positives Zeichen – und meine Ernte war dieses Jahr so gut wie lange nicht …«

Mit diesen Worten lässt uns der *AZ*-Artikel (Überschrift: »Aliens in Oberschleißheim?«) allein mit unseren Fragen und Zweifeln: Warum regte sich der Bauer nicht darüber auf? Und warum sah er das Ganze auch noch als »positives Zeichen«?

Fragen über Fragen. Und keine Antworten. Auch nicht, als ich an einem schönen warmen Julinachmittag vor der Tür des Bauern Z. in der Feldmochinger Straße in München-Feldmoching stand. Z. besitzt einen prachtvollen Hof in der Ortsmitte, direkt an der Ecke Pflaumstraße. Davor wacht ein steinerner Stier. Die Familie hat es offenbar zu etwas gebracht im Lauf der Generationen: Weiter vorn trägt eine ganze Allee den Namen Z. Aus einem offenen Seiteneingang grinsten ein paar fröhliche Kinder, wenig später kam die Hausherrin dazu, eine propere, kompakte Blondine, deren Vorsicht sofort spürbar war.

Auch sie hängte die Sache äußerst tief. Nein, der Hausherr sei jetzt nicht da, aber ich könnte ihn ja später anrufen. Ihre Auskünfte blieben eher vage. Aber aufgeregt hatte sich seine bessere Hälfte über die Angelegenheit offenbar auch nicht. Nein, man habe nichts unternommen und werde auch nichts unternehmen, meinte sie. Sie hätten das Feld gemäht und umgepflügt; nur die runde Fläche, auf der sich der Kornkreis befand, hätten sie nicht umgepflügt. Ja, aber der Kornkreis sei doch Sachbeschädigung gewesen, versuchte ich sie anzustacheln. Vergeblich. Die Leute seien ja sehr rücksichtsvoll gewesen, meinte sie. Ich staunte nicht schlecht: inwiefern »rücksichtsvoll«? Na ja, sie seien ja in den Traktorspuren zu dem Kornkreis gelaufen. Erst jetzt verstand ich: Dass es sich bei dem Kornkreis um Sachbeschädigung gehandelt haben könnte, vergleichbar einem Graffito an einer Hauswand,

kam ihr gar nicht in den Sinn. Vielmehr honorierte sie es, dass die Besucher des Kornkreises so rücksichtsvoll gewesen waren, in den schon vorhandenen Traktorspuren durch das Feld zu laufen.
Zum Abschied beschrieb mir die Blondine noch den Weg zu dem Feld: erst die Pflaumstraße entlang, dann beim Motorradgeschäft rechts und dann weiter bis zu einer Weggabelung, wo ich links abbiegen sollte. Irgendwann müsste ich dann das Auto stehen lassen und noch 700 oder 800 Meter zu Fuß weitergehen. Gesagt, getan. Nach dem Motorradladen ging die Fahrt bald an jeder Menge Felder und Äcker vorbei, über eine Autobahn, durch eine Streusiedlung mit Häusern und Höfen, und anschließend, am Ende der Siedlung, musste ich das Auto dann stehen lassen.
Vor mir noch mehr Felder und Äcker. Die Sonne brannte gnadenlos auf den schnurgeraden Feldweg dazwischen. Aber wo war jetzt das Feld von Bauer Z.? Ein blauer Traktor kam in einer Staubwolke daher. Ich hielt ihn an. Auf dem Fahrersitz ein in Bayern »Prackl« genanntes Mannsbild, auf dem Nebensitz, zwischen Kotflügel und Dach geklemmt, sein etwas blasser, aber ebenso monumentaler Sprössling. Ich zeigte den beiden das Luftbild des Kornkreises aus der Zeitung: »Photoshop«, mutmaßte der verschmitzt wirkende Fahrer spontan über das Knattern seines Traktors hinweg. Woraus sich schon mal ergab, dass ein bayerischer Landwirt erstens gar nichts von dem glaubt, was in der Zeitung steht, und zweitens auch nicht von vorgestern ist, vielmehr durchaus weiß, welche Werkzeuge die moderne Computerwelt bereithält. »Eine halbe Stunde« habe es wohl gedauert, das Ganze am PC zu fabrizieren, meinte er, grinste mich verschmitzt an und knatterte wieder von dannen.
Ratlos starrte ich auf das Luftbild. Der Mann verblüffte mich – ein bayerischer Landwirt hielt es glatt für möglich, dass in unseren Qualitätsmedien am PC fabrizierte Bilder veröffentlicht werden. Aber nein – schließlich sah man deutlich die Struktur des umgelegten Korns und die Traktorspuren, die in den Kornkreis

07

hinein und wieder hinaus führen. Das wäre nun doch etwas zu viel der Mühe gewesen.

Das Feld von Bauer Z. sei noch etwas weiter vorne, links vom Feldweg, sagte der Traktorfahrer. Aber links lagen nur vollständig umgepflügte Äcker. Und weil es immer heißer wurde, kehrte ich schließlich um – Außerirdische und Bauern (oder außerirdische Bauern?) hin oder her. Doch kaum hatte ich kehrtgemacht, tuckerte von hinten wieder der blaue Traktor heran. Ich wollte ihn vorbeilassen, doch er hielt von selbst an. Plötzlich wollte der Fahrer von Photoshop nichts mehr wissen. Das Feld sei doch noch weiter vorne, aber rechts vom Feldweg, korrigierte er sich und zeigte auf einen Misthaufen in der Ferne. Es sei wohl schon abgemäht. Also drehte ich wieder um und lief den Feldweg entlang auf den Misthaufen zu. Dort angekommen, sah ich dahinter tatsächlich eine runde, abgemähte Fläche in dem Acker und stapfte durch die umgepflügte Scholle darauf zu.

Und dort war er – der Oberschleißheimer Kornkreis oder was davon noch übrig war: Inmitten des umgepflügten Ackers befand sich eine runde Fläche aus Halmstoppeln, die teilweise noch in verschiedene Richtungen plattgedrückt waren, so dass das ursprüngliche Muster der Korngrafik noch erkennbar war.

Durch die sengende Hitze lief ich auf die Mitte des Runds zu. Denn da ich mich mit Außerirdischen doch etwas schwertue, nahm ich an, dass sich dort noch das Loch für den Pfahl befinden musste, mit dessen Hilfe man eine Schnur gespannt und zunächst mal einen Kreis gezogen hatte. Ergebnis: Statt des Lochs fand ich genau im Zentrum des Kreises einen vertrockneten Strauß gelber Rosen, woraus sich erstens ergab, dass das Loch zum Abschluss als Vase benutzt und mit dem Rosenstrauß kaschiert wurde, und zweitens, dass Außerirdische offenbar einen Sinn für irdische Dekoration besitzen.

Als Nächstes schritt ich den Radius ab. Vom Zentrum aus waren es in alle Richtungen 40 Meter. Und zwar exakt. Woraus sich ergab, dass unsere Qualitätsmedien Durchmesser und Radius nicht auseinanderhalten können, denn die hatten von 40 Metern Durchmesser berichtet. Also war die durch den Kornkreis plattgedrückte Fläche in Wirklichkeit noch viel größer als ursprünglich angenommen.

Daraus folgte, dass unsere Außerirdischen irdische Längenmaße benutzen – dass sich also das ganze Universum auf den irdischen Meter geeinigt zu haben scheint. Und sollten es keine Außerirdischen gewesen sein, sondern »paranormale Kräfte«, so scheinen auch diese profane Größen wie den Meter als durchaus praktisch anzusehen, um ihre übersinnlichen Botschaften zu übermitteln.

Und schließlich hatten sie ihren Kornkreis nicht einfach irgendwo gezogen, vielmehr war ihnen an einer verkehrsgünstigen Lage für ihr Kunstwerk gelegen gewesen. Immer wieder nämlich knatterten einmotorige Flugzeuge über den Acker, wenige hundert Meter entfernt schraubten sich Segelflieger in die Höhe. An Publikum, welches das Kunstwerk als Ganzes bewundern konnte, fehlte es also nicht, denn gleich nebenan liegt der Flugplatz Oberschleißheim.

Kurz und gut: Der Oberschleißheimer Kornkreis war definitiv menschlicher Herkunft. Und wenn das so ist, dann waren es alle anderen auch. Denn der Oberschleißheimer Kornkreis sah genauso perfekt aus wie die angeblich übersinnlichen »Originale« aus aller Welt: dieselbe exakte Vermessung, dieselben exakten Formen und Linien. Klar denkende Liebhaber der Kornkreise sehen darin denn auch einfach eine Kunstform wie Graffiti. Wie lobte doch Bauer Z. die Übeltäter laut *Münchner Abendzeitung:* »Da ist nichts Mutwilliges, der Kreis ist mit großer Sorgfalt gezogen.« Der Mann wurde mir langsam unheimlich: Woher er das nun wieder wusste? War er etwa dabei?

# August 2010

**Thema des Monats** *2. 8.: Waldbrände verwüsten Russland*

**1.8.** Das SWIFT-Abkommen über die Weitergabe von Überweisungsdaten an die USA tritt in Kraft ***2. 8. Waldbrände verwüsten Russland*** **4.8.** Attentat auf den iranischen Präsidenten Ahmadinedschad **7./8.8.** Schlammlawinen infolge heftiger Regenfälle in China und Indien **19.8.** Frankreich schiebt Roma ab **21.8.** Iran eröffnet sein erstes Kernkraftwerk ***25.8. Ultraschall-Kanonen beschießen Mensch und Tier 30.8. Die »Hinrichtung« des Thilo Sarrazin*** **31.8.** Volker Bouffier wird neuer Ministerpräsident von Hessen

## 2. *August* Geheimwaffe Wetter? Waldbrände verwüsten Russland

In der Nähe der russischen Stadt Tamboles fährt ein Mitsubishi Outlander mit vier Personen an Bord durch den nächtlichen Wald. Über der Straße steht dichter Nebel. Leise trällert das Radio. Von irgendwoher dringt ein rötlicher Schein durch den Dunst.
Das Problem: In Wirklichkeit ist es gar nicht Nacht, sondern helllichter Tag. Der Nebel ist auch kein Nebel, sondern dichter Rauch. Der Wald brennt. Binnen Sekunden kämpfen die vier Männer in dem Auto ums Überleben: »Alles brennt!«, sagt Anton, der Fahrer. Panik bricht aus; Stimmen rufen durcheinander: »Verdammt, halt an!« – »Dreh um!« – »Da sind Autos – wir sind eingeschlossen!« – »Weg hier!« Anton schreit den Fahrer hinter ihm an: »Hör auf, die Straße zu blockieren, wir werden verbrennen!« – »Es kommen noch mehr Autos«, bemerkt jemand. »Da ist ein verdammter Brand!«, schreit Anton nach hinten: »Hört auf, die verdammte Straße zu blockieren! Fahr zurück, Idiot!« – »Fahr, fahr, FAHR!« schreit jemand. »Ich kann nichts sehen!«, schreit Anton.

### Russland brennt

Seit Mitte/Ende Juni 2010 stöhnt Russland unter der schlimmsten Hitzewelle seit Beginn der Aufzeichnungen vor 130 Jahren. Der Chef der staatlichen Wetterbehörde, Alexander Frolow, spricht gar von der schlimmsten Hitze seit tausend Jahren. Wochenlang halten sich die Temperaturen zwischen 35 und über 40 Grad Celsius. Am 11. Juli 2010 wird in Jaschkul, Kalmuckien, mit 44 Grad die höchste jemals in Russland verzeichnete Temperatur gemessen. In den großen Torfgebieten rund um Moskau wird der Torf knistertrocken. Am 29. Juli 2010 ist es so weit: In den Regionen Nischni Nowgorod, Woronesch, Rjasan und Moskau flackern die ersten Torffeuer auf und greifen schnell auf die Wälder über. Es beginnt eine in der russischen Geschichte beispiellose Feuersbrunst, vergleichbar mit einem Napalmangriff. Mit bis zu 100 Metern pro Minute bewegen sich die Feuer auf die Hauptstadt zu. Am 1. August stehen 114 000 Hektar in Brand, ein großer Teil davon Torf und Wald. Am 2. August brennen laut Nachrichtenagentur *Interfax* bereits 500 000 Hektar. Präsident Dimitrij Medwedew verhängt über sieben Regionen den Ausnahmezustand. Die Feuer bedrohen die Atomanlagen in Sarow und Flächen, die seit dem Reaktorunglück von Tschernobyl 1986 radioaktiv belastet sind. Die Brände drohen die verseuchte Erde zu versengen und hoch in die Luft zu tragen.

## Ziel Moskau?

Sieht man sich eine Karte des Riesenreiches an, fällt indes auf, dass die Feuer ausgerechnet rund um die russische Hauptstadt Moskau ausbrachen. Die Luft in den Straßen ist rauchgeschwängert. Rauch enthält viele Komponenten von Kampfgasen. Die Brände rund um Moskau sind der wohl größte »Giftgasangriff« auf Zivilisten in der Geschichte der Menschheit. Anfang August leiden Millionen Menschen in Russland und in der Hauptstadt de facto an einer Rauchvergiftung. Die eigentliche Dimension der Ereignisse wird dem Publikum jedoch verschwiegen: Die russische Hauptstadt kämpft ums Überleben. Etwas Unvorstellbares scheint sich anzubahnen: Wenn es nicht gelingt, die Brände zu stoppen, muss Moskau aufgegeben werden. Und wenn eine Stadt aufgrund von Raucheinwirkung erst einmal geräumt werden muss, ist nicht ausgeschlossen, dass sie aufgrund der Rauchschäden unbewohnbar wird.

### *Feuer und Sintflut*

Wie das »praktische« Erdbeben in Haiti (siehe 12. Januar »Haiti – Erdbeben on demand?«) erregte auch die seltsame Brandkatastrophe in Russland das Misstrauen von Beobachtern. Denn während das Riesenreich unter Hitze und Feuern stöhnte, ertrank der Rest Europas in apokalyptischen Sintfluten. Der Regen schien vor der russischen Grenze regelrecht haltzu machen. Die Ukraine, Polen, Tschechien, Albanien, Ungarn, die Slowakei, Serbien und Deutschland wurden im Mai, Juni und Juli 2010 von sintflutartigen Regenfällen heimgesucht. Und UPI meldete am 26. Mai: »Die Überschwemmungen, die durch die heftigen Regenfälle der letzten Woche verursacht wurden, ließen die polnischen Flüsse auf die höchsten Stände seit 100 Jahren steigen.«

Einen Monat später, am 22. Juni 2010, hatte »*Wetter Online*« auf einer Karte Europas die Gebiete ohne Regen in Grün, die Niederschlagsgebiete in Blau eingezeichnet. Letztere führten von Norden aus östlich von Riga noch über russisches Gebiet, um anschließend einen großen Bogen um Moskau zu schlagen und russisches Territorium peinlichst zu meiden. Stattdessen bedeckten sie vollständig den Nachbarstaat Weißrussland, um anschließend ganz Südosteuropa einzuhüllen: Südostpolen, Tsche-

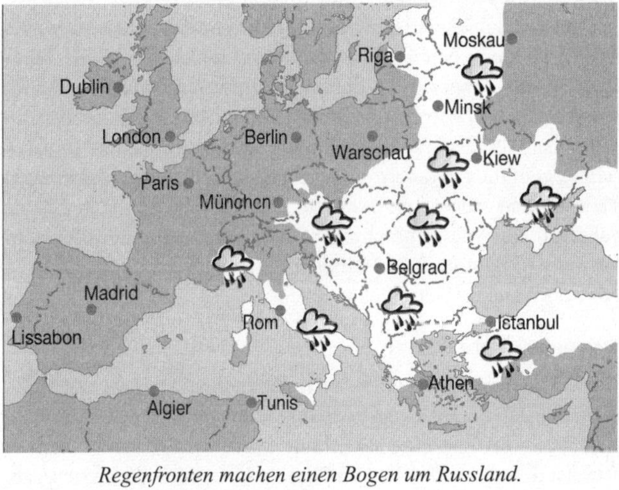


*Regenfronten machen einen Bogen um Russland.*

chien, Österreich, die Slowakei, Ungarn, Rumänien, Bulgarien, das ehemalige Jugoslawien und die nördliche Türkei: »Heftige Regenfälle haben am Dienstag in Rumänien zu regionalen Überschwemmungen geführt«, so *Wetter Online* am 22. Juni. »In einem der am stärksten betroffenen Gebiete, dem siebenbürgischen Landkreis Cluj, zerstörten die Fluten mehr als 300 Häuser. Eine ältere Frau ertrank dabei auf ihrem Hof.« Auch in Serbien und in Kroatien seien »örtlich mehr als 110 Liter Regenwasser pro Quadratmeter in weniger als 24 Stunden« gefallen. Etwa gleichzeitig mit den Bränden in Russland ertrank auch Pakistan in einem außergewöhnlich starken Monsunregen. Flüsse traten über die Ufer, Hunderttausende von Menschen klammerten sich an vereinzelt noch sichtbare Erdschollen; es waren die schlimmsten Überschwemmungen seit Menschengedenken in dem asiatischen Land. Was man hierzulande nicht erfuhr: Im Sommer 2010 versank auch Russlands südlicher Nachbar China im Regen. »Überschwemmungen haben in diesem Jahr mindestens 991 Menschen getötet und Schäden in Höhe von zig Milliarden verursacht, wobei noch 558 Menschen vermisst werden«, meldete *The Press Association* am 2. August 2010. »Für den Nordwesten, Nordosten, Südwesten und das Zentrum wird mit weiterem Starkregen gerechnet.« Über das Wochenende seien 300 000 Menschen nach sintflutartigen Regenfällen in der Provinz Jilin ohne Leitungswasser in ihren Häusern eingeschlossen gewesen. »Ganz China wurde in diesem Jahr von Überschwemmungen heimgesucht. Rund 875 000 Häuser wurden zerstört, 9,61 Millionen Menschen evakuiert und neun Millionen Hektar Getreidefläche ruiniert.«

### Das polarisierte Wetter

Kurz: Das Wettersystem erschien plötzlich wie polarisiert. Während Russland austrocknete und brannte, ertrank der Rest der Welt im Regen. Dass es eine Beziehung zwischen der Trockenheit in Russland und den Starkregenfällen in Osteuropa und Asien gab, leugneten nicht einmal die Mainstream-Medien. Wissenschaftler waren sich einig: »Die Hitzewelle rund um Moskau und die Überschwemmungen in Pakistan hängen meteorologisch miteinander zusammen«, schrieb etwa die *Zeit*-Website am 13. August 2010. Tatsächlich »gehörte« der Regen, der rund um Russland für Überschwemmungen sorgte, eigentlich den Russen, denn die Regenmenge ist nun mal nicht unendlich. Wenn sämtliche Wolken in Osteuropa und Asien abregnen, bleibt für Russland nichts mehr übrig. Und wenn der »russische Regen« im westlichen Osteuropa und Asien herunterkommt, bleiben dort Überschwemmungen nicht aus. Dürre und Überschwemmung sind also zwei Seiten derselben Medaille.

## Magische Wolken

Die Wetterlage war also gekennzeichnet durch hohe Unwahrscheinlichkeit (= Seltenheit), extreme Polarisierung, eine scharfe Trennlinie zwischen Dürre und Überschwemmung, wochen-, wenn nicht monatelange Stabilität.
Anders ausgedrückt, diese Wetterlage machte einen geradezu künstlichen Eindruck, hervorgerufen durch:

- »magische Regenwolken«, die Russland monatelang meiden,
- Regenfronten aus dem Westen, die kurz vor der russischen Grenze wie geblockt erscheinen und an Ort und Stelle abregnen, eine nie da gewesene Trockenperiode, die ausgerechnet das Gebiet um die Hauptstadt Moskau betraf,
- Brände, die in der Folge die russische Hauptstadt einkesselten und an den Rand der Evakuierung brachten,
- Naturkatastrophen bislang unbekannten Ausmaßes in Russland und Asien, insbesondere in China und Pakistan, welche die Existenzgrundlage dieser Staaten bedrohen.

Die Gretchenfrage drängt sich auf: Wie ist so etwas möglich?

## Die Blockade des Jetstreams

Die Mainstream-Medien führten die russische Dürre und die Überschwemmungen des Sommers 2010 auf eine Blockade des Jetstreams zurück. Jetstreams sind ultraschnelle Windströme, die sich in zehn bis 15 Kilometer Höhe wie gewellte Gürtel um die Erde ziehen. Einer davon führt beispielsweise über Kanada, den Nordatlantik und Mitteleuropa nach Russland. Da Jetstreams die unteren Luftschichten mitreißen, herrschen in Europa meist Westwind und »atlantisches« Wetter. Außerdem spielen die Jetstreams eine wichtige Rolle bei der Luftdruckverteilung und sind normalerweise sehr stabil und verlässlich. Normalerweise. Aber diesmal war alles anders. »Blockierter Jet-Stream fördert Feuer und Flut«, titelte zum Beispiel *Zeit Online* am 13. August 2010. Der Jetstream über Europa und Asien »ist seit Ende Juli wie blockiert. Forscher vermuten hier die Ursache für die Fluten in Pakistan und die Brände in Russland … Über Osteuropa machte der Jet nun einen Bogen nach Norden um die Hitze in Russland herum und dann einen ungewöhnlich südlichen Schlenker nach Pakistan … seit Mitte Juli war der Jet wie festgenagelt«, so *Zeit Online*. Meteorologen bezeichneten dieses Phänomen als »Blocking«.

Wie dieses »Blocking« allerdings zustande kommt, davon haben die Wetterfrösche keine Ahnung. Ein russischer Wissenschaftler namens Andrej Areschew hingegen schon. Dem Historiker und Experten der russischen »Strategischen Kulturstiftung« stießen die merkwürdigen Wetterphänomene dieses Sommers übel auf: »Das unnormal heiße Wetter in den zentralen Regionen Russlands hat bereits ernsthaften ökonomischen Schaden verursacht«, schrieb er in einem Artikel für die russische Zeitschrift *International Affairs Magazine*. »Auf etwa 20 Prozent der landwirtschaftlichen Fläche des Landes hat es das Getreide zerstört, wodurch der Anstieg der Nahrungsmittelpreise im Herbst vorprogrammiert ist. Vor allem aber toben Brände in den Torflandschaften rund um

Moskau ... Das exklusive Auftreten der gegenwärtigen unnormal hohen Temperaturen in Russland und einigen angrenzenden Gebieten lädt zu alternativen Erklärungen ein.«

## Eine Weiche für den Jetstream?

Areschews Hauptverdächtiger in Sachen Wetter- und Umweltmanipulation ist die bereits im Zusammenhang mit dem Erdbeben von Haiti vorgestellte HAARP-Technologie – das Forschungsprojekt von US Navy und US Air Force zum Beschuss der Ionosphäre mit elektromagnetischen Wellen hoher Energie und verschiedener Frequenz. Im Zentrum der »alternativen Erklärungen« stehen Erfindungen wie das US-Patent Nr. 4686605 vom 10. Januar 1985 eines Physikers namens Bernard J. Eastlund. Eastlund war einer der Entwickler des HAARP-Projekts im Rahmen des »Star Wars«-Programms von US-Präsident Ronald Reagan in den achtziger Jahren des 20. Jahrhunderts. Die Anhebung der Ionosphäre sollte unter anderem dazu dienen, die Umlaufbahn feindlicher Raketen und Satelliten zu stören: »Diese Erfindung verfügt über eine phänomenale Bandbreite von Konsequenzen und möglicher zukünftiger Entwicklungen«, schrieb Eastlund in seiner Patentschrift: »Große Teile der Atmosphäre könnten in ungeahnte Höhen gehoben werden, so dass Geschosse auf unerwarteten Luftwiderstand stoßen und zerstört oder abgelenkt werden könnten.« Doch auch für das Wetter würde die Ausstülpung der Ionosphäre Konsequenzen haben, wusste Eastlund: »Die Beeinflussung des Wetters wird aufgrund der Veränderung der Windmuster in der oberen Atmosphäre möglich.« Für diese »Windmuster in der oberen Atmosphäre« gibt es noch einen anderen Ausdruck: Jetstreams.

»Wenn man eine bestimmte Region der Ionosphäre aufheizt«, so der amerikanische HAARP-Experte Nick Begich, »wölbt sich diese nach außen, die innere Atmosphäre füllt den Hohlraum.« Und das wiederum soll sich auf die Richtung der Jetstreams auswirken.

Die aufgeheizte Ionosphäre sei wie eine gigantische Barriere, die den Weg des Jetstreams verändere, heißt es auch in der TV-Dokumentation »Mission Zukunft: Geheimwaffe Wetter« (USA 2009). Mit anderen Worten, man kann mit HAARP so etwas wie eine »Jetstream-Weiche« erzeugen. Man muss sich das Ganze vorstellen wie bei einem Flipperautomaten: Die Kugel (der Jetstream) trifft auf die Barriere, kann dort nicht weiter und weicht seitlich aus. Wenn es stimmt, dass die Jetstreams an der Verteilung von Wind und Regen auf dem Globus mitwirken, kann man sich vorstellen, dass eine solche Ablenkung zur plötzlichen Austrocknung bzw. Überschwemmung ganzer Landstriche führen kann.

### Ein Laser für den Regen

Der HAARP-Entwickler Eastlund schlug aber noch andere Methoden zur Steuerung der Jetstreams vor, zum Beispiel den »Jet Stream Solar Power Satellite«. Dieser Erdtrabant sollte vom Orbit aus eine Seite des Jetstreams mit Mikrowellen bestrahlen, also aufheizen. Dadurch käme es auf dieser Seite zu Turbulenzen, die den Jetstream asymmetrisch abbremsen würden. Die Folge wäre eine Richtungsänderung – mit den soeben geschilderten verheerenden Folgen.

»Die USA erkunden mit Sicherheit die Möglichkeiten, in verschiedenen Regionen der Welt das Klima zu kontrollieren«, schrieb Andrej Areschew im *International Affairs Magazine*. »Die entsprechende Technologie wird im Rahmen des High Frequency Active Auroral Research Program (HAARP) entwickelt. Das Ziel besteht darin, ein Potenzial zur Auslösung von Dürren, Hurrikanen, Überschwemmungen und Erdbeben aufzubauen. Vom militärischen Standpunkt aus soll HAARP einen neuen Typus von Massenvernichtungswaffen ermöglichen, und es soll als Instrument expansiver Politik dienen, um Umwelt und Landwirtschaft eines Ziellandes selektiv zu destabilisieren.«

Es gebe Beweise, so Areschew, »dass sich das Klimabeeinflus-

# United States Patent [19]

## Eastlund

[54] METHOD AND APPARATUS FOR ALTERING A REGION IN THE EARTH'S ATMOSPHERE, IONOSPHERE, AND/OR MAGNETOSPHERE

[75] Inventor: **Bernard J. Eastlund**, Spring, Tex.

[73] Assignee: **APTI, Inc.**, Los Angeles, Calif.

[21] Appl. No.: **690,333**

[22] Filed: **Jan. 10, 1985**

This invention has a phenomenal variety of possible ramifications and potential future developments. As alluded to earlier, missile or aircraft destruction, deflection, or confusion could result, particularly when relativistic particles are employed. Also, large regions of the atmosphere could be lifted to an unexpectedly high altitude so that missiles encounter unexpected and unplanned drag forces with resultant destruction or deflection of same. Weather modification is possible by, for example, altering upper atmosphere wind patterns or altering solar absorption patterns by constructing one or more plumes of atmospheric particles which will act as a lens or focusing device. Also as alluded to earlier, molecular modifications of the atmosphere can take place so that positive environmental effects can be achieved. Besides actually changing the molecular com-

*Patent für eine Wetterwaffe*

sungs-Programm der USA nicht nur über eine Reihe von Ländern und Regionen erstreckt, sondern teilweise auch im Weltraum stationiert ist. Zum Beispiel trägt das am 22. April 2010 gestartete unbemannte Raumfahrzeug X-37B neuartige Laserwaffen.«
Aber was sollen Laser mit Regen oder Dürre zu tun haben? Die Antwort weiß Professor Ludger Wöste von der Freien Universität Berlin. Unter der Nummer 10150211 erhielten er und einige Kollegen am 17. April 2003 ein Patent für ein »Verfahren zur Erzeugung von Kondensationskernen für Regen in der Atmosphäre mittels Ultrakurzpulslaser«: »Zur Bildung von Regentropfen in der Atmosphäre sind auch bei hoher Luftfeuchtigkeit häufig Kondensationskerne erforderlich, an denen das Wasser kondensiert. Es kann vorkommen, daß Luftmassen mit hoher Luftfeuchtigkeit über einen Landstrich hinwegfließen, ohne daß es regnet, und sich erst später, z. B. an Bergketten, abregnen.« Es gehe darum, »ein effektives Verfahren zur Erzeugung von Kondensationskernen in der Atmosphäre zu schaffen«, was durch Erzeugen und Aussenden eines Laserpulses von der Erde aus erreicht werden könne.
Natürlich spricht nichts dagegen, das Ganze auch vom Orbit aus zu versuchen. Die nötigen Gelder dafür gibt es nach Lage der Dinge allerdings nur im militärischen Bereich. »Es besteht der Eindruck«, schreibt der russische Forscher Areschew, »dass auf eine bewusste Änderung des Klimas ausgerichtete Anstrengungen kein Mythos sind und dass Russland – gemeinsam mit dem Rest der Welt – in der nächsten Zukunft mit einer neuen Generation von Bedrohung konfrontiert sein wird. Schon jetzt könnten die Klimawaffen ihre gewünschte Kapazität erreicht haben und für die Auslösung von Dürren, Vernichtung von Ernten und Verursachung verschiedener anomaler Phänomene in bestimmten Ländern benutzt werden.«
»Die katastrophalen Überschwemmungen in China und die apokalyptische Hitze und Brände in Russland zwingen die beiden Feinde der USA, die Amerikaner um Lebensmittelhilfe zu bitten,

weil ihre Sommerernte in einem beispiellosen Ausmaß zerstört wurde«, heißt es auch in dem bekannten Internet-Nachrichtenportal *whatdoesitmean.com*. Und weiter: »Die epischen Fluten in Pakistan zerstören wirksam die Fähigkeit des Landes, das Obama als einen der Hauptfeinde der USA bezeichnet hat, sich zu ernähren und zu verteidigen.« (11.8.2010)

## Es riecht nach Brzezinski

Bereits Anfang der siebziger Jahre des vorigen Jahrhunderts beschrieb der heutige Obama-Berater, notorische Russenhasser und Eurasien-Stratege Zbigniew Brzezinski in seinem Buch *Between Two Ages – Americas Role in the Technetronic Era* (»Zwischen zwei Zeitaltern – Amerikas Rolle in der technotronischen Ära«), welche Waffen beim Kampf um die Weltherrschaft in Zukunft eine Rolle spielen könnten. So könnte künftig »am Wetter herumgedoktert« werden (S. 28). Einige der grundlegendsten geographischen und strategischen Konzepte haben sich laut Brzezinski in den letzten Jahrhunderten fundamental verändert. Die Kontrolle des Weltraums und des Wetters hätten als strategische Schlüsselelemente Gibraltar und den Suezkanal ersetzt. »Aufgrund neuer Technologien werden den Führern der bedeutenden Nationen Methoden der geheimen Kriegführung zur Verfügung stehen«, zitierte Brzezinski aus dem Buch *Toward the Year 2018* von J. F. MacDonald: »Verfahren zur Wetteränderung könnten eingesetzt werden, um längere Dürreperioden oder Stürme hervorzurufen und auf diese Weise eine Nation zu schwächen und sie zu veranlassen, die Forderungen ihres Widersachers zu erfüllen.« (ebda.)



## »Owning the weather in 2025«

Seit Brzezinskis Äußerungen sind inzwischen knapp vierzig Jahre vergangen – angesichts der rasanten technologischen Entwicklung eine lange Zeit. Auch eine Studie der US Air Force über die Beeinflussung des Wetters mit dem Titel »Weather as a force

multiplier: Owning the weather in 2025« (»Wetter als Macht-Verstärker: Der Besitz des Wetters im Jahr 2025«) ist bereits 14 Jahre alt. Dieser Studie zufolge lautet das Ziel für das Jahr 2025, das Wetter nicht nur zu beeinflussen, sondern es zu »besitzen«: Bereits 1957 hatten Berater des damaligen US-Präsidenten darauf hingewiesen, dass die Wetterbeeinflussung »eine noch wichtigere Waffe werden [könnte] als die Atombombe«. Ein General Gordon A. Sullivan wird in der Air-Force-Studie mit folgenden Worten zitiert: »Eine solche Fähigkeit gibt dem Kämpfer Werkzeuge in die Hand, um das Schlachtfeld in nie gekannter Weise zu beeinflussen.« Wobei einer der wichtigsten Punkte die »Verweigerung von Niederschlägen« und damit von frischem Wasser sowie die Auslösung von Dürren sei: »Die Technologie ist da und wartet darauf, zusammengeführt zu werden«, so Sullivan weiter.
Russland hatte nach den Bränden vom Sommer 2010 Getreideernteausfälle in Höhe von 30 Prozent zu beklagen; die Getreideexporte wurden bis Ende des Jahres eingestellt. Die Brotpreise stiegen um 20 Prozent. Wurde Russland also Opfer einer Wetterwaffe? Beweisen lässt sich das nicht. Aber genau das ist der Vorteil der Wettermanipulation und -kriegführung: Man kann beides »abstreiten«, so Michael Keane von der University of Southern California. »Niemand weiß, ob es nur das Wetter war oder aber ein militärischer Angriff.« Und der muss künftig nicht zwangsläufig von den USA ausgehen. Was der Russe Areschew nicht erwähnte: Viele Länder forschen inzwischen an Ionosphärenstrahlern wie HAARP. So steht eine russische HAARP-Anlage etwa 100 Kilometer östlich von Nischni Nowgorod. Eine europäische Anlage befindet sich im norwegischen Tromsø. Denn eines ist sicher: Jede neue Rüstungstechnologie löst eine neue Rüstungsspirale aus. »Schafft man es, die Natur die Arbeit für einen erledigen zu lassen, könnten die USA und andere Länder versteckte Kriege führen, ohne entlarvt zu werden«, so der US-Wissenschaftler Begich, der den Machenschaften der Wettermanipulateure schon seit

vielen Jahren auf der Spur ist. »Ein betroffenes Land wird möglicherweise nie erfahren, dass es zum Ziel von Wetterkriegführung wurde, und sich deshalb auch nicht wehren können. Erdbeben und Flutwellen sind die Waffen der Zukunft. Aber es würde keine [herkömmliche, G.W.] Waffe eingesetzt. Niemand wüsste, dass man den Krieg begonnen hat«, so Begich.

## *25. August* Ultraschall – der Horror aus Nachbars Garten?

»Gerade im Paarungsmonat August verteidigen die liebestollen Steinmarder ihr Revier«, erfahre ich am 25. August 2010 auf der Website der *Bild*-Zeitung. »Momentan wüten die Marder wieder unter Motorhauben in ganz Deutschland. Besonders gefährdet sind die Autos von Pendlern. Mit Urin markieren die Marder ihr Revier im Motorraum. Parkt das Auto dann im Bereich eines anderen Marders, startet der Konkurrenzkampf. Und die Aggressionen richten sich oft gegen die Gummischläuche unter der Motorhaube.« Nach Angaben der deutschen Versicherer beschädigen Marder jährlich 200 000 Personenkraftwagen und richten dabei »Schäden in Höhe von 46 Millionen Euro an«.

Inzwischen rückt man den possierlichen Tierchen zunehmend mit Marderschrecks oder Ultraschall-Scheuchen zu Leibe. Die Apparate senden – für das menschliche Ohr unhörbar – extrem laute Ultraschalltöne aus, die den Marder in die Flucht schlagen sollen. Doch die Branche beschränkt sich nicht auf die Abwehr von Mardern, sondern dreht den Kunden die Ultrahochtöner mittlerweile gegen alles an, was da kreucht und fleucht: Ratten, Mäuse, Fledermäuse, Eichhörnchen, Schaben, ja sogar Mücken, Flöhe, Spinnen und Zecken sollen von den Ultraschallkanonen vertrieben werden.

## Stechender Schmerz im Ohr

Der Schweizer Ingenieur Kurt Boss aus Oberthal bei Bern hat dazu eine weniger possierliche Geschichte zu erzählen. Nachdem er mehrmals Ärger mit einem Marder hatte, schritt er Anfang 2007 zur Tat und montierte an seinem Carport ein sogenanntes Marderschutzgerät. Schon nach kurzer Zeit reagierten die Tiere aber nicht mehr darauf. Im April 2007 nahm sich Boss das Gerät deshalb nochmals vor, um die Frequenz des Ultraschalltons zu verstellen – »Gewöhnungseffekte« sollen so vermieden werden. Und dabei sei es dann passiert: Im selben Augenblick, als er den Testknopf des Geräts drückte, spürte er einen kurzen, stechenden Schmerz im rechten Ohr, »ähnlich einem Wespenstich«. Später wurde bei ihm ein beidseitiges Knalltrauma diagnostiziert. Als Folge leidet Boss nach eigenen Angaben noch heute an Geräuschüberempfindlichkeit (Hyperakusis) und Tinnitus. Er habe sehr oft starke Kopfschmerzen, verspüre Übelkeit mit Gleichgewichtsstörungen und leide unter Konzentrationsschwierigkeiten.
Ein anderes Beispiel ist Markus Scheuner aus Romanshorn am Bodensee. Er habe aus der Zeitung von Boss' Missgeschick erfahren und sich daraufhin bei ihm gemeldet, erzählt Boss. Als Scheuner sich im Juni 2007 dem Garten eines Nachbarn näherte, habe er einen Pfeifton wahrgenommen und gleichzeitig »einen Nadelstich in seinen Ohren« verspürt. Auch bei ihm wurde später ein Knalltrauma diagnostiziert. Und auch Scheuner leidet als Folge des Unfalls an Hyperakusis und Tinnitus.

## Lautsprecher wie bei einem Rockkonzert

Die Lautstärke der Marderabwehrgeräte ist enorm. Mit ihren trichterförmigen Hochtönern sehen manche aus wie die Lautsprecheranlage bei einem Rockkonzert. Und das ist kein Zufall, denn genau um solche Lautstärken geht es ja. Bei einigen »Marderschutzgeräten« wird ein Schalldruck von bis zu 140 Dezibel angegeben, ein Wert, der auf den meisten Lärmskalen gar nicht mehr vorkommt und den Krach eines startenden Düsenjägers um ein Vielfaches übersteigt. Wenn überhaupt, dann ist der Wert höchstens mit dem Überschallknall einer Concorde zu vergleichen.

Dezibel (dB) sind ein sogenannter logarithmischer Maßstab. So entsprechen 140 dB nicht einem um 40 Prozent höheren Schalldruck als 100 dB, sondern einem 10000-mal höheren Schalldruck. »Lautstärkepegel oberhalb 100 dB zu messen« ist wegen drohender »Hörschäden der ›normalhörenden‹ Probanden« glatt verboten, heißt es in einem Fachartikel über das menschliche Gehör. Der »Schädlingsvertreiber Repeller Maus Ratte Marder Schabe« beispielsweise wird bei amazon.de mit einem Schalldruck von »mind. 130 dB« beworben: »260 Grad Abstrahlwinkel garantieren flächendeckenden Schutz … Der Wirkungsbereich umfasst ca. 300 bis 400 qm.« Natürlich sei das alles »unschädlich für Haustiere« und »unhörbar für Menschen«. Eine feine Unterscheidung, die erst auf den zweiten Blick auffällt. Nicht behauptet wird damit, dass die Geräte für Haustiere unhörbar und für Menschen unschädlich seien. Das heißt:

- Wenn Hersteller und Händler nicht einmal selbst behaupten wollen, dass die Geräte für Menschen unschädlich seien, wird es wirklich brenzlig. Dann sollte man besser vorsichtig sein mit solchen Apparaten.
- Wenn Haustiere die Geräte hören, sind Gehörschäden sehr gut möglich, wenn nicht sogar wahrscheinlich. Denn wenn sich eine Katze oder ein Hund neben einem startenden oder die Schallmauer durchbrechenden Düsenjäger wiederfindet, wird ihr/sein Gehör wohl kaum unbeschädigt bleiben. Allerdings wird sich so ein Schaden kaum beweisen und die Behauptung »unschädlich für Haustiere« kaum widerlegen lassen. Wird hier etwa im großen Stil Tierquälerei betrieben?

### Nervtötendes Piepsen

Aber kann etwas, das man nicht hört, laut sein? Oder: Kann etwas, das man (fast) nicht hört, das Gehör schädigen? Was man nicht hört, kann doch keinen Schaden anrichten – oder vielleicht doch? »Habe das Gerät unter meinem Carport aufgestellt, da ich schon mehrfach Besuch vom Marder hatte«, berichtet ein Amazon-Kunde in einer Rezension auf der Website des Versandhauses über einen anderen »Ungeziefervertreiber«, »so auch dieses Mal wieder, trotz eingeschaltetem und extrem nervtötend piepsendem Gerät. Wirkungsgrad zur Marderabwehr tendiert also gegen null, oder der Marder in unserer Siedlung ist taub.« Was wie ein Witz klingt, ist vielleicht Wirklichkeit: Denn natürlich würde das erklären, warum die Geräte oft ihre Wirkung »verlieren«. »Die Tiere gewöhnen sich nicht an die überlauten Töne«, glaubt denn auch der Schweizer Ingenieur Kurt Boss, »sie können sie bloß nicht mehr hören! Der ›Gewöhnungseffekt‹ zeigt nichts anderes, als dass den Tieren das Gehör zerstört wurde.« Was erstens bedeuten würde, dass davon auch Haustiere betroffen sein könnten. Und zweitens, dass die »Schädlinge« danach einfach wiederkommen. Die Hersteller begegnen diesem »Gewöhnungseffekt« durch verstellbare Frequenzen oder mit neuen Geräten, die automatisch die Frequenz wechseln, was möglicherweise wiederum bedeutet, dass das Gehör der Tiere nun »flächendeckend« zerstört wird.

### »Nach 30 Minuten extreme Kopfschmerzen«

Gilt dies auch für das Gehör des Menschen? Ein anderer Amazon-Kunde berichtet über den »Ungeziefervertreiber«, »dass es nicht zumutbar war, sich im eingeschalteten Zustand neben das Gerät zu setzen«. Der Ton sei »absolut störend und nervend. Ich selbst habe nach ca. 30 min. extreme Kopfschmerzen bekommen …« Auch bei diesem Gerät wird die feine Unterscheidung getroffen: »Unhörbar für Menschen. Unschädlich für Haustiere.«

Aber auch wenn man einen Ton nicht oder kaum hört, bedeutet das noch lange nicht, dass dieser Ton nicht das Gehör schädigen kann. »Theoretisch ist eine Schädigung durch solche Geräte möglich, je nach Frequenz und Schalldruckpegel«, zitierte die *Basler Zeitung Online* am 15. April 2010 den HNO-Arzt Andreas Schapowal, Präsident der Schweizerischen Tinnitus-Liga: »Befindet sich die Frequenz solcher Marderschreckgeräte zwischen 18 und 28 Kilohertz, kann man nicht absolut sicher sein, dass sie ein Mensch nicht hört.« Erstens sinkt die Schmerzgrenze umgekehrt proportional zur Frequenz. Sprich: Höhere Töne sind bei gleicher Lautstärke viel schmerzhafter und auch schädlicher als niedrige Töne. Zweitens existiert der physikalische Schalldruck natürlich weiter, auch wenn das Gehör einen Ton nicht mehr in eine Wahrnehmung umsetzen kann. Ebenso wie sich auch ein Blinder einen Sonnenbrand holen kann, obwohl er das Sonnenlicht nicht sieht. Denn Licht und UV-Strahlung sind trotzdem vorhanden. Drittens gehen die feinen Ultraschalltöne unter Umständen in Umgebungsgeräuschen unter.

Weil der Mensch die Apparate nicht oder kaum hört, unterschätzt er die Gefahr. Quasi taub tappt er durch den Höllenkrach und bekommt nichts mit von der Lärmattacke. Da die Geräte meist versteckt montiert sind und oft über eine große Reichweite verfügen, kann zudem kaum jemand seinen plötzlichen Hörsturz oder Tinnitus mit einer »Ungezieferscheuche« in Verbindung bringen, zumal die Gerätehersteller den Kunden die Ungefährlichkeit ihrer Produkte suggerieren.



### Eine unheimliche Begegnung

»Es ist unheimlich; es genügt eine einzelne Begegnung«, sagt Boss. Dass er seinen Ohrenschmerz und Tinnitus direkt mit dem Marderschutzgerät in Verbindung bringen konnte, war sozusagen Glück im Unglück. Theoretisch kann jedem irgendwo auf der Straße, in einem Haus oder in einem Garten plötzlich ein stechender Schmerz ins Ohr schießen, und er wird nie erfahren, wo er seinen Tinnitus herhat. Und weil sich fast jeder Mensch jederzeit irgendwie im Stress befindet, wird er den Tinnitus wahrscheinlich auf diesen Stress zurückführen – die beliebteste mutmaßliche Ursache für Tinnitus.

Besonders gefährdet sind nach Ansicht von Boss Kinder, weil ihr Gehör besonders empfindlich sei. Viele Jugendliche mit Tinnitus und Gehörschäden tappen über deren Entstehung im Dunkeln. Boss: »Sie suchen in ihrer Vergangenheit nach Knalltraumata oder Ähnlichem, dabei könnten Marderschreckgeräte der Grund sein. Wenn ich nicht diesen stechenden Schmerz gespürt hätte, wüsste ich es auch nicht.« Weil Eltern mit ihrem »älteren« Gehör die schrillen Geräte oft nicht wahrnehmen, glauben sie ihrem Nachwuchs nicht und geben beispielsweise zu laut aufgedrehten MP3-Playern die Schuld.

## Gefahrenquelle Ultraschall?

Hinter der Frage nach dem Zusammenhang zwischen Schädlingsscheuchen und Tinnitus steckt die eigentliche Frage nach dem Zusammenhang zwischen Ultraschall und Gehörschäden. Weil wir Ultraschall nicht oder kaum hören können, gilt er als völlig unschädlich, während er in Wirklichkeit gerade deshalb besonders gefährlich ist. Während man sich bei einem mit Martinshorn vorbeirasenden Krankenwagen die Ohren zuhalten kann, geht das bei einer Ultraschallquelle meistens nicht. Ob Sonographie oder Zahnsteinentfernung, ob Schmuck- und Brillenreinigung oder Entfernungsmessung – Ultraschallgeräte sind inzwischen allgegenwärtig. Haben sich Gehörschäden und Tinnitus etwa deswegen zu einer Volkskrankheit entwickelt, an der in Deutschland heute etwa eine Million Menschen leiden? Und wie die »Marderscheuchen« beweisen, steht die Gefahrenforschung offenbar noch ganz am Anfang …

## *30. August* Sarrazin-»Hinrichtung«: hart, aber unfair

An diesem Tag habe ich einen schweren Traum. Er spielt im Moskau des Jahres 1937. Die sogenannten Moskauer Prozesse, bei denen vermeintliche oder auch wirkliche Regimegegner abgeurteilt werden, sind in vollem Gange. Allerdings ist das Gericht kein ordentliches Gericht, denn es gibt nicht nur einen, sondern mehrere Ankläger und Nebenkläger. Die Grenze zwischen Ankläger und Richter ist fließend. Der Angeklagte dagegen steht allein da, er hat keinen Verteidiger. Ausreden darf er sowieso nicht. Und jede Äußerung des Angeklagten provoziert höhnisches Grinsen oder Kopfschütteln. Der einzige Zeuge oder Sachverständige wurde sorgfältig ausgewählt. Er stützt ausschließlich die Anklage. Der Schauprozess wird im ganzen Land übertragen, denn der Angeklagte hat ein schweres Verbrechen begangen. Er hat ein politisch unkorrektes Buch geschrieben. Wie bei solchen Prozessen üblich, steht das Urteil schon fest: Der Angeklagte soll seine gesellschaftliche Stellung, seinen Arbeitsplatz und seinen Ruf verlieren. Die Gewinne aus dem Buch sollen sozialisiert, also enteignet werden.



### Der öffentliche Schandpfahl

Heute sei so etwas undenkbar, meinen Sie? Nun, nicht ganz. Auch in der »Mediendemokratie« des 21. Jahrhunderts werden politisch unliebsame Personen von Zeit zu Zeit zwar nicht gerichtlich abgeurteilt, nichtsdestoweniger aber in medialen »Schauprozessen« an den öffentlichen Schandpfahl gestellt. Dabei wird ihnen jegliche Kompetenz abgesprochen, sie werden ins Lächerliche gezogen, es werden ihnen alle möglichen unlauteren Motive unterstellt, und, was ganz wichtig ist, es wird ihnen die berufliche und soziale Existenz genommen.

Als Beispiel möge hier die ARD-Talkshow »Beckmann« vom

30. August 2010 dienen. »Beckmann« ist im Wesentlichen ein Propagandaformat zur Abhandlung politisch korrekter Themen. Oft werden politisch genehme Personen, Projekte und Bücher vorgestellt, deren Verkauf gefördert werden soll. Hin und wieder wird das Ganze aber auch zum Tribunal umfunktioniert, um politische Abweichler medial hinzurichten. So auch an diesem Abend. Der Angeklagte heißt Thilo Sarrazin und hat ein Buch geschrieben mit dem Titel *Deutschland schafft sich ab – wie wir unser Land aufs Spiel setzen.* Dessen Hauptthese lautet: Die Kombination von Geburtenrückgang, problematischer Zuwanderung und wachsender Unterschicht stelle eine Gefahr für Deutschland dar, und wenn es so weitergehe, werde das Deutschland, das wir kennen, bald nicht mehr existieren. Und diese Behauptung ist natürlich absolut verboten, denn die politische Agenda will, dass die Begriffe »Einwanderung«, »Migration« und »Ausländer« ausschließlich positiv besetzt sind.

## Ein politisch korrektes Gericht

Als Nebenkläger, Schöffen und »Zeugen« hat das »Fernsehgericht« systemkonforme Figuren vorgeladen, welche die politisch erwünschte Agenda bedienen:

**Aygül Özkan,** Frau, Migrantin und Ministerin in einem – wieder mal eine politisch korrekte Person mit »Turbokarriere« (*Spiegel.de*). Wenn es nach ihr gegangen wäre, hätte es eine Diskussion wie bei »Beckmann« gar nicht geben dürfen. Wie sie es mit der Meinungsfreiheit hält, weiß man schließlich schon seit ihrem Amtsantritt als niedersächsische Sozialministerin. Ihre »Mediencharta« für Niedersachsen ist zum Zeitpunkt der Beckmann-Sendung gerade mal zwei Wochen alt. Darin sollten Journalisten sich verpflichten, die »interkulturelle Öffnung zu fördern«, die »interkulturelle Kompetenz zu verstärken« und »Projekte hierfür zu initiieren und zu begleiten«. Als »Nebenklägerin« ist Özkan bei Beckmann also genau richtig.

**Naika Foroutan** (zugeschaltet), als Frau und Wissenschaftlerin mit »Migrationshintergrund« ebenfalls politisch korrekt bis in die Haarspitzen. Darüber hinaus leitet sie ein politisch korrektes Forschungsprojekt namens »Hybrid Identities in Germany« (zu Deutsch etwa: »Gemischte Identitäten in Deutschland«) – ein Steckenpferd der globalen Sozialingenieure, die beobachten, wie Deutschland zunehmend nicht mehr von Deutschen, sondern von »gemischten Identitäten« bewohnt wird. Foroutan war in Sachen Sarrazin zuvor bereits zu Gast bei Maybrit Illner im ZDF gewesen. Während sie dort behauptete, »die Abiturquote der Türken betrüge 27 Prozent«, sprach sie bei Reinhold Beckmann davon, »dass die Abiturquote der Türken in Deutschland in den 60ern noch 3 Prozent betrug, mittlerweile aber auf 18 Prozent gestiegen sei«, *(CDU-Politik.de)*. Glaubt man der *Frankfurter Allgemeinen Zeitung,* so ist beides falsch bzw. geschönt. In einem Artikel des Blattes vom April 2010 hieß es nach Angaben von *CDU-Politik.de,* dass nur 13 Prozent der Türken in Deutschland Abitur hätten. Laut einem *Spiegel*-Artikel aus dem Jahr 2009 seien es damals 14 Prozent gewesen: »Sollten beide Zahlen stimmen, wäre die Anzahl der Türken mit Abitur sogar leicht zurückgegangen«, so *CDU-Politik.de*. So weit, so schlecht. Leider kann Foroutan aber auch nicht rechnen. Im Zusammenhang mit der von ihr behaupteten Zunahme des Anteils türkischer Abiturienten von 3 Prozent auf 18 Prozent sprach sie von einer »Steigerung von 900 Prozent«. In Wirklichkeit wäre es aber »nur« eine Versechsfachung, also eine Steigerung um 600 Prozent.

**Ranga Yogeshwar,** Wissenschaftsmoderator mit »Migrationshintergrund« und vielfach preisgekrönter TV-Verkäufer politisch genehmer Wissenschaft, beispielsweise der »Klimakatastrophe« (Yogeshwar-Filmtitel: »Mit Volldampf in die Klimakatastrophe«).

**Renate Künast,** früher Schirmherrin des Schwul-Lesbischen Stadtfestes von Berlin, Vorsitzende der Bundestagsfraktion Bündnis 90/Die Grünen und von 2001 bis 2005 Bundesministerin für Verbraucherschutz, Ernährung und Landwirtschaft. Künast ist außerdem Ehrenmitglied der »International Raoul Wallenberg Foundation« zur Erinnerung an den schwedisch-jüdischen Bankier Raul Wallenberg, der 1945 unter dem stalinistischen Sowjetregime verhaftet wurde und seither verschollen ist. Dass Frau Künast nun an einem Tribunal mit stalinistischen Zügen teilnimmt, scheint ihr nicht im Mindesten bewusst zu sein.

**Thomas Sonnenburg,** Sozialpädagoge und Streetworker, vertritt die Linie der kompromisslosen Anbiederung an Migrantenkinder: auf sie zugehen, sich um ihre Wünsche und Sehnsüchte kümmern und um das, »was sie interessiert«.

**Olaf Scholz,** SPD-Karrierefunktionär, Ex-Bundesminister für Arbeit und Soziales, stellvertretender SPD-Vorsitzender.

**Reinhold Beckmann,** Vorsitzender des Tribunals und Namensgeber der Talkshow. Während er seinen Nebenklägern und »Sachverständigen« die Stichworte liefert, fällt er dem Angeklagten ständig ins Wort:

- »Stehen Sie heute noch zu der Aussage von gestern!?«
- »Ich hatte Sie gefragt und nicht, was dort im *Tagesspiegel* steht!«
- »Das ist ein autorisiertes Interview – Herr Sarrazin, Sie kennen das Geschäft!«

## Hauptgegenstand des Verfahrens: Luftanklagen

Und wie von jeher bei solchen Prozessen sind Luftanklagen Hauptgegenstand des Verfahrens. Siegesgewiss projiziert Beckmann beispielsweise ein Sarrazin-Zitat aus der *Welt am Sonntag* vom 29. August 2010, das Sarrazin wohl endgültig mundtot machen soll, auf einen Bildschirm: »Alle Juden teilen ein bestimmtes Gen, Basken haben bestimmte Gene, die sie von anderen unterscheiden.« Und wie schon im Fall Eva Herman und anderen zu beobachten war, reicht allein die Erwähnung des Wortes »Jude« oder »Drittes Reich«, um dem Betreffenden das Genick zu brechen. Was er eigentlich sagen wollte, interessiert niemanden mehr.

Im konkreten Fall bringt Beckmann den Vizepräsidenten des Zentralrats der Juden, Dieter Graumann, ins Spiel. Der habe erläutert, »wie das sozusagen wirkt, wenn jemand sagt, ›alle Juden teilen ein bestimmtes Gen‹«, sagt Beckmann und lässt den Film einspielen: »Für mich ist das ein direkter Rückgriff auf die Rassentheorie der Nationalsozialisten«, äußert sich Graumann. Allerdings hat Sarrazin sich darauf nicht bezogen. Er wollte lediglich sagen, dass bestimmte Ethnien ein gemeinsames Erbgut teilen. Und wer sich in der Beckmann-Runde umsieht, findet dafür bei Rangar Yogeshwar und Aygül Özkan die anschaulichste Bestätigung. Denn weder Yogeshwar noch Özkan haben ihre schöne braune Hautfarbe bzw. ihre schwarzen Haare selbst »erfunden«. Vielmehr erbten sie beides von ihren jeweiligen Eltern. Und wie die Haut- und Haarfarbe zählen auch geistige und charakterliche Eigenschaften zu den vererblichen Merkmalen. So banal ist das. Aber Wahrnehmung und gesunder Menschenverstand sind nicht gefragt in der Beckmann-Sendung, die es locker schafft, die gesamte Vererbungslehre mit einem Handstreich vom Tisch zu fegen.



## Beweise zugunsten des Angeklagten sind verboten

»Ich hatte Sie gefragt und nicht, was dort im *Tagesspiegel* steht!«, fährt Ankläger Beckmann Sarrazin an, als dieser einen Artikel aus dem *Tagesspiegel* mit dem Titel »Abrahams Kinder« über die Gen-Ausstattung der Juden anführen will. Denn Beweise zugunsten des Angeklagten sind natürlich verboten. Und dass man

Sarrazins angebliche Ungeheuerlichkeiten in jeder Tageszeitung lesen kann, passt nicht ins Bild. »Zwei Studien offenbaren die gemeinsamen genetischen Wurzeln heute lebender Juden«, heißt es in dem erwähnten Artikel, ohne dass irgendjemand beim *Tagesspiegel* deswegen gefeuert worden wäre. Und weiter: »Wie die Wissenschaftler herausfanden, haben heutige Juden viele Gene von einer ursprünglichen jüdischen Bevölkerungsgruppe geerbt, die vor rund 3000 Jahren im Mittleren Osten lebte, in dem als Levante bezeichneten östlichen Mittelmeerraum. Damit sind die heute lebenden 13 Millionen Juden nicht nur durch Kultur und Religion, sondern auch durch ein gemeinsames biologisches Erbe miteinander verbunden« (*Tagesspiegel*, 16.6.2010). Und das jüdische (!) Internet-Portal *hagalil.com* führt dazu weiter aus: »Durch die sich wiederholenden Judenverfolgungen und -verdrängungen entwickelte sich über die Jahrhunderte eine gewisse genetische Homogenität, die durch einen DNA-Test sichtbar wird.«
Wenn Beckmann und seine Runde auch nur die leiseste Ahnung von ihrem Thema gehabt hätten, dann hätten sie gewusst, dass jüdische Gene sogar äußerst begehrt sind: »Sind Sie jüdisch? Haben Sie jüdische Wurzeln? Sind Sie ein Aschkenase? Sind Sie ein Levi oder ein Cohen?«, preist beispielsweise das Schweizer Genlabor Igenea seine Dienste an. »Es gibt bestimmte genetische Charakteristika, die auf jüdische Vorfahren hinweisen. Mit einem DNA-Test von Igenea kann Ihr DNA-Profil auf diese Charakteristika untersucht werden.« Der Test ist ganz einfach: Man nimmt ein Wattestäbchen, benetzt es mit Speichel, packt es in ein Plastikröhrchen und schickt es an Igenea. Für einige hundert Euro erfährt man dann angeblich, ob man jüdische Wurzeln hat oder nicht.

### Die versuchte Enteignung

Weil das Urteil über Sarrazins Äußerungen jedoch schon von vornherein feststeht, spielen Fakten in Beckmanns Tribunal nicht die geringste Rolle. Nach der Ehrabschneidung und Ausgrenzung kommt nun der nächste Akt: die Enteignung des Angeklagten bzw. die Sozialisierung seiner Gewinne. So wie es bei der Bekämpfung einiger Kriminalitätsformen praktiziert wird oder werden soll, sollen die Gewinne aus Sarrazins Buch abgeschöpft und sozialisiert werden. Da es dafür (noch) keine gesetzliche Grundlage gibt, soll dies im Wege der Überrumpelung geschehen:

Es habe so wenig Lösungsvorschläge heute Abend gegeben, bemängelt der als Experte ins Studio geladene Sozialarbeiter Sonnenburg im Gespräch mit Beckmann: »Wenn jetzt rauskommt aus diesem Buch – was ich als Provokation bezeichne –, dass am Ende sehr viel Geld für die Migrationsarbeit zur Verfügung gestellt wird …« Eiligst unterbricht Beckmann Sonnenburg, wendet sich an Sarrazin und fragt frech: »Herr Sarrazin, was machen Sie mit dem ganzen Geld, das Sie verdienen mit dem Buch? Das ist doch ein Lösungsvorschlag, Herr Sarrazin.«

Antwort: »Ich habe noch keine Pläne …«

Beckmann (lacht): »Herr Sonnenburg hat Vorschläge …«

Sarrazin: »… jetzt bin ich erst mal dabei, die Auflage zu steigern.«

Beckmann gefällt die Idee, dass Sarrazin seine Bucheinnahmen abliefern muss, so gut, dass er sie am Ende der Sendung anhand eines angeblichen Zuschauerbriefes nochmals aufgreift. Ob es sich wirklich um Zuschauerpost handelt oder um einen Text der Redaktion, kann das Publikum natürlich nicht beurteilen.

»Herr Sarrazin, zuhören!«, leitet Ankläger Beckmann die Verlesung des angeblichen Zuschauerbriefes ein: »›Ich möchte gern von Herrn Sarrazin wissen, wie viel Geld er von den Bucheinnahmen für die ›dumme Gruppe‹ spendet, um einigen von denen andere Perspektiven zu bieten. Mit freundlichen Grüßen.‹«

»Haben Sie eine Antwort darauf?«, fragt Beckmann Sarrazin.

Der Druck einer solchen Überrumpelungsaktion vor laufender Kamera ist sehr hoch – und das wissen die Fernsehmacher natürlich. Schon zahlreiche Menschen sind vor der Kamera zu Versprechen genötigt worden oder haben sich dazu hinreißen lassen, die sie bei einer anderen Gelegenheit nie gegeben hätten. Aber Sarrazin kriegt die Kurve: »Wenn mir der Einsender sagt, was er von seinem Einkommen spendet, werde ich ihm sagen, was ich von meinem Einkommen spende.«

»Gut, das können wir zusammenbringen«, gibt sich Beckmann zunächst zufrieden. Dann geht ihm aber auf, dass diese Sarrazin-Zusage gar nichts bedeutet. Also verharrt Beckmann noch bei dem Thema. Er will unbedingt das Geld aus Sarrazin herauspressen: »Ich hatte aber jetzt schon gedacht, da kommt was. Also, wenn Sie jetzt Ihre hunderttausend Bücher verkaufen, da sind ja schon so viele vorbestellt …«

Damit stellt sich Beckmann nicht anders vor Sarrazin hin als irgendeine dreiste Bettlerbande, frei nach dem Motto: »Komm schon, Alter, du hast doch genug Geld …« Beckmanns Bemerkung soll den Neid der Zuschauer wecken und den Druck auf Sarrazin erhöhen, doch bitte nicht so kleinlich zu sein und das Geld herauszurücken. Renate Künast von Bündnis 90/Die Grünen nimmt den Faden bereitwillig auf: »Wie man nach dem ganzen Tohuwabohu sagt: ›Ich weiß nicht, ob ich das Geld spende‹, verstehe ich ehrlich nicht«, sagt sie allen Ernstes – als sei eine öffentlich entfachte Diskussion ein »Tohuwabohu«, für das man Strafe zahlen müsse. »Menschlich schäme ich mich«, behauptet Künast: »Weil, Sie haben ja genug Geld.«

## Eine große Klappe ohne Taten?

Nun, mit diesem Argument könnte man in Zukunft die gesamte deutsche Einkommenselite enteignen – einschließlich Frau Künast, versteht sich. Seit dem 1. Januar 2009 betragen die Diäten eines Bundestagsabgeordneten 7668 Euro monatlich. Dazu kommen bei Künast laut *Bild*-Zeitung noch einmal 3834 Euro für ihren Job als Fraktionsvorsitzende der Grünen, was summa summarum ein monatliches Einkommen von 11 502 Euro ergibt, nicht eingerechnet eine Kostenpauschale von 3868 Euro, eine Mitarbeiterpauschale, ein Zuschuss zur Krankenversicherung, Übergangsgelder nach Ausscheiden aus dem Bundestag und anderes mehr.

Apropos Verzicht: Früher pflegten die grünen Fraktionsvorsitzenden die aus diesem Amt resultierenden Einnahmen der Partei zu spenden. Eine Anfrage hinsichtlich der ihr zur Verfügung stehenden Gesamteinkünfte ließ Frau Künast leider unbeantwortet.

Sarrazin geht auf Künasts wirren Einwurf nicht ein. Beckmann lässt von der Operation Geld deshalb jedoch noch nicht ab, sondern legt noch einmal mit einer weiteren angeblichen Zuschauerzuschrift nach, in der es heißt: »Das, was mich stört, ist, dass auf diese große Klappe keine Taten folgen und er lieber nur weiterredet und jedes seiner Worte verteidigt. Lieber sollte er etwas tun. Das würde seine große Klappe wenigstens rechtfertigen. Hat er das auch noch vor, oder will er das dem Rest der Welt überlassen …«

Früher hätte man keinem Studiogast eine derart freche Zuschrift vorgelesen. Aber Sarrazin ist offenbar schon vogelfrei. »Etwas tun« heißt natürlich auch in diesem Fall Geld abliefern. Dabei kann man durchaus der Meinung sein, dass Sarrazin nach der Arbeit an seinem Buch und vor allem wegen der anschließenden Treibjagd auf ihn jeden einzelnen Cent der Tantiemen redlich verdient hat. Des Weiteren benötigen die Opfer solcher medialer Hinrichtungskampagnen einen Großteil ihrer Einnahmen, um Prozess- und Anwaltskosten zur Wiederherstellung ihres Rufs bezahlen oder zumindest vorschießen zu können. Erfahrungsgemäß hat kaum eine der Schmähungen und Falschbehauptungen vor einem ordentlichen Gericht Bestand, nur erfährt das Publikum davon oft nichts mehr. Dies einmal außer Acht gelassen, muss hierzulande bislang noch niemand öffentlich Rechenschaft über rechtmäßig erworbenes Eigentum ablegen.

## Der Rufmord geht dem (Selbst-)Mord voraus

Und natürlich verliert hierzulande auch niemand nach einem »Verfahren« à la Beckmann sein Leben. Dennoch ist es nicht völlig abwegig, von »Hinrichtung« zu sprechen. Denn Rufmord und (Selbst-)Mord stehen in enger Beziehung zueinander, geht doch der Rufmord allzu oft dem Selbstmord oder Mord voraus. Man erinnere sich an die Fälle Barschel und Möllemann. Beide wurden wochenlang von den Medien an den Pranger gestellt. Es wurde alles getan, um ihren Ruf zu vernichten, bevor sie wenig später unter äußerst dubiosen Umständen verstarben. Während dem damaligen Ministerpräsidenten von Schleswig-Holstein, Uwe Barschel, 1987 vorgeworfen wurde, einen politischen Konkurrenten bespitzelt zu haben, wurde der FDP-Vorsitzende Jürgen Möllemann 2002 aufgrund eines Israel-kritischen Flugblattes des »Antisemitismus« bezichtigt – ein regelrecht tödlicher Vorwurf. Am 5. Juni 2003 stürzte Möllemann nach einer beispiellosen Vernichtungskampagne mit dem Fallschirm ab und starb. Die offizielle Erklärung lautete »Selbstmord«, genau wie im Fall Barschel. Dessen Tod in der Badewanne seines Zimmers im Hotel Beau Rivage in Genf hat sich inzwischen allerdings als ein von einem Ex-Mossad-Agenten minutiös beschriebener Mord erwiesen (siehe Victor Ostrovsky: *Geheimakte Mossad. Die schmutzigen Geschäfte des israelischen Geheimdienstes,* München 1994, S. 297 bis 299). Wobei es letztlich zweitrangig ist, ob jemand tatsächlich ermordet oder durch gesellschaftliche Ächtung und Existenzvernichtung in den Tod getrieben wurde. Entscheidend ist, dass Rufmord und sozialer Tod dem Mord oder Selbstmord häufig vorausgehen. Denn soziales und physisches Leben gehören zusammen. Wird das eine vernichtet, steht das andere auf der Kippe.

## Der »Journalismus« fordert Opfer

Auch die frühere »Tagesschau«-Sprecherin Eva Herman, die in mehreren Büchern die gesellschaftliche Zerstörung von Frau und Familie kritisiert hatte (*Das Eva-Prinzip* u. a.) wurde im Jahr 2007 von den Medien wegen eines vermeintlichen »braunen« Zitats an den Pranger gestellt und verlor Ruf und Ehre genauso wie ihre Jobs beim Norddeutschen Rundfunk. Die Hetzjagd gipfelte in Schmähungen (»Ihre Thesen sind so dumm, dass man an ihre Bücher sofort mit dem Feuerzeug dran möchte.«) und in einer Talkshow von Johannes B. Kerner, wo Herman genau wie Sarrazin mit ausschließlich feindseligen Gästen konfrontiert und öffentlich »hingerichtet« wurde. In ihrem Buch *Die Wahrheit und ihr Preis* reflektierte sie über Selbstmordgedanken und brachte den Tod ihrer Mutter mit der Aufregung um die Kerner-Sendung in Zusammenhang.

### Die Leichen im Keller des Kampagnenjournalismus

Angst konnte man 2010 auch um den katholischen Bischof Walter Mixa bekommen: Zunächst als Schläger hingestellt, dann als Finanztrickser und Kinderschänder, wurde der Mann aus Amt und Würden gedrängt und schließlich aus seiner Bischofswohnung in ein Kloster umquartiert. Dass er bislang überlebt hat, ist erstaunlich.
Weitere Opfer solcher medialer Hinrichtungen waren:



**Bundestagspräsident Philipp Jenninger** versuchte, zum 50. Jahrestag der »Reichskristallnacht« am 10. November 1988 die Begeisterung der Deutschen für den Nationalsozialismus zu erklären und wurde dabei selbst in die Nazi-Ecke gestellt. Musste am nächsten Tag zurücktreten und trat bei der nächsten Bundestagswahl nicht mehr an.
**Der Bundestagsabgeordnete Martin Hohmann** bezeichnete 2003 in einer Rede die Juden angeblich als »Tätervolk«; in

Wirklichkeit hatte er gesagt, die Juden seien *kein* Tätervolk. Das interessierte jedoch niemanden. Hohmann wurde aus der CDU-Bundestagsfraktion und der CDU ausgeschlossen.
**Der ehemalige Hamburger Justizsenator Roger Kusch** wurde 2008 von den Medien durch den Wolf gedreht, nachdem er als Gründer des Vereins Dr. Roger Kusch Sterbehilfe e. V. einer Seniorin beim Suizid assistiert hatte.
**Der sächsische Justizminister und Bundespräsidentenanwärter Steffen Heitmann** rührte an die Themen »Multikulti«, »Ausländer«, »Frauen« und »Drittes Reich« und empfahl, tabuisierte Debatten aufzubrechen. Das bedeutete für ihn das politische Aus. Heitmann musste 1993 seine Kandidatur für das Amt des Bundespräsidenten zurückziehen.

Manchmal sterben die Leute auch schon vor ihrer bevorstehenden öffentlichen Hinrichtung. Schmerzlich vermisst wurde anlässlich der Sarrazin-Debatte über kriminelle und »dumme« Ausländer die am 3. Juli 2010 tot aufgefundene Jugendrichterin Kirsten Heisig (siehe 3. Juli »[K]eine Tote im Wald«). Kaum auszudenken, was passiert wäre, wenn Heisig Sarrazin mit ihrem geballten Sachverstand, ihrer langjährigen Berufserfahrung und natürlich ihrem neuen Buch *Das Ende der Geduld* zur Seite gestanden hätte. Wahrscheinlich wäre die mediale Hinrichtung beider gescheitert und die politische Stimmung möglicherweise zum Kippen gebracht worden. Wegen Heisigs »Selbstmord« saß Sarrazin alleine da, und man konnte ihn in Sachen Migration als fachfremden Dilettanten abtun.
Anschließend geriet aber auch er infolge der aufgehetzten Stimmung in die »Todeszone«. Anfang September 2010 bekam er Morddrohungen und musste von einem Personenschutzkommando begleitet werden. In der Berliner *B.Z.* vom 7. September 2010 wurde der Bundesvorsitzende der Deutschen Polizeigewerkschaft, Rainer Wendt, zitiert: »Sarrazin ist objektiv bedroht und

wird das auch noch lange bleiben, denn die Bedrohung wird eher zunehmen als abnehmen.« Einige Buchhandlungen, die Sarrazin auf einer geplanten Leserreise besuchen wollte, hätten ihre Einladung aus Sicherheitsbedenken zurückgezogen.
»Drei totalitäre Ideologien habe ich erlebt«, schrieb kürzlich der britische Schriftsteller Frederick Forsyth: »Den Bolschewismus, den Nationalsozialismus und die ›Political Correctness‹. Und alle drei sind mir als Konservativem, der Freiheit über alles schätzt, zuwider«. (*FAZ*, 8.9.2010)

# September 2010

**Thema des Monats** *19. 9.:*
*Lörrach – einen solchen Amoklauf gab's noch nie*

***1. 9. Die Bergsteigerin Gerlinde Kaltenbrunner erzählt ihre Version des Unfalls am K2*** **3.9.** Ein Erdbeben in Neuseeland »ähnelte verblüffend dem auf Haiti« *(Spiegel Online)* ***15. 9. Bundespräsident Wulff fordert genormten Journalismus*** **18.9.** Atomkraftgegner demonstrieren gegen die Laufzeitverlängerung für deutsche Kernkraftwerke ***19. 9. Amoklauf von Lörrach*** / Weitere »endgültige« Schließung der lecken Ölquelle im Golf von Mexiko ***23. 9. Einstieg in die bargeldlose Gesellschaft*** **27.9.** Auf dem Hamburger Flughafen startet ein Testlauf mit »Nacktscannern«.

## *1. September* **Bergsteigerin Kaltenbrunner: Die Wahrheit über den Absturz am K2**

Die Frau ist wirklich arm dran. Fünfmal hat sie schon versucht, auf den K2, mit 8611 Metern der zweithöchste Berg der Welt, zu steigen, und es nicht geschafft. Und beim sechsten Mal schafft sie es wieder nicht: »Es war der 6. August dieses Jahres, als das Drama seinen Lauf genommen hat«, stellt ZDF-Talker Markus Lanz am 1. September 2010 in mitfühlendem Ton seinen Gast Gerlinde Kaltenbrunner vor. Mit ihrem Mann, dem ebenfalls anwesenden Ralf Dujmovits, bringe sie es auf siebenundzwanzig Achttausender. Aber eben nur auf siebenundzwanzig und nicht auf achtundzwanzig, was der Fall wäre, wenn beide alle vierzehn Achttausender bezwungen hätten. »Kurz vor dem Gipfel des K2, einer der mächtigsten und, wie viele sagen, auch einer der gefährlichsten Berge der Welt, musste die Extrembergsteigerin Gerlinde Kaltenbrunner mit ansehen, wie ihr Seilkamerad 1000 Meter in die Tiefe stürzte.«
Um ein Uhr morgens sei sie mit Fredrik Ericsson und dessen Freund Trey Cook vom Lager IV in etwa 8000 Meter Höhe zum Gipfel aufgebrochen, erzählt Kaltenbrunner. Cook habe keine Erfrierungen an den Fingern riskieren wollen und sei gegen fünf Uhr früh umgekehrt. An den nicht so steilen Stellen, 45 bis 50 Grad, seien sie und Ericsson ohne Seil geklettert. Im Flaschenhals (einer steilen Schnee- und Eisrinne unterhalb des Gipfels) sei es dann sehr steil geworden, etwa 75 bis 80 Grad. Ericsson und sie hätten immer Abstand gehalten; er sei oberhalb von ihr gewesen. Der Schnee sei »unterschenkeltief« gewesen, und sie hätten sich regelmäßig beim »Spuren« abgewechselt. Und dann sei es passiert:

»Fredrik war voraus und hat einen Haken schlagen wollen, und im nächsten Moment ist er an mir vorbeigestürzt und mit ihm Steine, die mit runtergekommen sind. Drum hab ich vermutet, dass ein Stein oder Stück Fels ausgebrochen ist und er den Halt verloren hat und abgestürzt ist, etwa fünf Meter neben mir und etwa fünfunddreißig Meter über mir.«

### Eine große Leere

Wie sie so dasitzt, spürt man eine große Leere. Fast so, als fehlten ihr ein paar Dimensionen, um das Geschehen emotional zu erfassen. Ebenjene Dimensionen, die jede andere Frau (und auch viele Männer) davon abhalten würden, sich in 8000 Meter Höhe an einen Berg zu hängen. Gerlinde Kaltenbrunner macht einen beinahe abgestumpften Eindruck, wie eine Traumatisierte, welche die Gefahr gar nicht mehr wahrnehmen kann. Muss man so sein, um sich sein Leben lang über tödliche Abgründe zu hängen? Oder wird man erst nach einem derartigen Ereignis so?

»Das heißt, da ist ein Mensch tausend Meter in die Tiefe gestürzt …«, versucht Lanz zu Kaltenbrunner vorzudringen und das furchtbare Ereignis emotional erlebbar zu machen. Aber irgendwie scheint er seine Gesprächspartnerin nicht zu erreichen. Die tränenreiche Szene, auf die Lanz es wahrscheinlich abgesehen hat, bleibt aus. »Ja«, sagt Kaltenbrunner äußerlich vollkommen ungerührt, als hätte der Moderator plötzlich in einer fremden Sprache zu ihr gesprochen.

### Eine weichgespülte Version

»Natürlich war das eine sehr schwierige Situation für mich«, fährt sie sachlich fort. »Ich hab gewusst, ich darf selber jetzt keinen kleinen Fehler machen, sonst bin ich auch weg. Und hab wirklich geschaut, dass ich vorsichtig runterkomme, und auf 8000 Meter bin ich dann kurz auf die anderen Bergsteiger gestoßen, die ja nicht aufgebrochen sind.«

Was ganz so klingt, als sei sie alleine zum Lager IV auf 8000 Meter Höhe abgestiegen und habe dort »die anderen Bergsteiger« getroffen, die »ja nicht aufgebrochen« sind. Diese Erzäh-

lung verschweigt eine Kleinigkeit. Nämlich dass sehr wohl zwei weitere Bergkameraden inzwischen aufgebrochen waren, und zwar um Kaltenbrunner entgegenzugehen. Das heißt, dass zwei Bergsteiger, die wegen der schlechten Bedingungen eigentlich nicht hatten weitergehen wollen, nun ihr Leben riskierten, um Kaltenbrunner zu helfen. Diese Bergsteiger traf sie demzufolge auch nicht erst im Lager IV, sondern bereits oberhalb davon. Aber diese Version passt vermutlich nicht in das Bild der heldenhaften Frau, die es allein mit dem schrecklichen K2 aufnimmt. Es könnte auch der Eindruck entstehen, hier habe eine Frau wider jede Vernunft darauf bestanden, einen Berg zu erklimmen, und dabei immer wieder Menschenleben gefährdet. Denn schließlich hatten das schlechte Wetter und der eisige Wind mindestens acht weitere Kletterer davon abgehalten, den Gipfelsturm an diesem Morgen zu wagen. Doch davon erfährt das Fernsehpublikum nichts, und Kaltenbrunner bleibt ganz die tragische, einsame Heldin.
Zu den Ersten, die aufgaben, gehörte ausgerechnet Kaltenbrunners Ehemann Ralf Dujmovits, selbst ein erfahrener Bergsteiger, der als einziger Deutscher bislang auf allen vierzehn Achttausendern gestanden hat. Und sogar ihm wurde die Sache am 4. August 2010 zu mulmig, so dass er seine eigene Frau lieber mit anderen alleine weiterklettern ließ. Denn Gerlinde Kaltenbrunner wollte endlich auf den Gipfel – den äußerst widrigen Bedingungen zum Trotz.
In verschiedenen Expeditionsberichten kann man nachlesen, was die Lanz-Zuschauer nicht zu hören bekamen.

### *4. August: Schwerer Steinschlag*

Kurz nachdem die Bergsteiger am 4. August »bei allerschönstem Wetter« zu dem 7200 Meter hohen Lager III (dem vorletzten Lager auf dem Weg zum Gipfel) aufgestiegen waren, wurden sie gleich »mit den aktuell schärfsten Gefahren des K2 konfrontiert«. Das Wetter war nämlich ein wenig zu schön: »Die Wärme löste eine Menge Bewegung auf dem Berg aus«, heißt es auf der Web-

site des später verunglückten Ericsson: »Den ganzen Tag über waren Lawinen und Steinschlag zu hören.« Und auch Dujmovits bestätigt in seinem Expeditionsbericht: »Schon während des Aufstiegs waren wir fortwährendem Steinschlag ausgesetzt.«
Aufgrund der hohen Temperaturen lösten sich immer wieder Steine aus dem Fels und prasselten in die Zelte von Lager III. »Ein kindskopfgroßer Stein schlug direkt unter uns im Zelt von den Polen Tamara und Darek ein: durch Außen- und Innenzelt, durch die Isomatte und durch den Zeltboden. Niemand wurde getroffen aber fortan saßen auch Gerlinde und ich mit dem Helm im Zelt beim Schneeschmelzen. Die ersten beiden Stunden der Nachtruhe hatte Gerlinde den Helm sogar im Schlaf auf.«

### *5. August: Der Ehemann kehrt um*

Am nächsten Tag, dem 5. August, setzte sich der Steinschlag während des gesamten Aufstiegs zum Lager IV, dem eigentlichen Ausgangslager für den Gipfelangriff, fort: »Irgendwann auf ca. 7500 m, als ich voraussteigend wieder einen fußballgroßen Stein durch leichtes Berühren mit den Steigeisen abgetreten hatte, war es mir persönlich zu spannend«, so Dujmovits. Er beschloss, »das Abenteuer K2 2010 zu beenden«. Der beste Bergsteiger ist eben nicht immer der, der auf dem Gipfel ankommt. Die Gefahr, einen Stein zu lockern, »der einen der Kollegen verletzt, oder selbst einen Stein abzubekommen«, habe er »noch bei keiner anderen Bergtour so hoch eingeschätzt«. Womit für ihn »der Umkehrzeitpunkt gekommen« gewesen sei.
Nicht aber für seine Frau: Während Dujmovits am Nachmittag des 5. August wieder im Basislager auf etwa 5000 Meter Höhe war, erreichte Kaltenbrunner das in rund 8000 Meter Höhe auf der »Schulter« gelegene Lager IV. Dort sprangen die Nächsten ab. Von insgesamt neun Kletterern entschieden sechs, lieber in ihren Zelten zu bleiben, als am nächsten Morgen den Sturm auf den Gipfel zu wagen: »Da das Wetter seit ca. 23.00 Uhr schlecht war,

blieben die anderen sechs Bergsteiger in ihren Zelten zurück«, berichtet Dujmovits. »Starker Wind und schlechte Sicht waren die Gründe für die Entscheidung.«

### *6. August: Da waren's nur noch zwei*

Nur Kaltenbrunner und zwei andere ließen sich auch von diesen Bedingungen nicht abschrecken. Laut Dujmovits brachen Kaltenbrunner, Ericsson und sein Freund Trey Cook an diesem Morgen gegen 1.30 Uhr zum Gipfel auf. Doch gegen fünf Uhr ging auch noch Cook von der Fahne: »Um 7.00 Uhr meldete sich Gerlinde vom Beginn des sogenannten Flaschenhalses (›Bottleneck‹)«, schrieb Dujmovits in seinem Expeditionsbericht: »Trey sei umgekehrt. Nur noch sie und Fredrik seien im Aufstieg.« Und zwar »bei weiterhin wenig Sicht und kaltem Wind«.
Da waren's nur noch zwei. Cook habe früher schon einmal Erfrierungen an den Fingern gehabt und das nicht noch einmal erleben wollen, deshalb sei er umgekehrt, erklärte Kaltenbrunner in der Lanz-Sendung später. Etwa eine Stunde nach Kaltenbrunners letztem Funkspruch, in dem sie von Cooks Umkehr berichtete, war ihr letzter Begleiter Ericsson tot – abgestürzt bei dem Versuch, einen Haken einzuschlagen. Alles in allem hatten bis dahin aufgegeben:

- Kaltenbrunner-Ehemann Ralf Dujmovits auf 7500 Metern
- sechs Bergsteiger in Lager IV auf 8000 Metern
- Trey Cook am Beginn des Flaschenhalses, oberhalb von 8000 Metern

Macht zusammen acht. Ein neunter (Ericsson) war tödlich verunglückt. Und dieses Unglück ist nicht isoliert zu sehen, sondern war Ausdruck jener gefährlichen Bedingungen, aufgrund deren acht andere Spitzenkletterer lieber aufgegeben hatten.
Unter Schock, bei schlechtem Wetter und alleine waren Kalten-

brunners Überlebenschancen nicht die besten. Der Gipfel kam ohnehin nicht mehr in Frage, aber auch der Abstieg würde sehr gefährlich werden. Weshalb nun trotz schwierigster Verhältnisse noch zwei Männer den Aufstieg wagten, um der gescheiterten Gipfelstürmerin beizustehen. Es waren zwei von denen, die wegen des schlechten Wetters im Lager IV geblieben waren: »Etwa gegen 9.00 Uhr traf sie die inzwischen von der Schulter aufgestiegenen Darek Zaluski und Fabrizio Zangrilli«, schreibt Dujmovits: »Ihnen beiden an dieser Stelle meinen verbindlichsten Dank, dass sie bei sehr schwierigen Verhältnissen Gerlinde entgegengestiegen waren.« Den beiden gelang, zusammen mit Kaltenbrunner binnen kurzem wieder Lager IV zu erreichen.
Wie es aussieht, ist Gerlinde Kaltenbrunner also in Wirklichkeit nicht die tragische Heldin, als die sie gefeiert wird. Eher hatte sie wohl unverschämtes Glück, dass sie so viel Leichtsinn und Sturheit nicht ebenfalls mit dem Leben bezahlte – und mit ihr noch weitere Bergkameraden.

## *15. September* Bundespräsident Wulff fordert ISO-Norm für Journalisten

Laut einer Studie der Universität Dresden stehen Journalisten in dem Ruf, manipulativ, unmoralisch, rücksichtslos und bestechlich zu sein (siehe Wolfgang Donsbach [Hg.]: *Entzauberung eines Berufs. Was die Deutschen vom Journalismus erwarten und wie sie enttäuscht werden,* Konstanz 2009).
Nicht nur die Glaubwürdigkeit der Politik, auch die der Medien schwindet mit rasender Geschwindigkeit. Beiden laufen Wähler bzw. Käufer in Scharen davon. Die Branche öffnet dem Publikum daher nur ungern die Augen noch weiter über sich selbst.
So ist es kein Zufall, dass die Öffentlichkeit auch vom Auftritt des frischgebackenen Bundespräsidenten Christian Wulff bei der Deutschen Presseagentur in Berlin am 15. September 2010 nichts

erfuhr. Laut *Google News* berichteten gerade mal zwei Zeitungen darüber, nämlich die Websites der *Berliner Morgenpost* und der *Süddeutschen Zeitung*.

Was der Bundespräsident bei der Eröffnung des neuen Nachrichtenzentrums der *dpa* sagte, war aber eigentlich auch nicht für die Ohren der Öffentlichkeit bestimmt. Zunächst sehnte Wulff sich in seiner Rede zurück nach der guten, alten Zeit, in der ein Nachrichtenredakteur »noch nicht den Großteil seiner Zeit damit zubringen« musste, »Berichtenswertes vom restlichen Informationsmüll zu trennen«. Was man dahingehend interpretieren kann, dass alles, worüber die etablierten Medien nicht berichten, eben nur »Informationsmüll« sei. Dieser Einstieg ließ nichts Gutes ahnen.

Die nachfolgenden Worte des Bundespräsidenten entpuppten sich denn auch als Gratwanderung zwischen einem Plädoyer für Meinungsvielfalt und dem kaum verhüllten Wunsch nach einer Kontrolle von oben. Dass die von Wulff noch in seiner Eigenschaft als niedersächsischer Ministerpräsident zur Sozialministerin ernannte Aygül Özkan umgehend die Berichterstattung steuern wollte und von den Medien im Lande eine Unterschrift unter eine »Mediencharta für Niedersachsen« verlangte (siehe 30. August »Die Hinrichtung des Thilo Sarrazin«), passt in dieses Bild eines Präsidenten, der sein eigenes Verhältnis zur Presse- und Meinungsfreiheit offenbar noch klären muss.

Die Schnelllebigkeit der Zeit stelle »besondere Anforderungen an den bezahlten Journalismus«, fuhr Wulff in seiner Rede bei der *dpa* fort, »der eine Zukunft braucht, weil wir uns auf ihn besonders verlassen müssen«. Wen Wulff mit »wir« meint, ist indes nicht klar: die Bürger der Bundesrepublik oder etwa die politische Klasse, der er angehört? Wünscht Letztere sich »einen Journalismus, auf den sie sich verlassen kann«? »Gerade in Zeiten der Nachrichtenflut brauchen wir Profis, die das Wichtige vom Unwichtigen trennen und das Richtige vom Falschen«, so der Präsident weiter. Eine in dieser Schlichtheit für ein Staatsoberhaupt

problematische Aussage. Denn »richtig« oder »falsch« sind nur zum Teil objektive Kategorien, ansonsten aber durch die Meinungsfreiheit und -vielfalt bestimmt. Was für eine SPD-Frau richtig sein mag, kann für einen CSU-Mann vollkommen falsch sein, von nicht parteigebundenen Bürgern ganz zu schweigen.
Wulff schien bei seiner *dpa*-Rede völlig zu vergessen, wer er eigentlich ist. Wenn ein Staatsoberhaupt von der notwendigen »Orientierung im immer dichteren Gestrüpp von Meldungen, Mutmaßungen und Meinungen« spricht, ist das etwas völlig anderes, als wenn dies irgendein Herr XY tut. »Wir brauchen Journalisten, die Verantwortungsbewusstsein zeigen, denen wir vertrauen können, die verlässlich und glaubwürdig sind«, fuhr Wulff fort. Schon wieder dieses »Wir«. Dass Wulff einmal mehr nicht die Bürger dieses Landes, sondern dessen Politiker meinte, wird in den nächsten beiden Sätzen noch deutlicher: »Wir brauchen Kontroversen, Konflikte und Kritik. Aber keine Verletzungen, Verspottung, Verachtung.« Da der Normalbürger kaum unter »Verletzungen, Verspottung, Verachtung« durch die (noch allzu freien) Medien leidet, schien Wulff hier tatsächlich von der politischen Klasse zu reden, die sich einen »verlässlicheren« Journalismus wünscht, der zwischen »richtig« und »falsch« unterscheidet. »Wir brauchen Medien, die zuspitzen«, so der Präsident, »aber nicht, um damit jemanden zu erstechen.«

## Das Verhältnis zwischen Politik und Medien

Es ging Wulff um das Verhältnis zwischen Politikern und Medien: »Die Medien unterstellen der Politik notorisch Verlogenheit. Damit werden sie mitschuldig an deren Niedergang.« Womit das Staatsoberhaupt zumindest einräumte, dass die Politik sich im »Niedergang« befindet.
Lediglich im nächsten Absatz war statt von »wir« ganz kurz von »allen« die Rede, die »auf der Basis verlässlicher Informationen diese Gesellschaft mitgestalten können« sollen. Doch dieses »alle«

wurde nur kurz benutzt, um für den entscheidenden Vorstoß ausnahmsweise alle mit ins Boot zu holen, als liege er im Interesse aller Bürger: »Deswegen brauchen wir Medien, die neue Formen der Qualitätssicherung – quasi eine ISO-Norm – entwickeln, um auch für sich die Zukunft zu sichern …« – »Normung« bezeichnet laut Wikipedia das Bemühen um Regelungen, »mit denen materielle und immaterielle Gegenstände vereinheitlicht werden«. Normung hat also nicht unbedingt etwas mit Qualität, aber sehr viel mit Vereinheitlichung zu tun. Die Tatsache, dass beispielsweise alle unsere Steckdosen genormt sind, bedeutet nicht, dass es die besten Steckdosen sind, sondern nur, dass sie alle gleich sind. Auf die Rede Wulffs übertragen, bedeutet dies, dass der Bundespräsident sich gefährlich nahe am Konzept der »Gleichschaltung« bewegte. Schließlich sprach er von einer »ISO-Norm«: ISO steht einerseits für »International Organization for Standardization«, gleichzeitig bedeutet das griechische Wort *isos* »gleich«.
Von den Medien wurde der eigentliche Inhalt der Rede, wie gesagt, totgeschwiegen. Die Begriffskombination »wulff medien iso-norm« ergab bei *Google News* nur zwei Fundstellen in den Mainstream-Medien, für »wulff *dpa* iso-norm« war es sogar nur eine – die erwähnte Kurzmeldung auf der *SZ*-Website. Ohne Wulffs »ISO-Norm« findet man bei *Google News* dagegen 132 Nachrichtenartikel. Zum Beispiel:

- »Wulff besucht neue *dpa*-Zentralredaktion in Berlin« (längerer Artikel vom 15.9.2010 auf der *SZ*-Website)
- »Wulff besucht neue *dpa*-Zentralredaktion in Berlin« (*Zeit Online* vom 15.9.2010)
- »Medien: Agentur ist in Berlin angekommen« (Website der *Märkischen Allgemeinen Zeitung*, vom 15.9.2010)

Inhaltlich wird Wulffs Forderung nach der ISO-Norm mit keinem Wort erwähnt, formal gleichen sich schon die Überschriften wie ein Ei dem anderen. Ein Beweis dafür, dass wir ein solches Normungsinstitut für den Journalismus gar nicht brauchen – weil wir es längst haben: die *dpa*. Alle erwähnten Nachrichten-Artikel berufen sich auf die Deutsche Presse-Agentur …

## *19. September* Lörrach: Einen solchen Amoklauf gab's noch nie …

Die Person ist eiskalt: Sie schlägt ein fünfjähriges Kind bewusstlos, zieht ihm anschließend eine Plastiktüte über den Kopf und lässt es ersticken. Außerdem erledigt sie noch den vierundvierzigjährigen Vater des Kindes mit je einem gezielten Kopf- und Halsschuss. Auch mit Brennstoffen kennt sie sich aus. Sie weiß, wie viel brennbare Flüssigkeit man benötigt, um eine ganze Wohnung bzw. ein Haus in die Luft zu jagen. Sie verschüttet große Mengen Nitroverdünner, Benzin und Brennspiritus. Während sich Amateure schon beim Grillanzünden mit einem Schuss Brennspiritus gelegentlich selbst in Brand setzen, schafft sie es, das Gemisch zu entzünden, zur Explosion zu bringen und selbst unverletzt zu fliehen. In der Nachbarschaft stürmt sie ein Krankenhaus und nimmt sich dort einen sechsundfünfzigjährigen Mann vor. Auch ihm schießt sie mehrfach in Kopf und Hals. Als er sich noch regt, sticht sie anschließend mit dem Messer auf ihn ein. Diese Person tötet nicht zum ersten Mal – sollte man meinen.

### Eine eiskalte Tötungsmaschine

Ein frustrierter Afghanistan-Veteran? Ein gefeuertes Mitglied der GSG 9? Weit gefehlt. Es ist eine einundvierzigjährige Rechtsanwältin aus dem Kreis Lörrach, die sich am 19. September in eine eiskalte und professionelle Tötungsmaschine verwandelt – skrupellos und präzise wie Guerillakämpfer. An diesem Tag soll die Rechtsanwältin Sabine R. gegen 18 Uhr in ihrer Wohnung in einem Mehrfamilienhaus in der Lörracher Innenstadt ihren vierundvierzigjährigen Mann mit Schüssen in Kopf und Hals ermordet haben. Ihren fünfjährigen Sohn habe sie erst bewusstlos geschlagen und anschließend mit einer Plastiktüte erstickt. Danach sei sie um sich schießend auf die Straße gerannt, wobei sie mehrere Personen verletzte. Schließlich sei sie in die nahe gelegene Elisabethen-Klinik gestürmt und habe dort einen Pfleger erschossen und erstochen. Bei einem Schusswechsel mit der Polizei sei sie dann getötet worden.

## Eine liebevolle Mutter

Kaum zu glauben. Denn nur zwei Tage zuvor saß Sabine R. noch friedlich bei einer Nachbarin. Dieser Freitagabend, der 17. September, sei Velinka Feldmeyer »in schöner Erinnerung«, zitiert die Schweizer Boulevardzeitung *Blick* die Nachbarin von Sabine R.: »Es gab Pasta mit Bolognese …« Und »als im Radio plötzlich ein Boney-M.-Lied ertönte«, habe die spätere Amokläuferin ihren Sohn in den Arm genommen und sei mit ihm durch die Stube getanzt, erzählte Feldmeyer. Noch am Tag zuvor habe sie ihrem Sohn sogar ein neues Bett geschenkt – »knallrot, in der Form eines Ferraris«. »Sie war so eine liebevolle Mutter«, so die Nachbarin laut *blick* über Sabine R. (*BILD.de*, 22.9.2010).
Das Bild sei widersprüchlich, hieß es hingegen in der *Welt* vom 22. September 2010: Manche Anwohner »bezeichnen die Frau als verbittert, mürrisch, äußerlich vernachlässigt. Auch mit anderen Anwälten habe sie im Streit gelegen, heißt es … Andere jedoch, die sie gekannt oder zumindest erlebt haben, schildern Sabine R. völlig anders.« »Sehr zugänglich sei sie gewesen, ausgesprochen sympathisch, freundlich, schick und jugendlich, sagt beispielsweise Nachbarin Rosemarie Breuers.« Ein Amoklauf war zu diesem Zeitpunkt offenbar weit und breit nicht in Sicht.
Die angeblich völlig durchgedrehte Amokläuferin, die auf dem Weg zwischen ihrer Wohnung und dem Elisabethen-Krankenhaus wahllos um sich geschossen haben soll, war sogar noch so um-

sichtig, einen für 17 Uhr an diesem Abend vereinbarten Termin abzusagen. Eigentlich hatte sie etwa eine Stunde vor dem Amoklauf einen über Ebay verkauften Tisch übergeben wollen. Doch laut *BILD.de* vom 5. Oktober 2010 sagte sie den Abholtermin wie folgt kurzfristig ab: »Muss dringend zu meiner Mutter, die hatte einen kleinen Unfall und wohnt drei Stunden Fahrt entfernt. Bin daher Sonntag nicht zu Hause. [...] Hoffe, Ihr lest das Mail noch rechtzeitig!!!!« Die Pünktchen lassen darauf schließen, dass das Zitat unvollständig ist. Man vermisst einen alternativen Terminvorschlag, wie »Sie könnten den Tisch am nächsten Mittwoch abholen«. Das wäre normal, zumal dann, wenn der andere bereits für die Ware bezahlt hat. Daher vermutete ich, dass ursprünglich genau so etwas in der Mail von Sabine R. stand. Allerdings würde jemand, der in der nächsten Stunde einen Amoklauf plant, einen solchen Vorschlag kaum unterbreiten. Also forderte ich von der *Bild*-Redaktion den vollen Wortlaut des Zitats an. Jedoch vergeblich. Erst gab man vor, mich missverstanden zu haben, und verwies mich an das *Bild*-Archiv. Auf meinen Hinweis, dass ich den Artikel bereits besitze, jedoch den vollen Wortlaut des dort abgedruckten Zitats haben wolle, versprach mir die Leserredaktion von *Bild* und *Bild am Sonntag* am 8. Oktober 2010, bei *Bild* Stuttgart anzufragen, »ob wir dieses komplette Zitat bekommen können und ob wir dieses an Sie weitergeben dürfen«. Man bitte mich noch um etwas Geduld. Bis zum Redaktionsschluss dieses Buches habe ich jedoch nichts mehr von der *Bild*-Zeitung gehört.

## Konkretes? Fehlanzeige ...

Sollte das mit dem Besuch bei der Mutter stimmen, wäre R. bei ihrem eigenen Amoklauf nicht zu Hause gewesen, was natürlich Blödsinn ist: »Vermutlich hat sie den Termin abgesagt, um ungestört zu sein«, zitierte *BILD.de* einen Polizeisprecher. Kann sein – kann nicht sein. Denn konkrete Motive für den Amoklauf fehlen: »Motiv dringend gesucht«, titelte am 20. September 2010 denn auch *Spiegel Online*. Dabei sollte man das Motiv für einen so spektakulären Gewaltausbruch eigentlich nicht lange suchen müssen.

Aber selbst ein Motiv, wie schwerwiegend auch immer, reicht als Erklärung für eine solche Tat noch nicht aus, denn das Motiv ist vom Know-how zu trennen. Schließlich ist nicht jeder, der Motive für einen Amoklauf hätte, auch in der Lage, ein solches Massaker durchzuführen – und zwar aus emotionalen wie aus technischen Gründen. Eine Tatsache, die auch bei den früheren angeblichen »Amokläufen« von Schülern gern übersehen wurde. Schon ein Kind bewusstlos zu schlagen, zumal das eigene, würde wohl über die Kräfte von 99 Prozent der Bevölkerung gehen. Ganz zu schweigen davon, ihm anschließend eine Plastiktüte über den Kopf zu ziehen und es sterben zu sehen.

## Einen solchen Amoklauf gab's noch nie

Und selbst die Mainstream-Medien räumten ein, dass eine solche Tat für eine Frau äußerst ungewöhnlich sei. Während Frauen eher zu subtiler und indirekter Gewalt neigen und zum Beispiel häufiger mit Gift morden (was im Fall von »Beziehungstaten« wohl auch kein unüberwindliches Problem darstellen würde), tendieren Männer eher zu direkten und offenen Gewaltausbrüchen. Natürlich erschießen auch Frauen schon mal jemanden – zum Beispiel im Affekt. Aber ein Guerilla-Feldzug wie der von Sabine R.? Tatsächlich gab es »einen Amoklauf einer Frau wie in der baden-württembergischen Kleinstadt Lörrach … in Deutschland bisher noch nie« (*DiePresse.com*, 21.9.2010), sprich: Ein solcher weiblicher Amoklauf ist extrem unwahrscheinlich.

Die Tat von Lörrach trägt eher die Handschrift eines oder mehrerer männlicher Profis, zumindest aber die einer professionellen Frau. Umgekehrt ist die Beweiskette gegen Sabine R. offenbar keineswegs geschlossen. Dafür gibt es zu viele Widersprüche: Warum rannte die Frau laut Medienberichten zum Beispiel gar nicht mit einer Sportpistole, sondern mit einem »Gewehr« in Richtung des benachbarten Krankenhauses (*Focus Online*, 20.9.2010)? Handelte es sich überhaupt um einen Einzeltäter? Und wenn ja: War es überhaupt Sabine R.? »Die Polizei ging im ersten Moment von zwei oder mehreren Tätern aus«, berichtete mir ein Mitarbeiter der Rettungsdienste, der an diesem Abend vor Ort war: »Alle Rettungskräfte sammelten sich aufgrund der unklaren Lage am Busbahnhof. Dort gab es dann einige Gerüchte: Es war ein Mann mit Gewehr. Eine Frau mit Maschinenpistole, später Handfeuerwaffe; eine bewaffnete Person ginge Richtung Busbahnhof und so weiter.«

## Zeuge kann Täterin nicht identifizieren

Doch offenbar ging der oder die Täter/in nicht zum Busbahnhof, sondern zum Elisabethen-Krankenhaus. Der wichtigste Augenzeuge dafür, der 69-jährige Ernst Barth, der dem oder der Täter/in über den Weg lief und von ihm/ihr angeschossen wurde, konnte die Täterin nicht als Sabine R. identifizieren. Dieter M., einer meiner Leser, rief bei Barth an: Die Frau sei sehr ruhig gewesen, »sie wusste genau, was sie tat (...) Sie hätte auch genau auf seinen Kopf gezielt, aber er hätte den wohl noch irgendwie bewegt. Ob er denn sicher sei, daß es DIE Frau gewesen wäre, also Sabine R. Darauf sagte er, das wisse er nicht. Ich antwortete, man würde das Gesicht doch überall in den Medien sehen. Er sagte, er hätte das Gesicht erst heute gesehen, und er hätte die Frau NICHT wiedererkannt. Sie hätte, als sie auf ihn gezielt hat, die Faust genau vors Gesicht gehalten, so dass er das Gesicht nicht sehen konnte.«
Allerdings sei Barth sicher gewesen, dass es sich um eine Frau handelte; sie habe »eine zierliche Figur« gehabt und eine rote Jacke getragen, »so etwas würde kein Mann tragen«.
»Die im Krankenhaus erschossene Täterin trug keine rote Jacke«, erklärte der erwähnte Rettungsdienst-Mitarbeiter mir gegenüber.

Tatsächlich wurden bei den Amokläufen der letzten Jahre immer wieder verschieden gekleidete Täter gesehen, zum Beispiel beim angeblichen Amoklauf von Robert Steinhäuser in Erfurt am 26. April 2002. Schüler, die sich damals in die Bibliothek im Keller des Gutenberg-Gymnasiums geflüchtet hatten, tippten dort Täterbeschreibungen von zwei verschiedenen Männern in einen Computer. Und diese Männer nannten sie nicht »Steinhäuser«:

- »1. mann. Schwarze sturmmaske/kaputze, pistole, silberne und schwarze shootgun, ca. 170 cm, schwarze kleidung, schlank.
- 2. mann. etwas dicker, grau/silberne Jacke, etwas größer als der andere, ca. 180 cm.«

## Eine falsche Tatwaffe für die Öffentlichkeit

Und warum war die Polizei nach dem Amoklauf von Lörrach entweder nicht willens oder nicht in der Lage, ein Foto der Original-Tatwaffe vorzuweisen? Stattdessen präsentierte sie bei der Pressekonferenz am 20. September 2010 nur ein Bild des gleichen Waffentyps aus einem Waffenkatalog mit der Aufschrift »Waffen Schweigert«. Erst in den Medien wurde daraus die »Original-Tatwaffe«.

So auch in einer »heute«-Sendung vom 21. September 2010, wo die Abbildung der Waffe im Zusammenhang mit dem Amoklauf von Lörrach hinter der Moderatorin Anja Charlet eingeblendet wurde – wodurch der Eindruck entstand, es handele sich um die Original-Tatwaffe. Dieser Eindruck konnte nur deshalb entstehen, weil der ursprünglich in der Mitte des Fotos angebrachte Schriftzug »Waffen Schweigert« entfernt worden war. Auch in den bewegten Bildern der »heute«-Sendung war der Schriftzug unkenntlich. Die *Süddeutsche Zeitung* ging in einer Bildunterschrift sogar so weit zu behaupten, dies sei die »Tatwaffe, die die Täterin für ihren Amoklauf benutzte«.

## Fehlende Beweise

Warum die Polizei kein Bild der Original-Tatwaffe vorlegte, sondern ein Foto aus einem Waffenkatalog, ist eine berechtigte Frage. Besaß sie etwa kein Bild der Tatwaffe? Und wenn nicht, warum nicht? Der Öffentlichkeit wurden genau wic im Fall Heisig (siehe 28. Juni »Das Verschwinden der Kirsten Heisig«) sämtliche einschlägigen Beweise für die offizielle Version vorenthalten:

- ein Bild der Original-Tatwaffe
- Schmauchspurengutachten von Sabine R.s Sportwaffe (war sie überhaupt abgefeuert worden?)
- Schmauchspurengutachten von Sabine R.s Händen (hat Sabine R. überhaupt eine Waffe abgefeuert?)
- ballistische Gutachten, die klären, aus welchen Waffen die Kugeln in den Leichen überhaupt stammen
- Blutspritzer an Sabine R.s Händen (wie sie bei Schüssen aus nächster Nähe, beispielsweise beim Mord an ihrem Ehemann und dem Pfleger im Krankenhaus, entstehen)
- Fingerabdrücke von R. an den aufgefundenen Waffen
- Fingerabdrücke von R. an den aufgefundenen Waffen-Magazinen

Besäße die Polizei diese Beweise, hätte sie sie mit Sicherheit erwähnt. Die Behörden verloren aber kein Sterbenswörtchen darüber. Und das brauchten sie auch gar nicht. Denn erstens glauben die Medien sowieso alles, was ihnen von oben vorgesetzt wird, und zweitens muss die Schuld von Sabine R. ja gar nicht bewiesen werden, da sie nicht mehr lebt und ohnehin keine Ehre mehr besitzt.
Eine Anklage wird es ebenfalls nicht geben und demzufolge auch keine Verteidigung. Deshalb können die Behörden behaupten, was sie wollen, ohne es mit Fakten belegen zu müssen. Solange

die Polizei jedoch die obigen Beweise nicht vorlegt, kann man nicht davon ausgehen, dass der Amoklauf in der geschilderten Weise stattgefunden hat.
Mit dem Bild der angeblichen »Tatwaffe« wurde der Öffentlichkeit lediglich ein Beweis suggeriert, um die unglaubliche Geschichte einer zierlichen Rechtsanwältin, die erst ihre eigene Familie und anschließend einen Krankenpfleger massakrierte, rund zu machen.

## *23. September* Angriff auf das Bargeld

Stockholm, 5.15 Uhr. Der Morgen graut bereits, als über dem Stadtteil Västberga plötzlich Hubschrauberlärm zu hören ist. Über einem flachen, mehrstöckigen Gebäude zeichnet sich die Silhouette eines Helikopters ab. Plötzlich sind dunkle Gestalten zu sehen, die in Windeseile auf dem Dach abgesetzt werden. Wenig später sind mehrere Schüsse oder Explosionen zu hören. Es dauert etwa 15 bis 20 Minuten, bis der Hubschrauber die Dunkeltruppe wieder an Bord genommen hat – einschließlich mehrerer großer Säcke. Kurz darauf verschwindet er in der Morgendämmerung. Dies geschah vor genau einem Jahr, am 23. September 2009. Damals raubte ein Kommando aus professionellen Kriminellen ein Gelddepot im Stockholmer Süden aus. Die Täter drangen über das Dach in das Gebäude der Stockholmer Geldfirma G4S ein, bahnten sich mit Trennschleifern und Sprengstoff einen Weg durch Gitter und Tresortüren und verschwanden 20 Minuten später mit 39 Millionen Kronen (4,1 Mio. Euro) im Gepäck im Morgenhimmel.
Und dabei könnte man es eigentlich auch bewenden lassen, wenn sich seitdem nicht seltsame Dinge in Schweden und anderen Ländern der Europäischen Union tun würden.

## Angriff auf das Bargeld

Erst heute, ein Jahr später, beginnt man die Dimension des Ganzen zu begreifen. Seit dem Raub ist Bargeld in Schweden nämlich des Teufels – in etwa so wie Waffen nach einem Amoklauf. Der Hubschrauber-Überfall in Stockholm diente als Startschuss für eine breit angelegte Kampagne gegen das Bargeld an sich: Bargeld, so lautet plötzlich der Tenor in Schweden, ist dunkel, böse, archaisch und einfach von Natur aus kriminell. Wer es besitzt, führt nichts Gutes im Schilde – genau wie der Besitzer einer Waffe. Ohne Bargeld gäbe es kein Schwarzgeld und keine Schwarzarbeit, keine Steuerhinterziehung und natürlich auch keine Raubüberfälle mehr, lautet die Rechnung. Zu Weihnachten 2009 fand es die Polizeipräsidentin von Stockholm, Carin Götblad, besonders originell, einem fahrenden Weihnachtsbaumhändler zur Bezahlung ostentativ ihre Kreditkarte hinzuhalten. »Bargeld ist das Blut in den Adern der Kriminalität«, meinte sie dazu.
Das ist natürlich Blödsinn – denn die große Kriminalität hat mit Bargeld überhaupt nichts zu tun, wie die jüngste Finanzkrise beweist. Ganz einfach deshalb, weil sich die wirklich großen Summen nicht in bar transportieren und verschieben lassen. Die kriminellen Spekulationen, die zur Finanzkrise führten, wurden nicht in bar abgewickelt. Die große Finanzkriminalität hat weder etwas mit Portemonnaies noch mit Geldumschlägen, Geldkoffern oder Hubschraubern zu tun. Die wirklichen Schiebereien und Betrügereien, bei denen es um Milliarden geht, lassen sich mit Bargeld schlicht nicht abwickeln. Dazu ist es viel zu schwer und voluminös.

## Jede Menge Ungereimtheiten

Der Überfall in Stockholm fiel demgegenüber geradezu in die Rubrik Kleinkriminalität: eine aussterbende Spezies von Kriminellen, die Leben, Gesundheit und Freiheit aufs Spiel setzen, um

(pro Nase) ein paar hunderttausend Euro zu ergattern. Oder in die Kategorie »symbolische Inszenierung«. Denn einige kleine Ungereimtheiten sprechen dafür, dass es sich tatsächlich nicht in erster Linie um einen Angriff auf ein Gelddepot, sondern auf das Bargeld an sich handelte. Zum einen wäre da natürlich die eilfertige Kampagne gegen das Bargeld zu nennen, die daraufhin einsetzte. Es gab aber auch handfeste forensische Ungereimtheiten: Seltsam ist beispielsweise der Umstand, dass die ersten Polizisten am Tatort zurückgepfiffen wurden: Zwar benachrichtigte jemand schon vier Minuten nach dem Beginn des Überfalls die Polizei, und sechs Minuten später war »die erste Polizeistreife am Tatort« – doch die durfte nicht eingreifen, sondern musste tatenlos »auf ein Sonderkommando« warten (*Spiegel Online*, 24.9.2009).
Dabei war das Sonderkommando bereits vor Ort – und zwar im Innern des Gebäudes. Als nur wenige Tage später die ersten Verdächtigen festgenommen wurden, stellte sich heraus, dass unter ihnen mehrere Ex-Mitglieder der aufgelösten serbischen Sonderpolizeieinheit »Rote Barette« waren. Und die stellten ihre ganze Professionalität unter Beweis. Später ausgewertete Bilder der Überwachungskameras zeigten, wie die Täter in Windeseile durch das Glasdach über dem Lichthof des Gebäudes eindrangen, an Leitern hinabstiegen und sich den Weg freiflexten (mit schweren Trennschleifern) und -sprengten.



### Die Polizei sieht tatenlos zu

Möglich war das alles nur, weil die schwedischen Streifenbesatzungen nicht eingreifen durften. Ohne dieses »Eingreifverbot« wäre der ganze Raub von vornherein zum Scheitern verurteilt gewesen. Denn dann wäre dessen Hauptvoraussetzung bedroht gewesen: der über dem Gebäude schwebende Hubschrauber. Da das Fluggerät durch einfache Pistolenkugeln sehr verwundbar gewesen wäre, hätte es bei Beschuss seinen Flug und damit den ganzen Raub abbrechen müssen. So aber schwebte der Helikopter unbe-

helligt weiter über dem Dach: Am Ende hievte der Hubschrauberpilot die Beute hoch, »während die Polizei vor dem Depot tatenlos zuschaut[e]« (*Hamburger Abendblatt*, 19.7.2010).
Das ist aber noch nicht alles. Schon lange vor dem Unternehmen wusste die schwedische Polizei bestens über den geplanten Raub Bescheid. So erklärte der serbische Innenminister Ivica Dačić, »sein Ministerium habe die schwedischen Behörden bereits ›vor langer Zeit‹ über Vorbereitungen zu einem solchen Überfall informiert. Es sei den Schweden aber offenbar nicht gelungen, die Täter zu stoppen.« Nett gesagt. Tatsächlich bestätigte ein schwedischer Ermittler, »es habe eine Warnung serbischer Behörden vorgelegen. Allerdings hätten die Behörden mit einem Überfall eine Woche vor dem tatsächlichen Überfall gerechnet. Der Alarmzustand sei wieder aufgehoben worden, als an dem Tag nichts geschehen sei« *(vienna.at,* 30.9.2009). So kann man es formulieren. Oder auch so: »Seltsamerweise wurden aber alle vorbeugenden Maßnahmen kurz vor dem entscheidenden Datum wieder abgeblasen« (*t-online.de*, 19.7.2010).

## War der Raub zwischen Polizei und Tätern abgesprochen?

Wirklich seltsam. genauso seltsam wie die Tatsache, dass die Polizeihubschrauber auf der Insel Värmö in der Nähe von Stockholm »erst gegen zehn vor sechs Uhr morgens alarmiert« wurden, so *Spiegel Online* am 24. September 2009. »Also viel zu spät, über eine halbe Stunde nach dem Beginn des Raubs.« Der um diese Zeit bereits vorbei gewesen sein dürfte, darf man hinzufügen. Noch seltsamer, dass die Täter, noch bevor die Polizeipiloten ihre Maschinen besteigen wollten, schon da waren – nämlich, um eine Tasche mit der Aufschrift »Bombe« an den Helikoptern zu deponieren. Die Täter wussten also nicht nur, wo die Polizei ihre Helikopter parkte, sondern auch, wie man unbemerkt in deren Nähe gelangte. Da sie ihren Tathubschrauber gestohlen hatten, stellt sich die Frage: Warum haben die Täter nicht gleich einen

Polizeihubschrauber geklaut? Dann hätten die Kriminellen nicht nur einen Hubschrauber gehabt, sondern die Polizei auch einen weniger. Außerdem hätte ein Polizeihubschrauber über dem Gebäude nicht unbedingt Verdacht erregt, und niemand hätte so schnell Alarm geschlagen.
Kurz: Das Ganze erscheint wie zwischen Polizei und Tätern abgesprochen. Arbeitslose serbische Sondereinsatzkommandos sind auf dem Markt wahrscheinlich billig zu haben und pro Nase mit einigen hunderttausend Euro als Entschädigung für ein paar Jahre Knast zufrieden. Denn die Beute ist bis heute nicht aufgetaucht.

## Menschenrecht Bargeld

Unter dem Strich handelte es sich bei dem Stockholmer Raubüberfall am 23. September 2009 also nicht nur um einen Angriff auf ein großes Bargelddepot. Heute, ein Jahr später, stellt sich vielmehr heraus: Es handelte sich auch um einen Angriff auf das Bargeld an sich. Zumindest wurde der Überfall in einen solchen Angriff umgewandelt. Dabei mag es manche überraschen, dass das Recht auf Bargeld ein wichtiges Menschenrecht ist. Ein Menschenrecht, mit dem die meisten anderen Menschenrechte stehen oder fallen: Menschenwürde, Privatsphäre, persönliche Freiheit, Recht auf Eigentum usw. Und das Interessante ist, dass in der gesamten Menschheitsgeschichte noch nie jemand – kein Pol Pot, kein Josef Stalin und kein Adolf Hitler – auf die Idee gekommen ist, das Recht auf Bargeld abzuschaffen.
Seit Beginn der Zivilisation war es immer und überall möglich, bar zu zahlen, sei es mit Gold- und Silber- oder Nickelmünzen, sei es mit Papiergeld oder Nuggets oder mit welchen Zahlungsmitteln auch immer. In der DDR genauso wie im Dritten Reich, unter der argentinischen Militärjunta ebenso wie im Stalinismus. Obwohl Bargeld von Haus aus anarchistisch ist, zu Deutsch: herrschaftsfeindlich, konnte man überall unbeobachtet kaufen und verkaufen oder sein Geld für harte Zeiten im Sparstrumpf horten.

Dass ein Volk ohne Bargeld umgekehrt ein für alle Mal »erledigt« wäre, liegt auf der Hand. Denn sobald der Geldverkehr ausschließlich unbar über Konten abgewickelt wird, lässt sich jede menschliche Regung bis ins Detail zurückverfolgen. Und nicht nur das: Mit einem weiteren Mausklick kann der Staat oder die Bank auch jedem »den Geldhahn zudrehen«: Der Mensch wird dann buchstäblich hilflos wie ein kleines Baby, und ihm droht die schlimmste Form von Unfreiheit in der menschlichen Geschichte.

### Modell Schweden?

Das Ganze ist beileibe keine innerschwedische Angelegenheit. Vielmehr erproben demnächst mehrere EU-Staaten die verschiedensten Bargeldverbote, darunter auch Staaten der Eurozone. Das Ticket in den totalen Überwachungsstaat ist die Finanzkrise. Um die Steuereinnahmen zu erhöhen und die staatliche Schuldenlast abzubauen, führt Griechenland ab 1. Januar 2011 eine weitgehend bargeldlose Gesellschaft ein. Nur noch Beträge bis 1500 Euro dürfen dann in bar bezahlt werden (bei geschäftlichen Transaktionen bis 3000 Euro). Zusätzlich werden umfangreiche Überwachungssysteme eingeführt, die den Bürger finanziell total durchleuchten sollen. »In Griechenland wird das Wirklichkeit, was viele Geldsystemkenner bereits als Gefahr prophezeit haben: »Bankrotte Regierungen schaffen den totalen Überwachungsstaat, um Steuereinnahmen zu erhöhen«, titelte die *International Business Times* am 16. Februar 2010. Griechenland handele nach der Devise: »Bargeld ist verdächtig.« Auch Italien plant Berichten zufolge Einschränkungen bei Barzahlungen, nur wie weit diese gehen sollen, darüber ist man sich noch nicht einig. Während in einigen Quellen von 3000 Euro die Rede ist, ist in anderen von 5000 Euro die Rede (z. B. *mmnews,* 25.5.2010).

## Bargeldlose »PIIGS«-Staaten

Nicht zufällig wird die überwachte Gesellschaft mit eingeschränktem Bargeldverkehr hauptsächlich über die »PIIGS«-Staaten (**P**ortugal, **I**talien, **I**rland, **G**riechenland, **S**panien) eingeführt. Denn diese sind oder fühlen sich gezwungen, mit Hilfe der totalen Kontrolle den letzten Cent aus ihren Bürgern herauszupressen. Dies dürfte das Ende der Demokratie in Europa einläuten. Denn die Maßnahmen sind von oben abgesegnet. Vor ihrem Angriff auf das Bargeld fragten die Griechen extra die Europäische Zentralbank nach ihrer Meinung. Und die hatte – obwohl die Euro-Banknoten in den Euro-Staaten immerhin gesetzliches Zahlungsmittel sind – nichts dagegen. Der Trick: Das Ganze ist erlaubt, solange andere Zahlungswege offenstehen (Verordnung des Rates Nr. 974/98 vom 3. Mai 1998, Artikel 11). Schließlich gebe es ja bereits Bargeldbeschränkungen, beispielsweise die, dass niemand gezwungen sei, mehr als 50 Münzen auf einmal zu akzeptieren. Der Weg in den bargeldlosen Überwachungsstaat ist also längst geebnet …

# Oktober 2010

**Thema des Monats** *4. 10.:*
*Stutttgart 21– Gegner bei »Beckmann«*

**3. 10.** 20 Jahre Wiedervereinigung ***4. 10. Stuttgart-21-Gegner in der Talkshow »Beckmann« 7. 10. Verena Becker: Das letzte Rätsel der RAF? 11. 10. ARD verbreitet entwicklungsfeindliche Ideologien*** **15. 10.** Die Schweiz feiert den Durchstich des siebenundfünzig Kilometer langen Gotthard-Basistunnels 23. 10. Auf Haiti breitet sich die Cholera aus ***25. 10. Medien machen Propaganda für Prostatakrebs-Operation*** **27. 10.** Arbeitsministerin Ursula von der Leyen behauptet, die Zahl der Arbeitslosen sei unter drei Millionen gesunken

## *4. Oktober* Stuttgart 21: Entwicklung verboten

Wie wir in diesem Buch bereits eindrucksvoll beobachten konnten, kann man an der Talkshow »Beckmann« bestens ablesen,

- welche gesellschaftlichen Themen derzeit zur Verhandlung anstehen
- und vor allem, was zurzeit »politisch korrekt« ist und was nicht.

So bot Reinhold Beckmann am 22. Februar 2010 Altbundeskanzler Helmut Schmidt und dessen Freund Fritz Stern ein Forum, um ihr neues Buch *Unser Jahrhundert* zu bewerben. Der damalige Bundesbankvorstand Thilo Sarrazin mit seinen Thesen zur Integration war jedoch definitiv nicht politisch korrekt. In einem derartigen Fall wird die Talkshow zum öffentlichen Tribunal umfunktioniert, bei dem der »Angeklagte« medial »hingerichtet« wird. Interessant ist deshalb, wie sich dieses »Fernsehgericht« zu einem bestimmten Thema verhält, wem es eine Bühne bietet und warum es Partei für eine bestimmte Seite ergreift und für eine andere nicht.

An Beckmanns Pranger landet, wer eine bestimmte »politisch korrekte« Agenda gefährdet. Umgekehrt lässt sich daran sehr genau ablesen, wer oder was gerade politisch genehm ist. So geht es am 4. Oktober 2010 um das »Stuttgart 21« genannte Projekt, bei dem der Stuttgarter Kopfbahnhof bis 2019 um 90 Grad gedreht unter die Erde verlegt und dabei in einen Durchgangsbahnhof in west-östlicher Richtung umgewandelt werden soll. Und es ist interessant zu beobachten, wie den Gegnern dieses Bahnhofsumbaus bei Reinhold Beckmann der rote Teppich ausgerollt wird. Warum und wieso? Dachten wir bislang nicht, der Protest gegen Stuttgart 21 sei eine spontane Bürgerbewegung, entstanden aus tiefster Empörung über die »Machenschaften« und »Prestigeprojekte« der Mächtigen? Der vornehmste Ausdruck des Bürgerwillens in seiner reinsten Form: dem spontanen Gang auf die Straße? Niedergeknüppelt oder -gesprüht von der Polizei? Keine Palast-, aber doch eine »Bahnhofsrevolution«, bei der sich nicht nur der Unmut über dieses »Prestigeprojekt«, sondern auch über die Mächtigen überhaupt Luft zu machen schien?

## Publicity, Publicity und nochmals Publicity

Mal ehrlich: Wenn dem so wäre, erhielten die Protagonisten dieser Bewegung wohl kaum eine Bühne bei »Beckmann«. Statt Publicity auf höchster Ebene würden sie so lange mit Nichtachtung und Polizeiknüppeln bestraft, bis sich auch die letzten von ihnen zwischen den Stuttgarter Hügeln verkrümelt hätten. Erst wenn sich ein Phänomen, wie im Fall Sarrazin, überhaupt nicht totschweigen ließe, würde man seine Vertreter als Ultima Ratio in den »Fernsehgerichten« dieser Republik niedermachen. Alles andere bedeutet schließlich Publicity, Publicity und nochmals Publicity.

Doch dieselben Medien, die eben noch Thilo Sarrazin in Grund und Boden stampften, loben nun plötzlich die Protestbewegung gegen Stuttgart 21 in den höchsten Tönen, was nur heißen kann: Der Protest gegen den neuen Stuttgarter Tiefbahnhof ist politisch zutiefst korrekt und demnach kein Protest, sondern eine Kampagne. Kurz: Der Kampagnenjournalismus hat sich plötzlich ein modernes Verkehrsprojekt als Zielscheibe herausgesucht.

So wurde das Aushängeschild der Anti-Bahnhofsbewegung, der Schauspieler Walter Sittler, am 31. August 2010 auch live in die politisch korrekte Talkshow »Maischberger« zugeschaltet. Der Effekt ist klar: Solche Auftritte und die entsprechende freundliche Berichterstattung schüren die Emotionen und treiben der Bewegung immer neue Mitläufer zu, statt sie zu schwächen.

Die Massendemonstrationen in Stuttgart rochen angesichts einiger bedauernswerter Opfer polizeilichen Übereifers recht schnell nach purer Notwehr und erweckten den Eindruck eines herrschenden Notstands aufgrund einer gigantischen Fehlplanung. Die hohe Motivation und die Erregung der Demonstranten schienen für gute Argumente zu sprechen. Umso gespannter durfte man auf den Auftritt der führenden Protagonisten bei Reinhold Beckmann sein.

## Meine Stadt, mein Bahnhof, mein Schlossgarten ...

»Warum sind Sie dagegen?«, fragte denn auch am 4. Oktober Talkmaster Beckmann die Stuttgarterin Christine Oberpaur, eine der beiden anwesenden Leitfiguren der Anti-Bahnhofs-Bewegung. Die Antwort habe ich der Übersichtlichkeit halber in folgende Einzelpunkte unterteilt:

1. »Es ist meine Stadt.«
2. »Es ist mein Bahnhof, den ich immer schon gesehen habe.«
3. »Es ist meine Schlossgartenanlage.«
4. »Es ist ein unter Denkmalschutz stehender Bahnhof, ein einmaliges Bauwerk.«
5. »Es entstehen enorme Ängste, wenn ich jetzt sehe, was bei diesem frei werdenden Areal jetzt schon steht, was für ein hässlicher Betonbau dort steht, und was auch in Stuttgart schon an hässlichen Betonbauten gebaut worden ist, dass mir da himmelangst wird.«
6. »Ich habe einfach Angst, und das ist auch das, was die Leute auf die Straße bringt ...«
7. »Mit der frei werdenden Fläche von 100 Hektar habe sie nicht so das Problem. Ich hab mehr das Problem, dass unser Bahnhof in die Tiefe versenkt werden soll.«
8. »Der Untergrund von Stuttgart sei problematisch. Ungeahnte Hohlräume, nachbröckelndes Geröll ... Der Engelbergtunnel sei eine Dauerbaustelle ›mit dem Anhydrit‹.«

Kaum zu glauben: Ist das wirklich alles, was nach jahrelanger Auseinandersetzung mit dem Projekt herausgekommen ist? Über 50 Prozent emotionale Besitzansprüche (1 bis 4) und nicht besonders gut begründete ästhetische Bedenken (»hässliche Betonbauten«)? Das einzige harte Argument ist das »bröckelnde Geröll« und die daraus resultierende »Dauerbaustelle« Engelbergtunnel. Abgesehen von den geologischen Schwierigkeiten, auf die Projekte dieser Größenordnung immer stoßen können, reduzieren sich die restlichen Einwände darauf, dass Frau Oberpaur »ihren Bahnhof« liebt, keine Betonbauten mag und im Übrigen »einfach Angst« hat.
Hören wir die andere Seite: »So, Herr Kefer«, geht Beckmann Dr. Volker Kefer, den Vorstand der Deutschen Bahn AG, nassforsch an: »Sie kriegen jetzt eine nette Vorlage von mir.« Typisch Beckmann: In dreißig Sekunden soll die angeklagte Seite erläutern, worin »tatsächlich der Vorteil« dieses Mammut-Projekts bestehe.
Die Antwort dauert dann zwar eine Minute, bringt aber auch keine atemberaubenden neuen Erkenntnisse:

1. Der neue Bahnhof ermöglicht eine bessere und effizientere Abwicklung des Verkehrs.
2. Durch die Schnellfahrtstrecke Ulm–Wendlingen werden deutliche Fahrzeitverkürzungen realisiert, und zwar auch in dem europäischen Korridor Budapest–Paris, was auch mehr Fahrgäste auf die Schiene bringt.
3. Es werden (die oben erwähnten) 100 Hektar Fläche frei.

Am anschaulichsten an diesem blutleeren Technokratendeutsch sind noch die »Fahrzeitverkürzungen«. Was das Projekt der Stadt und den Menschen bringen soll, geht aus den Ausführungen nicht hervor. Mit einer solchen Sprache kann man Menschen nicht gewinnen. Sie macht wütend, weil sie die Betroffenen überhaupt nicht in den Blick nimmt. Ist das eine der Ursachen für den Unmut über Stuttgart 21?

## Königsweg und Kaiserweg

Ein Durchgangsbahnhof ist gegenüber einem Kopfbahnhof fast immer der Königsweg, da Ersterer einen sehr viel geringeren (Gleis-)Aufwand bei deutlich geringerem Flächenverbrauch bedeutet. Es ist eben effektiver, Züge nach dem Halt in der gewünschten Richtung weiterfahren als sie auf demselben Gleis wieder aus dem Bahnhof hinausfahren zu lassen. Ein unterirdischer Durchgangsbahnhof ist in diesem Fall sozusagen der »Kaiserweg«, weil praktisch gar keine Flächen mehr verbraucht werden. Richtig elegant wird es bei einem unterirdischen Durchgangsbahnhof *mit unterirdischen Zufahrtsgleisen* wie in Stuttgart geplant. Dabei entfällt sogar der Flächenverbrauch durch die Anbindung des Bahnhofs an das Eisenbahnnetz. Eisenbahntrassen, die Stuttgart an vielen Stellen wie tiefe Burggräben durchschneiden, verschwinden. Kurz, ein solcher Bahnhof ist die fortschrittlichste Bahnhofsform, die man sich vorstellen kann. Ein modernisierter und optimierter Kopfbahnhof, wie von Gegnern des Projekts vorgeschlagen (»K 21«), hieße hingegen, auf halbem Wege zur großen Lösung stehen zu bleiben und in einen Bahnhof zu investieren, der möglicherweise schon in wenigen Jahrzehnten erneut an Grenzen stößt. Anders gesagt: Wenn man schon die Neuordnung des »Eisenbahnknotens« Stuttgart anstrebt, dann zeugt es definitiv von mehr Weitblick, gleich die große Lösung zu realisieren. Alles andere wäre kurz- und mittelfristig vielleicht eine Ersparnis, langfristig aber um ein Vielfaches teurer – zum einen wegen des nicht optimal fließenden Verkehrs, zum anderen durch die fortbestehende Flächenblockade und die Einschnürung der Landeshauptstadt in ein eisernes Netz aus Eisenbahnschienen.

## Der fiktive Schwabe

Im Zusammenhang mit Stuttgart 21 wird oft jener fiktive »Schwabe« beschworen, der angeblich wegen der »riesigen Geldverschwendung« auf die Barrikaden gehe. Schaut man jedoch genauer hin, dürfte das Stuttgarter Bahnhofsprojekt die zarteste Versuchung sein, der ein Schwabe jemals ausgesetzt war:

- Laut der Kostenschätzung vom Dezember 2009 muss Stuttgart von den 4,1 Milliarden Euro, die das Projekt demnach kosten soll, nur 5,8 Prozent selbst zahlen. Den Rest bestreiten Bund, Land und Deutsche Bahn. Ein besseres Geschäft ist wohl kaum denkbar, und selbst wenn der Anteil der Landeshauptstadt auf zehn Prozent stiege, wäre das immer noch ein guter »Deal«.
- Die 4,1 Milliarden Euro bescheren Stuttgart voraussichtlich einen (primären) Bauboom, von dem Tausende Menschen und Familien über viele Jahre hinweg leben können. Der Sprecher des Bauprojekts selbst rechnet mit 7000 Arbeitsplätzen bei den beauftragten Firmen und 10 000 Dauerarbeitsplätzen »durch die verbesserte Erreichbarkeit sowie als Folge der städtebaulichen Nutzungen«.
- In der dicht bebauten und durch Hügel eingekesselten Stuttgarter Innenstadt wird durch die unterirdische Verlegung des Bahnhofs und der Zufahrtsstrecken eine Fläche frei, die etwa 140 Fußballfeldern entspricht.
- 50 Hektar stehen für die Bebauung zur Verfügung, wodurch ein veritabler (sekundärer) Bauboom ausgelöst werden dürfte. Die Stadt Stuttgart rechnet dadurch mit rund 11 000 neuen Wohnungen und 20 000 Arbeitsplätzen.
- Die Parkanlagen sollen um 20 Hektar wachsen, 30 Hektar sind für den Bau von weiteren Grünanlagen, öffentlichen Plätzen und Straßen vorgesehen.

- Stuttgart wird besser an Metropolen wie Paris, München, Wien und Budapest angeschlossen, und auch der Flughafen wird schneller erreichbar.
- Bis zu neun Meter hohe Eisenbahnviadukte verschwinden aus dem Stadtbild.
- Durch die Beseitigung von Eisenbahntrassen wachsen getrennte Stadtteile wieder zusammen.

### Entwicklung ist verboten

Diese Aussichten und der Protest passen irgendwie nicht zusammen. Der Eindruck drängt sich auf, dass Entwicklung in Deutschland verboten ist. Wer auch immer etwas entwickeln will, wird bis aufs Messer bekämpft. Besonders große Verkehrsprojekte, wie Flughäfen, Wasserstraßen und Eisenbahnverbindungen, nach denen sich der Rest der Welt die »Finger lecken« würde, sind im Land der Dichter und Denker offenbar des Teufels. Während jede vernünftige Regierung Wirtschaft und Verkehr in einem Ministerium bündelt, weil die Verkehrswege das Kreislaufsystem einer florierenden Wirtschaft sind, werden Verkehrsinfrastrukturen hierzulande bekämpft – und zwar buchstäblich zu Wasser, zu Lande und in der Luft.

### Kampf dem Rhein-Main-Donau-Kanal!

Dem Rhein-Main-Donau-Kanal, der visionären europäischen Wasserstraße von Rotterdam bis zum Schwarzen Meer, wurde in den siebziger- und achtziger Jahren des vorigen Jahrhunderts von sogenannten »Umweltschützern« der Krieg erklärt – obwohl es kaum einen umweltfreundlicheren Güterverkehr als den auf dem Wasser gibt. Wie eine dicke Aorta sollte die Wasserstraße den Seehafen Rotterdam mit dem deutschen Ruhrgebiet und weniger entwickelten »Ostblockländern« wie Ungarn, Jugoslawien, Rumänien und Bulgarien sowie mit den Schwarzmeer-Anrainern Türkei und Sowjetunion verbinden. Das heißt, der sogenannte

Rhein-Main-Donau-Kanal war ein strategisches Entwicklungsprojekt für ganz Europa. Aber auch bei diesem Verkehrsprojekt wurde über einen Bauabbruch verhandelt, und zwar 1982 unter dem SPD-Bundesverkehrsminister Volker Hauff. Eine 1981 durchgeführte Kosten-Nutzen-Rechnung hatte ein Güteraufkommen von lediglich 2,7 Millionen Tonnen pro Jahr auf dem zentralen Teilstück Main-Donau-Kanal prognostiziert. Eine Studie aus dem Jahr 1982 schätzte das Güteraufkommen auf jährlich 5,5 Millionen Tonnen. Nach Fertigstellung des Main-Donau-Kanals erreichte das Güteraufkommen dann bis zu 8,5 Millionen Tonnen jährlich. Auf seine volle Leistungsfähigkeit kam der Wasserweg wegen des Widerstands gegen den Ausbau einer verbliebenen Engstelle zwischen Straubing und Vilshofen allerdings nie. Ein entsprechendes Raumordnungsverfahren »wurde mit immer neuen Widerständen und Vorschlägen über angeblich sanfte Ausbaumaßnahmen durch den Verbands-Naturschutz begleitet und behindert«, schrieb der inzwischen verstorbene Vorsitzende des Deutschen Wasserstraßen- und Schifffahrtsvereins Rhein-Main-Donau (DWSV) *(http://www.schiffahrtsverein.de/),* Wilhelm Doni. Es habe »eine wahrhaft babylonische Sprachenverwirrung« eingesetzt, »die alles und jedes Argument gebrauchte und missbrauchte« und »die mit Heimatgefühlen und Horrorszenarien hantierte«. Für diese »babylonische Sprachenverwirrung« gibt es auch noch andere Ausdrücke: Propaganda und Obstruktion.
Im Jahr 1999 erhielt die Bürgerbewegung gegen den Rhein-Main-Donau-Kanal quasi Schützenhilfe durch NATO-Bomber, die im Kosovo-Krieg scheinbar sinnlos Donaubrücken zerstörten. In Wirklichkeit sorgten sie damit dafür, dass die etwa 3500 Kilometer lange Wasserstraße auf Jahre hinaus nicht mehr durchgängig befahrbar war: »Fast auf den Tag genau 58 Jahre nach Hitlers Luftwaffe hatte die NATO Anfang April 1999 neben zwei anderen Donaubrücken die Brücke zerbombt, die Novi Sad [serbische Großstadt; G.W.] mit dem jenseitigen Ufer von Petrovaradin

verband«, hieß es am 6. Dezember 2001 in der schweizerischen *Wochenzeitung (WOZ)*. Gemeint war damit die große »Freiheitsbrücke«, eine moderne, 1,3 Kilometer lange »Hängebrücke« über die Donau. Die sechsspurige Fahrbahn fiel bei dem Bombardement in die Donau. Die von NATO-Sprecher Jamie Shea dafür angeführten »strategischen Gründe« seien lächerlich, befand die *WOZ:* »Auch wer lediglich vage geographische Vorstellungen besass, konnte sich darüber nur den Bauch halten vor Lachen.«
Aber auch nur, weil er die wahren strategischen Gründe der NATO nicht verstanden hatte: nämlich Europas neue Verkehrsaorta zu unterbrechen. Im Jahr 2001 überspannte zwar eine neue Brücke die Donau, doch damit war nur dem Verkehr zu Lande geholfen. Der Fluss sei »nach wie vor nur sehr eingeschränkt schiffbar, da Geldmangel das Beiseiteräumen der Brückentrümmer verhindert hat; zudem muss bei jeder Schiffspassage eine weiter stromabwärts errichtete Pontonbrücke umständlich geöffnet werden« *(WOZ)*.
»Der heutige Donauhandel ist weitgehend zusammengebrochen«, berichtete auch die Deutsche Welle am 21. Februar 2002: Ein Hindernis »für die Entwicklung der Donauschifffahrt sind Brückentrümmer, die nach wie vor bei Novi Sad die Durchfahrt einschränken. Die NATO hatte die Brücken während des Kosovo-Krieges 1999 bombardiert. Zwei davon wurden zerstört. Die größten Transport-Unternehmen sind seit Ausbruch der Jugoslawien-Kriege 1991 auf Lastkraftwagen umgestiegen. Die Verknüpfung zwischen Schifffahrt und Bahn durch moderne Container-Anlagen ist mangelhaft.«
Ganze Arbeit, kann man da nur sagen. Kein Zweifel: Die Wasserstraße war nicht erwünscht. Die Freiheitsbrücke von Novi Sad wurde erst am 11. Oktober 2005 wieder für den Verkehr freigegeben: »Ihre Trümmerteile hatten die Schifffahrt auf der Donau über sechs Jahre hinweg behindert« (Bundeswehr-Chronik über den Kosovo-Krieg).

## Keine Weltstadt ohne Verkehr

Genauso wie Wasserstraßen sind auch Häfen von entscheidender Bedeutung für die Entwicklung einer Region – auch Flughäfen. So ist eine Weltstadt ohne einen großen Flughafen nur schwer denkbar. Das wussten bereits in den sechziger und siebziger Jahren des vorigen Jahrhunderts natürlich auch die Stadt- und Landesväter im bayerischen München. Doch gegen den ersten Planfeststellungsbeschluss (also die »Baugenehmigung«) für den neuen, außerhalb der Stadt gelegenen Flughafen München II vom 8. Juli 1979 gab es nicht weniger als 5724 Klagen. Vor allem eine breite Front aus Umwelt- und Natur-»Schützern« ging gegen den Flughafen vor. Sie entdeckten in dem zuvor eher unbekannten Erdinger Moos plötzlich ein einzigartiges Biotop und stilisierten den Flughafenbau zur ausgewachsenen Umweltkatastrophe. Von 1981 bis 1985 erreichten die Flughafengegner auf juristischem Wege einen vierjährigen Baustopp. Erst 1985 konnte der Flughafen weitergebaut und am 17. Mai 1992 eröffnet werden. Da Verkehrswege Verkehr, das heißt Personen und Güter, anziehen, ist die Region München ohne den neuen Flughafen heute nicht mehr denkbar. Das Verkehrsaufkommen stellte sämtliche Prognosen in den Schatten. Rechnete man 1979 für das Jahr 2010 mit einem Passagieraufkommen von jährlich 17,6 Millionen, erreichte der Flughafen bereits 2007 mit 34 Millionen das Doppelte (und etwa dreimal so viel wie zuletzt der alte Flughafen München-Riem).
Erreichbarkeit spielt eine wichtige Rolle bei der Ansiedlung international tätiger Unternehmen, aber natürlich auch im Tourismus. Im Jahr 2007 reisten 156 Prozent mehr ausländische Übernachtungsgäste mit dem Flugzeug in die Region München als noch im Jahr 2002 und gaben dabei 1,8 Milliarden Euro aus (ein Plus von 131 Prozent gegenüber 2002). Stand die Region München im Jahr 2002 bei »ausländischen Luftverkehrseinreisenden« noch auf Platz vier, ist sie seit 2007 nach der Region Berlin das

zweitbeliebteste Reiseziel in Deutschland. Darüber hinaus ist der Flughafen München heute mit rund 30 000 Beschäftigten Bayerns zweitgrößte Arbeitsstätte. »Täglich produziert der Airport zwei neue Arbeitsplätze«, rechnete das regionale Wirtschaftsportal *muenchen.business-on.de* am 8. Juli 2010 vor. Für 2020 rechnet man mit 41 000 Beschäftigten. Kurz: Der Flughafen hat bei der Entwicklung der Region München eine sehr große Rolle gespielt.

## Nieder mit dem Transrapid!

Und trotzdem wurde er inzwischen Opfer eines weiteren Schildbürgerstreichs. Da die beiden immer kräftiger schlagenden Herzen von Flughafen und Landeshauptstadt nur durch zwei dünne Äderchen verbunden wurden (zwei beschauliche S-Bahn-Linien, die für den Weg zwischen der Stadt und dem Flughafen glatt die Zeit eines Inlandsfluges benötigen), plante man ab 2005 (Beginn des Planfeststellungsverfahrens), den Flughafen durch die Magnetschwebebahn Transrapid mit der Stadt zu verbinden. Doch insbesondere der Münchner SPD-Oberbürgermeister Christian Ude und seine Koalitionspartner von den Grünen entfachten einen regelrechten Aufstand gegen das Projekt.

In Zeiten allgemeiner Demo-Müdigkeit brachte es ein breites Bündnis aus SPD, Grünen, Linken und Gewerkschaften tatsächlich fertig, am 3. November 2007 13 000 Menschen zu mobilisieren, und zwar nicht gegen die neoliberale Bundesregierung in Berlin, nicht gegen die kriminelle Zockermentalität der Banken, nicht gegen steigende Inflation und sinkende Kaufkraft, nicht gegen die Kriege in Afghanistan und im Irak, nicht gegen die zunehmende Beschnüffelung der Bürger, nicht gegen das G-8-Gymnasium, nein, gegen den Transrapid – so selektiv kann Bürgerempörung gesteuert werden.

Auf dem Demo-Plakat prangte der Zug in den klassischen Propagandafarben Schwarz, Rot, Weiß und trug eine aggressive Fratze mit bösen Schlitzaugen. Für die schwächelnde CSU war der Transrapid nicht mehr durchsetzbar. Am 27. März 2008 verkündete der bayerische Ministerpräsident Günther Beckstein denn auch das Aus für die Magnetschwebebahn, das offiziell mit Mehrkosten in Höhe von etwa 1,5 Milliarden Euro begründet wurde. Im selben Freistaat hatte die BayernLB bis Ende März 2008 mehr als einen ganzen Transrapid verzockt, nämlich 4,3 Milliarden Euro. Weitere acht Transrapids standen seinerzeit bei der BayernLB auf der Kippe, nämlich 24 Milliarden Euro. Für die marode IKB-Bank hatte der Bund bereits an die drei Transrapids bereitgestellt, nämlich zehn Milliarden Euro. Etwa sechs Transrapids, nämlich 20 Milliarden Euro, waren bis Ende März 2008 insgesamt in die maroden Landesbanken geflossen. Sämtliche Verluste der deutschen Banken in der Kreditkrise wurden im April 2008 auf etwa 20 Transrapids geschätzt, sprich: 70 Milliarden Euro – und zwar ohne realen Gegenwert. Eine vergleichsweise spottbillige Realinvestition wie der Transrapid wurde dagegen durch einen angestifteten Bürgeraufstand verhindert.

Kann man das alles noch erklären? Oh, ja, man kann. Und zwar im übernächsten Kapitel (siehe 11. Oktober »Darf's a bissel Steinzeit sein?«).

## *7. Oktober* Verena Becker: Das letzte Rätsel der RAF?

Eine äußerst merkwürdige Erscheinung betritt gegen 9.15 Uhr den Sitzungssaal des Oberlandesgerichts Stuttgart in Stammheim. Die dunklen, kurzen Haare und die das halbe Gesicht bedeckende schwarze Sonnenbrille bilden einen seltsamen Kontrast zu dem hellen Rollkragenpullover und der hellen Jacke. Vergeblich versucht das Gehirn die seltsame Erscheinung einzuordnen: Mann? Frau? Mädchen? Junge? Der sehr kleine Wuchs scheint auf eine kindliche Person hinzudeuten, doch beim Näherkommen altert

das Gesicht rapide. Besonders der strichartig verkniffene, bisweilen aus der Mittelachse des Gesichts verschobene Mund sticht ins Auge. Er wirkt brutal und verbissen.
Was aussieht wie ein Mafia-Rumpelstilzchen ist in Wirklichkeit Verena Becker, RAF-Terroristin der »zweiten Generation« (ca. 1972 bis 1977), die für die Morde an Arbeitgeberpräsident Hanns-Martin Schleyer, Dresdner-Bank-Vorstand Jürgen Ponto und Generalbundesanwalt Siegfried Buback verantwortlich gemacht wird. Der 7. Oktober 2010 ist der zweite Prozesstag im Verfahren gegen Becker wegen des Mordes an Buback und seinen beiden Begleitern. Becker ist ein Gewächs aus dem Sumpf von Verbrechen, Terrorismus und Geheimdiensten, aus dem die RAF von Anfang an hervorging. Während der Öffentlichkeit der Terrorismus der siebziger Jahre des letzten Jahrhunderts als »soziales Phänomen« unter fehlgeleiteten sozialromantischen Jugendlichen verkauft wurde, stammte er in Wirklichkeit aus dem Labor von Geheimdiensten, die aus gewöhnlichen Kriminellen und Soziopathen (wie Andreas Baader) mit Hilfe von Drogen und Erpressung eine Terrorgruppe zusammenbrauten.
Und während man der Öffentlichkeit mit dem Verfahren gegen Becker Aufklärung suggeriert, wird der nächste Schwindel schon inszeniert. Angeblich wird Becker vor Gericht zitiert, um »das letzte RAF-Rätsel« *(BILD.de)* zu lösen, nämlich, wer am 7. April 1977 Generalbundesanwalt Siegfried Buback erschoss. Buback wurde damals beim Stopp an einer Ampel in Karlsruhe zusammen mit seinen beiden Begleitern nach Mafiaart professionell hingerichtet: Ein Motorrad hielt neben dem Dienstwagen, der Sozius eröffnete mit einer Maschinenpistole das Feuer und mähte Buback und seine Begleiter regelrecht nieder. Was heißt »der Sozius« – eigentlich müssen wir hier von einer »Sozia« reden, berichteten Zeugen doch von Anfang an von einer »zierlichen Person« oder einer »Frau« auf dem Beifahrersitz des Motorrads, wie Siegfried Bubacks Sohn Michael herausfand, der in dem Prozess als Nebenkläger auftritt.

## Eine geschlossene Beweiskette

Und tatsächlich wurde nur einen Monat später (am 3. Mai 1977) bei einer Schießerei mit der Polizei in Singen eine äußerst zierliche RAF-Frau festgenommen, die nicht nur die Tatwaffe des Buback-Mordes bei sich hatte, sondern von der auch eine »Haarspur« in einem am Tatort zurückgebliebenen Motorradhelm gefunden wurde (*Spiegel*, 23.4.2007). Damit nicht genug: Laut BKA-Unterlagen führten Becker und der mit ihr festgenommene Komplize Günther Sonnenberg auch den Schraubenzieher aus dem Bordset des Tatmotorrads mit sich (siehe Michael Buback: *Der zweite Tod meines Vaters*, München 2009, S. 283 ff.). Also offenbar eine geschlossene Beweiskette. Was bei anderen Beschuldigten zumindest für eine Anklage wegen Mordes im Fall Buback gereicht hätte, tropfte jedoch wundersamerweise von Verena Becker ab.

Becker kam davon, weil sie bereits aufgrund der Singener Schießerei mit den Polizisten wegen Mordversuchs zu zweimal lebenslänglich und dreizehn Jahren Haft verurteilt worden war; das Verfahren in der Sache Buback wurde daher aus »prozessökonomischen Gründen« (*Tagesspiegel*, 6.10.2010) fallengelassen, nach dem Motto: Was ergibt es für einen Sinn, eine zu zweimal Lebenslänglich und dreizehn Jahren Verurteilte noch einmal wegen Mordes anzuklagen? Eine höhere Strafe wäre ja auch bei vollendetem Mord nicht zu erwarten. Schon das allein ist ein Skandal: Dass eine Person, die eines solchen brutalen Dreifachmordes verdächtig ist, nicht angeklagt wird, grenzt an Strafvereitelung im Amt. Denn mit seiner eiskalten Planung und Durchführung stellte der Buback-Mord menschlich wie juristisch zweifellos die denkbar verwerflichste Mordmethode dar und musste aufgearbeitet werden.

Aber: Wäre Becker deswegen verurteilt worden, hätte kein Bundespräsident jemals Gnade vor Recht ergehen lassen können. Das Kalkül könnte Folgendes gewesen sein: Während der Dreifachmord von Karlsruhe sozusagen niemals »begnadigungsfähig« gewesen wäre, war es Beckers mit mehrfach lebenslänglich bestrafter Mordversuch an den Polizisten durchaus. Während man der Öffentlichkeit und den Angehörigen eine lebenslange Haftstrafe für die Hauptverdächtige vorgaukelte, war die spätere Begnadigung möglicherweise bereits eingeplant. Genau deshalb wurde Becker wegen des schwerwiegenderen Buback-Mordes gar nicht erst der Prozess gemacht. Und tatsächlich musste sie nicht einmal die dreizehn Jahre »Zusatzstrafe« aus ihrem zweifachen Lebenslänglich-Urteil absitzen, sondern wurde bereits nach neun Jahren durch einen äußerst milde gestimmten Bundespräsidenten Richard von Weizsäcker begnadigt. Auf diese Weise wurden ihr zwei Mal Lebenslänglich und vier Jahre sozusagen geschenkt. Die mutmaßliche Mörderin von Siegfried Buback wurde so um die eigentliche Gefahr herumgeschleust und nach neun Jahren wieder freigelassen.

Glaubt man dem RAF-Kenner Stefan Aust, wäre die aus der »militanten Lesben-Szene« (*Basler Zeitung*, 4.10.2010) stammende Becker das perfekte Werkzeug für einen Mordanschlag auf einen »Kerl« gewesen: »Sie zieht nachts durch Berlin, verwüstet die Schaufenster von Pornoläden. Da ist sie nicht mal zwanzig«, beschreibt die *Süddeutsche Zeitung* Ende September 2009 kurz und knapp Beckers kriminelle Karriere. Wurde die kleine, unansehnliche Lesbe vielleicht zu »militant«? »Zwei Jahre später lernt sie im Jemen, wie man mordet. Dann kommt der Deutsche Herbst, und Verena Becker schießt um sich. Heute ist sie 57 und wieder im Gefängnis« (*SZ* in: *jetzt.de,* 30.9.2009). Doch auch dieser Gefängnisaufenthalt währte nicht lange. Wenig später war sie wieder frei, der Haftbefehl wurde am 23. Dezember 2009 aufgehoben – ein kleines Weihnachtsgeschenk?

## Ein Treppenwitz der Geschichte

Ein Werdegang, der förmlich nach Geheimdienst riecht. Denn kleine bis mittlere Straftaten (wie beispielsweise Sachbeschädigung) werden von den Behörden gerne benutzt, um jemanden zur Mitarbeit zu nötigen, wofür dem Betreffenden kleinere oder größere Gefälligkeiten in Aussicht gestellt werden. So kann sich jemand durch Handlangerdienste (zum Beispiel als V-Mann oder V-Frau) die Freiheit oder eine milde Strafe erkaufen. Und so kann es immer weitergehen, bis derselbe Jemand irgendwann mit einer Maschinenpistole auf einem Motorrad sitzt, drei Menschen erschießt und trotz erdrückender Beweise nicht einmal angeklagt wird. Nur weil Becker aufgrund der oben geschilderten Zusammenhänge nie wegen Mordes an Generalbundesanwalt Buback verurteilt worden war, konnte sie jedenfalls am 30. November 1989 das Gefängnis verlassen.

Der Schwindel besteht, wie gesagt darin, dass nun so getan wird, als werde mit dem Verfahren gegen Becker in Sachen Buback-Mord das »letzte RAF-Rätsel« gelöst (*BILD.de,* 29.9.2010). Nichts könnte falscher sein. Denn das Verfahren wird gar nicht ergebnisoffen geführt, vielmehr soll Becker schon wieder an dem eigentlichen Kern der Tat vorbeigeschleust werden. Selbst auf dem Motorrad gesessen und geschossen zu haben wird der damaligen Besitzerin der Tatwaffe, deren Haare Berichten zufolge in einem Helm am Tatort gefunden wurden, gar nicht erst vorgeworfen. Die neuerliche Anklage aus dem Jahr 2010 gegen Verena Becker wegen des Buback-Mordes ist vielmehr Anklage und Freispruch in einem. Denn »nach dem Ergebnis der Ermittlungen« gebe es »keine hinreichenden Anhaltspunkte dafür, dass sie eines der beiden Mitglieder des Anschlagkommandos auf dem Tatmotorrad war«. Was bereits nach den bislang vorhandenen

Indizien und Beweisen lächerlich ist. Offenbar möchte man die hochgradig verdächtige Becker, die wahrscheinlich sehr viel über die verdeckte Komplizenschaft zwischen Behörden und Terrorismus weiß, erneut lieber an der Peripherie der damaligen Hinrichtungsaktion ansiedeln.

## Merkwürdige Rollenverteilung

So sind die Rollen in dem Verfahren denn auch etwas merkwürdig verteilt. Die treibende Kraft des Verfahrens und der Anklage ist nicht etwa die Bundesanwaltschaft, sondern der Sohn des ermordeten Generalbundesanwaltes, Michael Buback. Die Bundesanwaltschaft ist dafür in das Lager der Verteidigung gewechselt und verteidigt mit Zähnen und Klauen die rote Linie, die da heißt: Mittäterschaft von Verena Becker ja, Haupttäterschaft nein. Die jahrzehntelange milde Linie gegenüber Verena Becker setzt sich damit bis auf den heutigen Tag fort. Hintergrund könnte sein, dass die Behörden der Bundesrepublik Deutschland selbst bis zum Hals im Terrorismus stecken. Bräche der Damm in Sachen Becker, hieße das auch »Land unter« für die Behörden, die in Sachen Terrorismus seit Jahrzehnten nach Kräften täuschen, tricksen und tarnen.

Entsprechend beschäftigt sich die Anklage hauptsächlich mit den angeblichen DNA-Spuren von Becker an den »Bekennerschreiben« im Fall Buback und will Becker auf diese Weise sozusagen als Büro- oder Verwaltungskraft der RAF verkaufen.

Rein zufällig sind auch wichtige Beweismittel »verschwunden«: »Im Stuttgarter RAF-Prozess hat ein Ermittler des Bundeskriminalamts (BKA) bestätigt, dass wichtige Asservate beim Buback-Attentat von 1977 inzwischen nicht mehr auffindbar sind«, schrieb *Spiegel Online* am 7. Oktober 2010. »Eine Überprüfung habe ergeben, dass man nicht wisse, wo das bei dem Anschlag verwendete Tatmotorrad und das Fluchtfahrzeug – die beide nach der Tat sichergestellt worden waren – ›hingelangt‹ und ›letztlich geblieben‹ seien, sagte der 43[in Wirklichkeit 53]-jährige Kriminalhauptkommissar am Donnerstag vor dem Oberlandesgericht (OLG) Stuttgart.« Auf Nachfrage von Anwalt Ulrich Endres, der den Nebenkläger Michael Buback vertritt, wo sich denn die Spur des Motorrads verliere, »konnte der Kommissar nichts sagen«, berichtete *BILD.de* am 8. Oktober 2010. »Das ist ein einmaliger Vorgang in der Kriminalgeschichte«, habe Endres gegenüber *Bild* gesagt.

Das ist aber noch nicht alles. Denn neben dem Tatmotorrad und dem (späteren) Fluchtfahrzeug der Täter seien auch »der Dienstwagen meines Vaters« und »die Akten des Verfassungsschutzes« verschwunden, bemängelte der Nebenkläger. Nun kann man wahrscheinlich Akten und Beweismittel aus abgeschlossenen Verfahren nach einer gewissen Frist vernichten. Allerdings sieht es hier wohl etwas anders aus. Denn erstens verjährt Mord nicht, und ein Verfahren gegen die Hauptverdächtige hat es in dieser Sache nie gegeben. Und zweitens stellte sich heraus, dass die Suzuki GS 750 bereits spätestens fünf Jahre nach dem Mord verhökert worden war. Schon 1982 hatte sie laut *BILD.de* vom 9. Oktober 2010 ein Böblinger zusammen mit einem Freund in Stuttgart gekauft: »Ich fand in einem Anzeigenblatt eine Annonce: Nur 3800 Mark VB für eine GS 750, die erst 3318 Kilometer auf dem Tacho hatte. Ein Schnäppchen.« In der Tat. Die geringe Kilometerleistung resultierte wohl daraus, dass das Krad seit dem Buback-Mord bei den Ermittlern herumgestanden hatte, zuletzt in Stuttgart-Stammheim. Die Justiz hatte aber offenbar bald kein Interesse mehr daran und beeilte sich, das Beweismittel unter die Leute zu bringen.

Die Grenze zwischen Asservierung und Beweismittelunterdrückung scheint in RAF-Verfahren fließend zu sein. Im Oktober 2010, nachdem die Maschine zehn Jahre in einer Garage vor sich hin gegammelt war, tauchte sie wieder auf, und der Justiz blieb nichts anderes übrig, als sie erneut zu beschlagnahmen.

All das seien lediglich »Pannen«, versuchen Justiz und Medien zu erklären. Wohl kaum. Vielmehr dürfte es sich in der Summe eher um hochkriminelle Machenschaften im Zentrum der bundesdeutschen Strafverfolgung handeln.

Und tatsächlich verdichten sich die Hinweise darauf, dass die mutmaßliche Mörderin Becker bei ihren mutmaßlichen Taten von niemand anderem als den bundesdeutschen Geheimdiensten geführt wurde, die übrigens in regem personellen Austausch mit der Bundesanwaltschaft stehen. Ein RAF-Anschlag wäre möglicherweise der bequemste Weg gewesen, einen in den eigenen Reihen unbequemen Generalbundesanwalt zu »entsorgen« und dabei gleichzeitig den Phantomkrieg der »Sechs gegen die sechzig Millionen« (wie die Auseinandersetzung zwischen RAF und Staat genannt wurde) anzuheizen. In einem Stasi-Bericht aus dem Jahr 1978, den der Südwestfunk ausgrub, heißt es: »Es liegen zuverlässige Informationen vor, wonach die B. seit 1972 von westdeutschen Abwehrorganen wegen der Zugehörigkeit zu terroristischen Gruppierungen bearbeitet bzw. unter Kontrolle gehalten wird.« Also bereits fünf Jahre vor dem Buback-Mord. In demselben Vermerk hieß es weiter: »Diese Informationen wurden durch Mitteilungen der HVA [Hauptverwaltung Aufklärung; G.W.] von 1973 und 1976 bestätigt.« Also stand zumindest für die Stasi schon lange vor dem Buback-Mord zweifelsfrei fest, dass Becker von westdeutschen Diensten kontrolliert wurde.

Laut der ARD-Sendung »titel, thesen, temperamente« vom 10. Oktober 2010 war die »Terrorzelle, in der Becker in den frühen siebziger Jahren aktiv gewesen ist«, gar »nachweislich vom Verfassungsschutz unterwandert«. Der Politologe Wolfgang Kraushaar vermutet, dass Becker schon seit 1972 mit dem Berliner Verfassungsschutz zusammengearbeitet habe. »Dies wäre ein echter Skandal.« Der Berliner Verfassungsschutz ist jene Behörde, die ganz am Anfang des Terrorismus in Deutschland stand. Von dort aus wurden auch Agenten wie Peter Urbach geführt, der die ersten Molotow-Cocktails besorgte, die 1968 auf Fahrzeuge des Springer-Verlages geworfen wurden. Urbach hatte auch Kontakt zu den meisten anderen Personen, die am Beginn des Terrorismus in Deutschland standen, beispielsweise zu Andreas Baader. »Bei einer Annahme einer Deckung und Unterstützung von Verena Becker, etwa von Geheimdienstseite, ließe sich alles, was ansonsten unverständlich war, widerspruchsfrei erklären«, schreibt Michael Buback in seinem Buch (S. 323). Und das ist noch zurückhaltend formuliert. Denn in Wirklichkeit muss geklärt werden, ob niemand anderer als bundesdeutsche Dienste den Auftrag zum Mord an Buback gegeben haben. Es gebe Hinweise darauf, so Buback junior, dass sein Vater neben der RAF noch andere Feinde hatte. Feinde, die sich der RAF nur bedienten?

## Terrorismus als Tarnkappefür Geheimdienste

Und damit sind wir bei einer Frage, die auch für alle weiteren, wenn nicht für alle RAF-Morde überhaupt gilt: War die RAF, insbesondere ihre nebulöse »dritte Generation«, in Wirklichkeit nur eine Tarnkappe für Geheimdienstmorde? Tatsache ist: Das RAF-Rätsel ist keineswegs gelöst, sondern in Wahrheit stehen wir immer noch am Anfang der Aufklärung der Geheimnisse um die RAF. Zumindest rankt sich ein Justizskandal erster Güte um die »Rote Armee Fraktion«.

Während die Aufklärungsquote bei (bekanntem) Mord normalerweise rund 95 Prozent beträgt, harren fast sämtliche Morde der »dritten Generation« der RAF (ca. 1985 bis 1991) nach wie vor der Aufklärung. Und anders als bei der »zweiten RAF-Generation«, wo immerhin noch, wie im Fall Becker, Verdächtige ermittelt und verurteilt wurden, haben die Fahnder hier nicht einmal die leiseste Ahnung, wer hinter den Taten stecken könnte – oder täuschen sie das nur vor?

Die Morde an folgenden zentralen Persönlichkeiten des Staates und der Wirtschaft der Bundesrepublik Deutschland sind bis heute nicht einmal ansatzweise aufgeklärt:

**Ernst Zimmermann,** Vorstandsvorsitzender des Rüstungskonzerns Motoren- und Turbinenunion (MTU), fiel am 1. Februar 1985 einem Mord nach Art des CIA-Thrillers *Die drei Tage des Condor* zum Opfer. Eine als Briefträgerin getarnte Killerin verschaffte sich und ihrem Komplizen unter dem Vorwand, Zimmermanns Unterschrift zu benötigen, Zugang zu dessen Wohnung. Die beiden fesselten das Ehepaar Zimmermann und richteten ihn mit mehreren Schüssen in den Hinterkopf hin.

**Karlheinz Beckurts,** Vorstandsvorsitzender der Siemens AG, wurde am 9. Juli 1986 auf einer Landstraße bei Straßlach in der Nähe von München mit einer Bombe in die Luft gesprengt.

**Gerold von Braunmühl,** Direktor im Auswärtigen Amt und rechte Hand von Hans-Dietrich Genscher, wurde am Abend des 10. Oktober 1986 gegen 21 Uhr nach Mafiaart von zwei Killern vor seinem Haus in Bonn abgepasst und erschossen.

**Alfred Herrhausen,** Vorstandsvorsitzender der Deutschen Bank AG und der einzige geostrategisch denkende Großbanker der Bundesrepublik, wurde am Morgen des 30. November 1989 auf dem Weg ins Büro in seinem gepanzerten Mercedes mit einer Bombe in die Luft gesprengt, der Fahrer erlitt Verletzungen.

**Detlev Karsten Rohwedder,** Vorstandsvorsitzender der Treuhandanstalt, die das Vermögen der ehemaligen DDR verwaltete, und damit Herr über Multimilliardenwerte, wurde am Abend des 1. April 1991 von zwei Killern durch das Fenster seines Hauses in Düsseldorf erschossen.



## Kein Interesse an den Tätern

Dass diese Morde bis heute ungeklärt sind, ist ein Skandal, der weder von der Justiz noch von unseren »Qualitätsmedien« zum Thema gemacht wird. Es hat den Anschein, als habe die Justiz in

Wirklichkeit nicht das geringste Interesse daran, die Täter dingfest zu machen.
Der RAF zugeschrieben wurden die Taten nicht aufgrund konkreter forensischer Spuren, sondern aufgrund von Bekennerbriefen und »RAF-Logos«, die jedermann geschrieben bzw. hergestellt haben konnte. Theoretisch wäre es auch denkbar, dass Angehörige einiger der vermummten bundesdeutschen Sonderkommandos die Taten begangen haben. Denn die Täter besaßen jeweils bestes Insiderwissen über die Lebensumstände, Räumlichkeiten und Schutzmaßnahmen der Opfer.
So wurde der Schusswaffenanschlag auf Detlev Karsten Rohwedder nicht durch die gepanzerten Fenster im Erdgeschoss seines Hauses verübt, sondern durch die nicht gepanzerten Fenster im ersten Obergeschoss. So wurde die »Herrhausen-Bombe« genau auf das gepanzerte Fahrzeug des Deutsche-Bank-Vorstands abgestimmt. Auf den veröffentlichten Fotos sind am Tatort zwar Polizeiautos zu sehen, aber kein einziges Bild zeigt auch nur einen Notarztwagen.
Im Grunde warten all diese Verfahren auf die Wiederaufnahme durch neue, unabhängige Ermittler, die nicht aus dem Sumpf der Terrorermittler und Sonderkommandos der Polizei stammen, der wie ein Sumpf aus Komplizenschaft durch Nichtstun wirkt.

## *11. Oktober* Darf's a bisserl Steinzeit sein?

Blauer Himmel, blaues Meer, weißer Sand und grüne Palmen: »Die Südsee-Trauminseln« heißt eine Dokumentation, welche die ARD an diesem Abend zur besten Sendezeit serviert. Bei solchen Bildern kann man endlich einmal wieder tief durchatmen. Genau das Richtige für einen gemütlichen Fernsehabend. Doch schnell wird mir klar, dass die ARD weit mehr will als die Zuschauer entspannen. Die Entspannung ist lediglich die Voraussetzung für eine ordentliche Gehirnwäsche. Durch die farbenprächtigen Bilder ist der Geist offen und aufnahmebereit – etwas so Schönes kann schließlich nicht falsch sein, oder? Aber man glaubt es kaum: Ein scheinbar harmloser Film über Südseeparadiese, in denen die Menschen glücklich und zufrieden leben wie in der Steinzeit, verwandelt sich plötzlich in ein Dokument subkutaner Indoktrination. Die Südseeparadiese, so kristallisiert sich während des Films heraus, sind nicht nur einfach schön anzuschauen, sondern auch das Gesellschaftsmodell der Zukunft.

Denn in den letzten Jahrzehnten gab es einen globalen Paradigmenwechsel. Galt es früher als ausgemacht, dass der Fortschritt immer weitergehen würde und die Industriestaaten die »Entwicklungsländer« am Ende auf das wirtschaftliche und zivilisatorische Niveau des Westens zu heben hätten, werden die Industrienationen heute verdammt und die Entwicklungsländer verherrlicht. Schon die Kinder in der Schule lernen heute: Industrie und Entwicklung sind böse. Die Erde befinde sich bereits »in der Mülltonne«, beklagte beispielsweise ein im Jahr 2010 an bayerischen Grundschulen verteilter Text mit der Zeichnung einer in Müll und Qualm erstickenden Erde: »Unsere Erde ist mehr und mehr mit Abfall übersät. Die Erde ist unsere Mülltonne geworden. Wo der Mensch auch hinkommt, immer hinterlässt er Müll.«

## Armut ist »geil«

Schlimm. Aber es gibt Hoffnung. Denn in Wirklichkeit hängt Abfall ja mit Produktion, Konsum und letztlich Entwicklung zusammen. Wurden früher die Bewohner der Industrienationen als Menschen »erster Klasse« angesehen, heißt es nun: Die Menschen in den Entwicklungsländern sind die Guten: »Die Menschen, die auf dem Land in armen Ländern leben, produzieren eigentlich überhaupt keinen Müll«, so der erwähnte Schultext. Richtig. Geiz mag »geil« sein oder auch nicht: Armut ist es ganz sicher, denn sie produziert keinen Müll. Kurz, nur wer in Armut vor sich hin vegetiert, verhält sich wirklich politisch korrekt. Und deshalb soll alles so bleiben, wie es ist – oder noch besser: werden, wie es früher war. Und zwar ganz früher. Zum Beispiel so wie in der Steinzeit. Und deshalb ist auch Konsum schlecht: »Wenn etwas nicht wiederverwendet werden kann, frag dich selbst: Brauchst du das überhaupt?«, bringt der Schultext die Kinder in Gewissensnöte. Diese Indoktrination findet nicht nur in der Schule statt, sondern auch in den Medien. Der arme, bescheidene Landarbeiter, Fischer oder Handwerker aus dem Entwicklungsland XY ist inzwischen zum stillen Helden vor allem der Fernsehdokumentation geworden. Und zum Vorbild für die zynischen Klimakiller der Industriestaaten, die morgens mit ihrer »$CO_2$-Schleuder« zur Arbeit brausen. Zumindest muss ein politisch korrekter Gutmensch, um sein Gewissen zu beruhigen, heute entweder Waisenhäuser in Afrika unterstützen, Patenkinder in Indien alimentieren oder ein schwarzes Kind adoptieren. Fast jeder Medieninhalt wird mit dieser Ideologie durchtränkt. Die Botschaft lautet: Die Erde könnte so schön sein – wenn bloß der Mensch nicht wäre. Zumindest nicht der Mensch aus den entwickelten Ländern.

## Entwicklung? Nein danke …

So geraten selbst TV-Dokumentationen über die Südsee zum ideologischen Lehrstück. Die Südsee besteht nämlich nicht nur aus Naturparadiesen, sondern auch aus politisch korrekten Paradiesen, belehrte uns der Film »Die Südsee-Trauminseln« just zu dem Zeitpunkt, als die Auseinandersetzung um das Projekt Stuttgart 21 hochkochte. Während Infrastrukturprojekte hierzulande erbittert bekämpft werden, verklären die Medien die Steinzeitgesellschaft in ästhetischen Postkartenbildern.

Auf den Banks-Inseln zum Beispiel, so erfährt man in dem Film, machen die Frauen »Musik«, indem sie einfach mit den flachen Händen aufs Wasser schlagen. Entsprechende Volkshochschulkurse sind in Zukunft zweifellos unvermeidlich. Auf West-Samoa

trifft man sich einmal im Jahr im flachen Wasser zum Festessen. Es gibt dünne, weißliche Palolowürmer, die »reich an Proteinen und Fett« seien – quasi der »Kaviar der Südsee«. Guten Appetit. Dass man zum Fang der fadenartigen Würmer jede Menge Taschenlampen braucht, wird nicht weiter thematisiert.
Ganz vorbildlich sind die Männer der Anuta-Insel. Während sie mit dem Gesicht nach unten im Wasser paddeln, benutzen sie Tintenfischtentakel als Köder für Fische, denen sie mit den bloßen Zähnen selbst das Genick durchbeißen. »Der Alltag auf der Insel hat sich kaum verändert, seit die Vorfahren dieser Menschen vor knapp 400 Jahren das Eiland besiedelten«, so der Kommentar aus dem Off. »Der Ozean liefert ihnen das meiste, was sie brauchen.«

## Grüße von Pol Pot

Auch das Thema Verkehr taucht in der Dokumentation auf: Während wir einen neuen Durchgangsbahnhof wollen, verbringen die meisten Anutaner »noch immer ihr gesamtes Leben auf dem isolierten Fleckchen Erde«. Die Anutaner wollen auch nicht immer neue Verkehrsmittel; ihre Boote sind vielmehr 150 Jahre alt. Die Isolation von Anuta ist nicht etwa rückständig, sondern »hat die Gemeinschaft geprägt. Sie sind zu weit von anderen Inseln entfernt, um regelmäßige Handelsbeziehungen zu pflegen. Umso stärker ist ihr Zusammengehörigkeitsgefühl«, schwärmt der Propagandastreifen. Und dann wird die Katze aus dem Sack gelassen: Auf Anuta herrscht nämlich nichts anderes als Agrarsozialismus. Pol Pot lässt grüßen. Inzwischen ist diese Ideologie jedoch wieder hoffähig geworden: »Alles wird geteilt. Und jeder arbeitet für alle.« Das ist »das Geheimnis ihres Erfolges«. Anuta habe eine der größten Bevölkerungsdichten der Erde, aber »trotzdem haben die Bewohner des Eilandes immer im Einklang mit der Natur gelebt«. Und zwar auf primitivstem Niveau. Aber das wird in dem Film nicht explizit gesagt. Stattdessen sieht man fröhliche Men-

schen beim Fischfang und bei der gemeinsamen Zubereitung der Mahlzeiten.
Aber nicht allen, die sich im Süd*pa*zifik ansiedelten, sei das gelungen, unkt die ARD-»Dokumentation«. Es gebe da eine Insel, deren Geschichte »von Raubbau und Zerstörung« geprägt sei: die Osterinsel. Als vor 1700 Jahren die ersten Menschen auf dem Eiland eintrafen, »erblickten sie ein Paradies« mit einer Tierwelt, vielfältiger als auf den Galapagos-Inseln, mit Hügeln voller Palmenwälder und einer der größten Seevogelkolonien der Südsee. Anfangs muss das Leben für diese sogenannten »Rapa Nui« leicht gewesen sein, vermutet der Film. Und so hatten sie Zeit, ihre riesenhaften Statuen zu meißeln.

## Kultur ist des Teufels

Kultur aber ist genauso des Teufels wie Entwicklung und Verkehr, denn sie sei schuld am Untergang der Rapa Nui. Schon bald sei es zum Konkurrenzkampf zwischen den Bewohnern gekommen, der die Insel zerstören sollte. Jeder habe den Nachbarn mit seinen Skulpturen übertrumpfen wollen. Für deren Transport habe man große Mengen Holz benötigt. Und allmählich hätten die Rapa Nui die wertvollen Ressourcen ihrer Heimat verbraucht. »Ihre Zivilisation versank in Chaos und Krieg«, lautet der Kommentar zu Bildern der verwitterten Statuen. »Jeder Clan bekämpfte den nächsten, mit furchtbaren Konsequenzen. Als ihre Zivilisation schließlich unterging, war die Insel der Rapa Nui nicht mehr wiederzuerkennen.«
»Das«, so heißt es, »sind die Hügel, auf denen einst die großen Palmenwälder standen. Und das sind die Klippen, die von riesigen Seevogelkolonien bevölkert waren. Die Rapa Nui haben sie gejagt, bis kein Vogel mehr übrig war. Heute sind die gewaltigen Statuen ein Symbol für die Zerbrechlichkeit der Natur geworden. Auf allen Inseln der Südsee müssen Menschen mit den Ressourcen haushalten.«

Der erhobene Zeigefinger ist überdeutlich. Unversehens wird die Osterinsel mit ihren Bewohnern zur Parabel auf die moderne, verwerfliche Industriegesellschaft. Die Bewohner von Anuta sind dagegen die Guten, die sich von den Tieren und Pflanzen ernähren, die, wie sie, auf die winzige Insel angewiesen sind. Auch sie jagen Seevögel, und es wäre ein Leichtes, »zu viele Seeschwalben zu fangen und die Kolonie auszurotten. Doch so kurzsichtig sind die Menschen von Anuta nicht. Sie sorgen mit Augenmaß dafür, dass auch die nächste Generation die Heimat nicht verlassen muss.« Zwar sei das Leben in der Südsee niemals nur ein Traum gewesen, »doch wer sich richtig verhält«, so das Resümee der agrarsozialistischen Parabel, «kann hier ein kleines Stück vom Paradies auf Erden erblicken.«

## Geschichten von Herrn Diamant

Sehr schön. Aber das Ganze ist, wie gesagt, nur eine Ideologie, erdacht von einem amerikanisch-jüdischen Evolutionsbiologen namens Jared Mason Diamond. Er machte die Osterinsel quasi zur Bühne für sein politisch korrektes Ideologietheater. »Die Insel gilt seit langem als Metapher für eine von Menschen herbeigeführte ökologische Katastrophe«, schrieb *Welt Online* am 29. August 2008, »ja als Gleichnis für die moderne globalisierte Welt: Die Osterinsel, das Lehrbeispiel für ökologische Selbstzerstörung, wurde 1994 sogar für Hollywood in Szene gesetzt.«
In Wirklichkeit ist Diamonds Modell bestenfalls eine These, schlimmstenfalls sogar widerlegt. Tatsächlich, so hätten laut *Welt* neuere Untersuchungen gezeigt, verschwanden zwar die Palmenwälder bald nach der menschlichen Besiedlung. Allerdings wohl nicht durch einen »menschlichen Kulturwahn«, sondern durch Ratten, die von den Siedlern eingeschleppt worden seien. Ein Team der Universität von Hawaii vermute, so die *Welt*, »dass die unkontrollierte Vermehrung der von den Polynesiern auf der Osterinsel eingeschleppten Ratten zum Schwund der Wälder führte«. Um

1200 n. Chr., so habe man hochgerechnet, »könnten zwischen zwei und drei Millionen Ratten auf der Insel gelebt haben. Sie fraßen alle Palmensamen auf und verstärkten dadurch die Entwaldung der Insel.« Demnach habe es »keinen direkt durch den Menschen selbst verursachten Zusammenbruch seiner Kultur« gegeben.

Es gibt aber noch einen weiteren möglichen Faktor. Und zwar sah man in der ARD-Dokumentation ganz nebenbei auf den von den bösen Menschen entwaldeten Bergen vulkanische Krater, die jedoch erstaunlicherweise mit keinem Wort erwähnt wurden. Die naheliegendste Erklärung für das schlagartige Ende von Zivilisation, Fauna und Flora auf der Osterinsel ist denn auch der Ausbruch eines der zahlreichen dortigen Vulkane. Eine solche Eruption kann ein Eiland zweifellos äußerst wirksam »sauber« putzen. Ein Vulkanausbruch könnte sowohl sämtliche Wälder abgefackelt als auch Tiere und Menschen vertrieben haben.

Im Jahr 2009 wurde der Umwelt-Ideologe Diamond übrigens von zwei Bewohnern Papua-Neuguineas wegen angeblicher Falschdarstellungen und Verleumdungen auf zehn Millionen Dollar Schadensersatz verklagt. Die beiden fühlten sich in einem Bericht von Diamond über Blutrache auf Papua-Neuguinea verleumdet. Die Überprüfung von Diamonds Artikel durch eine Wissenschaftsjournalistin ergab, dass ein laut Diamond angeblich an den Rollstuhl gefesseltes Racheopfer in Wirklichkeit gesund und munter war. Die Website Stinky Journalism.org nannte das »Jared Diamond's factual collapse« (»Jared Diamonds Tatsachenkollaps«).

## *25. Oktober* Prostatakrebs? Nur keine Panik …

Preisfrage: Was ist ein »echter Kerl«? Jemand, der an einem Gummiseil 100 Meter in die Tiefe springt? Einer, der mit seiner Harley zum Nordkap knattert? Oder jemand, der den Ärmelkanal durchschwimmt? Falsch – denn all diese Definitionen sind von

gestern. Was wirklich ein richtiger Kerl ist, erfahre auch ich erst an diesem Oktobertag – und zwar auf der Website der *Bild*-Zeitung! Ein echter Kerl ist demnach einer, der weder Impotenz noch Inkontinenz fürchtet und sich auf den Befehl irgendeines Doktors kurzerhand die Prostata herausschneiden lässt.
Ein Beispiel für einen solchen neuen Supermann hat *Bild* auch gleich parat. So erzählt ein »Rolf P. (53)«, wie er vom Weichei zum Helden mutierte – zumindest zum Helden des Medizinbetriebs und der *Bild*-Zeitung. Und zwar, indem er sich von der lästigen Prostata-»Nuss« befreien ließ. Schließlich klammern sich nur Memmen an ihre Potenz und haben Angst vor Inkontinenz und »Schlappofix in der Hose« (O-Ton Rolf P. in *Bild*) – beides gefürchtete Nebenwirkungen der Prostataoperation. Wer dagegen furchtlos in Kauf nimmt, dass sein bestes Stück in Zukunft tröpfelt wie ein undichter Wasserhahn, ohne fortan die gewünschte Festigkeit mitzubringen, der hat es wirklich geschafft.

### »Raus mit der Nuss« und willkommen im Reich der Windeln und Potenzmittel

*Bild* ließ den erwähnten Rolf P. die reinste Jubelgeschichte über seine Prostataoperation erzählen: »Zwölf Schuss hat der Doktor gesetzt, alles Treffer«, berichtet P. über eine vorausgegangene Probenentnahme aus der Prostata: »Jede Gewebeprobe bösartig. Prostatakrebs.« Toll – das klingt wie eine Erfolgsmeldung. »Und, was machen wir jetzt, habe ich den Doktor gefragt. ›Rausschneiden die Nuss‹, hat er gesagt.« Zu diesem Zeitpunkt war es schon ein paar Jahre her, seit P. zum ersten Mal bei einer Vorsorgeuntersuchung war. Damals habe er dem Doktor gesagt, er solle diesen »›SPD-Test‹ gleich mitmachen«. Gemeint war natürlich der PSA-Test (»prostataspezifisches Antigen«), ein Bluttest, der auf ein Prostatakarzinom hinweisen soll. Seit damals sei der entsprechende Wert stark angestiegen. Allerdings könnte man auch

Knöchelchen werfen oder Kaffeesatz lesen. Denn nicht einmal das Deutsche Krebsforschungszentrum (DKFZ) glaubt an den Nutzen dieser Untersuchung: »Der Beleg fehlt, dass diese Untersuchung Ihr Leben verlängert und nicht nur Beunruhigung und eventuell sogar unnötige Behandlungen nach sich zieht«, heißt es erfrischend ehrlich beim Krebsinformationsdienst des DKFZ. Und »unnötige Behandlungen« heißt natürlich allzu oft: raus mit der »Nuss« und willkommen im Reich der Windeln und Potenzmittel. »Es gibt zwei Worte, die machen einem bei so 'ner Operation Angst: Inkontinenz und Impotenz. Aber ich hab mich davon nicht erschrecken lassen«, raunt Rolf P. auf *BILD.de*: »Was man nicht alles für Probleme hat, die einen abhalten von so einer OP: meine Siebdruckfirma MPM-Promotion könnte pleite gehen, meine Frau könnte sich einen anderen suchen. Aber wer so was vorschiebt, der ist ein feiger Hund, kein Kerl.« Wer sich dagegen die Prostata herausnehmen lässt, ist mutig, lautet die Botschaft.
»Vier Wochen nach der OP bin ich in die Reha gekommen und hab die ganzen traurigen Gestalten erst mal aufgemischt. ›Club der Eunuchen‹ habe ich uns genannt.« Das klingt irgendwie nach Abenteuer und letztem Aufgebot – wer möchte sich da nicht gleich mit operieren lassen?
»Zwei Männer, die mir da an die Brust gewachsen sind, sind nach der Reha nicht nach Hause gegangen, sondern ins Hospiz.« Und warum? »Weil sie vorher zu feige gewesen waren, zum Arzt zu gehen, weil sie dachten, Vorsorge sei was für Weicheier, richtige Kerle haut nichts um.«

## Mutprobe Prostata-OP

Da haben wir's. Wir müssen den »richtigen Kerl« eben ganz neu definieren. Die Vorsorgeuntersuchung und die Prostata-OP sind Mutproben, denen sich nur echte Männer unterziehen – um herauszufinden, ob sie sich danach selbst nass machen oder gar »ins Hospiz gehen«.

Rolf. P. hat überlebt: »Ich arbeite wieder, und meine Frau ist noch da. Sex kann ich auch wieder haben, obwohl der jetzt mechanischer ist. Ich brauche halt Hilfsmittel wie Tabletten.« Was die Medizin- und Pharmaindustrie freuen wird. »Und wenn es trotz Hilfsmittel irgendwann nicht mehr geht, dann ist das so. Dann suche ich mir halt ein anderes Hobby.« Ein erfülltes Liebesleben ist also nichts weiter als ein Hobby, und wenn man ihm nicht mehr frönen kann, sucht man sich eben ein anderes!
Schließlich hat Rolf P. ja auch schon seinen »Stammhalter in die Welt gesetzt« und »sogar schon Enkel« – wozu braucht man da noch ein funktionierendes Sexualorgan? Also ist ein Hobbywechsel mehr als angesagt, denn: Die Enkel »brauchen einen guten Opa, auch deshalb war ich bei der Vorsorge«. Echte Kerle sind »Männer, die wissen, dass sie gebraucht werden, und die deshalb auf sich aufpassen.« Ihren Sexualapparat opfern sie gerne der Medizinindustrie, schließlich benötigen sie ihn ohnehin nicht mehr. Und wer den tieferen Sinn des *Bild*-Artikels noch immer nicht begriffen hat, der denke an das Motto von Rolf P.: »ICH LEBE NOCH, WEIL ICH BEI DER VORSORGE WAR.«

## Lieber zum Urologen als zum Zahnarzt?

Zwei Tage nach der Geschichte von Rolf P. und seiner »Nuss« machte die *Bild*-Website am 29. Oktober 2010 allen Ernstes mit der Schlagzeile auf: »Ich gehe lieber zum Urologen als zum Zahnarzt«. Dazu sah man einen Mann auf einer Liege; dahinter stand ein Arzt, der offenbar gerade die Prostata des Patienten abtastete. In der Bildunterschrift hieß es: »In der großen Serie erklärt BILD, wie wichtig Vorsorge ist – und dass Man(n) keine Angst vor ihr haben muss.« Und dafür hatte *Bild* natürlich wieder einen echten Kerl aufgetrieben, »Volker M. (46) aus Essen«, und ihn »zur Vorsorge begleitet«: »Natürlich ist der Moment, in dem der Arzt den Finger einführt, nicht besonders angenehm – aber die Tastuntersuchung dauert nur wenige Sekunden, und ich finde einen

Zahnarzttermin wesentlich schmerzhafter«, sagt der Mann – und vergleicht so Äpfel mit Birnen.
In Wirklichkeit ist nämlich das Gegenteil richtig. Da die Prostataabtastung nur eine diagnostische Maßnahme ist, muss man sie auch mit diagnostischen Maßnahmen beim Zahnarzt vergleichen – beispielsweise der routinemäßigen Kontrolle – und nicht mit Bohren oder Zähneziehen. Und natürlich müsste man dann auch die »kurativen« Maßnahmen bei Prostatakrebs (also Bestrahlung und Operation mit allen Nebenwirkungen) mit den kurativen Maßnahmen des Zahnarztes vergleichen, also Bohren, Wurzelbehandlung und Zähneziehen. Vermutlich würden nun die meisten den Zahnarzt vorziehen. Obwohl »Volker M.« jemand ganz anderes sein soll als der Prostataoperierte »Rolf P.«, gibt auch M. merkwürdigerweise den Macho und packt die männliche Leserschaft bei ihrer Ehre: »Angst haben wir Männer selbstverständlich nie! Ich frage mich nur, warum dann nur jeder fünfte Kerl regelmäßig zur Vorsorge geht.«
Soll also auch hier heißen: Echte Kerle gehen zur Vorsorgeuntersuchung. Merkwürdig, dass auch M. – genau wie P. – ständig das Wort »Kerl« benutzt – oder hat hier etwa *Bild* höchstpersönlich den beiden die Hand geführt?

### Tödliche Nachrichten für die Krebsindustrie

In Wirklichkeit sollten Männer, denen etwas an ihrer körperlichen Unversehrtheit liegt, lieber nicht zur Prostatakrebs-Vorsorgeuntersuchung gehen. Und zwar, weil sie dabei fast immer – meist völlig unnötigerweise – in die Fänge des gefährlichen und umsatzorientierten Medizinbetriebs geraten, der sie oft genug bestenfalls als Wrack, schlimmstenfalls als Leiche wieder ausspuckt. Der Grund für die hektische Propaganda von *BILD.de* könnte darin liegen, dass sich genau dies immer mehr herumspricht. So erschien nur drei Tage vor dem Lobgesang von *Bild* auf den Prostatahelden Rolf P., am 24. Oktober 2010, bei *Kopp Online* ein Artikel mit der für die Krebsindustrie ziemlich tödlichen Nachricht: »97 Prozent der Männer überleben Prostatakrebs auch ohne Behandlung«: »Selbst wenn sich keiner der Männer, bei denen Prostatakrebs im Frühstadium entdeckt wurde, einer medizinischen Behandlung unterzogen hätte, würden 97 Prozent von ihnen die Krankheit überleben, heißt es in einer Untersuchung schwedischer Wissenschaftler, die in der Fachzeitschrift *Journal of the National Cancer Institute* veröffentlicht wurde.«

## Prostatakrebs ist keine tödliche Krankheit

»Prostatakrebs ist nicht länger eine tödliche Krankheit«, kommentiert die Krebsexpertin Grace Lu-Yao von der University of Medicine and Dentistry of New Jersey in New Brunswick/USA die Studie.

Einc entsprechende Meldung erschien auch schon am 18. Juni 2010 bei der Nachrichtenagentur *Reuters* – allerdings auf Englisch. Leider haben unsere Medien es bis heute nicht geschafft, diese Meldung ins Deutsche zu übersetzen und zu verbreiten. Zumindest stößt man bei *Google News* mit den Suchworten »Prostatakrebs« und »schwedische Studie« auf keinen einzigen Pressebericht über diese Untersuchung.

Im Rahmen der Studie nahmen die Wissenschaftler 6849 Männer unter 70 Jahren unter die Lupe, bei denen zwischen 1997 und 2002 Prostatakrebs niedrigen bis mittleren Risikos (T1 bis T2) diagnostiziert worden war. Ein Teil der Männer hatte sich bestrahlen und/oder operieren lassen, bei einem anderen Teil war die Erkrankung nur beobachtet worden. Die Männer unterzogen sich also »entweder einer aggressiven Krebsbehandlung mit Hormonen, chirurgischen Eingriffen oder einer Strahlenbehandlung, oder man wartete unter ständiger medizinischer Beobachtung einfach ab, wie sich der Krebs entwickelte« *(Kopp Online)*. Ergebnis: Für einen Zeitraum von zehn Jahren wurde für die nicht behandelte T1- und T2-Gruppe eine Prostatakrebs-Sterblichkeit von nur 3,6 Prozent

errechnet – gegenüber 2,7 Prozent für die behandelte Gruppe. Dafür hatte die behandelte Gruppe jedoch ein Martyrium aus Bestrahlung, Operation, Inkontinenz und Impotenz durchgemacht.
Beim modernen Screening würden zahlreiche Prostatakrebse gefunden, die sich wahrscheinlich nie in eine gefährliche Krankheit verwandelt hätten, so Krebsexpertin Lu-Yao. »In diesen Fällen besteht die Gefahr, dass die minimale Reduzierung des Risikos durch eine Operation oder Bestrahlung die ernsten Nebenwirkungen dieser Behandlungen nicht aufwiegt.«

## Hackethal lebt

Dass all dies schon einmal gesagt wurde, ist natürlich längst vergessen. Im letzten Jahrhundert beherrschten die Ansichten des 1997 verstorbenen Chirurgen und Krebsarztes Julius Hackethal über den Krebs immer wieder die Schlagzeilen der Republik und mischten den Medizinbetrieb kräftig auf. Hackethal prägte den Begriff des »Haustierkrebses«, den man, wenn man ihn in Ruhe lasse, jahrzehntelang mit sich herumtragen könne, ohne an ihm zu sterben. Den eigentlichen Fehler sah Hackethal im »Herumdoktern« an solchen Krebsen, und er sprach von einer »Verstümmelungsstrategie« der etablierten Medizin. In zahlreichen Büchern, wie *Auf Messers Schneide, Kunst und Fehler der Chirurgen, Keine Angst vor Krebs* oder *Der Meineid des Hippokrates – Von der Verschwörung der Ärzte zur Selbstbestimmung des Patienten* legte er sich immer wieder mit der Schulmedizin an.
Mit Hackethals Tod im Jahr 1997 gerieten diese Bücher sehr schnell in Vergessenheit. Zu Unrecht. Bestimmt hätte ihr Autor der Krebsexpertin Lu-Yao zugestimmt, die Männern, bei denen Prostatakrebs im Frühstadium diagnostiziert wird, rät, dies eher als einen »Weckruf« zu verstehen, sich künftig mehr um ihre Gesundheit zu kümmern. Dass dies ihre Chancen auf ein langes Leben erhöhen würde, sei sehr viel wahrscheinlicher, als wenn sie in Panik verfielen …

# November 2010

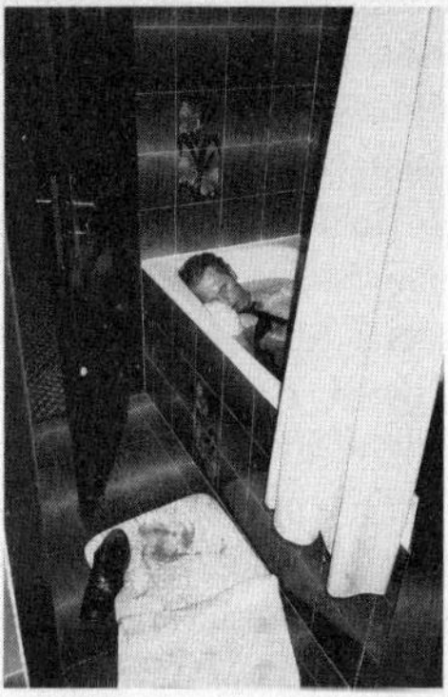

**Thema des Monats** *1.11.:*
*Halloween mit Uwe Barschel*

***1.11. Halloween mit Uwe Barschel*** **6.11.** Im Wendland demonstrieren Zehntausende von Atomkraftgegnern gegen Atommülltransporte und die Energiepolitik der Bundesregierung **8.11.** Im Irak tobt ein Guerilla-Krieg mit Bomben; bei einem Anschlag kommen zahlreiche Menschen ums Leben **9.11.** Die Evangelische Kirche in Deutschland wählt Nikolaus Schneider zum neuen Ratsvorsitzenden und damit zum Nachfolger der zurückgetretenen Margot Käßmann.

## *1. November* Halloween mit Uwe Barschel

Der Monat November beginnt mit einem Knall. Und zwar »sprach« diesmal ausnahmsweise nicht *Bild* zuerst mit der Leiche, wie der Volksmund so schön spottet, sondern RTL. Am 1. November 2010 sind die Zeitungen voll mit Schlagzeilen wie »Medium sprach mit dem toten Barschel«, »Witwe Barschel spricht über Medium mit ihrem toten Mann« oder »Halloween im Hause Barschel«. Was war passiert? Ausgerechnet in der Halloween-Nacht vom 31. Oktober auf den 1. November hatte der TV-Sender RTL eine Folge seiner Reihe »Das Medium« ausgestrahlt, in der eine gewisse Kim-Anne Jannes mit dem 1987 verstorbenen schleswig-holsteinischen Ex-Ministerpräsidenten Uwe Barschel gesprochen haben wollte. Und der erzählte ihr angeblich brühwarm, dass er damals, 1987, mit Giftgas ermordet worden sei.

Seitdem der CDU-Politiker am 11. Oktober 1987 tot in der Badewanne des Genfer Hotels »Beau Rivage« gefunden wurde, treibt die Republik die Frage um: Wie ist der Mann ums Leben gekommen? Genau wie später bei Kirsten Heisig, Jürgen Möllemann und anderen lautete die offizielle Diagnose »Selbstmord«. Zuvor war Barschel monatelang von Medien (insbesondere dem *Spiegel*) und politischen Gegnern an den Pranger gestellt worden, weil er angeblich den schleswig-holsteinischen Oppositionsführer Björn Engholm (SPD) bespitzeln ließ. Sein Ehrenwort, nichts mit den Machenschaften gegen Engholm zu tun zu haben, nützte ihm nichts, sondern wurde als Lüge hingestellt. Barschel war weder menschlich noch politisch zu retten. In dieser Situation, so die Annahme, habe der am 2. Oktober 1987 zurückgetretene Ministerpräsident keinen anderen Ausweg mehr gesehen als aus dem Leben zu scheiden.

Die Genfer Polizei konnte keine Hinweise auf ein »Fremdverschulden« am Dahinscheiden des Ministerpräsidenten finden. Vielmehr habe sich Barschel im Hotel »Beau Rivage« mit einer

Überdosis Psychopharmaka und Schlaftabletten selbst vom Leben zum Tode befördert. Weitere ab 1994 von deutschen Staatsanwälten angestellte Ermittlungen verliefen im Sande. Damit leistet es sich die deutsche Justiz genau wie im Falle der RAF-Opfer, diesen Todesfall ungeklärt zu lassen.
An der offiziellen (Medien-)Version vom Selbstmord eines gescheiterten und verzweifelten Politikers meldeten vor allem die Angehörigen bereits früh massive Zweifel an, die sie insbesondere mit den zahlreichen Ungereimtheiten am »Tatort« begründeten. So war eine kurz vor Barschels Tod auf das Zimmer bestellte Flasche Wein später nicht auffindbar, auch nicht im Abfall (siehe auch unten).

### Die (Geister-)Stunde der Wahrheit?

In der Halloween-Nacht auf den 1. November 2010 sollte nun endlich die Stunde der Wahrheit schlagen: In der RTL-Sendung »Das Medium« spreche die Witwe Freya Barschel »mit ihrem toten Uwe«, kündigte *BILD.de* an. »Den Kontakt ins Jenseits stellt angeblich Kim-Anne Jannes (39) her. Jannes arbeitet seit 14 Jahren als sogenanntes ›Medium‹«. »Uwe Barschel ist äußerst freundlich und zuvorkommend«, hieß es hinterher, am 1. November, auf *stern.de*: »Willkommen in meinem Reich«, habe er die fremde Besucherin begrüßt. »Er ist sehr wortgewandt, plappert ununterbrochen. Über das Haus, wie es ihm geht und wie er sich fühlt.«
Was sein Ableben im Oktober 1987 angeht, habe Barschels Geist laut Jannes auf »Lüftungsschlitze in der Wand« des Hotelzimmers hingewiesen. »Durch die Schlitze ströme Gas in das Hotelzimmer. Uwe Barschel hört angeblich Schritte. Dann verliert er das Bewusstsein.« Also Mord durch ein Gift- oder Betäubungsgas. Warum wurde Barschel dann aber in der Badewanne gefunden? Da sei er hineingezwungen worden, um das Mittel von seinem Körper abzuwaschen, »damit es nicht nachzuweisen ist«, ließ der Geist angeblich ausrichten.

## Absurde »Vergasungsaktion«

Nehmen wir den angeblichen Geist einen Moment lang ernst: ein Hotelzimmer als »Gaskammer«? Unmöglich. Man kann normale Räume nicht einfach derart umfunktionieren:

- Die Handhabung des (Gift-)Gases und sein Anschluss an die Lüftung dürften kompliziert und gefährlich sein.
- Die Täter würden unter anderem eine unhandliche und auffällige Gasflasche benötigen.
- Der Gaseinsatz setzt einen technischen Zugang zur Lüftung des Hotels voraus.
- Die Lüftung darf auf keinen Fall eine Verbindung zu anderen Räumen besitzen, etwa zu Nebenzimmern.
- Das Gas kann auch unkontrolliert durch Türen in Gänge und Nebenräume entweichen und andere Hotelgäste und natürlich auch die Täter gefährden.
- Die Täter würden beim Vorgehen gegen Barschel auffällige Gasmasken und eventuell sogar Schutzkleidung benötigen.
- Bei der Entlüftung des Zimmers durch das Fenster (natürlich mit Gasmaske) besteht die Gefahr, dass ein Gasschwall in darunter oder darüber liegende Fenster eindringt.
- Ein Gas, das sich auf dem Körper niederschlägt, würde sich selbstverständlich überall niederschlagen und wäre überall nachweisbar, vor allem im Badewasser.

Dass diese absurde Version nicht von Barschels Geist aufgetischt worden sein kann, liegt auf der Hand. Der echte Geist würde ja wohl wissen, wie es wirklich war, und eine stimmige Erklärung für seinen Tod geben. Wer aber hat sich die Geschichte ausgedacht? Die Witwe? Das »Medium«? RTL? Oder alle zusammen? Und vor allem: Warum? Warum gibt sich seine Witwe dafür her, eine Version mit zu verbreiten, die an Desinformation grenzt?

## Barschel musste gestoppt werden

Denn anstelle von Geistern kann man auch Menschen aus Fleisch und Blut befragen, wie der ehemalige schleswig-holsteinische Ministerpräsident ums Leben kam. Zum Beispiel den früheren Mossad-Agenten Victor Ostrovsky. Der hat alles schon 1994 en detail in seinem Buch *Geheimakte Mossad* (München 1994, S. 295–299) aufgeschrieben. Da schilderte der Autor haarklein eine Version, die der Wahrheit wahrscheinlich wesentlich näher kommt. Demnach war Barschels angebliche Bespitzelungsaktion gegen den Oppositionspolitiker Engholm von Anfang an vom Mossad inszeniert und Barschel in die Schuhe geschoben worden. Hintergrund dieser Intrige und schließlich der Ermordung sei Barschels Weigerung gewesen, einen illegalen Waffendeal des israelischen Geheimdienstes zu decken. Und schließlich drohte auch noch Barschels Aussage vor einem Untersuchungsausschuss. Ostrovsky: »Barschel musste gestoppt werden, bevor er als Zeuge aussagen konnte« (S. 295).

## Anruf vom Mossad

Also entschloss man sich laut Ostrovsky, Barschel mit dem Versprechen nach Genf zu lotsen, ihm dort für ihn entlastende Informationen in der Bespitzelungsaffäre gegen Engholm zu übergeben. Zuständig für die Operation sei ein »Kidon-Team« des israelischen Geheimdienstes gewesen. »Kidon« ist hebräisch und steht für »Bajonett«. »Nachdem es die Lage in Genf genau untersucht hatte, kam es zu dem Ergebnis, dass das Hotel Beau Rivage am besten seinen Zwecken dienen würde«, so Ostrovsky. Der Mossad-Agent »Ran« habe Barschel angerufen, um ihn nach Genf zu locken. Ran habe Barschel am Nachmittag des 10. Oktober 1987 in dessen Zimmer getroffen. Nachdem er eine Flasche Wein für den von ihm mitgebrachten Käse bestellt habe, habe er Barschel zuerst ein Angebot gemacht: »Barschel sollte überredet werden, seinen

11

[bereits erfolgten; G.W.] Sturz zu akzeptieren.« Dafür habe Ran ihm eine großzügige Entschädigung versprochen.

## Plan B: Mord

Daraufhin sei Barschel jedoch wütend geworden und habe darauf bestanden, dass man ihm nun endlich die versprochenen entlastenden Beweise in der Bespitzelungsaffäre übergeben solle. Ran sei in diesem Moment klargeworden, »dass es keine Möglichkeit gab, den Mann umzustimmen. Die Operation musste in ihre zweite Phase treten, was die Beseitigung dieses Mannes bedeutete.« Denn schließlich war Barschel nun auch eine Gefahr für die ihm jetzt bekannten Dunkelmänner. Nur bei einer Einigung hätte man davon ausgehen können, dass der CDU-Politiker über das merkwürdige Zusammentreffen Stillschweigen bewahren würde.

Der von Ran für Barschels Zimmer bestellte Wein sei abgefangen und präpariert worden, »entweder in der Küche oder auf dem Weg nach oben«. Anschließend sei alles abgelaufen wie in einem Krimi. Mossad-Mann Ran habe Barschel beruhigt, man habe ihn nur auf die Probe stellen wollen, um seine Ehrenhaftigkeit zu prüfen. »Barschel entspannte sich und trank von dem Wein. Ran täuschte Magenbeschwerden vor und lehnte ab.« Dann habe er sich entfernt, angeblich um »einige Papiere« zu holen. In Wirklichkeit habe man abgewartet, bis Barschel eingeschlafen sei, und zur Kontrolle sogar noch bei ihm angerufen. Dann seien sie in sein Zimmer eingedrungen: »Barschel lag auf dem Boden rechts neben dem Bett.« Er war vom dem Wein »offenbar ohnmächtig geworden und aus dem Bett gefallen«. Nun begann laut Ostrovsky die eigentliche, reichlich bizarre Mordoperation:

»Das Team zog ein Plastiktuch über das Bett und legte den Bewußtlosen darauf, mit den Beinen zum Kopfende, damit die nächsten Schritte einfacher wären. Ein zusammengerolltes Handtuch wurde ihm unter den Nacken gelegt, als ob er eine Mund-zu-Mund-Beatmung bekommen sollte … Vier kümmerten sich um das Opfer, und einer füllte die Badewanne mit Wasser und Eis; das Geräusch würde jedes andere übertönen. Ein langer, gut geölter Gummischlauch wurde dem schlafenden Mann in den Hals geschoben, langsam und vorsichtig, um ihn nicht zu ersticken. Einer schob den Schlauch, während ihn die anderen Männer für den Fall einer plötzlichen Konvulsion festhielten. Sie alle hatten so etwas schon vorher gemacht« (S. 298).

### Abwechselnd Pillen und Wasser

Sobald der Schlauch den Magen erreichte, habe man am oberen Schlauchende einen kleinen Trichter angebracht, durch den abwechselnd Wasser und verschiedene Pillen verabreicht worden seien, »damit sie auch tatsächlich den Magen erreichten«. Danach habe man Barschel die Hosen heruntergezogen und ihm rektal Zäpfchen mit einem starken Beruhigungsmittel und einem Fieber erzeugenden Medikament eingeführt. Anschließend seien ihm die Hosen wieder hochgezogen worden.
Als Barschel eine Stunde später hohes Fieber bekam, habe man ihn in das Eisbad gelegt, um so etwas wie eine Herzattacke zu erzeugen: »Nach ein paar Minuten stellte das Team fest, dass er wirklich tot war, und begann das Zimmer aufzuräumen, um keine Spuren zu hinterlassen … Nachdem sie das Zimmer verlassen und das Schild ›Bitte nicht stören‹ angebracht hatten, ging jeder seiner Wege.«

### Die Ostrovsky-Version und die Obduktionsergebnisse

Die wichtigste Behauptung Ostrovskys wurde durch das Obduktionsergebnis belegt, nämlich dass es sich um Mord handelte. Demnach fanden sich zwar Medikamentenreste in Barschels Magen, nicht aber in der Speiseröhre – ungewöhnlich bis unmöglich bei der Selbsteinnahme größerer Mengen von Medikamenten. Außerdem wurde am Mageneingang eine leichte Rötung entdeckt, wie sie beim Einführen eines Schlauchs durch die Speiseröhre entsteht (siehe Wolfram Baentsch: *Der Doppelmord an Uwe Bar-*

*schel. Neue Fakten und Hintergründe zur größten Politaffäre der Bundesrepublik*, München 2006, S. 198 f.).

Dass Barschel die Medikamente von Fremden zugeführt wurden, wird also durch zwei voneinander völlig unabhängige Quellen bestätigt: den Ex-Mossad-Mann Ostrovsky und das Obduktionsergebnis. Auch die Verteilung der Medikamente im Körper sprach nach Meinung von Gerichtsmedizinern für eine Fremdverabreichung. Passend ist auch die verschwundene Weinflasche. Denn wie und warum sollte Barschel sie selbst außerhalb seines Zimmers beseitigt haben? Der Umstand passt vielmehr zu Ostrovskys Schilderung, denn natürlich war es wichtig, die Flasche mit den Resten des präparierten Weins zu »entsorgen«. Diese Kernaussage über den Mord an Uwe Barschel ist daher sehr überzeugend. Alles Weitere bleibt jedoch nebulös.

## Kampfspuren im Gang und im Bad

So erlitt Barschel nach den Obduktionsergebnissen keineswegs einen plötzlichen Herzstillstand, wie von Ostrovsky geschildert, sondern lebte nach der Medikamentenverabreichung noch mehrere Stunden, bevor er starb. Des Weiteren suggeriert die Ostrovsky-Version einen »sanften Tod« des Opfers, das demnach von seinem eigenen Tod überhaupt nichts mitbekommen habe.

Dieser Lesart widersprechen jedoch sowohl die Spuren im Hotelzimmer als auch an der Leiche. In Wirklichkeit gab es zahlreiche Hinweise auf einen Kampf:

- ein zerbrochenes Weinglas im Mülleimer des Badezimmers
- einen gewaltsam abgerissenen Hemdknopf, in dessen Löchern noch das Garn hing, im Flur des Hotelzimmers, unmittelbar vor der Tür zum eigentlichen Zimmer
- gleich daneben einen abgestreiften zugeschnürten (!) Schuh
- einen zerknäulten Wannenvorleger im Bad
- auf dem Vorleger den zweiten – geöffneten – Schuh

Sämtliche Spuren fanden sich also entweder in der Diele oder im Bad, im eigentlichen Wohnraum hingegen gab es keine einzige.

### Wollte Barschel fliehen?

Die Spuren sprechen eine deutliche Sprache: Statt bewusstlos im Zimmer, wie von den Mördern gewünscht, wurde Barschel in der Diele angetroffen, wo er versuchte, den Eingang zu seinem Zimmer zu verteidigen. Vielleicht wollte er aber auch gerade gehen oder fliehen. Bei dem Angriff wurde ihm ein Hemdknopf abgerissen und der zugeschnürte Schuh abgestreift. So etwas passiert zum Beispiel, wenn eine andere Person in einem Nahkampf auf den Schuh tritt und ihn dabei abstreift.

Tatsächlich wurde der Nachtportier des »Beau Rivage« gegen vier Uhr morgens plötzlich »von einem dumpfen Geräusch« geweckt: »Ein Poltern war es, wie wenn ein Körper zu Boden fiele, und dann hörte es sich für Alain Di Natale an, als wenn etwas Schweres über den Boden geschleift würde«, schrieb Wolfram Baentsch in seinem Buch über den Mord. »Der dumpfe, unheimliche Lärm drang über das offene Treppenhaus aus einem der oberen Stockwerke« (S. 181). Nur die Genfer Polizei sei an Di Natales Wahrnehmungen nicht interessiert gewesen.

Doch auch die Bilder der Leiche reichten »zum Beweis dafür, dass dem Sterben von Uwe Barschel massive Gewaltanwendung vorausgegangen war«, so Baentsch (S. 31). Nachdem man Barschel überwältigt hatte, brachte man ihn in den Wohnraum, wo die von Ostrovsky beschriebene Prozedur stattfand, denn das Bad dürfte dafür zu klein gewesen sein.

### Der fixierte Kopf

Je eine waagerechte Strieme an der Stirn und am Kinn könnten darauf hindeuten, dass Barschels Kopf bei der Verabreichung der Medikamente oben und unten mit einer technischen Einrichtung fixiert wurde, wie sie beispielsweise auch bei einer »Zwangsernährung« oder bei Leuten mit Wirbelverletzungen von Nutzen sein kann. Solche Kopffixierungen sind im medizinischen Fachhandel erhältlich und bestehen im Wesentlichen aus einem Gestell, auf das Körper und/oder Kopf gelegt werden, und je einem Kinn- und Stirngurt, die den Kopf auf der Unterlage festhalten. Dabei können durch den Rand des Gurtes exakt solche waagerechten Linien entstehen, wie sie bei Barschel festzustellen waren – und zwar genau an den Stellen, wo sie bei ihm zu sehen waren. So bedeckt der Kinngurt oder »Kinnsteg« den unteren Teil des Kinns, wodurch der obere Rand des Fixierelements etwa in der Kinnfalte zwischen Kinn und Mund zu liegen kommt.

Der obere Steg verläuft über den oberen Teil der Stirn, wodurch sein unterer Rand etwa in der Mitte der Stirn zu liegen kommt – exakt dort, wo bei dem toten Barschel eine feine Linie zu sehen war. Die Länge der Linie ist ebenfalls interessant. Da es sich um Gurte oder gar starre Kunststoffstege handelt, machen diese die Kopfrundung nicht mit, sondern stehen links und rechts wieder ab, wodurch jeweils in der Mitte der Stirn oder des Kinns nur eine kurze Linie entsteht. Oberhalb der Drucklinie, dort, wo der Steg auflag und auf die Stirn drückte, verlief bei Barschel ein waagerechter »beulenartiger Wulst« (Baentsch, S. 32). Was dafür spricht, dass hier erhebliche Kräfte auf Barschels Kopf wirkten.

## Wie lag Barschel in der Wanne?

Zwar könnten auch Sanitäter eine solche Kopffixierung benutzt haben, allerdings ist das unwahrscheinlich. Denn erstens war Barschel beim Abtransport wahrscheinlich bereits tot und wurde daher wohl nicht von Sanitätern transportiert. Und wenn, bleibt die Frage, was diese veranlasst haben könnte, den Kopf des toten Barschel zu fixieren. Drittens wäre bei einem Toten nicht eine solche Beule an der Stirn entstanden.

Nach der Fixierung wurden Barschel die Gifte eingeflößt. Erst danach bugsierte man ihn in die Wanne, wobei der Wannenvorleger

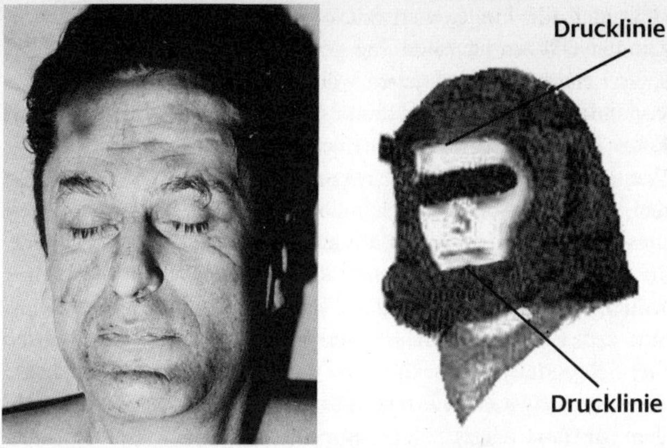


*Striemen in Barschels Gesicht und handelsübliches Geschirr zur Kopffixierung*

zerknüllt wurde und Barschel den zweiten Schuh verlor oder er ihm ausgezogen wurde. Da dieser Schuh nicht zugeschnürt, sondern offen war, hatte man Barschel im Gang möglicherweise mit einem geschnürten und einem offenen Schuh angetroffen, was darauf hindeuten könnte, dass er im Begriff stand, zu gehen oder zu fliehen. Nachdem Barschel in die Wanne gelegt worden war (oder schon vorher), wurde Wasser eingelassen, um ihn zu ertränken oder ertrinken zu lassen. Denn bei einsetzender Ohnmacht würde sich die gesamte Muskulatur entspannen und Barschel unter Wasser rutschen. Es ging offenbar darum, den Tod mit absoluter Sicherheit herbeizuführen. Genau so, nämlich unter Wasser, wurde Barschel später auch von einer Hotelaushilfe gesehen, die jedoch niemanden informierte, da sie sich ohne Arbeitserlaubnis in der Schweiz aufhielt. Laut Baentsch »hatte sie den bekleideten Mann in der Badewanne gesehen«. Demnach lag Barschel ursprünglich mit dem Gesicht unter Wasser seitlich in der Wanne (S. 184). Es stellt sich die Frage, warum die *Stern*-Reporter, die Barschels Zimmer erst am nächsten Tag gegen Mittag betreten und dabei seine Leiche gefunden haben wollen, ihn angeblich ganz anders vorfanden. Nämlich so, wie auf den von ihnen veröffentlichten Fotos zu sehen. Auf diesen Bildern liegt Barschel gerade in der Wanne, mit dem Kopf über Wasser. Die rechte Schläfe hat er an den rechten Wannenrand gelehnt. Die rechte, mit einem Handtuch umwickelte Hand ragt ebenfalls aus dem Wasser, und es sieht aus, als habe er seinen Kopf gegen die so gepolsterte Hand lehnen wollen (siehe Google Bildsuche, Suchbegriff »Barschel«).

Wie kam Barschel zu dieser merkwürdigen Haltung? Haben die *Stern*-Reporter ihn tatsächlich so vorgefunden, oder brachten sie die Leiche etwa erst für das Foto in Position? Dass der Tote auf dem Bild nasse Haare hat, bestätigt, dass sich der Kopf nicht lange zuvor unter Wasser befunden haben muss. Wenn jemand aus dem Wasser auftaucht, hängen seine Haare aber mehr oder weniger glatt am Kopf herunter und sind nicht so ordentlich zurückgekämmt wie auf dem *Stern*-Foto. Wer also kämmte Barschel die Haare zurück, nachdem er – wie auch immer – aus dem Wasser aufgetaucht war?

Auch heute gibt es demnach noch jede Menge Detailfragen zum Ableben von Uwe Barschel. Dass er ermordet wurde und wie, darf jedoch als geklärt gelten. Das ergibt sich aus Zeugenaussagen und Berichten wie dem von Ostrovsky ebenso wie aus den Obduktionsbefunden und simplen logischen Überlegungen. Fest steht deshalb vor allem eines: Auch in Zukunft sollte man lieber den gesunden Menschenverstand befragen statt irgendwelche Geister …

# Trends 2010

## Ölkatastrophe – Was genau heißt »noch«?

Gegen Ende des Jahres 2010 war die bestimmende Katastrophe des Jahres bereits weitgehend vergessen – oder wurde vergessen gemacht. Und damit natürlich auch die Frage: Wurde die Ölkatastrophe vom 20. April 2010 nun »gemacht« oder nicht? Antwort: Zumindest grenzte die Katastrophe der Bohrinsel Deepwater Horizon im Golf von Mexiko, wie ausführlich dargelegt, an Absicht. Der Boden dafür wurde unternehmerisch, finanziell und technisch bereitet. Aktien wurden verkauft, Ölpestbekämpfungsfirmen eingekauft und ein Fehler nach dem anderen gemacht.

Monatelang saß aber nicht nur BP auf der Anklagebank, sondern auch unsere ganze zivilisierte, ölabhängige Lebensweise. Wenn wir nicht so viel Strom verbrauchen und so viel Auto fahren würden, so die subtile Botschaft, müssten die Firmen nicht immer riskanter nach Öl bohren und gäbe es keine solchen Katastrophen. Kurz: Als global sichtbares Fanal passte die Ölkatastrophe bestens in die entwicklungsfeindliche Ideologie zum Beispiel eines Jared Diamond (siehe 11. Oktober »Darf's a bisserl Steinzeit sein?«), die das industrielle Leben abwürgen, die Bevölkerung reduzieren und die Menschheit auf ein primitives Lebensniveau zurückführen möchte. Es könnte also gut sein, dass man uns die Ölkatastrophe in diesem Sinne noch des Öfteren »um die Ohren hauen« wird.

Aber ist sie denn nun vorbei oder nicht? Aber natürlich, versichern Politik und Ölkonzerne unisono. Am 13. Juli 2010 hieß es auf einmal: »Öl gestoppt!« Wer anderer Meinung war, wie etwa der Ölexperte und »Öl-Guru« Matt Simmons, lag plötzlich tot im Swimmingpool. »Womit zumindest ein weiteres Nachrichtenleck versiegte«, hieß es in dem Artikel am 26. Mai »Top Kill Doomsday hoch zwei«. Und weiter: »Ob auch das oder die Ölleck(s) wirklich versiegt sind, wird wohl erst die Zukunft zeigen.« Genau. Und diese Zukunft sah wenige Monate später, Ende Oktober 2010, so aus: »Berichten von Kapitänen in der Region zufolge sind Monate nach der ›Deepwater Horizon‹-Katastrophe wieder große Ölflächen auf dem Wasser zu sehen«, hieß es am 24. Oktober 2010 auf *Spiegel Online*. Die US-Küstenwache lasse nun »mehrere großflächige Verfärbungen im Wasser untersuchen, bei denen es sich in mindestens einem Fall um einen Ölteppich handeln könnte«. Es werde vermutet, dass das Öl »noch« aus dem lecken Bohrloch im Golf von Mexiko stammt, aus dem wochenlang Öl ins Meer geströmt sei.

Aber was genau heißt in diesem Fall »noch«? Dass das Öl »noch übrig« geblieben ist? Oder dass die Ölquelle in Wirklichkeit »noch« sprudelt? Alles halb so schlimm, meint die US-Küstenwache, bei den bislang genommenen Proben handele es sich »augenscheinlich um Algenblüten«. Seltsame Algen, meinte dagegen einer der zitierten Kapitäne: Er habe noch nie »Algen gesehen, die orange aussahen, klebrig waren, wie Öl rochen und so am Boot festklebten, dass man sie mit Lösungsmitteln entfernen musste«. Tja – in der Tat: Was aussieht wie Öl, klebt wie Öl und riecht wie Öl, ist wahrscheinlich auch Öl. Oder nicht?

### »Konspiration staatlicher Stellen mit der RAF«

Ein weiteres sehr wichtiges Ereignis war der RAF-Prozess gegen Verena Becker in Stuttgart-Stammheim. Aber man musste lange warten, bis irgendein Mainstream-Medium die Sache auf den Punkt brachte – und dann auch nur in einem wenig beachteten Blog: Bei dem Prozess gegen die mutmaßliche Mörderin des Generalbundesanwaltes Siegfried Buback, Verena Becker, gehe es »um Konspiration staatlicher Stellen mit der RAF ...«, schrieb der Redaktionsleiter des durch und durch braven 3sat-Mainstream-Magazins »Kulturzeit«, Armin Conrad, am 9. November 2010 in seinem Vorwort zu dem Prozessblog von Michael Buback (siehe

7. Oktober »Verena Becker: Das letzte Rätsel der RAF?«). »Stand Verena Becker«, fragte Conrad weiter, »bereits an dem Tag, an jenem 7. April 1977, an dem die Karlsruher Morde verübt wurden, auf der Mitarbeiterliste des bundesdeutschen Verfassungsschutzes? War der Staat in die Mordpläne eingeweiht? Waren die Rollen in jener Zeit, die uns in den Deutschen Herbst 1977 führte, ganz anders verteilt, als wir alle glaubten?«
Zumindest sind, wie in dem entsprechenden Kapitel bereits angedeutet, die Rollen in dem Stammheimer Prozess gegen Verena Becker etwas merkwürdig verteilt:

- Die Anklageschrift ist eigentlich das Plädoyer der Verteidigung, in dem – sämtlichen Spuren zum Trotz – von vornherein ausgeschlossen wird, dass Becker geschossen habe.
- Die Bundesanwaltschaft ist demzufolge nicht die Anklage, sondern die Verteidigung.
- Der Nebenkläger Michael Buback ist der eigentliche Ankläger, und zwar nicht nur von Verena Becker, sondern auch des Staates – denn der sitzt längst mit auf der Anklagebank.
- Verena Becker ist nicht die zitternde Angeklagte, sondern eine weitgehend unbeteiligte Prozessbeobachterin, weil die Bundesanwaltschaft die Arbeit ihres Verteidigers erledigt.
- Der gemeinsame Feind von Becker und Bundesanwaltschaft ist der Einzige, der wirklich wissen will, was passiert ist, nämlich der Sohn des Ermordeten, Michael Buback.

In dem Verfahren kann man beobachten, wie sich RAF und Bundesanwaltschaft juristisch aneinanderkuscheln und Letztere jede zentrale Tatbeteiligung Beckers bestreitet. Kurz und gut: In Stammheim wächst zusammen, was zusammengehört.
Ja, mehr noch: Man kann beobachten, wie sich der deutsche Staat in einem Sumpf aus Komplizenschaft auflöst. Künftig kann man im Grunde jeden Strafbefehl und jeden Steuerbescheid weg-

werfen, da der Staat seine Legitimation verliert, irgendjemandem irgendetwas vorzuschreiben. Die Bundesanwälte sind lediglich lächerliche Figuren, die sich verzweifelt gegen diesen Dammbruch stemmen. Wenn ein so großes Lügengebäude wie das der RAF zusammenbricht, werden ein paar Bundesanwälte es aber kaum aufhalten können. Nur das BKA warnt inzwischen schon wieder unbekümmert vor neuen Terroranschlägen. Die seien »ernsthaft naheliegend«. Woher das BKA wohl sein Wissen hat?

## Auch 2010 war die Wahrheit ein Skandal

Nun aber zu den großen Trends: Über einen wichtigen Trend des Jahres 2010 Einigkeit zu erzielen dürfte nicht schwer sein: Auch 2010 war die Wahrheit ein Skandal. Ob Walter Mixa oder Thilo Sarrazin, sie wurden niedergemacht, weil sie eine Meinung äußerten, die der Wahrheit oft näher kam als politisch korrekte Phrasen. Jeder, der den Mund aufmacht und die Wahrheit sagt, wird einen Kopf kürzer gemacht. Jedenfalls jeder, der über einen gewissen Einfluss auf die öffentliche Meinung verfügt. Das ist inzwischen symptomatisch für unsere Gesellschaft, und auch das Jahr 2010 war ein Jahr der »Säuberungen», in deren Zentrum diesmal die beiden spektakulären Fälle Mixa und Sarrazin standen. Manche glauben, dass auch die ehemalige Ratsvorsitzende der Evangelischen Kirche in Deutschland, Margot Käßmann, in diese Reihe gehört, ohne indes sagen zu können, wie Käßmanns Sturz bewerkstelligt worden sein soll. Denn der Landesbischöfin wurde schlicht Alkohol am Steuer zum Verhängnis. Aber politisch hochwillkommen war ihr Sündenfall allemal.

Was ist das für eine Gesellschaft, in der die Wahrheit ein Skandal ist? Antwort: Die Wahrheit kann nur in einem Umfeld der Lüge ein Skandal sein. Und eine Gesellschaft, in der die Wahrheit ein Skandal ist, fällt dem Irrsinn und Zerfall anheim. Wenn wir »Wahrheit« einmal mit »gültigen Informationen« übersetzen, dann bedeutet dies, dass in dieser Gesellschaft gültige Informationen tabuisiert werden und diese Gesellschaft daher nicht mehr funktionieren kann. Oder anders gesagt: Wenn man Probleme nicht benennen kann, kann man sie auch nicht beheben. Nehmen wir als Beispiel nur die früheren Ostblockstaaten: Die Wahrheit über die Staatsführungen, über die Wirtschaft, die marode Industrie und Bausubstanz – all das durfte dort nicht laut ausgesprochen werden. Der Zerfall war das Ende vom Lied.

## Der »Informationscrash« ist überall

Unsere Situation ähnelt der eines Kranken, dem verboten wird, über seine Symptome zu reden: über die fehlgeleitete Einwanderung ebenso wie über die Zerstörung der Familie, über den Irrsinn des »Klimaschutzes« genauso wie über den Zerfall des Bildungssystems, über den destruktiven Feminismus wie über die heruntergeschwindelten Arbeitslosenzahlen oder die Lügen in Bezug auf den Afghanistankrieg. Kurz: Wir sollen nicht wissen dürfen, wie es um unser Land bestellt ist.

Und wenn wir ehrlich sind, haben die Lügen und Täuschungen in Politik und Gesellschaft inzwischen ein bedrohliches Ausmaß erreicht. Auf wirtschaftlichem Gebiet hat Professor Max Otte dies den »Informationscrash« genannt (so der Titel seines Buches über die Lügen von Wirtschaft und Finanzindustrie*). Die gesamte Finanzkrise beruhte schließlich auf einem Informationscrash, der darin bestand, dass offenbar niemand die komplexen Finanzprodukte verstand, mit denen gehandelt wurde. Allerdings findet dieser Informationscrash nicht nur auf dem Gebiet des Finanzwesens statt, sondern ist allgegenwärtig, und die Folge eines Informationscrashs kann nur ein allgemeiner gesellschaftlicher und wirtschaftlicher Crash sein.

---

* Max Otte: *Der Informationscrash. Wie wir systematisch für dumm verkauft werden*, Berlin 2010.

## Das Geschlecht der Zukunft

Zu diesem Informationscrash gehört, dass das biologische Geschlecht, und zwar das weibliche, auch im Jahr 2010 zur wichtigen Qualifikation ernannt wurde. 2010 war das Jahr der Frau: Menschen wurden in den Himmel gelobt, solange sie nur über den richtigen »Hoseninhalt« verfügten; es passierte also genau das, was der Feminismus einst der »Männergesellschaft« vorwarf. Die Frauenbewegung hat sich damit selbst ad absurdum geführt und als das entlarvt, was sie ist: ein Umerziehungsprogramm zum Austausch der gesellschaftlichen Führungsschicht. Seglerinnen von zweifelhafter Erfahrung und Qualifikation wurden als Heldinnen gefeiert. Bergsteigerinnen, die ihr eigenes und das Leben von Kameraden aufs Spiel gesetzt hatten, tingelten, von unbequemen Fragen unbehelligt, durch die Talkshows. Weibliche Karrieristinnen schwelgten in narzisstischen Selbstinszenierungen und feierten sich auf eitlen Konferenzen als das Geschlecht der Zukunft.

Ein Land, das Menschen aufgrund ihres Geschlechts oder ihrer Herkunft und Hautfarbe benachteiligt, wollte Deutschland nicht mehr sein. Dafür ist es zu einem Land geworden, das Menschen aufgrund ihrer Herkunft, Hautfarbe oder ihres Geschlechts mit Samthandschuhen anfasst und bevorzugt. Und das kann genauso wenig gutgehen. Denn immer öfter ersetzt das politisch korrekte Geschlecht oder die politisch korrekte Hautfarbe oder Herkunft die Qualifikation. Frauen, Schwule und Migranten sollen nach »oben«, koste es, was es wolle. Dabei sollten eigentlich die Fähigkeiten eines Menschen entscheidend für die Besetzung einer Position sein. Frauenquoten werden die Lage in Zukunft weiter verschlimmern.

## Realitätsverlust à la Ostblock

Es kommt aber noch dicker. Maßstab für politisches Handeln ist immer häufiger nicht die tatsächliche, sondern die virtuelle

Realität. Einschneidende und kostspielige Maßnahmen wie die gesamte Klima- und $CO_2$-Politik oder das tagelange Flugverbot über Europa im April 2010 beruhen auf teils äußerst primitiven »Computersimulationen«. Die Modelle sind zu einfach und die Computersysteme zu schwach, um das uralte menschliche Gesetz aufzuheben, das da lautet: Du kannst nicht in die Zukunft sehen! Was viele bei Wahrsagern zu Recht als Hokuspokus abtun, wird plötzlich hoffähig, wenn statt einer Kristallkugel ein paar Computerbildschirme flackern. Dabei sind auch sie nichts anderes als Hokuspokus und keineswegs die »mächtigen« Analyseinstrumente, als die sie gefeiert werden. Im Fall der »Klimakatastrophe« liegt das zum Beispiel daran, dass das Ökosystem der Erde eine unendliche Menge von Daten repräsentiert (Temperaturen, Druckverhältnisse, Atomzustände usw.), aber auch der beste Computer der Welt nur eine endliche Datenmenge verarbeiten kann. Und ein uraltes (mathematisches) Gesetz besagt: Eine endliche Menge geht gegenüber einer unendlichen Menge immer gegen null.
Addiert man virtuelle Realitäten als Politikgrundlage, die Unterdrückung gültiger Informationen und kritischer Intellektueller, die Besetzung von Führungspositionen nach qualifikationsfremden Kriterien, so wird deutlich, dass unsere Gesellschaft auf dem besten Wege ist, dem kollektiven Irrsinn anheimzufallen. Der Ostblock lässt grüßen.

## Aufschwung oder letztes Aufblühen?

Papperlapapp, es geht uns doch blendend! Die Wirtschaft brummt, die Steuereinnahmen steigen, die Arbeitslosenzahlen sinken, und die Aktienmärkte haussieren! Die Wachstumsprognosen überschlagen sich, Deutschland steckt mitten im Aufschwung! Aber reibt man sich da nicht die Augen? Kommt das alles nicht ein bisschen zu plötzlich, als dass man es auf eine natürliche Gesundung zurückführen könnte? Normalerweise sollten Finanz- und Wirtschaftssysteme doch viele Jahre brauchen, um die Verwerfungen einer solchen Finanzkrise zu verdauen. Nichts da. Schon im August 2009, sechs Wochen vor der Bundestagswahl, war die Rezession plötzlich passé. War die Wirtschaft zuvor von Quartal zu Quartal immer stärker geschrumpft (nach korrigierten Zahlen im ersten Quartal 2009 um minus 3,4 %), wuchs sie im zweiten Quartal plötzlich um 0,5 Prozent. Obwohl sich der Abwärtstrend zuvor von Quartal zu Quartal verstärkt hatte, war plötzlich Schluss mit dem Schrumpfkurs. Seitdem ist die deutsche Wirtschaft auf kontinuierlichem Wachstumskurs.

Gerechnet hatte damit allerdings niemand. Im Gegenteil: Alle erfahrenen Wetterfrösche an Bord des Staats- und Wirtschaftsschiffes fanden dieses plötzliche Wachstum »überraschend«. Am 22. April 2009 hatte *Spiegel Online* noch gemeldet: »IWF, Finanzminister Steinbrück und führende Wirtschaftsinstitute sind sich einig: Die Bundesrepublik muss in diesem Jahr einen dramatischen Konjunkturrückgang verkraften, der auch 2010 anhalten wird.« Pustekuchen. Im Jahr 2010 wuchs das deutsche Bruttoinlandsprodukt im ersten und zweiten Quartal gegenüber dem Vorjahresquartal angeblich um 2,1 bzw. 4,1 Prozent.

Schon in früheren Jahrbüchern hatte ich viel über unsere Wirtschaft und die Aktienkurse geschrieben und die Wirtschaft dabei mit einem Todkranken verglichen, der nach jeder Spritze plötzlich wieder fidel durchs Zimmer springt. Nur dass die wachen Momente und die Injektionsintervalle immer kürzer werden. Nun sind wir schon einen Schritt weiter. Diesmal kommt uns der Totgesagte auf dem Krankenhausgang plötzlich entgegen wie das blühende Leben, um uns fest die Hand zu drücken. Das kann man natürlich schön finden – oder auch gespenstisch. Während sich Angehörige über die plötzliche »Genesung« freuen, weiß der Mediziner: »Das ist das letzte Aufblühen. Es kann sein, der Sterbende schlägt noch mal die Augen auf, es kommt noch mal Röte ins Gesicht. Oder auch, der Mensch steht plötzlich noch einmal auf, will noch einmal essen«, so die Heilpraktikerin Dr. Rosina

Sonnenschmidt aus Offenburg: »Das kann ein paar Augenblicke dauern, ein paar Tage, Monate, sogar Jahre. Das sichere Zeichen, dass dieser Mensch dennoch nicht wieder richtig zum Leben findet, ist, dass er sich, für uns sichtbar, wie ein Traumwandelnder bewegt, immer in eine andere Dimension guckt. Der Mensch ist in dieser 3. Phase nicht mehr derselbe wie vorher.«

## Der Crack-up-Boom

Kurz: Die Gesundung hat etwas Unheimliches. Sie kommt plötzlich und überraschend und ist eigentlich nicht erklärbar. Daher wirkt der Sterbende gespenstisch auf uns. Er dürfte, wenn man sich die Befunde ansieht, »eigentlich gar nicht hier sein«. Ein Blick auf die Fieberkurve sagt uns: Der Mensch ist schon nicht mehr von dieser Welt, denn das Fieber steigt und steigt, und die Kräfte schwinden und schwinden. Wobei in unserem Fall das Fieber der Goldpreis und die Kraft die Kaufkraft ist – und zwar die von Euro und Dollar.

Auch in der Wirtschaft gibt es für dieses letzte Aufblühen einen Namen. Er lautet »Crack-up-Boom«. Geprägt wurde dieser Begriff in den zwanziger Jahren des letzten Jahrhunderts von dem längst vergessenen Wirtschaftswissenschaftler Ludwig van Mises, einem Angehörigen der österreichischen Schule der Nationalökonomie. Von den »Wienern« will indessen schon lange niemand mehr etwas wissen. Stattdessen wurden Leute wie John Maynard Keynes und Milton Friedman als die neuen Götter der Wirtschaftswissenschaften gefeiert. Mit dem bekannten Ergebnis. Mises' Theorie vom Crack-up-Boom besagt, dass in einer Zeit des Wertverlusts von Währungen die Leute in Sachwerte »gehen«, das heißt Aktien, Rohstoffe, Edelmetalle und Immobilien kaufen. Wenn die Zinsen niedriger sind als die Inflationsrate, werden die Anleger zusätzlich aus virtuellen Anlagen vertrieben, beispielsweise aus Staatsanleihen.

»Im Unterschied zu Mises«, so die kleine, aber feine Anlegerzeitschrift *Smart Investor*, die so ziemlich als einzige der Wiener Schule anhängt, »fassen wir den Begriff ›Crack-up-Boom‹ etwas weiter auf und sehen darin nicht nur die letzten Monate oder gar Wochen einer hyperinflationären Entwicklung«, also jene Zeit, in der die Menschen lieber heute als morgen ein Auto kaufen, weil es morgen schon teuer sein wird – was wiederum den Boom verstärkt. »Vielmehr verstehen wir darunter die komplette letzte Boomphase eines auf Fiat Money [ungedecktes Geld; G.W.] basierenden Wirtschaftssystems, die unter Umständen auch mehrere Jahre dauern kann« (*Smart Investor* 4/2009). Wenn es stimmt, dass der Crack-up-Boom ein Boom ist, »der sich nur noch aus der Angst vor Wertverlust speist«, wie der *Smart Investor* schreibt, dann erleben wir zurzeit tatsächlich den Anfang dieser »Katastrophenhausse«. Denn diese Angst vor dem Verfall virtueller Werte (zu denen auch Geld gehört) kann man an dem Verhalten der Anleger inzwischen deutlich erkennen. Zeitweise grenzten beispielsweise die Käufe von Edelmetallen bereits an Panikkäufe.

Verheerend war im Jahr 2010 auch die Ankündigung der US-amerikanischen Federal Reserve Bank, für 600 Milliarden Dollar amerikanische Staatsanleihen aufzukaufen. Was nichts anderes bedeutete, als dass die »Fed« 600 Milliarden Dollar auf den Markt werfen würde. Nicht zufällig machten die Edelmetallkurse daraufhin sofort einen großen Sprung nach oben. Denn bei Geld ist es wie bei jeder anderen Ware: Je mehr davon vorhanden ist, desto weniger ist sie wert. »Nach Meinung des Präsidenten der National Inflation Association, Adams, könnte ein Brot in den USA schon nächstes Jahr 23 Dollar kosten, ein Kilo Zucker 62 Dollar und ein Schokoriegel 15 Dollar«, meldeten die *Kopp*-Nachrichten am 11. November 2010. Grund dafür sei die »enorme Ausweitung der Geldmenge durch den Ankauf von US-Staatsanleihen im Wert von 600 Milliarden Dollar durch die Federal Reserve Bank. Eine inflationäre Katastrophe sei nicht mehr abzuwenden, da sie bereits begonnen habe, so der Inflationsexperte Adams. Die Weizenpreise sind bereits um 84 Prozent gestiegen, die Preise für Mais um 63 Prozent und für Zucker um 55 Prozent.«

### Der Zauberstab der Politik

Und noch ein Trend war im Jahr 2010 deutlich zu erkennen: Politik und vor allem Geheimdienste versuchen zunehmend, mit Hilfe von Krisen zu regieren: Klima, Öl, Terror sind die Schlagworte, welche die Welt erzittern lassen. Entweder werden bestehende Krisen genutzt oder neue Krisen künstlich verursacht. Die Krise hilft beim Regieren und treibt die Geschichte voran. In der Krise kann man verängstigte Menschen überfahren und gefügig machen – Bürger genauso wie Abgeordnete. Eine Krise hilft auch beim Vergessen. Eine neue Krise schlägt die alte tot. Im Jahr 2010 wurde beispielsweise der Tod des polnischen Präsidenten Lech Kaczyński bei einem dubiosen Flugzeugabsturz sofort unter der Krise der vermeintlichen »Aschewolke« begraben, die wochenlang die europäischen Gemüter erregte. Am einfachsten regiert es sich, wenn das Volk permanent unter Spannung gehalten wird; »Geld & Gesetze« heißt der Gewinn aus der Krise. Besonders in der Krise kann man:

- wahre Krisen übertünchen und vergessen machen
- neue, vorher undenkbare Gesetze machen
- das System umgestalten
- Geld eintreiben (Steuern, Spenden etc.)

Kurz: Die Krise ist der Zauberstab der Politik. Die Krise mischt die Karten neu. Die Krise ist der Schoß, der neue politische und staatliche Monster gebären kann. Die Krise ist so nützlich, dass man sie – sollte es mal keine geben – glatt erfinden muss. Und das ist auch ein Grund, warum wir es mit immer mehr erfundenen Krisen wie der Klimakatastrophe oder der »Aschewolke« zu tun haben. In letzter Konsequenz führt die immerwährende Krise zur totalen Versklavung, eine Entwicklung, die bereits George Orwell in *1984* beschrieben hat.

### Letzte Meldung: Staatsanwaltschaft Berlin muss im Fall Heisig Auskunft geben

Der Kampf hat lange gedauert, aber er hat sich gelohnt. Am 28. Juni 2010 verschwand die Berliner Jugendrichterin Kirsten Heisig und wurde fünf Tage später tot aufgefunden – Selbstmord, wie die Behörden verlauten ließen (siehe 3. Juli »(K)Eine Tote im Wald«). Über die näheren Umstände des angeblichen Suizids teilte die Staatsanwaltschaft Berlin jedoch nichts mit. Etwa am 5. Juli 2010 begann ich daher, mich bei der Staatsanwaltschaft nach den näheren Todesumständen Heisigs zu erkundigen – ohne Erfolg. Am 21. Juli beantragte ich beim Verwaltungsgericht Berlin eine einstweilige Anordnung gegen die Staatsanwaltschaft, mir die gewünschten Auskünfte endlich zu erteilen. Am 9. August wurde dieser Antrag vom Verwaltungsgericht Berlin abgelehnt. Am 23. August zog ich vor das Oberverwaltungsgericht Berlin-Brandenburg. Und am 11. November erging dort endlich die wichtige Entscheidung (OVG 10 S 32.10, 11.11.2010).

Danach wird die Staatsanwaltschaft Berlin »... im Wege der einstweiligen Anordnung verpflichtet, dem Antragsteller Auskunft zu erteilen über die konkrete Todesursache und den Todeszeitpunkt der Jugendrichterin Kirsten Heisig, den genauen Fundort und die Auffindesituation der Leiche, darüber, welche Fakten eine Fremdverursachung des Todes ausschließen, und welche objektiven Anhaltspunkte für ein planvolles Vorgehen von Frau Heisig in Bezug auf den eigenen Tod sprechen.«

Der Beschluss ist ein Bekenntnis zur Pressefreiheit und den

Rechten der Medien. Mein Auskunftsanspruch ergebe sich aus § 4 Abs. 1 des Berliner Pressegesetzes, »wonach die Behörden verpflichtet sind, den Vertretern der Presse, die sich als solche ausweisen, zur Erfüllung ihrer öffentlichen Aufgabe Auskünfte zu erteilen. Der Antragsteller gehört als ausgewiesener Vertreter der Presse zu den auskunftsberechtigten Personen«, so das Oberverwaltungsgericht. Das Auskunftsbegehren erfolge auch »zur Erfüllung der öffentlichen Aufgabe der Presse, die darin liegt, dass sie in Angelegenheiten von öffentlichem Interesse Nachrichten beschafft und verbreitet, Stellung nimmt, Kritik übt oder in anderer Weise an der Meinungsbildung mitwirkt«.

Ein Geheimhaltungsinteresse aufgrund eines »schwebenden Verfahrens« verneint das Oberverwaltungsgericht. Dass wegen des Todes von Frau Heisig noch Ermittlungen geführt würden, sei »nicht ersichtlich«. Gegenüber dem öffentlichen Interesse an den von mir eingeforderten Informationen erscheinen laut Gericht auch »weder das Persönlichkeitsrecht der Verstorbenen noch das der Hinterbliebenen als schutzwürdig«.

»Der Fall kann Presserechtsgeschichte schreiben«, titelte die juristische Fachzeitschrift *Legal Tribune Online* über das Urteil (19.11.2010). Und zwar deshalb, weil hier höchstrichterlich die Auskunftsansprüche der Medien klar vermessen und definiert wurden – und zwar zugunsten der Medien. Und das ist auch meine ganz große Hoffnung nach diesem Urteil: dass sich in Zukunft Journalisten nicht mehr so leicht von Behörden abwimmeln lassen. Immerhin hat die Hinhaltetaktik der Staatsanwaltschaft dazu geführt, dass ich die mir zustehenden Informationen nicht mehr in diesem Buch unterbringen kann. Womit Sie als meine Leser unmittelbar zu spüren bekommen, wie die Behörden den Informationsanspruch der Öffentlichkeit untergraben. Auf meiner Website *www.wisnewski.de,* bzw. bei *Kopp Online* werden Sie auf dem Laufenden gehalten.

# Nachwort

Ist denn wirklich gar nichts, wie es scheint? Erzählt man uns denn nur Lügen? Ist denn alles nur schlecht? Natürlich nicht. Vielmehr stellen die in dieses Buch aufgenommenen Themen lediglich eine Auswahl dar, bei der eine Korrektur der herrschenden Meinung notwendig war. Womit weder gesagt ist, dass alles andere ebenfalls falsch oder verzerrt ist, noch, dass alles andere stimmt.

Wie immer ging es mir nicht nur darum, anhand von Beispielen eine andere Sichtweise darzustellen, sondern auch und vor allem darum, eine andere Denkweise anzuregen. Nämlich zu versuchen, den in der Einleitung erwähnten medialen »Negativen« auf die Spur zu kommen. Ich hoffe, das ist mir gelungen, und wir sprechen bzw. lesen uns im nächsten Jahr wieder.

Bis dahin wünscht Ihnen ein gutes und erfolgreiches Jahr 2011

Ihr

*Gerhard Wisnewski*

München, 16. November 2010

# Dank

Bei jedem Jahrbuch bin ich Menschen zu Dank verpflichtet, diesmal möchte ich diesen Dank auch gerne unterbringen.

An erster Stelle wären natürlich meine Frau (für die vielen wichtigen Gespräche) und meine beiden Söhne zu nennen, die allzu oft auf ihren Vater verzichten müssen.

An zweiter Stelle danke ich meinen Lesern für die vielen Anregungen, Hinweise und Zuschriften, die ich leider nicht immer beantworten kann.

Des Weiteren danke ich meinem Anwalt Dr. Wolfram Hertel für seine schönen Schriftsätze, meinem Anwalt Markus Menzendorff für den nötigen »Feuerschutz«, ohne den ich meiner Tätigkeit nicht nachgehen könnte, dem Bayerischen Journalistenverband für seine Unterstützung, Tom Riedel für sein Engagement und Willy Brunner für einen Drehort für die DVD *Kirsten Heisig: Geheimsache Selbstmord.*

Ausnahmsweise möchte ich mich auch einmal bei einer Software und ihrem Entwicklerteam von macropool.com bedanken, das mit »Web Recherche« wirklich ein geniales Werkzeug zur Archivierung und Verwaltung von Webseiten erfunden hat.

# Bildnachweis

Abbildungen:
action press/Michael Meyer S. 341 links; Computerkartographie Carrle S. 145, 243; Corbis/US Coast Guard S. 138; picture-alliance/dpa S. 17, 71, 85, 202, 240, 272, 296/Fishing4 S. 179/ZB S. 54; Privatarchiv Wisnewski S. 341 rechts; Sebastian Knauer/Stern/Picture Press S. 331; United States Patent and Trademark Office S. 249

# Register